Michael Brie/Jörn Schütrumpf

Rosa Luxemburg

Eine revolutionäre Marxistin an den Grenzen des Marxismus

Dr. Michael Brie ist Vorsitzender des Wissenschaftlichen Beirats der Rosa-Luxemburg-Stiftung. Seine Arbeitsschwerpunkte sind Theorie und Geschichte des Sozialismus und Kommunismus. Zu seinen jüngsten Veröffentlichungen gehören »Lenin neu entdecken. Dialektik der Revolution und Metaphysik der Herrschaft« und »Sozialist-Werden. Friedrich Engels in Manchester und Barmen 1842–1845«.

Dr. Jörn Schütrumpf ist Leiter der Fokusstelle Rosa Luxemburg am Historischen Zentrum der Rosa-Luxemburg-Stiftung. Er gibt die Schriften von Paul Levi heraus. Zu seinen jüngsten Veröffentlichungen gehört: »Spartakusaufstand: Der unterschlagene Bericht des Untersuchungsausschusses der verfassunggebenden Preußischen Landesversammlung über die Januar-Unruhen 1919 in Berlin«.

Michael Brie/Jörn Schütrumpf

Rosa Luxemburg

Eine revolutionäre Marxistin
an den Grenzen des Marxismus

Eine Veröffentlichung der
Rosa-Luxemburg-Stiftung

VSA: Verlag Hamburg

www.vsa-verlag.de

www.rosalux.de

Das Foto auf dem Umschlag und die Fotos im Bildteil nach Seite 88 sind aus dem Archiv der Rosa-Luxemburg-Stiftung.

Druck und Buchbindearbeiten: Beltz Grafische Betriebe GmbH, Bad Langensalza
ISBN 978-3-96488-103-8

Inhalt

Vorwort ... 11

Kapitel 1
Zeige uns das Wunder! Wo ist dein Wunder? ... 17

Im Gefängnis – bei sich und der Welt ... 28
Das Wahr-Sprechen ... 30
Freiheit ist immer die Freiheit der Anderen ... 33

Kapitel 2
Die vernichtete Autorität von Engels und Kautsky ... 36

Wir sind wieder bei Marx – aber bei welchem? ... 36
Maximal- und Minimalprogramm ... 38
Abrechnung mit dem »Ersatz-Marxismus« ... 40
Das Unverständnis für die eigene Situation ... 44

Kapitel 3
Die »fertige Marxistin« und die polnische Frage ... 47

Die Gründung der polnischen Sozialdemokratie und ihre zwei Flügel ... 47
Rosa Luxemburgs Dissertation zum Kapitalismus im russisch besetzten Teil Polens ... 58
Noch einmal die polnische Frage – 1908/09 ... 63

Kapitel 4
Die Konzipierung revolutionärer Realpolitik um die Wende zum 20. Jahrhundert ... 67

Bernstein: Das Ziel ist mir nichts ... 68
Die Strategie der SPD von 1891 ... 70
Bernsteins Provokation: Theorie und Praxis im Widerspruch ... 73
Bernsteins Totalrevision des Marxismus ... 76
Luxemburgs Begründung revolutionärer Realpolitik als Einheit von Marxismus und Sozialismus ... 80

Kapitel 5
Der Fall Millerand – Regierungsbeteiligung von Sozialisten als Testfall von Theorie und Strategie 89

Der Stein des Anstoßes 89
Die Leerstelle zwischen marxistischer Theorie und sozialistischer Praxis 92
Die Formulierung des Problems durch Rosa Luxemburg 95
Kapitalismus und Klassenstaat 97
Der bürgerliche Staat als Mauer zwischen Kapitalismus und Sozialismus 99
Sozialistische Politik im bürgerlichen Staat 102
Der Kampf um Demokratisierung der Demokratie und die Frage der Gewalt 106
Ein Fazit 109

Kapitel 6
Das elektrische Zeitalter der Plötzlichkeiten – die Russische Revolution von 1905 als Wendepunkt 111

Generalstreik, Organisationsdebatte und politische Führung – Ansätze eines neuen Konzepts 111
Die erste Russische Revolution – Lehrstunde der Geschichte 119
Die Niederlage als Weg zum Sieg 127
Freiheit für den Feind 129

Kapitel 7
In der Defensive (1907–1917) 131

Die SPD am Kreuzweg 131
Wider den Nichts-als-Parlamentarismus 134
Der Ausbruch des Ersten Weltkriegs 141

Kapitel 8
Das imperialistische Zeitalter und die Akkumulation des Kapitals 147

Die Vorgeschichte von Luxemburgs Akkumulationstheorie 147
Gesellschaft als kultureller Organismus 151
Kapitalismus als eine unmögliche Weltform 153
Politökonomische Fundierung einer neuen Strategie 162

Kapitel 9
Die Schrift »Zur russischen Revolution« von 1918 – eine Symphonie des demokratischen Sozialismus 165

Der erste und der vierte Satz von Luxemburgs Symphonie 169

Ihre Kritik an den Bolschewiki: Zu wenig Sozialismus, zu wenig Demokratie 172

Die erhoffte Harmonie der Kontrapunkte: Sozialismus und Freiheit 175

Kapitel 10
Zwischen Sozialdemokratie und Bolschewiki 178

Revolution in Russland – eine alternative Strategie 187

Wie die Bolschewiki die Revolution »gewannen« und Luxemburgs Alpträume wahr wurden 191

Kapitel 11
Die Novemberrevolution – auf dem Wege zu einem Neubeginn 201

Sozialismus als Tagesaufgabe 201

Die programmatische Erneuerung und die Gründung der KPD 210

Kapitel 12
Verachtet, bewundert – aber auch unverzichtbar? 222

Literatur 235

Freiheit ohne Gleichheit ist Ausbeutung.
Gleichheit ohne Freiheit ist Unterdrückung.
Solidarität ist die Quelle von Freiheit und Gleichheit.

»Der Kommunismus [...] – der Teufel hole seine Praxis, aber Gott erhalte ihn uns als konstante Drohung über den Häuptern jener, so da Güter besitzen und alle andern zu deren Bewahrung und mit dem Trost, dass das Leben der Güter höchstes nicht sei, an die Fronten des Hungers und der vaterländischen Ehre treiben möchten. Gott erhalte ihn uns, damit dieses Gesindel, das schon nicht mehr ein und aus weiß vor Frechheit, nicht noch frecher werde, damit die Gesellschaft der ausschließlich Genussberechtigten, die da glaubt, dass die ihr botmäßige Menschheit genug der Liebe habe, wenn sie von ihnen die Syphilis bekommt, wenigstens doch auch mit einem Alpdruck zu Bette gehe! Damit ihnen wenigstens die Lust vergehe, ihren Opfern Moral zu predigen, und der Humor, über sie Witze zu machen!«

Karl Kraus (1920a: 5)

Luxemburgs »im tiefsten ausgeglichene Seele kannte keine Scheidungen und Wände. Ihr war das All ein lebendiger Prozess des Werdens, in dem nicht Hebelkraft und Sauerstoffbehälter das Walten der Natur ersetzen können, in dem das Kämpfen, Ringen, Streben der Menschen, in dem der große Kampf, der dem einzelnen, der den Geschlechtern, der den Ständen, der den Klassen obliegt, die Form des Werdens ist. In der sie darum nicht wollte, dass keiner kämpfe, weil alles von selber werde; in der sie den lebendigsten Kampf wollte, weil er die lebendigste Form des Werdens ist.«

Paul Levi (1969: 130)

Vorwort

Die politische Linke hat es selten verstanden, ihre abstrakten Ideen von Freiheit und Emanzipation sowohl des Einzelnen als auch der Gesellschaft so darzulegen, dass sie für Außenstehende verständlich und vor allem attraktiv geworden wären. Häufig versuchte die Linke diesen Mangel auszugleichen, indem sie sich ihre eigenen Absichten von Freiheitskämpfern aus vorvergangenen Zeiten bezeugen ließ.

Erinnert sei an Spartakus, der 1916 eher zufällig zum Paten der von Rosa Luxemburg, Leo Jogiches, Franz Mehring und Karl Liebknecht geführten revolutionären Bewegung wurde, an die Brüder Gracchus, an Thomas Müntzer und Tommaso Campanella, an Jacques Roux, Gracchus Babeuf, Robert Owen, Friedrich Engels, Michail Bakunin, Ferdinand Lassalle und Pjotr Kropotkin. Später wählte man auch Zeitgenossen: August Bebel und Clara Zetkin, Wladimir Iljitsch Lenin und Augusto César Sandino, Leo Trotzki, Jossif Stalin und Mao Tse-tung, Patrice Lumumba, Hô Chí Minh und Frantz Fanon. Kommt man heute zu Demonstrationen, egal wo auf der Welt, ist von ihnen allen nur noch wenig zu sehen.

Bis auf einige Ausnahmen. Einer, der fast immer dazugehört, aber gleichsam über allem schwebt und deshalb oft nicht erwähnt wird, ist ein deutscher Jude: Karl Marx aus Trier. Neben ihm sind es nur noch drei Menschen, deren Bilder fast überall gezeigt werden: das einer polnischen Jüdin, die in Deutschland ermordet wurde, das eines Argentiniers, der 1967 in Bolivien zusammen mit seiner deutschen Freundin in die Fänge seiner Mörder geriet, sowie das eines Italieners, den Benito Mussolini nach mehreren Jahren Kerkerhaft 1937 zum Sterben freiließ: Rosa Luxemburg, Ernesto Che Guevara und Antonio Gramsci.

Alle drei stehen nicht nur für die so seltene Einheit von Wort und Tat. Sie stehen auch für ein eigenständiges Denken, das sich keiner Doktrin, geschweige denn einem Apparat unterordnete. Und: Alle drei haben ihre Überzeugungen mit dem Leben bezahlt, wobei sie nicht von den Feinden aus dem eigenen, sondern von denen aus dem feindlichen Lager zu Tode gebracht wurden, was im 20. Jahrhundert keineswegs die Regel war.

Rosa Luxemburg und Antonio Gramsci hatten darüber hinaus noch etwas anderes gemeinsam: Sie gerieten nie in die Situation, selbst staatliche Macht ausüben zu müssen, noch gar sich und ihre Namen mit der Beteiligung an einer diktatorischen oder gar totalitären Herrschaft zu beflecken. Der Sozialdemokratin und – nicht ganz freiwilligen – Mitbegründerin der Kommunistischen Partei Deutschlands Rosa Luxemburg blieb Stalins Aufstieg erspart; sie wurde im Januar 1919 von einem Reichswehrsoldaten mit einem Gewehrkolben zusammengeschlagen und anschließend, weil sie noch lebte, von einem Reichswehroffizier erschossen. Der Sozialdemokrat und Mitbegründer der Italienischen Kommunistischen Partei Antonio Gramsci saß in seiner Heimat ab 1928 im Gefängnis, bis er lebensgefährlich erkrankte. Nur Ernesto Che Guevara regierte einige Zeit als Spitzenpolitiker, im revolutionären Kuba, wo es ihn – den Partisanen – aber nicht lange hielt.

Che Guevara beflügelt bis heute die Fantasie der Jugend und Gramsci beeindruckt seit Jahrzehnten vor allem Intellektuelle. Von Rosa Luxemburg jedoch, der Vielschichtigsten von den Dreien, kennen die meisten nur noch den Namen und das Schicksal, nicht aber ihr Denken und nicht ihr Werk – und falls doch, dann meist lediglich als Karikatur.

Der mit Verrat und Verleumdung, Entwürdigung und Entmündigung, Folter und Mord beladene Sozialismus des 20. Jahrhunderts lastet wie ein Alb auf den Hirnen der Lebenden, bietet aber zugleich oft übersehene Chancen: Heute ist, anders als vor 1917, Sozialismus keine vage Idee mehr. Es liegen 70 Jahre Praxis vor, aus denen sich nicht nur lernen lässt, wie man die Idee des Sozialismus nachhaltig diskreditiert, sondern auch, was Sozialismus keinesfalls ist. Zugleich kann klarer werden, was er sein könnte und sein sollte.

Ein Alb, gewiss – allerdings einer, der produktiv gemacht werden kann: für jene, die an dem Imperativ festhalten, »*alle Verhältnisse umzuwerfen*, in denen der Mensch ein erniedrigtes, ein geknechtetes, ein verlassenes, ein verächtliches Wesen ist« (MEW Bd. 1: 385). Ganz gleich, wie die politische Linke zu den 70 Jahren »realsozialistischer« Praxis steht – die Linke, und zwar als Ganze, kann über Gulag, Mauer und Stacheldraht nicht einfach hinweggehen. Zumindest so lange, wie sie nicht begreift, dass ein Alb nur durch systematische und immer wieder vollzogene Konfrontation mit seinen einzelnen Inhalten, aber nie durch eine Verdrängung aufzulösen ist. Dazu reicht es nicht aus zu wissen, was geschehen ist – diese Fragen haben die Historiker längst beantwortet. Es geht um das Warum und das Wie und nicht nur um das Wer, Was und Wann.

Statt aus den Jahren der Macht und des Machtwahns neue Maßstäbe zu gewinnen, um an ihnen jeden eigenen Schritt, jede eigene Entscheidung zu messen und so, langsam, zu einer neuen Vorstellung vom Sozialismus zu gelangen, behandelt die politische Linke ihre Altvorderen oft wie arme Verwandte, die ihr nur peinlich sind; nicht begreifend, dass so die einzige real bestehende Chance ausgeschlagen wird. Nicht um Absolution zu erlangen, sondern um einen Weg in eine nachkapitalistische Gesellschaft freizulegen. Mit gepflegter Geschichtsvergessenheit bleibt man allenfalls Gefangener der Vergangenheit und wird statt zum Analytiker zum Fall für denselben.

Der Sozialismus des 20. Jahrhunderts nützt allen politischen Kräften außer einer: der politischen Linken. Deshalb hat sie als einzige ein Interesse, die politisch im 20. Jahrhundert verharrende Gesellschaft endlich ins 21. Jahrhundert zu führen – nicht zuletzt indem sie zu einstigen Tugenden zurückfindet, denen in den Folterkellern ebenso wie bei Parteitagsinszenierungen jeglicher Sinn geraubt wurde: zu Ehrlichkeit gegenüber dem eigenen Tun in Vergangenheit und Gegenwart; zur Unverstelltheit des eigenen Denkens, gerade auch dann, wenn es unbequem wird; zu Lauterkeit, auch und gerade gegenüber dem Gegner. Mit Verschlagenheit lassen sich allenfalls Diktaturen errichten, zur Emanzipation von Ausbeutung und Unterdrückung wird mit ihr und durch sie aber niemand ermutigt.

Rosa Luxemburg wäre das alles nicht passiert. Die kleine Polin aus Zamość hätte sich von diesem Alb längst freigemacht – so wie sie schon 1917/18 zu den Ersten zählte, die die aufziehende Katastrophe zu analysieren suchten: in ihren Arbeiten über die Russische Revolution.

In diesem Buch wird der Versuch unternommen, an dieser Frau und ihrem Werk Interesse zu erwecken – an einem der ungewöhnlichsten Menschen, der je auf Seiten der europäischen Linken stand. An einer Frau, die es ablehnte, wegen ihres Geschlechtes bevorzugt behandelt zu werden, da sie wusste, dass solches Verhalten nur darauf abzielte, die Verweigerung von Gleichberechtigung zu legitimieren. An einer Denkerin, die Gleichheit in Freiheit und Solidarität erstrebte – ohne das eine gegen das andere auszuspielen. An einer Frau, die vieles von dem hatte, was die politische Linke heute erst wieder erlernen muss. Es ist deshalb unumgänglich, dass dieses Buch Luxemburg selbst mit längeren Zitaten immer wieder selbst zu Worte kommen lässt.

Im widersprüchlichen Ganzen des Werks von Luxemburg liegt unseres Erachtens die Wahrheit und nicht in diesem oder jenem ihrer Sätze. Und diese Wahrheit ist konkret, reibt sich an den realen Gegensätzen, ist mit diesen behaftet. Luxemburg wollte emanzipatorische Handlungsfähigkeit in zunehmend finsteren Zeiten herstellen. Sie kämpfte dabei gegen Ohnmacht und Verzweiflung an, zeigte auf, wo Möglichkeiten entstanden, dass die Arbeiterinnen und Arbeiter, die Massen, wie sie es nannte, im eigenen Interesse, ausgehend von eigenen Einsichten, mit selbst geschaffenen Formen der Organisation ihre Angelegenheiten in die eigenen Hände nehmen können. Zur konkreten Wahrheit gehört auch, dass durch diesen unbändigen Willen Luxemburgs, solidarische Emanzipation zu befördern, auch die Fesseln erkennbar werden, die überkommene Denk- und Verhaltensweisen, Organisationsstrukturen und Kulturen darstellen. Es wird deutlich, wie schwierig es ist, neue zu schaffen. Ihr eigener letzter großer Versuch, die Gründung der Kommunistischen Partei Deutschlands, legt davon Zeugnis ab.

Rosa Luxemburg war weder vor allem Theoretiker wie Karl Marx noch Parteiführer wie August Bebel oder Wladimir Iljitsch Lenin. Sie wirkte vor allem journalistisch und als Rednerin. Wie sie auf einem Parteitag der SPD ausführte: »[...] das einzige Gewaltmittel, das uns zum Siege führen wird, ist die sozialistische Aufklärung der Arbeiterklasse im alltäglichen Kampfe« (GW 1.1: 239). Zwar hat sie wissenschaftliche Werke hinterlassen wie ihre Dissertation und ihre ökonomischen Schriften. In der polnischen Sozialdemokratie war sie auch als Parteiführerin aktiv und wurde Ende 1918 zu einer Gründerin der KPD. Der Schwerpunkt ihrer Arbeit aber waren das geschriebene und das gesprochene Wort zu den Arbeiterinnen und Arbeitern. Sie wollte sie direkt erreichen und zum eigenen Handeln motivieren, ihnen helfen, auf der Höhe der Zeit zu agieren. Dem entsprach auch ihre Vorstellung von Führung: Es drückt ihr Selbstverständnis aus, wenn sie sagte, dass es nicht die Aufgabe einer sozialistischen Partei sei, per Kommando Massenhandeln auszulösen: »[...] Pflicht ist nur, jederzeit unerschrocken ›auszusprechen, was ist‹ (immer wieder zitiert sie diese Worte von Ferdinand Lassalle – d. Autoren), d.h. den Massen klar und deutlich ihre Aufgaben im gegebenen geschichtlichen Moment vorzuhalten, das politische Aktionsprogramm und die Losungen zu proklamieren, die sich aus der Situation ergeben« (GW 4: 289). Sie fügte hinzu: »Die Sorge dafür, ob und wann die revolutionäre Massenerhebung sich daran knüpft, muss der Sozialismus getrost der Geschichte selbst überlassen.« (Ebd.)

Luxemburgs Leben wurde jäh beendet. Sie wurde Opfer protofaschistischer Kräfte, losgelassen auf die Spartakisten von der rechten Führung der SPD. Sie war zu diesem Zeitpunkt noch keine 48 Jahre alt und konnte weder ihr Leben noch ihr Lebenswerk vollenden. Ihr Suchprozess nach einer demokratischen, emanzipatorischen, sozialistischen Alternative zu Imperialismus, Kolonialismus und Krieg blieb unabgeschlossen. Im Moment der feindlichen Spaltung von Sozialdemokratie und bolschewistischem Kommunismus verlor die sozialistische Alternative zu den beiden Polen der Arbeiterbewegung ihre wichtigste und wirkungsmächtigste Protagonistin.

In diesem Buch versuchen wir eine Rekonstruktion der wichtigsten Ansätze, die Rosa Luxemburg verfolgt hat. Es beginnt mit einem Blick auf Rosa Luxemburgs wichtigstes Werk – ihrem eigenen Leben, geprägt dadurch, mit dem Aussprechen der Wahrheit die Welt zu verändern. Dann folgt ein Blick zurück auf Luxemburgs Bestandsaufnahme des Marxismus der Zweiten Internationale und sein Scheitern im Ersten Weltkrieg im Gefängnis 1918 und, fast 30 Jahre zuvor, auf ihr Werden zur Marxistin in der Schweiz während der deutschen Novemberrevolution. Ausgehend davon wird die Entstehung ihres Konzepts revolutionärer Realpolitik im Rahmen des Marxismus der Zweiten Internationale dargestellt und gezeigt, wie alle vorgegebenen Sicherheiten durch die erste Russische Revolution von 1905 infrage gestellt wurden. Dies war die Wasserscheide beim Übergang zu einer neuen, einer offensiven Strategie der Massenaktion, die in Deutschland am Widerstand der SPD-Führung scheiterte. Rosa Luxemburg begriff zur gleichen Zeit, dass das Marx'sche politökonomische Werk zu eng war, um die neue Handlungssituation im imperialistischen Zeitalter zu begreifen. Und sie begann eine neue Grundlegung revolutionärer Theorie, die unvollendet blieb. Die Politik der siegreichen Bolschewiki stellte für sie die größte Herausforderung dar, da sie in ihren Augen im Namen der Befreiung die Grundbedingungen von Befreiung zerstörte. Die letzten zweieinhalb Monate ihres Lebens hat Rosa Luxemburg ganz und ausschließlich der Erneuerung der emanzipatorischen Linken in Zeiten einer Revolution gewidmet. Abschließend werden in diesem Buch einige zentrale Elemente der Geschichte der Rezeption des Lebens und Werks von Rosa Luxemburg skizziert.

Rosa Luxemburg bleibt vor allem eine Provokation. Ihr Lebenswerk war dadurch geprägt, die Widersprüche von Emanzipation mit äußerster Entschiedenheit auszutragen. Alle gegebenen geistigen, politischen und ökonomischen Formen wurden von ihr mit Genuss und Kraft daraufhin getestet, inwieweit sie sich als Formen solidarischer Entwicklung »weitherzigster Menschlichkeit« erweisen. Daraus wuchsen ihre unbändige revolutionäre Tatkraft und zugleich ihr Wunsch, immer bei sich selbst zu bleiben, sich nie in der revolutionären »Sache« zu vergessen und zu verraten.

Johann Wolfgang von Goethe, den sie verehrte, hatte gedichtet: »Willst du ins Unendliche schreiten, / Geh nur im Endlichen nach allen Seiten.« Dies hat Rosa Luxemburg getan, bis Mörder in deutscher Uniform sie gestoppt haben. Mit diesem Buch wollen wir vor allem eine Hilfestellung geben, sich Rosa Luxemburg selbst zu nähern. In Zeiten, in denen sich die Tendenzen hin zu wachsender Barbarei verstärken, gewinnt ihr Einstehen für einen demokratischen Sozialismus des solidarischen Lebens miteinander und mit der irdischen Natur eine neue Bedeutung. Dem Buch liegen drei Veröffentlichungen der beiden Autoren (Brie 2011, 2018; Schütrumpf 2018a) zugrunde, die hier zusammengefasst und zudem erweitert wurden. So soll eine umfassendere Gesamtsicht auf das Werk von Rosa Luxemburg möglich werden.

Die Schriften und Briefe von Rosa Luxemburg sind nach den »Gesammelten Werken« (abgekürzt GW) und »Gesammelten Briefen« (abgekürzt GB) zitiert, die vom Karl-Dietz-Verlag in Berlin herausgegeben werden. Schriften von Marx und Engels sowie Lenin werden nach der Werkausgabe zitiert, die gleichfalls vom Karl-Dietz-Verlag herausgegeben werden. Von großer Bedeutung sind auch die von Holger Politt unter dem Titel »Arbeiterrevolution 1905/06« 2015 im Karl-Dietz-Verlag herausgegebenen und übersetzten polnischen Schriften aus den Jahre 1904 bis 1908, die im Zusammenhang mit der Revolution im zaristischen Reich von 1905 stehen (abgekürzt AR) sowie Luxemburgs Schrift »Nationalitätenfrage und Autonomie« von 1908/09 (abgekürzt NA). Alle Zitate wurden an die neue Rechtschreibung angepasst. Auf ein ausführliches Personenregister wurde verzichtet. Es sei auf die zitierten Ausgaben der Werke von Rosa Luxemburg verwiesen, in denen sich weitergehende Informationen finden.

Michael Brie und Jörn Schütrumpf, Januar 2021

Kapitel 1
Zeige uns das Wunder! Wo ist dein Wunder?

»Einmal fragst Du mich, was mir fehlt. Eigentlich das Leben!« (GB 1: 159)

Rosa Luxemburg war eine begeisterte Botanikerin. Nicht nur hat sie in Zürich noch vor Sozial- und Geisteswissenschaften Biologie belegt, nein, ihr ganzes Leben ist geprägt durch die Anziehungskraft, die die freie Natur auf sie ausübte. Ihr Werk ist durchzogen von Metaphern wilder Landschaften und der Kraft des Lebens (siehe dazu das wunderbare Herbarium von Luxemburg 2016). Luxemburgs Visionen von Sozialismus sind der Natur entnommen – der Welt der Tiere und Pflanzen, der Berge und ungezügelten Ströme. Und auch sie selbst, ihr Denken und Wirken, entzieht sich einhundert Jahre nach ihrem Tod der kalten Klassifikation und erstarrenden Zuordnung. Weder in den geometrisch geordneten Gärten der Ideengeschichte des Marxismus-Leninismus noch in den hübschen Landschaftsgärten eines verflachten Liberalismus hat sie Platz. Rosa Luxemburgs Erbe ist wie wilde Natur. Es stört, weil es lebendig sich allen starren Regeln widersetzt. Das Erbe Luxemburgs wuchert immer von Neuem und zerbricht auch die härtesten Sarkophage mit jedem neuen Aufbruch von Menschen aus den Gehäusen ihrer Hörigkeit.[1] Worin aber eigentlich liegt die Sprengkraft ihres Werks?

Viele Politiker lassen sich auf *einen* Begriff bringen, Luxemburg aber ist ein Raum gelebter Widersprüche. Obwohl sie das persönliche Leben sorgsam abschirmte und sich bis in Kleinigkeiten hinein ihre freien Räume bewahrte, waren dieses Leben und ihr politischer Aktivismus nur zwei Seiten ein und desselben erfüllten Lebens. Luxemburgs Welt- und Selbstverhältnis gehören untrennbar zusammen – schon als Gymnasiastin, dann in der Russischen Revolution von 1905/06, in russischen und deutschen Gefängnissen und in der Novemberrevolution. Und sie genoss das Leben – je älter sie wurde, desto bewusster und intensiver. Wer Luxemburg verstehen will, muss neben den Werken auch ihre Briefe lesen. Sie sind keine bloße Ergänzung ihrer Artikel und Bücher, sondern gleichwertig mit ihnen. Für Karl Kraus sind die Briefe Luxemburgs aus dem Gefängnis ein »im deutschen Sprachraum einzigartige[s] Dokument von Menschlichkeit und Dichtung« (Kraus 1920b: 5). In diesen

---

[1] Überhaupt gilt, was Peter Weiss schrieb: »Die verhärteten, unbeweglichen und unbewegbaren Sachwalter einer Ideologie stehen immer auf der Seite des Reaktionären, gleich, welchem Block sie sich zurechnen, ihre scheinbar konsequente, militante Haltung dient nichts andrem als der Konservierung eines überholten, abgestorbnen Ideenmaterials.« (zitiert in Gioia 1989: 9)

Briefen erst wird deutlich, was ihr ein gelingendes Leben als Sozialistin bedeutete. Der Wechselbezug der politischen und theoretischen Schriften einerseits und der Briefe Luxemburgs andererseits spiegelt die Spannungen ihres Lebens. Und wer diese nicht verstanden hat, hat nichts von Luxemburg verstanden. Ihr Leben kann man nicht allein an ihren Werken messen: Sie hat keinen Staat gegründet wie Lenin und kein Jahrtausendwerk wie Marx' »Kapital« geschrieben. Ihre politische Wirkung blieb begrenzt und ihre ökonomischen Schriften sind bedeutsam, gleichrangig mit denen einer Reihe anderer ihrer marxistischen Zeitgenossen.

Misst man Luxemburg an dem, was ihr Werk unmittelbar bewirkt hat, verfehlt man ihre wirkliche nachhaltige Bedeutung, denn es gibt etwas, was Luxemburg weit heraushebt – ihr Leben selbst. Das »Hauptwerk« von Luxemburg, und nicht nur das philosophische, ist »das von ihr geführte exemplarische Leben« (Caysa 2017: 38). Das Genie Luxemburgs drückte sich in diesem Leben aus. Es war zugleich hochpolitisch und hochpersönlich, mit existenzieller Konsequenz praktisch eingreifend und theoretisch reflektierend, den Massen zugewandt als begnadete Journalistin und Rednerin und sich ganz auf sich selbst, die Malerei, Musik, Pflanzen und Tiere zurückziehend. Immer wieder vertiefte sie sich »von morgens bis abends nichts« anderes machend – in das Schreiben, das Malen, die Botanik. Sie war dann wie im Rausch (GB 5: 74, 234). Kurz darauf wieder jagte sie von einer Massenkundgebung zur anderen. Dies war kein Nebeneinander, sondern die Pole bildeten intensiv gelebte, sich wechselseitig verändernde Gegensätze. Sie wusste es selbst: »Ich bin übrigens, wie immer im Leben, im ausgezeichneten Widerspruch mit dem, was ich tue.« (GB 5: 28) Wie Walter Jens schrieb, versuchte sie, eine Existenz zu leben, »in der sich aus Privatperson und Zoon politikon ein harmonisches, von Selbst-Identität und offenem Weltbezug geprägtes Wesen ergäbe« (Jens 1995: 13). Luxemburg hat Sozialismus als solidarisch-emanzipatorische Bewegung in der Einheit von Änderung der Welt und Selbstveränderung in einer Weise gelebt, die beispielhaft bleibt.

Im November 1918, gerade aus dem Gefängnis entlassen, trat sie in einem Artikel für die sofortige Abschaffung der Todesstrafe ein und schrieb: »Blut ist in den vier Jahren des imperialistischen Völkermordes in Strömen, in Bächen geflossen. Jetzt muss jeder Tropfen des kostbaren Saftes mit Ehrfurcht in kristallenen Schalen gehütet werden. Rücksichtsloseste revolutionäre Tatkraft und weitherzigste Menschlichkeit – dies allein ist der wahre Odem des Sozialismus. Eine Welt muss umgestürzt werden, aber jede Träne, die geflossen ist, obwohl sie abgewischt werden konnte, ist eine Anklage, und ein zu wichtigem Tun eilender Mensch, der aus roher Unachtsamkeit einen armen Wurm zertritt, begeht ein Verbrechen.« (GW 4: 406) Dieser doppelte Anspruch an Sozialismus, Tatkraft und Menschlichkeit war vor allem gelebter Selbstanspruch. Sie schrieb – über Sozialismus schreibend – zugleich über sich.

Die andauernde Ausstrahlung, die Rosa Luxemburg ausübt, ist vor allem ihr Leben selbst, zu dem sie sich befähigt hat – mit großer Entschiedenheit und noch größerer Konsequenz. Der griechische Philosoph Heraklit soll gesagt haben, dass es der Charakter des Menschen ist, der als »Dämon« bestimmt, ob Menschen ein gelingendes oder verfehltes Leben führen (Heraklit 2011: 325). Im Folgenden wollen wir skizzenhaft Konturen von Luxemburgs Lebensführung nachzeichnen, um ihren »Dämon« zu umschreiben – unter Stichworten. Denn gerade hier verbietet sich jeder Versuch, Geschlossenheit anzustreben.

Liest man Luxemburgs politische und theoretische Schriften, muss man durch eine heute weitgehend abgestorbene Sprache des Marxismus der Zweiten Internationale dringen. Viele Schlüsselworte haben keine lebendige Entsprechung mehr oder sie muss erst wieder neu hergestellt werden. Die Selbstverständlichkeit, mit der sie von Arbeiterklasse oder Proletariat, von Reform und Revolution, von Partei und Sozialismus sprach, ist aus einer anderen Zeit. Aber dringt man durch diese Sprache hindurch, entschlüsselt man die Lebenswirklichkeit dahinter, dann entdeckt man den bleibenden Grund für ihre Ausstrahlung über ein ganzes Jahrhundert hinweg – ihre einfühlende Beziehung zur Welt. Sie hat in allem nach einem *Du* gesucht und die Welt mit Du angesprochen. Die Kraft dieser Ansprache resultierte aus der Stärke ihrer eigenen Persönlichkeit, aus ihrer »Seele«. Gegenüber Leo Jogiches hatte sie 1899 in einem Brief bemerkt: »Namentlich die Form des Schreibens befriedigt mich nicht, ich spüre, dass mir ›in der Seele‹ eine ganz neue originelle Form heranreift, die sich nichts aus Formeln und Schablonen macht und sie durchbricht – natürlich nur durch die Kraft des Geistes und der Überzeugung. Ich habe das Bedürfnis, so zu schreiben, dass ich auf die Menschen wie der Blitz wirke, sie am Schädel packe, selbstredend nicht durch Pathos, sondern durch die Weite der Sicht, die Macht der Überzeugung und die Kraft des Ausdrucks.« (GB 1: 307)

Rosa Luxemburg war weder vor allem Stratege wie Lenin, Organisator wie Trotzki, Theoretiker wie Kautsky, Zweifler wie Bernstein, organischer Intellektueller wie Gramsci, sondern – ganz im alttestamentarischen Sinne und doch sehr modern – eine Prophetin, eine »Wegführende aus dem Sklavenhaus« (Veerkamp 2013: 53). Sie rief die untrennbare Einheit von Freiheit und Gleichheit, von Selbstbestimmung und Solidarität, von Mitgefühl und eingreifender Tat an. Beim Lesen von Gerhart Hauptmanns »Der Narr in Christo Emanuel Quint« begegnete sie sich selbst, wie sie schrieb:

> »Kennen Sie die Christus-Bilder von Hans Thoma? So werden Sie in diesem Buche die Vision des Christus erleben, wie er schlank und von rötlichem

> Licht umflossen durch reife Kornfelder geht und um seine dunkle Gestalt rechts und links weiche Lilawogen über die silbernen Ähren fließen. Mich hat dort unter unzähligen anderen ein Problem gepackt, das ich sonst noch nirgends dargestellt fand und das ich aus eigenem Leben so tief empfinde: die Tragik des Menschen, der der Menge predigt und fühlt, wie jedes Wort in demselben Augenblick, wo es seinen Mund verlässt, vergröbert und erstarrt und in den Hirnen der Hörer zum Zerrbild wird; und auf dieses Zerrbild seiner selbst wird nun der Prediger festgenagelt und von den Schülern schließlich umringt und mit rohem Lärm umtobt: ›Zeige uns das Wunder! Du hast uns so gelehrt. Wo ist dein Wunder?‹« (GB 5: 185)

Luxemburg ging lebendige Beziehungen ein zu dem, was sie als ein Du ausmachen konnte, das ihr selbst entsprach. Deshalb gehörten ihr Ich und ihr Handeln, ihr Selbst und ihr Werk, ihre Persönlichkeit und ihr Wirken untrennbar zusammen. Sie verschwand nicht dahinter, sie ordnete sich ihm nicht unter, sie verschmolz auch nicht mit ihm, sondern lebte die Widersprüche. Sie suchte in der Wirklichkeit das, was ihr selbst entsprach – die Lust, mit erhobenem Haupt die Welt menschlicher zu gestalten; die Radikalität, die ganze Emanzipation zu wollen; die Liebe, die den anderen ganz ergreift und im Innersten erfasst; die Schönheit, die in jedem Blatt, in jedem Vogelruf, in jedem Wohlklang liegt; die Idee, die eine neue Sicht auf die Welt offenbart. Was so auf ihre Anrufung antwortete, sah sie, war ihr ein Du im Gespräch. Alles, was ihr nicht als ein Du antwortete, war ihr verschlossen, waren Schatten einer zum Untergang verurteilten Welt. Wenn ihr etwas nicht lebendig und völlig wahrhaft erschien, stieß es sie ab. Überall in ihren Briefen finden sich Bemerkungen wie die: »Mir graut vor der Begegnung mit Menschen. Ich möchte nur unter Tieren wohnen.« (GB 3: 85) Ihr Ich sollte ihr nicht verloren gehen im Kontakt zur Außenwelt (GB 2: 290). Aus dem Gefängnis heraus schrieb sie im Krieg: »Was mich anbelangt, so bin ich in der letzten Zeit, wenn ich schon nie weich war, hart geworden wie geschliffener Stahl und werde nunmehr weder politisch noch im persönlichen Umgang auch die geringste Konzession machen.« (GB 5: 151)

Und zugleich gab es die Kehrseite höchster Verletzlichkeit. Sie wird deutlich in dem Brief, den sie ihrem Freund Hans Diefenbach am 30. März 1917 schrieb:

> »Mitten in meinem mühsam aufgebauten schönen Gleichgewicht packte mich gestern vor dem Einschlafen wieder eine Verzweiflung, die viel schwärzer war als die Nacht. Und heute ist auch noch ein grauer Tag, statt Sonne – kalter Ostwind [...]. Ich fühle mich wie eine erfrorene Hummel; haben Sie schon mal im Garten an den ersten frostigen Herbstmorgen eine solche Hummel gefunden, wie sie ganz klamm, wie tot, auf dem Rücken liegt im

> Gras, die Beinchen eingezogen und das Pelzlein mit Reif bedeckt? Erst wenn die Sonne sie ordentlich durchwärmt, fangen die Beinchen sich langsam zu regen und zu strecken an, dann wälzt sich das Körperchen um und erhebt sich endlich mit Gebrumm schwerfällig in die Luft. Es war immer mein Geschäft, an solchen erfrorenen Hummeln niederzuknien und sie mit dem warmen Atem meines Mundes zum Leben zu wecken. Wenn mich Arme doch die Sonne auch schon aus meiner Todeskälte erwecken wollte!« (GB 5: 195)

Luxemburgs oberster Grundsatz war: »stets ich selbst zu sein, ganz ohne Ansehen der Umgebung und der anderen«. Sie fügte hinzu: »Ich bin […] Idealist und will es bleiben, sowohl in der deutschen als auch in der polnischen Bewegung.« (GB 1: 323) Sie suchte in Anderen und der Welt, was ihrem Innersten entsprach. Wenn sie emphatisch über Sozialismus sprach, über den elementaren Erfindungsgeist von Menschen, die sich in Bewegung versetzt haben, über das, was eine Partei zu tun hat, über vorkapitalistische oder nachkapitalistische Gesellschaften – sie erfasste sie immer von der Seite, die sie begeisterte und die bei ihr selbst erklang. Wenn sie über den Tod in einem Armenhaus, von den Opfern des Kolonialismus oder des Kriegs, von einem geprügelten Büffel schrieb – sie drückte zugleich das eigene Leid aus. Sie spiegelte die Welt und spiegelte sich in der Welt. Es gab keine Schutz- und Trennwände zwischen ihr und der Welt. Aus dieser Unmittelbarkeit erwuchs ihre ungeheure Stärke – und Schwäche. Es ist geboten, sich auch der daraus hervorgehenden Grenzen ihres Denkens bewusst zu sein. Ihre Unbedingtheit stieß auf die reale Welt des Bedingten. Die »Einheitlichkeit ihres Wesens« war die Einheit von Gegensätzen, vor allem »die Einheit zwischen ihrem grenzenlosen Mitleid, ihrer tiefen Menschlichkeit und ihrem bohrendscharfen Verstand, der alles durchdrang und alles kritisch zerpflückte.« (Roland-Holst 1937: 41)

In Zürich war Rosa Luxemburg zu einer Marxistin geworden – anfangs nicht frei von orthodoxen Zügen. Trotzdem lief sie nie Gefahr, im Elfenbeinturm zu enden. Davor bewahrten sie ihr unruhiger Geist und ihr Temperament, beides gespeist von einer unstillbaren Gier nach Leben. Schon früh hatte sie dafür in ihren schriftlichen Arbeiten die entsprechende Ausdrucksform gefunden: die Polemik. Aus dem Abstand von hundert Jahren kann man sagen: Rosa Luxemburg ist in die Weltliteratur als eine der brillantesten Polemikerinnen eingegangen. Nicht nur zu ihrer Zeit konnte ihr kaum jemand das Wasser reichen. Durch den polemischen Grundzug sind ihre Schriften, von denen die meisten für den Tag geschrieben waren, oft unglaublich frisch geblieben. Was Kurt Tucholsky für die politische Satire des 20. Jahrhunderts leistete, gelang Rosa Luxemburg mit scheinbar leichter, letztlich aber sehr disziplinierter Hand in der politischen Polemik.

In Zürich traf Luxemburg auch auf Leo Jogiches. Die politische Beziehung zwischen ihnen war symbiotisch. Durch ihre Studien an der Zürcher Universität und nicht minder in den diversen Emigrantenzirkeln in der Schweiz stieg Rosa Luxemburg binnen weniger Jahre zu einer außergewöhnlich gebildeten Marxistin auf. Sie galt nicht nur sehr bald als die Theoretikerin – im damaligen Selbstverständnis natürlich als der Theoretiker – der Sozialdemokratie des Königreichs Polen und Litauens (SDKPiL), sondern verfügte in der Tat über die theoretischen Fähigkeiten einer Spitzenwissenschaftlerin, die sie spätestens mit ihrer eigenständigen Akkumulationstheorie (1913) auch unter Beweis stellte. Trotzdem interessierte sie Theorie an sich nur wenig. Sie schrieb und publizierte zwar schon am Ende ihrer Studienzeit sehr ausgiebig, doch das meiste war politischer Journalismus – er galt der Aktion und nicht der Theorie. Sie wollte wirken, verändern, aufrütteln. Die politischen Schwerpunkte setzte dabei viele Jahre lang nicht sie, sondern Leo Jogiches. Clara Zetkin, die mit beiden lange vertraut war, schrieb rückblickend: »Er war ihr allzeit wachsames theoretisches und praktisches Gewissen.« (zitiert in Roland-Holst 1937: 21)

Leo Jogiches – vier Jahre älter als Rosa Luxemburg – war der Spross einer sehr wohlhabenden jüdischen Familie aus Wilna (Vilnius), hatte schon Jahre konspirativer Arbeit in Litauen und einige Monate Gefängnis hinter sich; außerdem war er aus der russischen Armee desertiert. Jogiches lernte Rosa Luxemburg als Studentin der Zoologie kennen, brachte sie aber schnell zur Nationalökonomie und zur Politik. Er wurde nicht nur Rosa Luxemburgs Mentor in Fragen des Sozialismus, sondern auch ihr erster Lebensgefährte. Nicht selten war er es, der aus Rosa Luxemburg sprach; ohne sie wäre der Schreibgehemmte, dessen Muttersprache zudem Russisch war, unhörbar geblieben – erst recht im polnischen und deutschen Sprachraum; beide Sprachen lernte er später, nicht zuletzt durch Rosa Luxemburg. Als sich ihre private Beziehung, die nie einfach war, um 1907 herum auflöste, blieben sie einander trotzdem, nicht nur politisch, eng verbunden – auch wenn sich Rosa Luxemburg zwischendurch einmal einen Revolver besorgte, um sich den Verstoßenen, der drohte, sie beide umzubringen, vom Hals zu halten. Jogiches war hochgebildet, aber kein Schreibender oder gar Theoretiker. Er war ein Revolutionär der Tat, nicht nur mit Autorität, sondern auch autoritär, was ihm besonders während seiner Jugend neben Anerkennung auch manche lebenslange Feindschaft eintrug. Schon mit neunzehn Jahren beherrschte Jogiches die Klaviatur des einsamen Konspirateurs: von der illegalen Agitation über das Verfertigen gefälschter Papiere und den Schmuggel Gefährdeter ins Ausland bis hin zu Streiks, die er ganz allein organisierte. 1887 wandten sich sogar die in Bedrängnis geratenen Hintermänner des Attentats auf den russischen Zaren Alexander III. an den zwanzigjährigen Einzelgänger mit der Bitte, zwei Verfolgte ins Ausland zu verbringen

– was Jogiches routiniert erledigte. Dreißig Jahre später, während des Ersten Weltkrieges, lag die Organisation des illegalen Kampfes der Spartakusgruppe gegen das Völkergemetzel auf seinen Schultern. Wie Rosa Luxemburg fiel er durch Mörderhand. Er wurde im März 1919, zwei Monate nach Rosa Luxemburg, im Untersuchungsgefängnis in Berlin-Moabit hinterrücks erschossen.

Kein Wunder, dass viele ihrer Gegner Luxemburg als unverträglich empfanden und sie entsprechend denunzierten; vor allem diejenigen, die ihrer scharfen Feder und ihrer, besonders auf SPD-Parteitagen hörbaren spitzen Zunge nicht gewachsen waren. Einige nahmen an ihr aber nicht nur mit der Denunziation Rache, sie sei ein zänkisches Weib, sondern versuchten, sie offen zu demütigen. Die Natur hatte Rosa Luxemburg nicht gerade verwöhnt: Ein Meter und fünfzig Körpergröße, ein überproportional großer Kopf, eine lange Nase und ein Hüftschaden, den sie meistens aber zu überspielen verstand, boten schlichteren Gemütern, an denen es auch in der Sozialdemokratie nie mangelte, die Möglichkeit, durch billigen Spott die eigene Unterlegenheit zu kompensieren. Rosa Luxemburg, die unter all dem zweifellos litt, schützte sich, so gut es eben ging, mit Selbstironie. Ihre Vorliebe für große starke Dienstmädchen – der Haushalt erzwang vor hundert Jahren noch die Arbeitszeit eines ganzen Tages – erklärte sie mit der Furcht, Besucher könnten sonst zum Eindruck gelangen, in ein Zwergenheim geraten zu sein.

Auch bei den Männern bevorzugte sie jene mit nicht nur geistiger, sondern auch körperlicher Größe. Allerdings: Mehr als sie begehrte, wurde sie begehrt. Am Rande einer Sitzung des Büros der Zweiten Internationale (1907) entstand ein Gruppenfoto: eine strahlende Rosa Luxemburg im Zentrum, umrahmt von mehreren Dutzenden, zumeist älterer Männer; ein Bild mit seltsamer Ausstrahlung. Nicht minder waren jüngere Männer von ihr fasziniert. Bis auf Leo Jogiches waren alle ihre Gefährten jünger als sie: Kostja Zetkin (1885–1980), der Sohn von Clara Zetkin, um 14 Jahre, Paul Levi (1883–1930) um zwölf Jahre und der Arzt Hans Diefenbach (1884–1917) um 13 Jahre.[2] In der Öffentlichkeit ging Rosa Luxemburg – bis auf ihre Scheinehe war sie nie verheiratet und hatte keine Kinder – stets sehr zurückhaltend mit ihrem Privatleben um. Denn im Wilhelminischen Deutschland mit seiner Prüderie galt schon eine alleinreisende Frau als anstößig – erst recht, wenn sie so auftrat wie Rosa Luxemburg.

Die herrschende Doppelmoral bewog sie, nicht alle ihre Auffassungen öffentlich zu äußern: »Zur Frau von Stein übrigens […]: Gott straf mich, aber sie

[2] Diefenbach hatte sich für die in Schutzhaft Sitzende verwendet und war dafür – wie viele politisch Unbotmäßige, nicht zuletzt Aktivisten der Spartakusgruppe – in die vorderste Frontlinie geschickt worden, wo ihn eine französische Granate zerriss (so Clara Zetkin in einem Brief an Mathilde Jacob vom 7. November 1917 – Zetkin 2016a: 355).

war eine Kuh. Sie hat sich nämlich, als Goethe ihr den Laufpass gab, wie eine keifende Waschfrau benommen, und ich bleibe dabei, dass der Charakter einer Frau sich zeigt nicht, wo die Liebe beginnt, sondern wo sie endet.« (GB 5: 54)

Wieweit Rosa Luxemburg zur »Diskretion« gezwungen war, zeigt, dass ihre Beziehung zu Paul Levi erst 1983, viele Jahrzehnte nach beider Tod, bekannt wurde – als seine Familie einen Großteil des Briefwechsels mit Rosa Luxemburg freigab. Levi war kurz vor dem Weltkrieg im Frankfurter Prozess wegen Aufforderung gegenüber Soldaten zum Ungehorsam im Falle eines Krieges ihr Anwalt gewesen. 1919 wurde er ihr Nachfolger in der Führung der KPD. Beide hatten 1914 eine kurze, aber intensive Affäre; Freundschaft und Vertrauen erhielten sich bis zu Rosa Luxemburgs Tod. Paul Levi rettete ihren Nachlass und gab 1922, heftig angefeindet, die Russische Revolution heraus, Rosa Luxemburgs am meisten zitierte und am häufigsten missverstandene Arbeit mit dem berühmten – wie selbstverständlich hingeworfenen – kategorischen Imperativ: Freiheit ist immer Freiheit der Andersdenkenden.

»Kultiviert«, meinte Peter Nettl, einer ihre wichtigsten Biografen, sei das Wort, das am knappsten ihre Stellung zum Leben kennzeichne. »Ihre persönlichen Beziehungen hielt sie ebenso säuberlich geordnet wie ihre Besitztümer: Jeder hatte seinen festen Platz und durfte nur näherkommen, wenn er dazu eingeladen wurde, und auch dann jeweils nur einen Schritt. Aber ihr Verhältnis zu Menschen war nicht etwa steif oder förmlich. In ihrem engeren Kreis erweckte sie eine Treue und Hingabe, die, hätte sie es zugelassen, von selbst zu einer Art Liebe geworden wäre.« (Nettl 1967: 42)

Rosa Luxemburg gehörte nicht zum inneren Zirkel der SPD – einer Gruppe älterer und alter Männer. Aber sie genoss lange die besondere Achtung August Bebels. Sie hatte sich ihren Platz in der Partei während der Auseinandersetzung mit Eduard Bernstein Ende der 1890er Jahre erobert. Der SPD-Ko-Vorsitzende, eine ehrliche Haut und zugleich ein Taktiker, der sein Lebenswerk vor dem Scheitern bewahren wollte, war auf die junge Frau gut zu sprechen und benutzte sie zugleich auch für seine Zwecke. Sie ihrerseits war von dem alten großen Mann ehrlich hingerissen. Auf einem Parteitag jener Jahre rutschte ihr in aller Öffentlichkeit ein »August, ich liebe Dir« heraus. Er selbst schrieb in einem Brief über sie, die Geschlechterrollen fixierend: »... sie ist ein sehr gescheites Frauenzimmer und wird ihren Mann stehen« (zitiert in Krauß 1999: 27).

Als Rosa Luxemburg 1906, getarnt als deutsche Journalistin Anna Matschke, in Warschau der zaristischen Polizei in die Falle ging, setzte auch Bebel alle Hebel in Bewegung, um ihr Leben zu schützen und sie aus der Haft freizukaufen. Sein Angebot nach ihrer Befreiung, ihr mit Mitteln des Parteivorstands persönlich finanziell unter die Arme zu greifen, lehnte sie allerdings ab – so wie sie sich in der Haft das Ansinnen verbeten hatte, beim deutschen Reichskanzler um diplomatische Intervention bei den Russen nachzusuchen, um ihre Freilassung zu erwirken. In erster Linie blieb sie Citoyenne, eine Bürgerin im Sinne der Französischen Revolution – selbstbewusst und auf ihre Freiheit bedacht, in Deutschland eine Rarität. Dankbarkeit, die sie in Abhängigkeit zwang, lehnte sie ab. Dafür war sie bereit, einen hohen Preis zu zahlen, mitunter einen sehr hohen; eine ihrer Freundinnen meinte sogar, einen zu hohen. Rosa Luxemburg hasste es sich zu verstecken. Frei fühlte sie sich nur im offenen Kampf.

Lauheit war ihr zuwider; doch genau die hatte sich unter den einstigen Helden aus der Zeit des Sozialistengesetzes breitgemacht. An einem Sonntag Anfang 1907 war Rosa Luxemburg gemeinsam mit ihrer langjährigen Stuttgarter Freundin Clara Zetkin, einer entschiedenen Vorkämpferin für die Gleichstellung der Frau, bei der Familie von Karl Kautsky zum Essen eingeladen. Die Frauen hatten noch einen Spaziergang gemacht und sich verspätet. Der anwesende SPD-Parteivorsitzende August Bebel meinte deshalb scherzhaft, die Wartenden hätten schon das Schlimmste befürchtet. Sollte ihnen einmal ein Unglück widerfahren, meinte Rosa ausgelassen, möge man auf ihren Grabstein schreiben: »Hier ruhen die beiden letzten Männer der deutschen Sozialdemokratie.«

Während ihres Studiums in Zürich gehörte Rosa Luxemburg zu den Mitbegründerinnen des »Internationalen Studentinnenvereins«, der zwischen 1895 und 1911 existierte. Im Unterschied zum älteren »Allgemeinen Studentinnenverein Zürich« (1887–1899), der in Hochschulangelegenheiten für Frauen das aktive Wahlrecht forderte, verlangte der »Internationale Studentinnenverein« zusätzlich das passive Wahlrecht, also die Wählbarkeit für Frauen in die Hochschulgremien. Die Prominenteste unter den Mitbegründerinnen des »Internationalen Studentinnenvereins« war die 14 Jahre ältere Fotografin Anita Augspurg, die erst als 36-Jährige das Studium aufgenommen hatte, aber noch vor Rosa Luxemburg promoviert wurde. Anita Augspurg engagierte sich nach ihrer Rückkehr nach München nicht nur in der Wahlrechtsbewegung und in der Friedensbewegung, sondern wurde auch zu einer Vorkämpferin der internationalen Lesbenbewegung.

Zwischen der Wahlrechtsbewegung, für die u.a. Anita Augsburg und Minna Cauer standen, und dem antikapitalistisch-sozialistischen Flügel der Studentinnen- und Frauenbewegung, der, von Clara Zetkin beeinflusst, auch die ökonomische Gleichstellung der Frau forderte und dem als Studentin auch Rosa Luxemburg anhing, kam es immer wieder zu Spannungen, die erst während des Ersten Weltkrieges abflachten.

Nach ihrer Übersiedlung nach Berlin und nach ihrem Eintritt in die SPD engagierte sich Rosa Luxemburg nur noch mit allergrößter Zurückhaltung in Fragen der Gleichstellung der Frau; jedoch nicht etwa, weil sie ihre Positionen geändert hatte. Frauen, denen von Rechts wegen nicht nur das Wahlrecht, sondern fast alle staatsbürgerlichen Rechte verweigert wurden, erlebten die SPD als einen positiven, schützenden Raum, aus dem heraus die Auseinandersetzung um die Gleichstellung der Frau geführt werden konnte. Rosa Luxemburg, die die SPD-Führer anfänglich auch auf dieses Feld schieben wollten, erkannte aber sofort die Nachteile. Diese Arbeitsteilung zwischen Männern und Frauen verstetigte die patriarchalischen Strukturen, von denen damals alle politischen Organisationen, auch die SPD, geprägt waren. Clara Zetkin – der Kopf der sozialistischen Frauenbewegung Europas, 14 Jahre älter als Rosa Luxemburg – warb zeitlebens um Rosa Luxemburgs Mitarbeit an der Frauenzeitschrift »Die Gleichheit«. Doch Rosa Luxemburg gab nur selten dem Drängen Clara Zetkins nach. Rosa Luxemburg verstand sich nicht als »Politikerin«, sondern als »Politiker« – auf Augenhöhe mit ihren männlichen Kollegen. Um das nicht zu gefährden, steckte sie in der Frauenfrage öffentlich zurück.

An der Freundschaft zwischen Clara Zetkin und Rosa Luxemburg änderten Rosa Luxemburgs Ausflüchte im Übrigen nichts. Selbst als Rosa Luxemburg mit dem 14 Jahre jüngeren Sohn von Clara Zetkin, Kostja, eine Beziehung einging (1906/07–1912), war die Verstimmung zwischen beiden Frauen nur vorübergehend.

Politisch hatten sich die Gewichte zwischen der Älteren und der Jüngeren schon bald nach ihrem Kennenlernen verschoben. Clara Zetkin war die Temperamentvolle, eine erfolgreiche Herausgeberin einer Zeitschrift und eine mitreißende Agitatorin; Rosa Luxemburg, keineswegs ohne Temperament und auch mit der Begabung, Säle zum Kochen zu bringen, war die wesentlich Analytischere. Das zuzugeben, machte Clara Zetkin – auch sie war nicht frei von Eitelkeit – nie Probleme. Noch mitten in der Novemberrevolution 1918 schrieb sie an Rosa Luxemburg: »Ach Rosa, es ist eine Welt von Fragen, über die ich mich mit Dir aussprechen müsste. Du weißt, wie misstrauisch ich gegen mein eigenes Urteil bin. Und hier habe ich [nur] liebe Menschen, deren Meinungen und Auffassungen mich [zwar] anregen können, aber niemand[en], dessen Urteil über die Situation mir maßgebend für Selbstorientierung und Selbstverständigung wäre« (Zetkin 2016b: 495).

Es gibt ein bleibendes Paradoxon: Luxemburg war sehend und blind zugleich. Sie hatte einen grenzenlosen Optimismus, wenn es um die Einsichtsfähigkeit der Arbeiterinnen und Arbeiter ging, ihre kapitalistische Abhängigkeit zu überwinden. Jeder einzelne Kampf schien ihr über das Jetzt und Hier hinauszuweisen. Das Einrichten im Gegebenen, die Selbstgenügsamkeit, war ihr unerträglich. Sie konnte hellsichtig die Russische Revolution von 1905 als Ausdruck der lebendigsten Selbstorganisation und Selbstermächtigung von Menschen sehen, übersah aber fast völlig die unverzichtbare Rolle von fest gefügten Organisationen oder griff sie als Herrschaftsinstrumente an. Sie insistierte auf der Solidarität der Klassen über alle Grenzen von Nationalitäten und Rassen und Geschlechter hinweg und verweigerte sich deshalb gegenüber den besonderen »Judenschmerzen«, der Eigenständigkeit von Kämpfen gegen Patriarchat oder gegen die Vormacht einer Nation über andere. Alles war für sie ein gemeinsamer sozialistischer Kampf, der keine Risse aufzeigen sollte. Deswegen findet man bei ihr aber auch kaum strategisch-überzeugende Antworten darauf, wie man unter Anerkennung dieser Risse, ja Spaltungen, eine solidarische Politik über die Appelle an das Gemeinsame hinaus verwirklichen kann.

Nur wenige Beispiele für diese selektive Symbiose Luxemburgs mit der Welt, wie sie sie sah, sollen genügen. So schrieb sie, dass die »teuerste Hinterlassenschaft« von Marx die Verbindung zweier Gegensätze sei: »theoretische Vertiefung, um unsern Tageskampf nach dem festen Steuer des Prinzips zu lenken, und entschlossene revolutionäre Tatkraft, damit die große Zeit, der wir entgegengehen, nicht ein kleines Geschlecht finde« (GW 3: 184). Es war ein Selbstporträt. Ihre Bewunderung für den politischen Massenstreik drückte sie in Worten aus, die dem entsprachen, was sie für ihr eigenes Wirken erhoffte: »Aus dem Wirbel und Sturm, aus Feuer und Glut der Massenstreiks, der Straßenkämpfe steigen empor wie die Venus aus dem Meeresschaum: frische, junge, kräftige und lebensfrohe – Gewerkschaften.« (GW 2: 118) 1915 schrieb sie über das Wirken in sozialistischen Organisationen: »Allein wir wären nicht wert, die nach freiem Menschentum dürstende Seele je an den Quellen des Sozialismus gelabt und neues Leben aus ihnen getrunken zu haben, könnte uns das alles und manches andere noch genügen, was die Stunde von uns fordert. Was wir für die Organisation und durch sie wirken, muss wie eine Schale bis an den Rand mit sozialistischem Geiste erfüllt sein. Dadurch erst und dadurch allein erhält er seinen wahren Sinn und seine höhere Weihe.« (GW 7.2: 936)

Sie sah sich als jemand, der diesem Geist Ausdruck verleiht. Ohne diesen Geist war ihr die Schale nur eine tote Hülle und persönlich eine Hölle. Ihre Bereitschaft, lieber Niederlagen, auch den eigenen Tod, hinzunehmen, als nicht in Identität mit den eigenen Idealen zu leben, rührte her aus dieser direkten Einheit des Innersten ihrer Persönlichkeit mit der weltumspannenden Bewegung, für die sie eintrat. Sie sah sich als »ein Land der unbeschränkten Möglichkeiten« (GB 5: 157) und suchte in der Wirklichkeit solche Bewegungen, solche Menschen, solche Gedanken und Formen, die ebenfalls die Grenzen zu sprengen suchten.

Gerade ihr Briefwechsel zeugt von der ständigen Arbeit an sich selbst, an ihren Beziehungen zu Freundinnen und Freunden, den Geliebten, unterbrochen von permanenter Selbstreflexion und auch Ermahnung anderer zu Wahrhaftigkeit und Standfestigkeit. Die stehende Redewendung in vielen ihrer Briefe ist: »Sei heiter!« Den Schicksalsforderungen zu widerstehen, hieß für sie, sich niemals für längere Zeit die Fähigkeit zu einem selbstbewussten, bejahenden und den Augenblick genießenden Leben nehmen zu lassen. Sie suchte die unmittelbarste Du-Beziehung – und sei es zu einer Hummel, einer Taube, einer Blüte, dem Geliebten, der Freundin, einer Landschaft, dem fahlen Schein des Mondes – und baute zugleich Distanz auf, um bei sich selbst zu sein. Wer in ihren Bann geriet, der erfuhr beides reichlich – die Freigebigkeit und die Abwehr. Alles dies kommt im Brief an Hans Diefenbach vom Januar 1917 zum Ausdruck, in dem sie schrieb: »Nun, ich sage Ihnen, Hänschen, wenn mir der beste Freund einmal sagen würde: Ich habe nur die Wahl, eine Gemeinheit zu begehen oder vor Leid zu sterben, dann würde ich ihm mit eisiger Ruhe antworten: Dann stirb.« (GB 5: 158)

Im Gefängnis – bei sich und der Welt

Der Charakter eines Menschen offenbart sich dann vor allem, wenn ihm der Schutzraum des Privaten entzogen wird. Gefängnisse sind solche Orte. Wer etwas über Nelson Mandela als Persönlichkeit erfahren will, muss Robben Island besuchen, die Gefängnisinsel, 12 km von Kapstadt entfernt im Atlantik, wo er zwanzig Jahre in einer vier Quadratmeter großen Zelle inhaftiert war. Rosa Luxemburg war schon vor dem Ersten Weltkrieg mehrfach eingesperrt gewesen. Während des Krieges war sie ein Jahr im »Weiber-Gefängnis« in der Barnimstraße in Berlin und dann, nach kurzer Unterbrechung im Frühjahr 1916, als »Schutzhäftling« in Wronke und Breslau, von wo aus sie erst im November 1918 entlassen wurde. Sie verfasste in »unfreiwilliger Muße« (GB 5: 130) im Berliner Gefängnis u.a. die »Junius-Broschüre« und eine Auseinandersetzung mit der Kritik an ihrer »Akkumulation des Kapitals«, ihre »Antikritik«. Während der späteren Gefängniszeit übersetzte sie den ersten Teil der Erinnerungen des russisch-ukrainischen sozialrevolutionären Schriftstellers Wladimir G. Korolenko und schrieb eine Einleitung dazu. Sie konnte viele Artikel nach außen schmuggeln und setzte sich nicht zuletzt mit der Russischen Revolution auseinander. Den ersten Schock nach der Einweisung in das Berliner Frauengefängnis kommentierte sie so:

> »Die russischen Gendarmen haben mich als Politische mit großem Respekt eskortiert, die Berliner Schutzleute hingegen erklärten mir, es sei ›schnuppe‹, wer ich sei, und steckten mich mit neun ›Kolleginnen‹ in einen Wagen. Na, das alles sind Lappalien schließlich, und vergessen Sie nie, dass das Leben, was auch kommen mag, mit Gemütsruhe und Heiterkeit zu nehmen ist. Diese besitze ich nun auch hier in dem nötigen Maße. Damit sie übrigens keine übertriebene Vorstellung von meinem Heldentum bekommen, will

> ich reumütig bekennen, dass ich in dem Augenblick, wo ich zum zweiten Mal an jenem Tage mich aufs Hemd ausziehen und betasten lassen musste, mit knapper Not die Tränen zurückhalten konnte. Natürlich war ich innerlich wütend über mich ob solcher Schwachheit und bin es jetzt noch. Auch entsetzte mich am ersten Abend nicht etwa die Gefängniszelle und mein so plötzliches Ausscheiden aus den Lebenden, sondern – raten Sie! – die Tatsache, dass ich ohne mein Nachthemd, ohne mir das Haar gekämmt zu haben aufs Lager musste. Damit ein klassisches Zitat nicht fehlt: Erinnern Sie sich an die erste Szene in ›Maria Stuart‹, als dieser die Schmucksachen weggenommen werden: ›Des Lebens kleine Zierden zu entbehren‹, sagt Marias Amme, die Lady Kennedy, sei härter als große Prüfungen zu ertragen. (Sehen Sie mal nach, Schiller hat es etwas schöner gesagt als ich hier.)« (GB 5: 47)

Genauso bemerkenswert wie ihre theoretischen und politischen Gefängnisschriften und Voraussetzung dafür, sie verfassen zu können, waren ihre Fähigkeit und Willenskraft, im Gefängnis *zu leben* und dies mit großer Intensität. Sie folge, so schrieb sie, einem Imperativ – »vor allem muss man jederzeit als voller Mensch leben« (GB 5: 177). Soweit es nur die Umstände und das Aufsichtspersonal und deren Leiter zuließen, bemühte sie sich erstens, auch das Gefängnis in einen Lebensort zu verwandeln, ihm unter widrigsten Bedingungen Züge von Heimat zu verleihen. Sie hat versucht, frühere Gewohnheiten fortzusetzen. Ihre Wohnungen waren ihr immer ungeheuer wichtig gewesen. Sie mussten ihr entsprechen – geordnet und möglichst naturnah. Auch ihre Gefängnisräume wurden »wohnlich« gestaltet, soweit dies überhaupt möglich war. In Wronke legte sie einen Garten an und botanisierte weiter. Sie hielt, so sie konnte, immer einen disziplinierten Tagesablauf ein. Zweitens setzte sie ihren Dialog mit Freundinnen und Freunden fort, knüpfte neue Beziehungen. Was ihr an direkter Beziehung fehlte, überbot sie durch das intensivste briefliche Gespräch. Drittens blieb sie politisch aktiv, griff ein, suchte weiter, mit ihrem Wort Menschen zu erreichen und aufzuklären. Und viertens nutzte sie die Zeit für theoretische und kulturelle Reflexionen. Dank ihrer persönlichen Ausstrahlung konnte sie zumindest in Wronke wesentliche Vergünstigungen erhalten (siehe dazu die Erinnerungen des Gefängnisdirektors Dr. Ernst Dossmann in GW 7.2: 971 und 995).

In den Gefängnisbriefen schuf sie für sich und andere eine eigene Welt. Ihre Freundin Henriette Roland Holst sagte von diesen Briefen, dass manche von ihnen »zu den schönsten Prosagedichten der Weltliteratur« (Roland Holst 1937: 153) gehören. Sie ermahnte sich gegen die Wut und Verzweiflung wieder und wieder mit den Worten: »Übrigens wäre alles viel leichter zu erleben, wenn ich bloß nicht das Grundgebot vergessen würde, das ich mir fürs Leben gemacht habe: Gut sein ist Hauptsache! Einfach und schlicht gut sein, das löst und bindet alles und ist besser als alle Klugheit und Rechthaberei.« (GB 5: 183)

Diese Briefe waren keine »Seelenergüsse«, sondern Selbstdarstellungen, nicht zuletzt gemacht, um sich selbst an ihnen aufzurichten und anderen Halt zu bieten. Es sind Kunstprodukte von reflektierter Unmittelbarkeit. Luxemburg arbeitete intensiv an Beziehungen zu denen »draußen«, schuf die sie umgebende oder auch die ihr jetzt ferne Welt literarisch um, um sie nicht nur ertragen, sondern in ihr leben zu können.[3] An Hans Diefenbach malte sie kurz vor dessen Tod die Idylle einer Reise in die sommerliche Schweiz aus und schloss, umgeben von Gefängnismauern, mit den Worten: »Herrgott, wie schön ist die Welt und das Leben!« (GB 5: 189)

Das Wahr-Sprechen

In ihren Reden und Artikeln wiederholte Luxemburg immer wieder: »Wie Lassalle sagte, ist und bleibt die revolutionärste Tat, immer ›das laut zu sagen, was ist‹.« (GW 2: 36, siehe auch die Fußnote in GEW 7.2: 577 mit dem Quellennachweis bei Lassalle) Volker Caysa hat dies in das Zentrum der Lebenshaltung von Luxemburg gerückt. Dabei verwendet er den griechischen Begriff der Parrhesia, des Frei-über-Alles-Sprechen. Dieser Begriff entstand zuerst mit der antiken Polis-Demokratie und wurde von Michel Foucault in seinen Vorlesungen am Collège de France 1982 bis 1984 ausführlich diskutiert. Wie Caysa über Luxemburg schreibt: »Im Mittelpunkt ihrer politischen Lebens(kunst-) Philosophie steht eine Politik der Parrhesia, des offenen, freien, gefährlichen Wahrsprechens, des schutzlosen, nicht herrschaftsgeschützten (in diesem Sinne machtgestützten) Wahrheit-Heraussagens unter Inkaufnahme existenzieller Gefährdungen. Sie verkündet die Wahrheit, ohne sich von der Angst um die eigene Existenz lähmen zu lassen – rückhaltlos, auf eigene Rechnung, (fast) allein und auch, wenn es nicht anders geht, ohne den Rückhalt der Partei, der Gemeinschaft, der sie angehört.« (Caysa 2017: 14)

Dieses Wahr-Sprechen hatte bei Luxemburg verschiedene Dimensionen. *Erstens* ergab sich daraus die Forderung, politische Räume zu schaffen und zu erhalten, in denen die Freiheit des Anders-Denkenden als höchstes Gut

[3] Ihre Freundin Luise Kautsky schrieb später über Luxemburg: »Wie sie, die große Lebenskünstlerin, es verstand, selbst dort in der strengen Haft ihr Dasein zu einem menschwürdigen zu gestalten, ja, wie sie es fertigbrachte, mehr Befriedigung, fast möchte man sagen, sogar ein größeres Maß von Glück aus diesem Dasein im Kerker zu schöpfen, als wir anderen in jenen schrecklichen Zeiten aus unserem Leben in der Freiheit, dafür legen ihre Briefe aus jenen Tagen ein beredtes Zeugnis ab.« (Kautsky 1929: 43f.)

geschützt wird. Als Sprechender sollte auch der Feind unangetastet bleiben. Nur in dem Raum des Frei-Sprechens könnten sich Selbstermächtigung und Selbstbestimmung entfalten. Demokratie war für sie deshalb keine Durchgangsstufe und die Diktatur des Proletariats sollte geprägt sein durch »eine freie, ungehemmte Presse, [...] ungehindertes Vereins- und Versammlungsleben«. Wie sonst, fragte sie, soll denn »Herrschaft breiter Volksmassen« (GW 4: 358) möglich sein?

Zweitens ist Luxemburgs Wahr-Sprechen nicht mit unverbindlichem Gerede zu verwechseln. Foucault hob in seinen Vorlesungen über die Parrhesia vor allem die existenzielle Selbstverpflichtung der Wahr-Sprechenden hervor: »Der Parrhesiastiker, der von der *parrhesia* Gebrauch macht, ist der wahrhaftige Mensch, d.h. derjenige, der den Mut besitzt, das Aussprechen der Wahrheit zu riskieren, und der dieses Aussprechen der Wahrheit in einem Bündnis mit sich selbst riskiert, und zwar gerade insofern er der Verkünder der Wahrheit ist.« (Foucault 2010: 94) Die Wahrheit liegt zunächst einmal in der oder dem Sprechenden selbst. Es sind in erster Linie Selbstaussagen, verbürgt durch das eigene Tun.

Luxemburgs Vermächtnis liegt vor allem darin, dass sie sich den Widersprüchen des Lebens als Sozialistin mit äußerster Konsequenz stellte, bis über den Punkt hinaus, wo Konsequenz zur gröbsten Fahrlässigkeit wird und Tod bedeuten kann. Als der Staatsanwalt sie 1913 wegen möglicher Fluchtgefahr sofort in Gewahrsam nehmen wollte, rief sie am Ende ihrer Verteidigungsrede im Gerichtssaal aus: »Ein Sozialdemokrat flieht nicht. Er steht zu seinen Taten und lacht Ihrer Strafen. Und nun verurteilen Sie mich!« (GW 3: 406) Dieses Zu-den-eigenen-Worten-Stehen zeichnete sie aus. Sie war auch in dieser Hinsicht radikal. Und nur dies machte sie zu einer würdigen Wahr-Sprecherin. Die Wahrheit ihres Sprechens lag in der Wahrheit ihres Lebens. Das Wahr-Sprechen war vor allem ein Ausdruck der im eigenen Leben verbürgten Wahrheit. Sie hielt es mit der Offenbarung des Johannes: »Weil du aber lau bist und weder kalt noch warm, werde ich dich ausspeien aus meinem Munde.« (Offenbarung 3: 16)

Drittens nimmt das Wahr-Sprechen den dadurch Angesprochenen in die Pflicht. Auch die anderen sollen nicht lau bleiben. Dies galt für sie politisch wie menschlich. So schrieb sie an Kostja Zetkin, sich auf ihre »Junius-Broschüre« vorbereitend: »Heute war ich im Opernhaus im Konzert, Beethovens Klavierkonzert war wunderschön. Während ich die Musik hörte, reifte in mir wieder der kalte Hass gegen das Menschenpack, unter dem ich leben muss. Ich fühle, jetzt muss über das, was vorgeht, ein Buch geschrieben werden, dass weder Mann noch Weib gelesen, auch nicht die ältesten Leute, ein Buch, das mit Keulenschlägen auf diese Herde einschlüge.« (GB 5: 28) Sie wollte durch das Wahr-Sprechen andere zum wahren Leben auffordern, ja sie dazu zwingen, mit sprachlicher Gewalt. Und dies galt auch in persönlichen Beziehungen. Ihr Anspruch an sich selbst und ihr Anspruch an die »Massen«, sich selbst aus eigener Kraft zu befreien und sich keine neuen Fesseln anlegen zu lassen, waren untrennbar. Eine gesellschaftliche Veränderung, die nicht zugleich lebensbereichernde solidarische Selbstveränderung ist, hat sie strikt abgelehnt.

Dieser Wahrheitsanspruch als Forderung an andere durchdrang auch ihre persönlichen Beziehungen. In einem Brief an Leo Jogiches, ihren Lebenspartner, vom 21. März 1895 kann man lesen:

> »Ach, du Gold! Weißt Du, ich habe sehr grausame Absichten! Wirklich, ich habe mir hier unsere Beziehungen ein wenig durch den Kopf gehen lassen, und wenn ich zurückkehre, so nehme ich dich so scharf in die Klauen, dass Du quiekst, Du wirst sehen! Ich werde dich völlig terrorisieren. Du musst dich unterwerfen, musst Dich ergeben und beugen, das ist die Bedingung für unser weiteres Zusammenleben. Ich muss dich brechen, deine Hörner abschleifen, sonst halte ich es mit Dir nicht aus. Du bist ein schlechter Mensch, dessen bin ich mir jetzt so sicher, wie dass die Sonne am Himmel steht, nachdem ich über deine ganze seelische Physiognomie nachgedacht habe. Und ich ersticke diese Wut in Dir, so wahr ich lebe, solche Halme dürfen nicht ins Kraut schießen. Ich habe ein Recht, das zu tun, denn ich bin zehnmal besser als Du, und verdamme ganz bewusst diese stärkste Seite deines Charakters.« (GB 1: 56f.)

Viertens war das Wahr-Sprechen bei Rosa Luxemburg Erzeugung einer wahren Realität – wahrer Beziehungen, wahrer Lebensformen, wahrer Politik, und sei es als Vor-Schein, wie Ernst Bloch es nennt. Ihre Sprachpraxis verstand sich als gelebte Antizipation dessen, was möglich ist, was Wirklichkeit werden könnte, wenn Menschen in der Wahrheit leben. In ihrer Schrift »Zur russischen Revolution« formulierte sie gegen den entstehenden »Realsozialismus« bolschewistischer Prägung ihre Vision: »Das sozialistische Gesellschaftssystem soll und kann nur ein geschichtliches Produkt sein, geboren aus der eigenen Schule der Erfahrung, in der Stunde der Erfüllung, aus dem Werden der lebendigen Geschichte, die genau wie die organische Natur, deren Teil sie letzten Endes ist, die schöne Gepflogenheit hat, zusammen mit einem wirklichen gesellschaftlichen Bedürfnis stets auch die Mittel zu seiner Befriedigung, mit der Aufgabe zugleich die Lösung hervorzubringen.« (GW 4: 360) Dieser Sozialismus wäre eine Gesellschaft lebendigster Vielfalt.

Fünftens erfolgte Luxemburgs Wahr-Sprechen aus dem Marxismus heraus. Wie Peter Nettl betonte: »Sie wusste den Marxismus lebendig zu machen, wie es weder Lenin noch Kautsky noch sonst einem Zeitgenossen gelang. […] Sie war total, wo Lenin selektiv; praktisch, wo Kautsky formal; menschlich, wo Plechanow abstrakt war.« (Nettl 1967: 24) Ihr Denken »ist eine um die geschichtliche Erfahrung bereicherte Reflexion in ständiger Bewegung« (Löwy 2020: 40). Luxemburg hat die Widersprüche dieses Marxismus gelebt und setzte sie selbst in Bewegung, um die Selbstemanzipation der arbeitenden Klassen zu befördern. Für sie war er weder die reine Lehre noch der Orden der Überzeugten, weder formalisierte Ideologie noch bloßes politisches Instrument, sondern Lebenspraxis und einzig mögliche – revolutionäre – Realpolitik. Luxemburg sah sich damit konfrontiert, wie sie 1903 schrieb, dass sich »ein gewisser drückender Einfluss Marxens auf die theoretische Bewegungsfreiheit mancher seiner Schüler nicht leugnen« (GW 1.2: 364) ließe. Es gäbe eine »peinliche Angst, um beim Denken ja ›auf dem Boden des Marxismus‹ zu bleiben« (ebd.). Dies könne in »einzelnen Fällen für die Gedankenarbeit ebenso verhängnisvoll […] sein wie das andere Extrem – die peinliche Bemühung, gerade durch die vollkommene Abstreifung der Marxschen Denkweise um jeden Preis die ›Selbständigkeit des eigenen Denkens‹ zu beweisen« (ebd.). Das wirft natürlich auch die Frage auf, ob im Rahmen des Marxismus – oder welches Marxismus – die von Luxemburg gelebten Widersprüche produktiv ausgehalten werden können.

Freiheit ist immer die Freiheit der Anderen

Gegen jeden Opportunismus gewandt, forderte Rosa Luxemburg, dass Freiheit, damit sie wirkliche Freiheit ist und nicht der verdeckte Zwang zur Anpassung, die Freiheit der Anderen als Andersseiende aktiv befördern müsse. In dieser Hinsicht nahm sie die modernen sozialen Bewegungen vorweg. Sie strebte nach einer lebendigen Welt, in der viele Welten Platz haben. Die Gleichheit in der Freiheit ist eine Gleichheit der Verschiedenen. Das Verhalten als freier Mensch, so verstand und praktizierte sie es, besteht genau darin, anderen die Möglichkeit zu geben, *als Andere frei* zu sein. Und bevor diese Freiheit ein Recht ist, ist sie ein Anspruch an eigenes Handeln, alle Verhältnisse von Ausbeutung und Unterdrückung – nicht zuletzt der Andersdenkenden – zu überwinden.

Es hat eben niemand Freiheit von Natur aus oder per Geburt. Die Würde des Menschen wie seine Freiheit sind antastbar und bedürfen des Schutzes. Niemand kann dauerhaft Rechte für sich durchsetzen, wenn er nicht so solidarisch ist, sie anderen zuzugestehen und tätig zu ermöglichen. Andernfalls werden er und sie zum Unterdrücker und Ausbeuter. Um selbst frei sein zu können, muss man Freiheit vor allem geben, für andere erkämpfen und durchsetzen. Sonst ist sie nur geraubt oder gekauft.

Freiheit in Rosa Luxemburgs Verständnis ist unendlich weit vom marktliberalen Egoismus oder dem Selbstverwirklichungs-Kult entfernt. Freiheit, wie sie Rosa Luxemburg selbst als soziale Tugend praktizierte, war Kampf für die Freiheit der Anderen. Nicht jene Gesellschaft ist eine Gesellschaft von Freien, deren Bürgerinnen und Bürger sich nur gegen die eigene Unterdrückung wehren. Zu schnell, so lehrt die Erfahrung, sind sie dabei, andere zu unterdrücken, wenn Machtverhältnisse es erlauben und eigene Egoismen es als vorteilhaft erscheinen lassen. Nur jene Menschen sind wirklich frei, die sich gegen die Unterdrückung anderer auch dann wehren, wenn sie selbst von dieser Unterdrückung profitieren.

In Rosa Luxemburgs Verständnis ist Freiheit ein Verhalten, das Verhältnisse konstituiert, durch das anderen die Bedingungen von Freiheit zur Verfügung gestellt werden. Dies betrifft gleichermaßen die Frage grundlegender Freiheitsgüter wie den Abbau jener Privilegien, die nicht zur Überwindung von sozialer Ungleichheit beitragen. Dies aber ist ohne die grundlegende Veränderung der Eigentums- und Machtverhältnisse und die Überwindung von Profitdominanz über Wirtschaft und Gesellschaft unmöglich. Deshalb war sie Sozialistin.

Nur jene Gesellschaft ist frei zu nennen, in der jede und jeder Einzelne frei ist. Dies aber ist nur möglich, wenn die freie Entwicklung einer und eines jeden zur solidarischen Entwicklung aller beiträgt. Und nur Blindgläubige oder Zyniker können glauben, so Luxemburg, dass dies die »unsichtbaren« Hände des Marktes oder die »sichtbaren« Hände des Staates auch ohne unser Zutun besorgen würden. Dies genau hieße, bequem oder feige die Verantwortung für Freiheit an andere zu delegieren und damit unfrei zu werden. Politik war für Luxemburg in diesem Sinne immer widerständige Teilhabe an befreiender solidarischer Praxis.

Die Freiheit, Geld anzulegen, deren Bewegung zu einer totalitären Kapitalverwertung wird, die die Weltgesellschaft beherrscht und Reichtum wie Armut, Gesundheit und Krankheit, Bildung und Analphabetentum, Frieden und Krieg an gegensätzliche soziale Gruppen, Klassen, Völker und Erdteile verteilt, war für Rosa Luxemburg grausame Unterdrückung. Freiheit, die darin besteht, dass wenige Prozent der Weltbevölkerung die große Masse der globalen Ressourcen verbrauchen, hat sie als brutale Herrschaft gebrandmarkt. Die hochgerüstete »freiheitliche Weltordnung« war für sie militaristische Imperialpolitik. Die gegenwärtig neu durchgesetzte Freiheit, sich die genetischen Kodes und die Wissensbestände als privates Eigentum aneignen zu dürfen, hätte sie als verbrecherischen Raub gegeißelt. Die Vernichtung der biologischen Vielfalt dieser Erde hätte sie, die mit jedem geschundenen Tier und jeder zertretenen Pflanze litt, als Barbarei verflucht.

Es gehört zu den hartnäckigsten Vorurteilen der liberalen Gesellschaften, Freiheit stünde im Gegensatz zu Gleichheit und Gerechtigkeit. Rosa Luxemburgs Verständnis von Freiheit hat Solidarität als Grundlage. Nur die, die anderen ein freies Leben ermöglichen, handeln gerecht. Ein solcher Begriff von Freiheit, der in der Solidarität gründet und auf Gleichheit in der Freiheit der Verschiedenen zielt, ist nicht nur außerordentlich kritisch gegenüber der Verwandlung von Freiheit in die Barbarei privilegierter Nutznießung sozialer Vorrechte, sondern gleichzeitig gegen alle gesellschaftlichen Strukturen und die sie garantierenden Herrschaftsverhältnisse gerichtet, die diese Barbarei erst ermöglichen. Das von ihr immer wieder gebrauchte Wort »Sozialismus oder Barbarei« könnte auch »Freiheit oder Barbarei« buchstabiert werden. Und der Satz »Freiheit oder Sozialismus« wäre für sie genauso widersinnig gewesen wie der Satz »Freiheit oder Freiheit«. Dieses Vermächtnis hinterlassen zu haben, dadurch mit ihrem Leben gezeugt zu haben, macht das Wunder der Rosa Luxemburg aus.

Kapitel 2
Die vernichtete Autorität von Engels und Kautsky

»Der Marxismus enthält zwei wesentliche Elemente: das Element der Analyse, der Kritik, und das Element des tätigen Willens der Arbeiterklasse als den revolutionären Faktor. Und wer nur die Analyse, nur die Kritik in die Tat umsetzt, vertritt nicht den Marxismus, sondern eine erbärmliche, verfaulende Parodie dieser Lehre.« (GW 2: 224)

Wir sind wieder bei Marx – aber bei welchem?

In der letzten öffentlichen Rede ihres Lebens, in der Begründung des Programms der KPD auf dem Gründungsparteitag am 31. Dezember 1918, rief Rosa Luxemburg aus: »Nun, Parteigenossen, heute erleben wir den Moment, wo wir sagen können: Wir sind wieder bei Marx, unter seinem Banner.« (GW 4: 494) Die Einheit von (marxistischer) Theorie und Praxis sollte wiederhergestellt werden. Aus Anlass der Herausgabe der Marx'schen »Theorien über den Mehrwert« hatte Luxemburg schon im Januar 1905 gemahnt, dass es die Aufgabe sei, sich »in die grundlegenden Werke Marxens mit ehrlichem Fleiß hineinzuarbeiten und die Brücke zwischen seinen wissenschaftlichen Theorien und der auf ihnen basierten Praxis der Sozialdemokratie auf Schritt und Tritt zu finden, um dadurch sich selbst wie die Massen aus der drohenden geistigen Verödung und Verflachung im Tageskampfe emporzureißen« (GW 1.2: 476).

Aber welcher Marx war 1918 gemeint und welcher seiner theoretischen Ansätze? In ihrer Rede auf dem Parteitag unterschied Luxemburg zwischen jenen Positionen, die Marx und Engels Ende 1847/Anfang 1848 im »Manifest der Kommunistischen Partei« vertreten haben, von jenen Auffassungen, die diese nach der Niederschlagung der Pariser Kommune entwickelten. Im Vorfeld der 1848er-Revolution, so Luxemburg, »glaubten die beiden und mit ihnen alle führenden Geister der proletarischen Bewegung, man stände vor der unmittelbaren Aufgabe, den Sozialismus einzuführen; es sei dazu nur notwendig, die politische Revolution durchzusetzen, der politischen Gewalt im Staate sich zu bemächtigen, um den Sozialismus unmittelbar zu Fleisch und Blut zu machen. Nachher wurde, wie Sie wissen, von Marx und Engels selbst eine durchgreifende Revision dieses Standpunkts vorgenommen.« (GW 4: 488)[4] Von nun an sei zwischen Maximal- und Minimalprogramm unterschieden worden.

---

[4] Es sei hier der Vollständigkeit halber angemerkt, dass Rosa Luxemburg Marx' Position in der 1848er-Revolution, als dieser auf dem radikal-linken bürgerlichen Flügel agiert

Diese Revision der Strategie des »Kommunistischen Manifest« machte Luxemburg im Vorwort zur deutschen Ausgabe von 1872 aus. Dort schrieben Marx und Engels: »Wie sehr sich auch die Verhältnisse in den letzten fünfundzwanzig Jahren geändert haben, die in diesem ›Manifest‹ entwickelten allgemeinen Grundsätze behalten im ganzen und großen auch heute noch ihre volle Richtigkeit. Einzelnes wäre hier und da zu bessern. Die praktische Anwendung dieser Grundsätze, erklärt das ›Manifest‹ selbst, wird überall und jederzeit von den geschichtlich vorliegenden Umständen abhängen, und wird deshalb durchaus kein besonderes Gewicht auf die am Ende von Abschnitt II vorgeschlagenen revolutionären Maßregeln gelegt. Dieser Passus würde heute in vieler Beziehung anders lauten. Gegenüber der immensen Fortentwicklung der großen Industrie in den letzten fünfundzwanzig Jahren und der mit ihr fortschreitenden Parteiorganisation der Arbeiterklasse, gegenüber den praktischen Erfahrungen, zuerst der Februarrevolution und noch weit mehr der Pariser Kommune, wo das Proletariat zum erstenmal zwei Monate lang die politische Gewalt innehatte, ist heute dies Programm stellenweise veraltet. Namentlich hat die Kommune den Beweis geliefert, dass ›die Arbeiterklasse nicht die fertige Staatsmaschine einfach in Besitz nehmen und sie für ihre eigenen Zwecke in Bewegung setzen kann‹.« (MEW Bd. 18: 95f.)[5]

Nun ist in diesem Vorwort zum »Manifest« von 1872 keineswegs eine »durchgreifende Revision« erkennbar. Marx und Engels ergänzten eher die Bedeutung der Ersetzung der bürgerlichen Staatsmaschine in einer proletarischen Revolution. Zugleich hatten sie sich auf eine längere Phase der relativen Stabilität der bürgerlichen Ordnung in West- und Mitteleuropa und damit auf einen Stellungskrieg eingestellt, der sich von der revolutionären Situation von 1848 grundlegend unterschied. Während sie in Bezug auf die deutsche Sozialdemokratie weitgehend die Rolle kritisch-solidarischer Beratung einnahmen, gab ihnen 1880 eine Anfrage aus Frankreich die Chance, direkt an der Erarbeitung eines sozialistischen Parteiprogramms mitzuwirken.

---

hatte, kritisch sah und für gescheitert erklärte. Das deutsche Bürgertum sei sofort unter den Schutz der preußischen Krone geflohen (siehe GW 1.2: 301).

[5] Das Zitat am Ende stammt aus der von Karl Marx geschriebenen Adresse des Generalrats der Internationalen Arbeiterassoziation »Der Bürgerkrieg in Frankreich« von 1871 (MEW Bd. 17: 335f.).

Maximal- und Minimalprogramm

1879 war in Frankreich unter Leitung von Jules Guesde und Paul Lafargue die *Parti ouvrier français (POF)* gegründet worden. Beide wandten sich an Marx und Engels mit der Bitte, bei der Formulierung eines Parteiprogramms zu helfen, das auf dem Parteitag in Le Havre im November 1880 zur Diskussion und Abstimmung gestellt werden sollte. Bei einem Treffen Anfang Mai desselben Jahres in Engels' Londoner Wohnung, 122 Regent's Park Road, wurde ein Dokument erarbeitet, das aus zwei Teilen bestand. Der erste Teil, die Präambel, wurde von Marx formuliert. Dieser Präambel folgte dann ein knapper Katalog von sozialen und demokratischen Forderungen, auch »Minimalprogramm« genannt, der aus den Diskussionen der vier Teilnehmer hervorging. Dieses Programm hatte eine klare politisch-strategische Funktion: Es diente der kompromisslosen Abgrenzung von jenen sozialistischen Strömungen in Frankreich, die als »Possibilisten« bezeichnet wurden und deren Strategie auf die möglichst umfassende Ausschöpfung der vorhandenen Möglichkeiten in der bürgerlichen Gesellschaft zielte. Eine proletarische Revolution zählten sie nicht dazu. Die Unterscheidung von Maximal- und Minimalprogramm durch Marx diente in ihrem Ursprung der Abgrenzung von derartigen »reformistischen« Vorstellungen. Die Kämpfe um das im Hier und Heute Mögliche wurden klar dem letztlichen Ziel untergeordnet – »der revolutionären Aktion der Klasse der Produzenten« und der »Rückkehr aller Produktionsmittel in Kollektiveigentum«.

In der Präambel zum Parteiprogramm brachte Marx seine Begründung des kritisch-proletarischen Kommunismus auf den Punkt. Wenn es ein Dokument gibt, das die Essenz des Marx'schen Kommunismus ausdrückt, dann dieses, obwohl es nur selten zitiert wird. Im Folgenden ist es in Gänze wiedergegeben:

»In Erwägung, dass die Emanzipation der Klasse der Produzenten alle Menschen, ohne Unterschied von Geschlecht und Rasse, umfasst; dass die Produzenten nur dann frei sein können, wenn sie im Besitz der Produktionsmittel sind; dass es nur zwei Formen gibt, in denen ihnen die Produktionsmittel gehören können:

1. die individuelle Form, die niemals allgemeine Erscheinung war und durch den industriellen Fortschritt mehr und mehr überwunden wird;

2. die kollektive Form, deren materielle und geistige Elemente durch die Entwicklung der kapitalistischen Gesellschaft selbst geschaffen werden;

in Erwägung, dass die kollektive Aneignung nur von einer revolutionären Aktion der Klasse der Produzenten – dem Proletariat –, in einer selbständigen politischen Partei organisiert, ausgehen kann; dass eine solche Organisation mit allen Mitteln, über die das Proletariat verfügt, angestrebt werden muss, einschließlich des allgemeinen Wahlrechts, das so aus einem Instrument des Betrugs, das es bisher gewesen ist, in ein Instrument der Emanzipation umgewandelt wird; haben die französischen sozialistischen Arbeiter, die sich auf wirtschaftlichem Gebiet die Rückkehr aller Produktionsmittel in Kollektiveigentum zum Ziel ihrer Anstrengungen gesetzt haben, als *Mittel der Organisation und des Kampfes* beschlossen, mit folgendem *Minimalprogramm* in die Wahlen zu gehen: [...]« (MEW Bd. 19: 238)

Das »Minimalprogramm« gliederte sich in ein politisches und ein ökonomisches Programm. Das politische Programm forderte die umfassende Presse-, Versammlungs- und Vereinigungsfreiheit und die Abschaffung der diskriminierenden Gesetze gegen Lohnarbeiter, die Nationalisierung der kirchlichen Güter, eine allgemeine Volksbewaffnung und den Ausbau der kommunalen Selbstverwaltung. Das ökonomische Programm konzentrierte sich auf die Beschränkung des Arbeitstages, das Verbot von Kinderarbeit, einen gesetzlichen Mindestlohn, den gleichen Lohn für Arbeiterinnen und Arbeiter, die polytechnische Ausbildung auf Kosten der Gesellschaft, die Selbstverwaltung der Arbeiterkassen sowie die Mitbestimmung der Arbeiterinnen und Arbeiter bei der Ausarbeitung des Arbeitsregimes in den Betrieben. Auch die Forderung nach Rücknahme aller Privatisierungen und Überführung der Staatswerkstätten in das genossenschaftliche Eigentum der Beschäftigten sowie die Abschaffung aller indirekten Steuern und die ausschließliche Finanzierung der Staatsausgaben über progressive Einkommenssteuern ab 3000 Francs und durch Erbschaftssteuern ab 20 Tsd. Francs gehörten dazu (siehe Fußnote 151 in MEW Bd. 19: 570f.).

Das Programm der *Französischen Arbeiterpartei* von 1880 wurde zum Vorbild des späteren *Erfurter Parteiprogramms*. Engels' Vertraute Karl Kautsky und Eduard Bernstein übernahmen die Ausarbeitung der Entwürfe – Kautsky den der »Grundsätze«, Bernstein den der nächsten Forderungen. Das *Erfurter Programm* war in Struktur und Duktus dem der französischen Partei gleich und wurde zum Paradigma für alle weiteren marxistischen Programme der internationalen Sozialdemokratie. Es nahm zudem eine Position auf, die weit über die Arbeiterklasse hinauswies: »Die Sozialdemokratische Partei Deutschlands kämpft [...] nicht für neue Klassenprivilegien und Vorrechte, sondern für die Abschaffung der Klassenherrschaft und der Klassen selbst und für gleiche Rechte und gleiche Pflichten aller ohne Unterschied des Geschlechts und der Abstammung. Von diesen Anschauungen ausgehend bekämpft sie in der heutigen Gesellschaft nicht bloß die Ausbeutung und Unterdrückung der Lohnarbeiter, sondern jede Art der Ausbeutung und Unterdrückung, richte sie sich gegen eine Klasse, eine Partei, ein Geschlecht oder eine Rasse.« (SPD 1891a) Auch wurde die internationale Dimension des Kampfes herausgearbeitet, wie sie auf dem Gründungskongress der *Zweiten Internationale* von 1989 entwickelt worden war. Zugleich hat Bernstein recht, wenn er 1900 schreibt, dass Marx' Einleitungssätze zum französischen Programm sich darauf beschränkten, »die allgemeinen Tendenzen der modernen Industrie, die allmähliche Beseitigung der individuellen durch die Kollektivform zu kennzeichnen«, während das Erfurter Programm durch »eine dramatische Schilderung von Resultaten« geprägt ist. Es sei weniger Analyse als »Anklageschrift« (Bernstein 1900a: 5).

Abrechnung mit dem »Ersatz-Marxismus«

Rosa Luxemburgs Abrechnung mit dem, was sie Ersatz-Marxismus der SPD nannte, hatte schon vor dem Ersten Weltkrieg begonnen, als sie begann, Kautskys »Ermattungsstrategie« zu geißeln, die in ihren Augen darauf hinauslief, Sozialismus nur noch als revolutionäre Phrase zu predigen und praktisch das defensive Abwarten bis zur Stunde einer Entscheidung anzuraten, um dann die Macht zu übernehmen, die einem wie eine reife Frucht in den Schoß fallen würde. 1918, noch im Gefängnis, wurde ihre Abrechnung, wie sie es selbst nannte, schärfer. Als im Frühling des Jahres deutsche Truppen bei der Niederschlagung der finnischen Sowjetrepublik mitwirkten, schrieb sie: »Die Heldentaten in Finnland etc. sind der Strich unter der Rechnung der *alten d[eutschen] Soz[ial]d[emokratie] u[nd] der zweiten Intern[ationale]*. Sie vernichten die alte Autorität u[nd] die Taktik von Engels – K[arl] K[autsky].« (GW 7: 1093) Das »taktische Programm von Engels (1895)« (ebd.: 1094) sei dem imperialistischen Zeitalter nicht gemäß gewesen, und so sei Wohltat Plage geworden. Der Notwendigkeit einer neuen Offensive wäre nicht Rechnung getragen worden.

Was Rosa Luxemburg das »taktische Programm von Engels« nannte, waren dessen Überlegungen zur Strategie einer marxistisch orientierten Sozialdemokratie, die er kurz vor seinem Tode in der »Einleitung« zu Marx' »Klassenkämpfe in Frankreich 1848 bis 1850« entwickelt hatte. Er hatte sich dabei – erfolglos – gegen Eingriffe in seinen Text wehren müssen. Der Parteivorstand der SPD hatte verlangt, dass die Partei bedingungslos als gesetzeskonform agierende Partei dastehe. Ein Leitartikel im »Vorwärts«, überschrieben mit »Wie man heute Revolutionen macht«, griff zudem einzelne Zitate heraus, sodass Engels erbost an Kautsky schrieb, er würde als »ein friedfertiger Anbeter der Gesetzlichkeit« erscheinen und es müsse etwas getan werden, »damit dieser schmähliche Eindruck verwischt wird« (MEW Bd. 39: 452).

Die Strategie, die Engels empfahl, war sehr klar. Er ging davon aus, dass das Wachstum der abgegebenen Stimmen für die Sozialdemokratie weiter »so unaufhaltsam und gleichzeitig so ruhig […] wie ein Naturprozess« vor sich gehen würde. Bis zum Ende des Jahrhunderts (also fünf Jahre später!) würde die SPD »den größeren Teil der Mittelschichten der Gesellschaft, Kleinbürger wie Kleinbauern« gewinnen und »zu der entscheidenden Macht im Lande« werden, »vor der alle andern Mächte sich beugen müssen«. Seine Schlussfolgerung: »Dies Wachstum ununterbrochen in Gang zu halten, bis es dem gegenwärtigen Regierungssystem von selbst über den Kopf wächst, *diesen sich täglich verstärkenden Gewalthaufen nicht in Vorhutkämpfen aufreiben, sondern ihn intakt zu erhalten bis zum Tag der Entscheidung,* das ist unsere Hauptaufgabe.« (MEW Bd. 22: 524 – die kursiv gesetzten Satzteile waren den Streichungen im »Vorwärts« und dann der »Neuen Zeit« zum Opfer gefallen). Einerseits sollte die SPD sich zu keinen bewaffneten Konflikten provozieren lassen, andererseits aber in konsequenter Opposition zum Kaiserreich und seinen staatlichen Mächten bleiben. Bebels Position der Todfeindschaft zum Kapitalismus war auch die von Engels: »Diesem System keinen Mann und keinen Groschen.« (Ebd.)

Es war nicht falsch, dass, wie Bernstein 1903, ganz im Banner der Wahlerfolge der SPD, schrieb, »die Sozialdemokratie das, was sie geworden ist, keinesfalls ausschließlich durch Marx, ja in wichtigen Fragen sogar *im Gegensatz zu Marx* geworden ist« (Bernstein 1903: 262f.): »Es ist ... eine Vergewaltigung der Tatsachen, wenn man heute die Wahlrechtserfolge der Sozialdemokratie als praktische Erfolge des Marxismus oder Erfolge des praktischen Marxismus hinstellen will. *Erfolge des revidierten Marxismus* wäre hier das Richtigere. [...] Obgleich die deutsche Sozialdemokratie heute unter dem Banner des Marxismus kämpft, ist sie unendlich parlamentarischer geworden, als vor 1878, wo Lassalle noch neben, wenn nicht vor Marx ihr Leitstern war.« (Ebd.: 263) Engels' Einleitung zu Marx' Schrift »Der Klassenkampf in Frankreich« gab dieser parlamentarischen Kampfform bei strikter Geschlossenheit der Organisationen die höhere Weihe. Nur war vergessen, dass Engels damit eine revolutionäre Strategie in Zeiten relativer Ruhe verfolgen wollte. Während dies für Engels ein Stellungskrieg war, der die Offensive, auch mit Gewaltmitteln, vorbereitet, war daraus eine friedliche Koexistenz geworden. Das Ergebnis fiel entsprechend aus. Luxemburgs Resümee aus dem Gefängnis 1918: »Die alte d[eutsche] Soz[ial]d[emokratie] war eben ein Zwitterding. Ihre beiden Elemente: die radikale Phrase u. die opport[unistische] Praxis. Eine revolutionäre Theorie u[nd] eine rein parlam[entarische] Politik.« (GW 7.2: 1092)

In der Diskussion zu Programmatik und Strategie der gerade erst gegründeten KPD stellte Luxemburg der Taktik Engels-Kautsky die Strategie von Marx und Engels im »Kommunistischen Manifest« gegenüber. Worin aber lag in ihren Augen die Differenz? Luxemburg sah sie vor allem darin, dass anders als Ende 1847/Anfang 1848 Marx und Engels nach der Niederschlagung der

Pariser Kommune davon ausgegangen waren, »nun habe das Proletariat noch eine unendlich weite Strecke Wegs vor sich, bis der Sozialismus zur Wirklichkeit werden könnte« (GW 4: 495). Jetzt aber, Ende 1918, würde sich zeigen, dass das Sofortprogramm aus dem »Manifest« und das des Spartakusbundes weitgehend deckungsgleich seien. Ihre Schlussfolgerung war, dass die »Trennung der unmittelbaren, sogenannten Minimalforderungen [...] von dem sozialistischen Endziel als einem Maximalprogramm« aufgehoben werden müsse: »Für uns gibt es jetzt kein Minimal- und kein Maximalprogramm; eines und dasselbe ist der Sozialismus; das ist das Minimum, das wir heutzutage durchzusetzen haben.« (GW 4: 496) Den Grund dafür, dass jetzt beide Programme, das von Reform und das von Revolution, zusammenfallen würden, sah Luxemburg darin, dass der Kapitalismus mit dem Ende des Ersten Weltkriegs in eine Schlusskrise gekommen sei, aus der es nur den Ausweg von Anarchie und Barbarei oder von Demokratie und Sozialismus geben könne: »Der Sozialismus ist Notwendigkeit geworden nicht bloß deshalb, weil das Proletariat unter den Lebensbedingungen nicht mehr zu leben gewillt ist, die ihm die kapitalistischen Klassen bereiten, sondern deshalb, weil, wenn das Proletariat nicht seine Klassenpflichten erfüllt und den Sozialismus verwirklicht, uns allen zusammen der Untergang bevorsteht.« (GW 4: 496)

Den einzigen »Ismus«, den Rosa Luxemburg ohne Zweifel immer akzeptierte, war der Sozialismus; und der genügte ihr für ihr Anliegen vollauf. In ihrem Referat auf dem Gründungsparteitag der Kommunistischen Partei Deutschlands am 31. Dezember 1918, an dem Linke verschiedener Richtungen, darunter viele bekennende Anhänger der Marx'schen Ideen teilnahmen, kam sie noch einmal auf den Marxismus zurück. Um niemanden zu verschrecken, polemisierte sie anders als sonst nicht allgemein gegen den Marxismus, sondern unterschied zwischen »offiziellem Marxismus« und »wahrem, unverfälschtem Marxismus« – zog für die neue Partei aber einen anderen Bezug vor. Sie erklärte nicht: »Wir sind wieder beim Marxismus«, sondern: »Wir sind wieder bei Marx, unter seinem Banner. Wenn wir heute in unserem Programm erklären: Die unmittelbare Aufgabe des Proletariats ist keine andere, als – in wenigen Worten zusammengefasst – den Sozialismus zur Wahrheit und Tat zu machen und den Kapitalismus mit Stumpf und Stiel auszurotten, so stellen wir uns auf den Boden, auf dem Marx und Engels 1848 standen und von dem sie prinzipiell nie abgewichen waren.« (GW 4: 494)

Am Ende der deutschen Viertel-Revolution von 1918/19 standen kein Untergang und auch kein Sozialismus, sondern eine lange Phase der Instabilität und die fragile Weimarer Republik, die in der Großen Depression von den Eliten aufgegeben und den Händen Hitlers und der NSDAP überantwortet wurde. Heute, einhundert Jahre später, konfrontiert mit einer neuen Großen

Krise, stehen die Fragen: Welche strategische Hilfe gibt uns das Marx'sche Erbe, auf das sich Rosa Luxemburg immer wieder bezog? Und was können wir von Rosa Luxemburg lernen, um in den heutigen Entscheidungssituationen Wege zu finden, einen grundlegenden Richtungswechsel der Politik einzuleiten? Fertiges Wissen ist es nicht, aber vielleicht sind es Haltungen, die offen in ihrem Werk und Wirken aufklaffenden Widersprüche und vor allem die Suchprozesse und die Auseinandersetzungen, die sie geführt hat.

Eine emanzipative Lektüre der Werke von Rosa Luxemburg ist keinesfalls einfach. Sie ist daran gebunden, dass die Lesenden für sich den Prozess der Befreiung der Autorin aus den Denkmustern des orthodoxen Marxismus und den Organisationsstrukturen der Zweiten Internationale, insbesondere ihrer deutschen Bastion, der SPD, entdecken, dass sie nicht fertiges Wissen davontragen wollen, sondern sich als wichtigstes Ergebnis der Lektüre vor allem die Problemstellungen und Formen des Suchens aneignen.

Die Orthodoxie der Zweiten Internationale hatte die Widersprüche sozialistischer Politik als äußerliches Nebeneinander von »Theorie« und »Praxis«, »Reform« und »Revolution«, von »Masse«, »Partei« und »Führung«, von »hier und jetzt« und »dort und später«, von »wir« und »sie«, von »Demokratie« und »Diktatur« gehandhabt. Dieses Nebeneinander verwandelte sich mit Ausbruch des Ersten Weltkriegs in ein tödliches Gegeneinander. Die emanzipative Lektüre der Werke von Rosa Luxemburg ist auch deshalb so schwierig, weil sie dort, wo sie ihre produktive Suche beginnt, nie auf eine starre »Position« festzulegen ist, sondern Wege erkundet, mit den Gegensätzen sozialistischer Politik zu operieren und *befreiende* Formen der politischen Vermittlung dieser Gegensätze anzumahnen, aufzugreifen und zu verallgemeinern. Die sprachlichen Formen, die sie findet, um dieses emanzipative Operieren mit Gegensätzen festzuhalten, sind selbst im Fluss, stellen Übergänge dar, verlangen vom Leser, sich von einem einfachen »Entweder-Oder« zu lösen. Rosa Luxemburg ist keine Klassikerin der Lehre, sondern eine klassisch Suchende. Die folgende Analyse des Werkes von Luxemburg dient zum Verständnis dessen, wie sie den Anspruch verfolgte: mit Marx und durch ihn hindurch eine revolutionäre Strategie im Zeitalter des Imperialismus zu entwickeln. Dabei entwickelte sie Ansätze dessen, was heute gebraucht wird – Ansätze zu einer Strategie radikaler Transformationspolitik im Kapitalismus und über ihn hinaus.

Das Unverständnis für die eigene Situation

»Die Tragödie liegt bisweilen gerade darin, dass sie nicht erkannt wird.«
Leonid Leonidow (russischer Aphoristiker)

Die nationalistische »Erweckung« im August 1914 hatte die einst so glorreiche SPD-Linke endgültig auf Sektengröße geschrumpft: Nicht völlig beantwortet ist bis heute die Frage nach den Gründen für dieses massenhafte – und oftmals nichts weniger als schamlose – Konvertieren der bisherigen Flügelleute der Linken bei Kriegsbeginn ins Kriegslager. Schnell wurde zwar das Wort vom Verrat gefunden, das, obwohl es keinen Trost spendete, das Weltbild immerhin in gut und schlecht ordnete – wobei die Rollenverteilung von vornherein als geklärt galt. Erklärt wurde damit allerdings nichts.

Die Welt der deutschen Arbeiterbewegung, zumindest ihres antikapitalistisch gestimmten Teils, war nicht am grünen Tisch entworfen worden, sondern in Notwehr entstanden: gegen eine durch einen militaristischen Obrigkeitsstaat geschützte, feudal-ständisch denkende und den Herr-im-Hause-Standpunkt pflegende Industrie- und Handelsbourgeoisie, für die der »Vierte Stand« nichts zählte. Als Antwort hatte sich ein kleinerer, wenn auch stetig wachsender Teil dieser Ausgestoßenen eine eigene Welt erschaffen. Es war eine »Gegenwelt« – aber kein Wunschkind, denn sie war geboren wider Willen. Diese im Herrenreiterjargon genannten »Leute« hatten ihre »Gegenwelt« mit einem klaren politischen Ziel ausgestattet, 1891 in deren Erfurter Programm formuliert von ihrem politischen Arm, der SPD: Die »Gegenwelt« sollte der bürgerlichen Welt nicht nur widerstehen, sondern sie erobern – in dem Augenblick, da die Arbeiterschaft die Mehrheit der Wähler stellte. Und dann sollte sie einen Sozialismus proklamieren. Bis dahin galt: je mehr Mandate, desto Erfolg versprechender die Zukunft.

Das war alles zutiefst politisch angelegt, wodurch die antikapitalistische deutsche Arbeiterbewegung deutlich von der internationalen »Norm« abwich: Diese Bewegung der Arbeiter war nicht – wie zumeist üblich – zuvorderst wirtschaftlichen Kämpfen, sondern einer sich schnell politisierenden Arbeiterbildungsbewegung entwachsen. Die niedergeschlagene demokratische Revolution von 1848 und Bismarcks »Revolution von oben« samt nur wenig abgerüsteter Obrigkeitsstaatlichkeit hatten in Deutschland die Auseinandersetzungen dieses Teils der Arbeiterschaft früh ins politische Feld gelenkt. Nicht die Gewerkschaften besaßen die Vorherrschaft. Eine politische Partei besaß diese, eine, die zudem mit dem Marxismus eine Weltanschauung vertrat, in der sich »Arbeiterbewegung mit dem Sozialismus, […] Reform mit der Revolution« (Kautsky 2017: 147) verbanden. Das Glücksversprechen war deshalb von Anfang an politischer als anderswo. Es war aber auch überzeugender, da mit einer eigenen Kultur beglaubigt.

Proletarier, selbst wenn sie ihre Leidensgefährten nur um ein Geringes überragten, fanden in dieser organisierten »Gegenwelt« nicht nur ihr Auskommen, sondern nicht selten auch schnellen sozialen Aufstieg, oft verbunden mit einer tief verborgenen Hoffnung auf Anschluss an die »offizielle« Gesellschaft – wenn schon nicht für sich selbst, dann doch für die Kinder. Auch jene, die anderen Schichten entstammten und deren Existenz nicht alternativlos an proletarischen Organisationen hing, wurden weniger vom deklarierten »Projekt« dieser Parias, einem künftig zu schaffenden Sozialismus, der Idee von einer gerechteren Welt, angezogen. Die eigentliche Attraktion für diese Intellektuellen war die Gegenwelt selbst, die eine zumeist unausgesprochene Heilserwartung auf eine bessere Welt im Hier und Jetzt speiste.

Die Ernüchterung der meisten Aktivisten trat jedoch schon etliche Zeit vor dem 4. August 1914 ein – geschah doch in dieser scheinbar so alternativen proletarischen »Gegenwelt« letztlich dasselbe wie in der »offiziellen Gesellschaft«: Schon bald nach dem Entstehen der Gegenwelt hatten ihre Akteure begonnen, das bürgerliche Original nachzuspielen: dieselben Machtkämpfe, dieselben Intrigen, dieselben Eifersüchteleien. Der Revisionismus eines Eduard Bernstein war alles andere als »Verrat«, er war lediglich der Versuch, mit dieser Ernüchterung politisch umzugehen.

Selbstverständlich hätte es Bernsteins nicht bedurft; das Leben war ohnehin stärker. Die organisierte »Gegenwelt« der deutschen Sozialdemokratie war kein Labor für alternative Lebensformen, sondern blieb eine Verlegenheitslösung und deshalb von der Erwartung rettungslos überfordert, eine andere, eine bessere Welt zu erschaffen. Der Todeskeim lag schon in ihrer Wiege – eine Ent-Täuschung, die sich wenige Jahre später bei idealistisch veranlagten Anhängern kommunistischer Parteien, die, trotz aller wahrlich nicht seltenen Vorwarnungen, sich freiwillig einer angeblich betont proletarischen, letztlich aber menschenverachtenden Praxis ausgeliefert hatten, periodisch wiederholen sollte.

Der ins Kriegs- und Nachkriegsdelirium wankenden bürgerlichen Welt verlieh ironischerweise nichts so viel Legitimität wie die europäische Sozialdemokratie, eine verwelkende, sich selbst aufzehrende Fundamentalopposition, die sich von der bürgerlichen Umwelt so belagert fühlte wie im Ersten Weltkrieg die deutsche Flotte von der britischen: »in being«, allein durch deren Vorhandensein, und die am Ende – anders als die deutsche Flotte – ohne Not kapitulierte.

Hinzu kam in Deutschland: Nachdem das Sozialistengesetz und alle anderen, heute oft vergessenen Schikanen (Dreiklassenwahlrecht auf Länderebene, Vereinigungsverbot etc.) nur eines bewirkt hatten: den Aufstieg der Sozialdemokratie zu befördern, ließ der nicht denkabstinente Teil der bürgerlichen Welt eine andere Schublade aufziehen: Die Schmuddelkinder von gestern wurden plötzlich als »integrationswürdig« geadelt; das publizistische Personal hatte die Türen mehr als nur einen Spaltbreit zu öffnen.

Die individuellen Entscheidungen zur Rückkehr solcher Linker in die offizielle Gesellschaft wie Konrad Haenisch, Paul Lensch und Heinrich Schulz waren oft lange vor dem 4. August gefallen; an diesem Tag fuhr ihr Zug lediglich in jenen Bahnhof ein, an dem es sich bequem umsteigen ließ. Mit der Zustimmung zu den Kriegskrediten am 4. August 1914 kehrte die organisierte antikapitalistisch-proletarische »Gegenwelt« in die »offizielle Gesellschaft« zurück; politisch hatte Ferdinand Lassalle umsonst gelebt. Die moralischen Knochen konnten sich dabei die wenigsten brechen – die meisten wussten gar nicht, was das ist.

Zurück blieb ein Häuflein Versprengter – kleinste Kreise um Rosa Luxemburg, Clara Zetkin, Franz Mehring, Karl Liebknecht –, jene Intellektuellen, die ausschließlich wegen des »Projektes«, wegen eines Sozialismus, welcher Gestalt auch immer, in diese scheinbare Alternativwelt eingetreten waren. Sie, diese Aufrechten oder Weltfremden, je nach Sichtweise, verloren nicht nur die meisten ihrer Anhänger und Partner. Ihnen kam auch die »Gegenwelt« selbst abhanden – ohne dass sich das Geschehen ihnen hätte erschließen können. Sie standen zwischen den stürzenden Bäumen, sahen aber den vermoderten Wald nicht.

In den Wochen der Hysterie offenbarte sich, dass der Inhalt dieser »Gegenwelt« längst aufgelöst war (während deren Form noch bis zum 2. Mai 1933, bis zur Zerschlagung der sozialdemokratisch-gewerkschaftlichen Institutionen durch die Nationalsozialisten, weiter existierte). Die deutschen Linken kämpften während des folgenden Weltkrieges aufrecht um eine Rückkehr der sozialistischen Arbeiterbewegung in die politische Selbstständigkeit; mit der KPD-Gründung versuchten sie 1918, eine neue Arbeiterbewegung zu initiieren – ein Versuch, der spätestens 1921 scheiterte, als sie sich den Bolschewiki auslieferten.

Heimatlosigkeit war in diesem Fall nicht das Resultat eines Ausgestoßenwerdens, sondern das einer entschwundenen Heimat.

Kapitel 3
Die »fertige Marxistin« und die polnische Frage

> *»Mein Ideal ist eine solche Gesellschaftsordnung, in der es mir vergönnt sein wird, alle zu lieben. Im Streben danach und im Namen dieses Ideals werde ich vielleicht einmal imstande sein zu hassen.«*
> *Rosa Luxemburg mit sechzehn Jahren (zitiert in Seidemann 1998: 9)*

Rosa Luxemburgs Werdegang von dem Augenblick an, als sie im Mai 1898 in Berlin sesshaft wurde, bis zu ihrer Ermordung am 15. Januar 1919 ist geprägt durch den Prozess des Übergangs von der Verteidigung der schon kurz skizzierten »Engels-Kautskyschen Strategie« im Revisionismusstreit hin zu immer tiefer reichenden Revisionen dieser Strategie und der bis zuletzt unabgeschlossenen Suche nach einer zugleich radikalen und emanzipatorischen Alternative. Im Folgenden wird den Etappen dieser Suche nachgegangen, beginnend mit dem berühmten Revisionismusstreit.

Für die deutschen Sozialdemokraten musste Rosa Luxemburg 1998 wie Minerva erscheinen, die wehrfähige angriffslustige Tochter von Zeus, dem Kopf des Marx entsprungen. Man warf ihr vor, »wie eine Göttin aus den Wolken [...] mit bestechenden Phrasen um sich zu werfen« (zitiert in Laschitza 2014: 37). Mit gerade einmal 27 Jahren machte sie den Alten in der SPD Feuer unter dem Hintern, als diese nicht sofort mit aller Härte gegen Eduard Bernsteins Revision der theoretischen Grundlagen der bewährten Strategie vorgingen. Rosa Luxemburg erschien in diesen Debatten so vollkommen fertig in ihren Ansichten, so vollkommen klar in ihren Positionen, so unbeirrbar überzeugt wie kein anderer. Aber sie kam nicht aus dem Nichts und ihr Marxismus hatte einen sehr konkreten Hintergrund – die Auseinandersetzung der Sozialdemokraten im russisch besetzten Teil Polens um eine überzeugende sozialistische Strategie.

Die Gründung der polnischen Sozialdemokratie und ihre zwei Flügel

Rosa Luxemburgs Doktorvater Julius Wolf erinnerte sich seiner Lehrtätigkeit an der Universität Zürich mit den Worten, dass er »dem begabtesten der Schüler meiner Züricher Jahre, Rosa Luxemburg, [...] die akademischen Steigbügel« gehalten habe: »[...] sie machte ihren staatswissenschaftlichen Doktor (mit einer trefflichen Arbeit über die industrielle Entwicklung Polens) bei mir [...]«. Wolf schob ein, dass sie »freilich fertig, als Marxistin aus Polen und Russland zu mir gekommen war« (zitiert in Nettl 1967: 75). Was aber bedeutete es, um 1895 eine fertige Marxistin zu sein, und welche besondere Gestalt hatte dieses Marxistin-Sein bei der jungen Rosa Luxemburg? Und unter welchen Bedingungen erfolgte diese Formierung? Zu bedenken ist dabei, dass Julius Wolf sie nicht schon unmittelbar nach ihrer Flucht aus Polen 1889, sondern erst wenige Jahre später kennengelernt hatte. Bis 1892 hatte sie vor allem Zoologie, Geschichte der Nationalökonomie und Philosophie sowie Finanzwissenschaft studiert (Stadler-Labhart 1978: 38), um dann zu den Rechtswissenschaften und schließlich 1893 zu den Staatswissenschaften zu wechseln, wo sie die Volkswirtschaftslehre belegte, die Vorlesungen von Wolf besuchte und im Mai 1897 ihre Dissertation »Die industrielle Entwicklung Polens« mit magna cum laude verteidigte.

Noch während ihrer Zeit als Schülerin am Zweiten Frauengymnasium in Warschau (es wurde ausschließlich russisch gesprochen und stand nur in Ausnahmefällen polnischen Mädchen offen, die besonders begabt waren) war Luxemburg 1896 mit der marxistischen Gruppe *Zweites Proletariat* um Marcin Kasprzak (1860–1905, hingerichtet in Warschau) in Kontakt gekommen. 1888 kam es zu massiven Verfolgungen. Anders als oft behauptet, konnte Luxemburg mit einem offiziellen Reisepass das Königreich Polen verlassen. Sie war auch auf keiner Liste politisch Verfolgter (siehe Seidemann 1998: 24). Die Familie ermöglichte ihr das Studium in der Schweiz. Luxemburg begann ihr Studium an der Philosophischen Fakultät der Züricher Universität – damals gehörten Geistes- und Naturwissenschaften noch zusammen – und setzte es ab 1992 an der Fakultät für Staatswissenschaften, zu denen auch die Nationalökonomie gehörte, fort. Rosa Luxemburgs frühes Marxistin-Sein entstand in diesem besonderen Milieu der polnischen Sozialdemokratinnen und Sozialdemokraten aus dem Russischen Reich. Es war einerseits geprägt durch die gesamtrussische Suche nach einer revolutionären Strategie und andererseits durch die besondere Lage Polens als einer der wirtschaftlich fortgeschrittensten Teile des zaristischen Reiches. Damit hatte sich die Situation gegenüber 1848 grundlegend geändert. Die Sozialdemokratie musste Antworten finden, wie konkret auf die nationalen Bewegungen in jenen Regionen reagiert werden solle, die von den vier Großreichen beherrscht wurden, die Ostmittel- und Südosteuropa unter sich aufgeteilt hatten – das Russische Zarenreich, das Osmanische Reich, die österreichisch-ungarische Doppelmonarchie und das Deutsche Kaiserreich (siehe zur sozialdemokratischen Diskussion der nationalen Frage in dieser Zeit Haupt 1974; Baier 2011).

Erstens hatten alle Revolutionäre im Russischen Reich die Frage zu beantworten, wie der Zarismus gestürzt werden könnte. Die Volkstümler, die sich in der Zeit der Reformen nach Ende des verlorenen Krim-Krieges in den 1860er und 1870er Jahre formierten, setzten dabei auf die Bauern und den Übergang zum Sozialismus durch Freisetzung der Potenziale der bäuerlichen Gemeinschaften (der obščina) mit ihren Elementen von Gemeineigentum und Selbstverwaltung. Nach Scheitern der Versuche, »ins Volk« zu gehen und dieses aufzuklären, gab es die Vorstellung, durch Zarenmord die Massen aufzurütteln und den Weg freizumachen. Doch die Attentate und schließlich die Ermordung von Alexander II. 1881 zeigten, dass diese Strategie in eine Sackgasse führte. Die Suche nach einer Alternative wandte sich nach Westen. Dort bewies die Arbeiterbewegung, dass es andere Kräfte als die der Bauern oder der Bourgeoisie geben könne. Einen wesentlichen Einfluss hatte Karl Marx.[6] Ende der 1870er Jahre formierten sich Ansätze einer marxistischen Sozialdemokratie um Georgi Plechanow und 1883 bildete sich um ihn in der Schweizer Emigration die Gruppe *Befreiung der Arbeit*. Sie ging davon aus, dass eine sich formierende Arbeiterbewegung im Russischen Reich die Führung im Kampf für Demokratie und Sozialismus übernehmen müsse (Plechanov 1956a; 1956b).

Zweitens mussten jene polnischen Revolutionäre, die sich den genannten sozialdemokratischen Positionen anschlossen, auf die Frage antworten, in welchem Verhältnis ihre sozialistischen Vorstellungen zum Kampf um die Wiederherstellung eines eigenständigen polnischen Staates stehen. Die Aufstände von 1830 und 1861 waren durch die russischen Truppen brutal niedergeschlagen worden. Gleichzeitig hatte eine beschleunigte industrielle Entwicklung im russisch besetzten Königreich Polen (Russisch-Polen[7]) begonnen. In ihrem 1897 für die »Sozialistischen Monatshefte« geschriebenen Artikel »Der Sozialismus in Polen« ging Rosa Luxemburg detailliert auf diese Gründungsgeschichte der polnischen Sozialdemokratie im Russischen Reich ein. Den Ausgangspunkt sah sie in der Gründung der Gruppe *Proletariat* im Jahre 1882. Sie habe sich auf den Klassengegensatz von Proletariat und Bourgeoisie konzentriert. Kritisch merkte Luxemburg an: »Die allgemeine Auffassung von den ökonomischen Tendenzen reichte jedoch nicht aus, um eine Marschroute für die Partei abzugeben, es galt noch, die *aktive* Rolle der Arbeiterklasse in der

[6] Es ist der Anarchist, Bündnisgenosse und spätere Gegner von Marx, Michail Bakunin, der das »Manifest« ins Russische übersetzte und dann auch begann, erste Teile des »Kapital« zu übersetzen. Die wesentliche Arbeit wurde aber durch die Russen German Lopatin und Nikolai Danielson geleistet. 1872 erschien Marx' Werk in St. Petersburg. Es war die erste Übersetzung überhaupt.

[7] Im Weiteren werden wir für den russisch besetzten Teil des historischen Polen weitgehend den Begriff Königreich Polen benutzen. Dieser basierte auf der Fiktion einer Personalunion von zaristischer und polnischer Krone nach dem Sieg über Napoleon. Die zaristischen Behörden hatten nach den niedergeschlagenen Aufständen alles versucht, um die annektierten polnischen Gebiete als bloße Provinzen zu behandeln und entsprechend administrativ aufzuspalten. Die Bezeichnung Polen wurde verboten und es wurde vom »Weichselland« gesprochen. Es wurde eine Politik der »Russifizierung« verfolgt.

politischen Entwicklung der kapitalistischen Ordnung zu begreifen. Aber gerade in dieser Beziehung stand die Partei nicht auf dem Boden der westeuropäischen Bewegung, sondern auf demjenigen der ›Narodnaja Wolja‹,[8] die in dem Handstreich einer kleinen revolutionären Minderheit das Mittel sah, sich der Staatsmaschine zu bemächtigen und, gestützt auf das Volk, die soziale Revolution ins Werk zu setzen, den Terrorismus aber als das Hauptmittel betrachtete, den Handstreich vorzubereiten.« (GW 1.1: 83)

Das eigentliche Verdienst dieser ersten sozialdemokratisch orientierten Gruppe in Russland sah Luxemburg vor allem in der klaren Absage an jeden Versuch der Wiederherstellung eines eigenständigen polnischen Staates. Der Gründer und das geistige Oberhaupt Ludwik Waryński (1856–1889, gestorben im zaristischen Gefängnis) habe von Anfang an »zwischen der Arbeiterbewegung und dem Nationalismus das Tischtuch zerschnitten« (GW 1.1: 85) und die Schädlichkeit eines Programms der Wiederherstellung Polens für den sozialistischen Kampf betont. »Damit«, so Luxemburg, »wurde zwar die polnische Frage theoretisch noch nicht gelöst, aber das praktische Verhalten ihr gegenüber mit aller erwünschten Deutlichkeit formuliert.« (Ebd.)

In dieser Darstellung sind die wichtigsten Auffassungen der »fertigen (polnischen) Marxistin« Luxemburg zur Sprache gebracht – ein aus der ökonomischen Struktur der Gesellschaft hergeleitetes Verständnis sozialistischer Strategie, die Betonung der Rolle der Arbeiterbewegung als die zentrale aktive Kraft, die durch keinerlei Organisationen und Stellvertretungen ersetzt werden kann, und die strikte Ablehnung jeder Verbindung des sozialistischen Kampfes mit dem Kampf für die Wiederherstellung des polnischen Staates.

Ende der 1880er und am Anfang der 1890er Jahre begann sich im Königreich Polen eine eigenständige Arbeiterbewegung zu formieren. Im Mai 1892 kam es in Łódź zu einem neuntägigen Generalstreik zehntausender Textilarbeiterinnen und Textilarbeiter. Die zaristische Regierung setzte Militär ein und schlug diesen Aufstand mit einer solchen Brutalität nieder, dass dabei über 160 Arbeiterinnen und Arbeiter getötet wurden. Diese Ereignisse wurden zum Auslöser der Gründung neuer polnischer sozialdemokratischer Parteien im Ausland. Den Anfang machten Gruppen, die sich im Spätherbst 1892 in Paris trafen und die Gründung der Polnischen Sozialistischen Partei (PPS) initiierten. Es wurden zwei wichtige Richtungsentscheidungen getroffen: »Erstens wurde das Schicksal der sozialistischen Bewegung Polens vom künftigen Werdegang der russischen Bewegung abgekoppelt, wobei die Begründung angeführt wurde, dass die sozialistische Bewegung [...] in Russland erst in den Kinderschuhen

[8] Narodnaja Wolja (russ.: Volkswille) war eine Geheimorganisation im zaristischen Russland Ende der 1870er Jahre, die mit Propaganda und Terror den Zarismus stürzen wollte.

stecke [...]. Zweitens aber wurde der sozialistischen Bewegung Polens von vornherein die Aufgabe gestellt, über die Grenzen des Königreichs Polen hinaus zu operieren, da die anzustrebende Republik sich aus weiteren, nicht ausschließlich in Russland liegenden Teilen zusammensetzen müsse [...].« (Politt 2015b: 10) Der Weg zu einer polnischen Republik müsse, so die Position der PPS, über einen Arbeiteraufstand im Königreich Polen führen.

Eine andere Gruppe von Exilanten aus dem Königreich Polen und Litauen hatte sich in Zürich gebildet. Dort entwickelten Leo Jogiches, Rosa Luxemburg, Julian Marchlewski und Adolf Warski eine gegensätzliche strategische Linie. Sie gründeten im Juli 1893 die Exilzeitung »Sprawa Robotnicza« (»Arbeitersache«). Die Finanzierung übernahm Jogiches aus dem Erbe seines Großvaters. Er organisierte auch den illegalen Vertrieb. Im Leitartikel der ersten Ausgabe der neuen Zeitung schrieben Rosa Luxemburg und Leo Jogiches: »Der russische Arbeiter – unser Bruder in der Not, unser Genosse im Kampf. Er beginnt genau wie wir zu verstehen, dass dem Kampf gegen die Zarenregierung nicht ausgewichen werden kann. Das Elend hat ihn aufgeweckt, auch er sucht den Kampf. So wird sich der russische Arbeiter mit uns gegen den gemeinsamen Feind verbünden. So wird die Zarenherrschaft, die uns – Polen wie Russen – in derselben Sklaverei zusammengeschmiedet hat, durch die Hand ihrer vereinigten Feinde umkommen – durch das Arbeitervolk in Polen und Russland!« (Luxemburg/Jogiches 2015: 25) Luxemburg und Jogiches sahen ein gemeinsames Volk – das der Arbeiter – in Konfrontation mit einem gemeinsamen Feind, der jeweiligen Regierung und herrschenden kapitalistischen Klasse des jeweiligen Staates. Sie hielten dauerhaft daran fest, dass jede »Teilsolidarität« der Feind der internationalen Solidarität sei, »eine Zweideutigkeit, unter der der Pferdefuß des nationalen Antagonismus hervorguckt« (GW 2: 503).

Dieser Bezug auf das gemeinsame »Volk« der Arbeiterinnen und Arbeiter war für Rosa Luxemburg über jene Genossen vermittelt, die Peter Nettl ihre »Gruppe der Gleichgesinnten« genannt hatte. Schon bei ihren ersten illegalen Aktivitäten in Warschau traf Rosa Luxemburg auf Menschen, mit denen sie über die nächsten Jahrzehnte eng verbunden blieb – Adolf Warski (1868–1937, ermordet in Stalins Terror) und Julian Marchlewski (1866–1925). In Zürich kam Leo Jogiches hinzu, ihr Geliebter und Lebenspartner für die nächsten 15 Jahre. Der abstrakte Referenzpunkt, das Proletariat welcher Nation und Nationalität auch immer, nahm in dieser Gruppe sehr lebendige Gestalt an: »Sie waren ungefähr gleichaltrig und fanden alle in der Bewegung ein Feld zur Entfaltung ihrer Persönlichkeit und ihrer Talente, wie es sich ihnen sonst nirgends bot. [...] Sie alle waren Nonkonformisten aus persönlicher Überzeugung; mehr Außenseiter als organisierte Verschwörer. Sie besaßen ein grenzenloses Selbstvertrauen und waren unerschütterlich überzeugt vom Kommen der sozialistischen Zukunft wie auch von der Richtigkeit ihrer eigenen Analyse und Taktik. Die wichtigste Grundlage ihrer Zusammenarbeit war jedoch ein undefinierbares Gewebe persönlicher Verhaltensweisen, aus dem eine Art spontaner, flexibler Konsensus erwuchs [...].« (Nettl 1967: 89) Hannah Arendt verweist in diesem Zusammenhang darauf, dass es sich um Juden gehandelt habe: »Diese Juden, eine äußerst kleine Minorität im Osten und ein womöglich noch kleinerer Prozentsatz des assimilierten Judentums im Westen, standen außerhalb aller sozialen Schichten [...] und hatten infolgedessen keine wie immer gearteten Vorurteile; vielmehr hatten sie in ihrer ›splendid isolation‹ so etwas wie einen eigenen Ehrenkodex entwickelt, von dem sich dann eine Anzahl von Nicht-Juden angezogen fand [...].« (Arendt 1989: 51)

Wenn es so etwas wie die Verkörperung von einer »Assoziation, worin die freie Entwicklung eines jeden die Bedingung für freie Entwicklung aller ist« (MEW Bd. 4: 482) gab, die zugleich eine revolutionäre Kampforganisation war, dann gilt dies für die Gruppe um Jogiches und Luxemburg. Wie noch gezeigt werden wird, sind es diese Hintergründe besonderer Gemeinschaftlichkeit mit Gleichgesinnten und der eigene Anspruch eines gesteigerten Lebens, der ihr die Kraft gaben, das Gehäuse der Hörigkeit eines orthodoxen Marxismus zu sprengen und befreiende Ansätze über ihn hinaus zu entwickeln. Konfrontiert mit sich zuspitzenden politischen Problemen und der Erschöpfung des etablierten sozialdemokratischen Paradigmas begann sie einen eigenen Suchprozess nach neuer Strategie und veränderter marxistischer Theorie. Dies war auch deshalb möglich, weil für sie das Marx'sche Werk etwas »unendlich Wertvolleres als jede fertige Wahrheit« bot: »Ansporn zum Denken, zur Kritik und zur Selbstkritik, die das ureigenste Element der Lehre ist, die Marx hinterlassen hat« (GW 4: 301). Sie suchte bei Marx keine Antworten, sondern profunde Hilfe bei ihrer eigenen Suche.

Das beschriebene Netzwerk Gleichgesinnter war ihre konkrete Heimat – ein Netz zwischenmenschlicher politischer Beziehungen, das fünfundzwanzig Jahre, bis zu Luxemburgs Ermordung, hielt. 1893 aber lag dies noch weit in der Zukunft. Zunächst einmal profilierte Luxemburg sich als marxistische Sozialdemokratin im engsten Sinne. Als Redakteurin von »Sprawa Robotnicza« hatte Luxemburg mit 23 Jahren ihren ersten Auftritt in der Zweiten Internationale, deren Kongress vom 6. bis 12. August 1893 in Zürich stattfand. Sie gab einen Bericht über die Entwicklung der Sozialdemokratie im Königreich Polen. Einerseits betonte sie den Grundkonsens, der die gesamte marxistisch inspirierte Sozialdemokratie Europas einigte, die Einsicht, »dass die Rolle der sozialdemokratischen Partei darin bestehe, den im Kapitalismus mit elementarer Gewalt sich entwickelnden Kampf des Proletariats gegen die bestehende Gesellschaftsordnung zielbewusst zu leiten, dass der Kampf auf ökonomischem Gebiete um die alltäglichen Interessen der arbeitenden Klassen, der Kampf um demokratische Regierungsformen die Schule ist, welche das Proletariat unbedingt durchmachen muss, ehe es imstande ist, die heutige Gesellschaft zu stürzen« (GW 1.1: 7). Luxemburg begründete im Namen der Züricher Gruppe auch, warum sie den Kampf für die Wiederherstellung des polnischen Staates als unvereinbar ansah mit den sozialistischen Zielen und Kampfmethoden und der Aufgabe, die Unterdrückung der polnischen Nationalität zu beenden. Ihre Position sei ausführlich zitiert:

> »Das Programm, ein selbständiges Polen wiederherzustellen, kann, da es nicht mit der Wirklichkeit rechnet, keine politische Tätigkeit schaffen, welche den Bedürfnissen des Proletariats entspricht. Ein gemeinsames politisches Minimalprogramm der Arbeiterklasse der drei polnischen Länder, deren eines eine [im deutschen Reich] relativ weite politische Freiheit mit allgemeinem Stimmrecht besitzt, deren zweites, im Besitz einiger kümmerlicher politischer Rechte, das allgemeine Stimmrecht erst zu erkämpfen hat [im Habsburger Reich], deren drittes [im zaristischen Reich] vollends im Joch des Absolutismus sich befindet, ein solches gemeinsames Programm ist heute eine praktische Unmöglichkeit, da ja die politische Tätigkeit der Arbeiterpartei immer den gegebenen politischen Formen entsprechen muss. Jenes Programm heute als ein politisches annehmen würde soviel bedeuten, wie auf jede politische Tätigkeit verzichten zu wollen. Die Arbeiterklasse muss aber eine solche üben, sie kann nur für reelle Forderungen gewonnen werden, für solche, die schon heute einen praktischen Kampf im Namen wirklicher, naheliegender und wichtiger Bedürfnisse schaffen. Eine solche auf reellen Verhältnissen beruhende politische Aktion ist heute für das Proletariat von Galizien der ihm mit dem Proletariat von ganz Österreich gemeinsame Kampf um das allgemeine Wahlrecht. Für das Proletariat von Posen und Schlesien ist das politische Programm das Zusammengehen mit der deutschen Sozialdemokratie. Für das Proletariat von Russisch-Polen ist es die seinen wirklichen Lebensverhältnissen entsprechende, dem gesamten Proletariat des russischen Reiches gemeinsame Parole – die Niederwerfung des Absolutismus. Dieses Programm ergibt sich aus den Bedürfnissen seines alltäglichen ökonomischen Kampfes ebenso wohl wie aus seinen sozialistischen Bestrebungen überhaupt. Dieses Programm macht es ihm möglich, indem es ihm die Erkämpfung solcher politischen Rechte, welche am besten seinen lokalen Interessen entsprechen, zum Ziele setzt, sich gleichzeitig vor der Russifizierungspolitik der Regierung zu schützen. Dieses Programm endlich führt die Arbeiterklasse auf geradem Wege zum Triumphe des Sozialismus und nähert sie gleichzeitig demjenigen Momente, in wel-

> chem mit der definitiven Aufhebung aller Unterdrückung auch die Unterjochung der polnischen Nationalität endgültig beseitigt und aller kulturellen Bedrückung der Grund entzogen wird.« (GW 1.1: 12f.)

Ganz anders als oft unterstellt, ist Luxemburgs Ablehnung eines Kampfes um die Wiederherstellung des polnischen Staates nicht antinational begründet, sondern entspringt ihrer sozialdemokratisch-marxistischen Überzeugung, dass Minimal- und Maximalprogramm eine Einheit bilden müssen, dass der Kampf im Hier und Jetzt von den konkreten Bedürfnissen und realen Möglichkeiten ausgehen muss und zugleich das Bewusstsein der Arbeiterinnen und Arbeiter schult, dass diese sehr konkreten Tagesziele durch einen sozialistischen Kampf am wirksamsten durchgesetzt werden. Diese praktische Einheit von Tages- und Fernziel wird sie später »revolutionäre Realpolitik« nennen. Die Aufstellung von Zielen, die ihrer Auffassung nach unerreichbar waren, wie die Wiederherstellung eines polnischen Staates, würde dem widersprechen. Die Zentrierung des Kampfes auf einen eigenen polnischen Staat würde, so ist sie der Ansicht, die Einheit des Kampfes der Arbeiterklasse zerreißen und das sozialistische Ziel dem der Errichtung eines bürgerlichen Nationalstaats opfern, ohne zugleich dieses nationale Ziel erreichen zu können. Zugleich geht sie davon aus, dass in einem sozialistischen Gemeinwesen jede Grundlage für eine nationale Unterdrückung wegfällt und damit die Frage der Zugehörigkeit zu diesem oder jenem Staat bedeutungslos würde. Lokale Selbstverwaltung und kulturelle Autonomie würden ausreichen, um jede Diskriminierung zu beenden und die eigene kollektive sprachlich-kulturelle Identität zu leben. Das Zusammenleben verschiedener Nationen und Nationalitäten in ein und demselben Staat war für sie wie für viele in Ostmittel-, Südost- und Osteuropa eine historische Selbstverständlichkeit. Es galt in ihren Augen nur, die damit verbundenen Formen der Unterdrückung zu überwinden. Und: Wenn das Proletariat die Kraft habe, »die Wiederherstellung Polens trotz der Regierungen der Annexionsstaaten und der polnischen Bourgeoisie durchzusetzen, dann wird es ja auch imstande sein, die sozialistische Umwälzung in Angriff zu nehmen« (GW 1.1: 22).

Wie der polnische Luxemburg-Spezialist Feliks Tych schrieb: Rosa Luxemburg »war *für* eine demokratische Lösung der nationalen Frage, aber die ganze Zeit auf der Suche nach einer demokratischen Formel, die weder den universalistischen Zielen der Arbeiterbewegung, noch dem zivilisatorischen Fortschritt schaden konnte. Der Sinn ihrer politischen Vorschläge reduziert [...] sich auf den programmatischen Hinweis, die sozialdemokratische Arbeiterbewegung solle nicht die zentrifugalen Tendenzen der politisch abhängigen Nationen in den europäischen Ländern unterstützen, sondern für einen demokratischen

Status und volle nationale Gleichberechtigung und volle kulturelle Autonomie innerhalb der existierenden multinationalen Strukturen kämpfen.« (zitiert in Kulla 1999: 26f.) Ihr politisches Hauptziel war weder ein bald zu erreichender Sozialismus noch die Unabhängigkeit Polens, sondern der *Sturz des Zarismus als Voraussetzung für jeden nachhaltigen Fortschritt in Europa.* Außerdem war sie der tiefen Überzeugung, dass die russischen Sozialdemokraten dies ohne die polnischen Sozialisten nicht erreichen würden. Dies war der Grund, warum sie mit aller ihrer geistigen Brillanz versuchte, »nationale Identität und nationalstaatliche Souveränität zu entkoppeln« (Piper 2018: 128), und immer wieder den Unterschied zwischen Nationalstaat und Nationalität hervorhob.

Zwar wurde Rosa Luxemburgs Delegiertenmandat für den Kongress der *Zweiten Internationale* durch die PPS erfolgreich angefochten (mit neun zu sieben Länderstimmen). Ihre Verteidigungsrede machte jedoch größten Eindruck (siehe dazu auch GW 6: 71). Dieser Eindruck war so groß, dass sich der belgische Sozialistenführer Émile Vandervelde später gar nicht mehr bewusst war, dass Luxemburg in der Mandatsfrage verloren hatte: »Ich sehe sie noch, wie sie aus der Menge der Delegierten aufsprang und sich auf einen Stuhl schwang, um besser verstanden zu werden. Klein, schmächtig, zierlich in ihrem Sommerkleid [...] verfocht sie ihre Sache mit einem solchen Magnetismus im Blick und mit so flammenden Worten, dass die Masse des Kongresses, erobert und bezaubert, die Hand für ihre Zulassung erhob.« (zitiert in Nettl 1967: 83)

In unmittelbarer Folge der Niederlage auf dem Sozialistenkongress von Zürich im August 1893 gründete die Gruppe um Leo Jogiches noch im gleichen Monat die Partei *Sozialdemokratie des Königreiches Polen* (SDKP; ab 1900 *Sozialdemokratie des Königreichs Polen und in Litauen*; SDKPiL). Der illegale Gründungsparteitag in Warschau vom März 1894 nahm den von Jogiches und Luxemburg verfassten Leitartikel vom Juli 1893 als Parteiprogramm an und bestimmte die »Arbeitersache« als ihr Presseorgan. Die Spaltung der jungen polnischen Sozialdemokratie in PPS und SDKP wurde institutionalisiert, zwei gegensätzliche Programme und Strategien wurden verfochten und es wurde hart, oft brutal, um Einfluss in den polnischen Gebieten wie in der Zweiten Internationale konkurriert. Ein Weg Luxemburgs, um diesen Einfluss zu kämpfen, war die theoretische Begründung der strategischen Position ihrer Partei aus dem Marxismus heraus.

Das größte Desiderat bei der Erforschung des Lebens von Rosa Luxemburg stellt nach wie vor ihre Arbeit in der polnischen Arbeiterbewegung dar – und das obwohl in dieser Bewegung der Kampf Rosa Luxemburgs für den Sozialismus begann. Die von den vier Studenten Leo Jogiches, Rosa Luxemburg, Julian Marchlewski und Adolf Warski 1893 in der Schweiz gegründete SDKP wurde fast 20 Jahre lang vom Ausland aus geführt und sah ihr Aktionsfeld ausschließlich im russischen Teilungsgebiet Polens – und dort vor allem in Industriezentren wie Lodsch [*Łódź*], Warschau und Bialystok. Persönlich konnte Rosa Luxemburg auf dem russisch-polnischen Territorium nur während der Russischen Revolution von 1905/06 zwischen Ende Dezember 1905 und ihrer Verhaftung am 4. März 1906 tätig werden. Den zweiten Teil ihres Lebens verbrachte die polnische Jüdin in Deutschland – wo die Emigrantin durch das Privileg einer durch Scheinehe erworbenen preußischen Staatsbürgerschaft gegenüber Russland geschützt war.

Als eine unumgängliche Voraussetzung für jeglichen nachhaltigen politischen und sozialen Fortschritt in Mittel- und Osteuropa betrachtete die SDKP den Sturz des russischen Zarismus, der in Europa die Schutzmacht jeglicher reaktionären Bestrebungen darstellte. Deshalb spielte für Rosa Luxemburg und ihre Genossen das österreichische Teilungsgebiet sowie das preußisch-deutsche Teilungsgebiet Polens und damit die Wiederherstellung des 1772 untergegangenen polnischen Staatswesens keine Rolle. Die Forderung nach einem eigenen polnischen Staat – das war das zentrale Ziel der 1892 gegründeten PPS, mit der die SDKP unter der Arbeiterschaft konkurrierte – lenkte im Verständnis der SDKP vom Sturz des Zarismus nur ab und stabilisierte dessen Herrschaft, statt sie zu schwächen.

Mit der Ablehnung einer Wiederherstellung des polnischen Staatswesens stand die SDKP keineswegs allein: Im russischen Teilungsgebiet von Polen befanden sich bis zur Jahrhundertwende die wichtigsten (und danach noch wichtige) Industrien des zaristischen Russlands, ohne dessen Absatzmärkte das polnische Handels- und Industriebürgertum nicht hätte existieren können. Ein eigenständiges polnisches Staatswesen lag deshalb auch nicht im Interesse dieses Bürgertums. Trotzdem sollte 1918/19 die PPS mit der Gründung eines eigenständigen Polens über die SDKP siegen.

Das Dilemma, dem sich jeder Rosa-Luxemburg-Forscher gegenübersieht, besteht darin, dass in Polen nach der Veröffentlichung der Briefe Rosa Luxemburgs an Leo Jogiches (das Projekt wurde 1971 abgeschlossen) (vgl. Luxemburg 1968) die Forschungen nicht mehr nennenswert weitergetrieben worden sind. Die seit 2011 von Holger Politt für ein deutschsprachiges Publikum erschlossenen polnischen Texte Rosa Luxemburgs bieten zur Nationalitätenfrage, zum Revolutionsverständnis und zur Auseinandersetzung mit dem Antisemitismus umfassende Einblicke (Luxemburg 2011a, 2011b, 2012, 2013, 2014, 2015b). Über die Parteiführerin Rosa Luxemburg sagen diese Texte jedoch fast nichts aus.

Das eigentliche Problem liegt im Verhältnis zwischen Rosa Luxemburg und Leo Jogiches. Jogiches flüchtete 1890 aus Russland, wo er wegen konspirativer anti-zaristischer Arbeit in den Betrieben von Wilna (heute Vilnius, Hauptstadt von Litauen) gesucht wurde. Jegliche Organisation, allein schon politische Bildung war Arbeiterinnen und Arbeitern verboten und wurde brutal unterdrückt. Schon als 16-Jähriger hatte der Spross einer Bankerfamilie begonnen, für Arbeiter illegale Lesezirkel zu organisieren. Konspiration heißt angesichts der ständigen Gefahr, verraten zu werden, ein Leben mit zwei Gesichtern zu führen; heißt ständige Kontrolle seiner Umgebung, um sich gegen Verfolgungen abzusichern; heißt: niemandem rückhaltlos zu vertrauen und im Zweifelsfall sich nur auf sich selbst zu verlassen. Je konsequenter die Revolutionäre, als die sie sich verstanden, die Spielregeln der Konspiration einhielten, desto erfolgreicher war ihr Kampf gegen das verhasste zaristische Regime. Mochten sie in der Theorie Demokraten sein, überleben konnten sie jedoch nur, wenn sie nicht in freier Kooperation, sondern nur sich selbst vertrauend agierten.

Durch Leo Jogiches, besser gesagt durch ihre Liebe zu Leo Jogiches, kam Rosa Luxemburg zum Sozialismus. Zusammen mit ihr entwickelte Jogiches – als Gegenstück zu den sozialdemokratischen Führerparteien Westeuropas – seine Vorstellungen einer demokratisch verfassten Partei sowie eines basisdemokratischen Sozialismus. Rosa Luxemburg wurde zu dessen wichtigster Propagandistin und später auch Theoretikerin. Sie blieb bis zu ihrem Tode der zweite Teil eines Tandems, ab der Jahrhundertwende eines immer gleichberechtigteren Tandems. Jogiches benötigte Rosa Luxemburg; denn er selbst publizierte nie. Möglicherweise hielt ihn das Bewusstsein, ständig gegen die eigenen Auffassungen zu leben, vom Schreiben ab. Denn die Praxis der politischen Arbeit im russischen Teilungsgebiet Polens ließ nur Konspiration zu. Jeglicher Versuch, dort eine demokratisch verfasste Partei aufzubauen, lief auf Selbstmord hinaus.

Aus der praktischen Arbeit nach Polen hinein hielt Jogiches Rosa Luxemburg heraus, worüber sie sich immer wieder bei ihm beklagte. Letzten Endes vertrat sie als Führerin eine Partei, mit deren Mitgliedern sie im politischen Alltag bestenfalls im Ausland in Kontakt kam. Das sich abzeichnende Bild von Rosa Luxemburgs Agieren in der polnischen Arbeiterbewegung zeigt sie im Wesentlichen als Journalistin und Theoretikerin, die vom Ausland aus Aufklärung betrieb und ihre Partei im Büro der »Sozialistischen Internationale« vertrat.

Geistig und politisch hatte Rosa Luxemburg während ihres Studiums in der Schweiz und auch während ihrer vom deutschen Staatswesen immerhin weitgehend geduldeten Arbeit Russland und die dortigen politischen Zustände hinter sich gelassen. Zum Vorteil gereichte ihr dabei, dass sie – anders als die meisten revolutionären Emigranten aus Mittel- und Osteuropa – nicht aus der konspirativen Arbeit heraus ins Ausland gegangen war. Aus eigenem Erleben kannte sie konspirative Arbeit in Russland gar nicht. Sie war ursprünglich ausschließlich wegen des Studiums in den Westen gegangen. Während die meisten revolutionären Emigranten aus Mittel- und Osteuropa das Leben von Emigranten lebten – heute würden einige sagen: in »Parallelgesellschaften« lebten (das trifft bis zu einem gewissen Grade auch auf Leo Jogiches zu) –, wurde Rosa Luxemburg zu einer Westeuropäerin, die ihre polnischen Wurzeln weder verleugnete noch vergaß. Auch in der SPD, also in der deutschen Sozialdemokratie, arbeitete Rosa Luxemburg wie in der polnischen Bewegung als Journalistin und als gefeierte Versammlungsrednerin, was ihr in Russland verwehrt worden war. Ab 1908 war sie zudem Lehrerin an der Parteischule der SPD.

In politischen Auseinandersetzungen vertrat Rosa Luxemburg ihre Auffassungen zumeist vehement, aber nie, zumindest nie vorsätzlich, in Geheimzirkeln, sondern, wo es irgendwie auch nur möglich war, stets in aller Öffentlichkeit. Denn da kann man sich Autorität nur erarbeiten durch Intelligenz, Argumentationsstärke, Überzeugungskraft und Integrität.

Rosa Luxemburgs Dissertation zum Kapitalismus im russisch besetzten Teil Polens

Es ist eine Spezifik der marxistischen Tradition, dass jede politische Frage auch theoretisch entschieden werden musste. Die politische Wirkungsmacht des Marxismus wurde direkt aus seiner strikten Wissenschaftlichkeit abgeleitet. Lenins Wort »Die Lehre von Marx ist allmächtig, weil sie wahr ist« (Lenin 1913a: 3) war mehr als ein bloße Floskel, sondern war verbreitete Überzeugung. Nur der Marxismus schien die Antwort auf die Frage nach den historischen Entwicklungstendenzen und den treibenden Kräften zu haben. Wie es im »Manifest« hieß: »Die Kommunisten sind [...] praktisch der entschiedenste, immer weitertreibende Teil der Arbeiterparteien aller Länder; sie haben theoretisch vor der übrigen Masse des Proletariats die Einsicht in die Bedingungen, den Gang und die allgemeinen Resultate der proletarischen Bewegung voraus.« (MEW Bd. 4: 474) Den polnischen Sozialdemokraten um Leo Jogiches und Rosa Luxemburg stand deshalb die Aufgabe bevor, auf der Basis des marxistischen Paradigmas eine ihren Gegnern überlegene wissenschaftliche Einsicht herzustellen. Dafür wurde es nötig, die Entwicklung des Kapitalismus im Königreich Polen zu studieren. Dies wurde zum Gegenstand von Luxemburgs Dissertation.

In den Jahren, in denen Lenin in der sibirischen Verbannung seine Schrift »Die Entwicklung des Kapitalismus in Russland« verfasste, um eine wissenschaftliche Begründung der sozialdemokratischen Strategie für Russland zu erarbeiten, schrieb Luxemburg ihr Werk »Die industrielle Entwicklung Polens«.

Es erschien, mit dem gleichen Ziel wie Lenins Schrift, nur mit Bezug auf Polen und unter einem politisch unverfänglicheren Titel, 1898 bei Duncker & Humblot. Sie war damit auch wissenschaftlich eine Ausnahmeerscheinung: Sie hatte als Frau und Marxistin auf dem Gebiet der Volkswirtschaften mit herausragendem Ergebnis promoviert und diese Arbeit zudem in einem der anerkanntesten Wissenschaftsverlage Deutschlands veröffentlicht. Die Herausforderung, die Luxemburg sich gestellt hatte, war deshalb besonders groß, weil sie sich zwar grundsätzlich auf Marx' und Engels' Geschichtsauffassung berief. In der polnischen Frage widersprach sie ihnen jedoch direkt. Für Marx und Engels war der Kampf um die Wiederherstellung des polnischen Staates eine Selbstverständlichkeit. Die gemeinsame Position zusammenfassend, schrieb Friedrich Engels an Karl Kautsky am 7. Februar 1882: »Polnische Sozialisten, die nicht die Befreiung des Landes an die Spitze ihres Programms setzen, kommen mir vor wie deutsche Sozialisten, die nicht zunächst Abschaffung des Sozialistengesetzes, Press-, Vereins-, Versammlungsfreiheit fordern wollten. Um kämpfen zu können, muss man erst einen Boden haben, Luft, Licht und Ellenbogenraum. Sonst bleibt alles Geschwätz. Ob dabei eine Herstellung Polens vor der nächsten Revolution möglich, ist nicht von Bedeutung. Keinesfalls haben wir den Beruf, die Polen von Anstrengungen abzuhalten, sich die Lebensbedingungen ihrer Fortentwicklung zu erkämpfen, oder ihnen einzureden, die nationale Unabhängigkeit sei vom internationalen Standpunkt eine sehr sekundäre Sache, wo sie vielmehr Grundlage alles internationalen Zusammenwirkens ist.« (MEW Bd. 32: 270)[9]

Auf diese Position antwortete Luxemburg so: »Die Äußerungen der Begründer des wissenschaftlichen Sozialismus können und dürfen [...] nicht einmal als Fingerzeige für das praktische alltägliche Programm des polnischen Proletariats ausgelegt werden, weil sich dieselben nur auf die Eventualitäten der auswärtigen Politik und nicht auf den inneren Klassenkampf und die Ergebnisse des sozialen Entwicklungsgangs Polens beziehen. Überhaupt gehören diese Äußerungen ihrem Ursprung wie auch ihrem Charakter nach mehr in jene schöne Zeit, wo ›Pole und Revolutionär – wenigstens in nationalem Sinne – identisch war‹ [...].« (GW 1.1: 33 – das Zitat bezieht sich auf MEW

[9] Im Vorwort zur polnischen Ausgabe des »Manifest« schrieb Engels 1892 ganz unmissverständlich: »Die rasche Entwicklung der polnischen Industrie, die der russischen über den Kopf gewachsen, ist [...] ihrerseits ein neuer Beweis für die unverwüstliche Lebenskraft des polnischen Volks und eine neue Garantie seiner bevorstehenden nationalen Wiederherstellung. Die Wiederherstellung eines unabhängigen starken Polens ist aber eine Sache, die nicht nur die Polen, sondern die uns alle angeht. Ein aufrichtiges internationales Zusammenwirken der europäischen Nationen ist nur möglich, wenn jede dieser Nationen im eignen Hause vollkommen autonom ist.« (MEW Bd. 22: 283)

Bd. 6: 283) Luxemburg spielte darauf an, dass für Marx und Engels noch in den 1860er Jahren ein erfolgreicher polnischer Aufstand gegen die zaristische Herrschaft deshalb von so entscheidender Bedeutung für die demokratische Bewegung in Westeuropa war, weil er das zaristische Reich geschwächt und dessen Fähigkeit zur reaktionären Intervention gebrochen hätte. Luxemburg konterte: »Die meisten Äußerungen der Sozialisten in Westeuropa in Bezug auf die polnischen nationalen Bestrebungen weisen eine charakteristische Eigentümlichkeit auf: Man urteilt gewöhnlich über den inneren sozialen Charakter dieser Bestrebungen *in Polen* nach der Rolle, die man ihnen in den internationalen Verhältnissen *in Europa* zuweist. Unseres Erachtens wäre es richtiger, umgekehrt die Rolle der Bestrebungen zugunsten der Einigung Polens *für Europa* aus dem Charakter abzuleiten, den sie *in Polen* selbst kraft seiner sozialen Verhältnisse haben müssen.« (GW 1.1: 42f.) Strikt trat sie programmatisch für die Einheit aller sozialdemokratischen Kräfte innerhalb eines Staates ein, hütete aber die Eigenständigkeit ihrer eigenen Partei gegenüber der russischen Sozialdemokratie wie ihren Augapfel. Ihre Position war: »[…] nur durch eine gemeinsame politische Organisation, die alle Kräfte des Proletariats im Staate zum einheitlichen, gemeinsamen politischen Kampfe vereinigt, können die besonderen berechtigten Bestrebungen der verschiedenen Teile des Proletariats auf Verwirklichung rechnen« (GW 6: 76).

Im Jahr 1896 begann Rosa Luxemburgs Publikationstätigkeit in der von Karl Kautsky herausgegebenen *Neuen Zeit*, dem Hort des Marxismus als Wissenschaft. Während sie in ihrem ersten umfangreichen Artikel auf die polnischen sozialistischen Strömungen in Österreich und Deutschland einging, wandte sich der zweite ebenso umfangreiche Artikel »Der Sozialpatriotismus in Polen« dem Russischen Reich zu. Dabei konnte sie auf Studien zurückgreifen, die auch ihrer Dissertation zugrunde lagen. Ihre Schlussfolgerung: »Die Tendenzen der kapitalistischen Entwicklung in Polen führen somit zur ökonomischen Einverleibung des letzteren in das russische Reich. […] *Die gekennzeichnete Richtung der sozialen Entwicklung hat es mit sich gebracht, dass es in Polen jetzt keine Gesellschaftsklasse gibt, die ein Interesse an der Wiederherstellung Polens und zugleich die Kraft hätte, dieses Interesse zur Geltung zu bringen.*« (GW 1.1: 46 – Hervorheb. d. Autoren) Weder Adel noch Bauern, weder Bourgeoisie noch Kleinbürgertum oder Intelligenz hätten zugleich Interesse und Kraft für einen solchen nationalen Kampf. Entweder stünden ihre Interessen dem entgegen oder ihnen würde jede Kraft zu deren Durchsetzung fehlen bzw. es könne von beidem keine Rede sein.

Nach Luxemburg kann auch die polnische Arbeiterklasse das nationalbefreierische Erbe nicht antreten. Die Stärke der Arbeiterklasse hinge ab vom ökonomischen Fortschritt, der aber an die Integration in den gesamtrussischen Wirtschaftsraum geknüpft sei: »Würde das Proletariat die Unabhängigkeit Polens zu seinem Programm machen, so würde es sich dem ökonomischen Entwicklungsprozess entgegenstemmen.« (GW 1.1: 50) Da der Sozialismus ganz aus den Tendenzen der ökonomischen Entwicklung begründet wird, identifiziert Luxemburg die Interessen des Proletariats weitgehend mit dieser. Die Orientierung auf nationale Selbständigkeit erscheine reaktionär, vergangenheitsbezogen. Würde das Proletariat sich die Forderung nach Wiederherstellung eines polnischen Staates zu eigen machen, dann gelte: »Sein endgültiges Ziel, den Sozialismus, das Ergebnis der sozialen Entwicklung, würde es im Rücken haben, und will es das Gesicht diesem Ziel zuwenden, so muss es der Wiederherstellung Polens den Rücken kehren.« (Ebd.) Es ist ein Entweder-Oder. Ein ökonomischer Reduktionismus, der die Besonderheit nationaler gegenüber klassenbedingter Unterdrückung einebnet, ist unübersehbar. Die reale Unterdrückung ist jedoch ein »Herrschaftsknoten, das Ineinander-verflochten-Sein unterschiedlicher Stränge, die einander abstützen und halten« (Haug 2013: 11), der nicht so sauber in Klassenverhältnisse aufgelöst werden kann, wie Luxemburg es wollte. Welcher Strang in welchem Moment den Knoten beherrscht, lässt sich nicht folgerichtig »marxistisch« ableiten. Im konkreten Augenblick kann das Einzelne das historisch weit Allgemeinere beherrschen.

Rosa Luxemburgs Dissertation über die industrielle Entwicklung des Königreichs Polen ist erstens eine umfassende, klar strukturierte und empirisch fundierte Studie der Integration der wachsenden polnischen Industrie in den russischen Markt. Zweitens wurde gezeigt, welches Eigeninteresse die zaristische Regierung an einer Entwicklung hatte, die Polen dauerhaft an Russland zu binden schien. Und drittens wird die These aufgestellt, dass die polnische Bourgeoisie ganz auf Russland fixiert sei und zur Niederhaltung der eigenen Arbeiterschaft ständig die zaristische Despotie anrufen würde. Eine nationale Eigenständigkeit würde die polnische Bourgeoisie deshalb aus ökonomischen wie politischen Gründen gleichermaßen ablehnen, schlussfolgerte sie.

Ganz wie Marx' erster Band von »Das Kapital« ruft auch Luxemburg am Ausgang ihrer ökonomischen Analyse die Dialektik des historischen Prozesses an und leitet darauf in den letzten Sätzen der Dissertation eine strategische revolutionäre Schlussfolgerung ab: »Die kapitalistische Verschmelzung Polens und Russlands erzeugt als Endresultat, was in gleichem Maße von der russischen Regierung, der polnischen Bourgeoisie und den polnischen Nationalisten außer Acht gelassen wird: die Vereinigung des polnischen und des russischen Proletariats zum künftigen Syndikus [Verwalter – d. Autoren] bei dem Bankrott zuerst der russischen Zarenherrschaft und dann der polnisch-russischen Kapitalherrschaft.« (GW 1.1: 211)

Als Rosa Luxemburg 1898 nach Deutschland kam, konnte ihr Marxismus schon deshalb so »fertig« erscheinen, weil die in ihrem Kreis polnisch-litauischer Sozialisten formulierte politische Strategie ganz jenem Verständnis von Marxismus entsprach, wie es zu dieser Zeit hegemonial in der sozialistischen Arbeiterbewegung war und in Osteuropa eine besondere revolutionäre Schärfe besaß: unaufhaltsame Entwicklung hin zum Kapitalismus, damit verbundener Aufstieg der Arbeiterbewegung zur revolutionären Kraft für Demokratie und Sozialismus, gemeinsame Interessen über alle nationalen Unterschiede hinweg, engste Verbindung des Kampfes für die Durchsetzung unmittelbarer sozialer, politischer und kultureller Interessen mit dem Kampf für das sozialistische Endziel und Schulung der Arbeiterinnen und Arbeiter auf dieser Basis durch eine sozialdemokratische Partei. Wie Tony Cliff über Luxemburg schreibt: »Nach Deutschland brachte sie den ›russischen‹ Elan, den Elan der revolutionären Aktion. Polen und Russland brachte sie den ›westlichen‹ Geist des Selbstvertrauens in die Demokratie und die Selbstbefreiung der Arbeiterklasse.« (Cliff 1969: 89)

Mehr noch als für die SPD unter dem Sozialistengesetz galt für das zaristische Reich, dass der Kampf um Reformen unmittelbar revolutionär war, da er auf die brutale Härte der russischen Despotie stieß. Jeder elementare Kampf um Tagesinteressen der Arbeiterinnen und Arbeiter (für höhere Löhne, kürzere Arbeitszeit, soziale Rechte wie demokratische Mitsprache, aber auch für kulturelle nationale Anliegen) forderte das Bündnis von Zarenthron und Kapital direkt heraus. Ökonomische und politische Auseinandersetzungen und die Vertretung nationaler Anliegen wie der Gebrauch der eigenen Sprache und der Ausbau eigener kultureller Institutionen waren untrennbar. Der Klassenkonflikt war immer eine direkte Konfrontation mit dem Staat. Das politische Bündnis der polnischen wie russischen Arbeiterinnen und Arbeiter gegen die zaristische Herrschaft schien als der erfolgversprechendste Weg, um zugleich die nationale und soziale Unterdrückung zu überwinden.

Luxemburgs Dissertation war eine originäre marxistische Leistung, widersprach aber in den politischen Folgerungen der von Marx und Engels entwickelten Position zur Wiederherstellung des polnischen Staates. Sie warf implizit die Frage auf, in welchen Widerspruchsverhältnissen soziale und nationale Befreiungskämpfe stehen können, eine Frage, auf die die Gründungsväter des Marxismus selbst zu keiner Zeit eine überzeugende verallgemeinernde Antwort gefunden hatten. Rosa Luxemburgs Marxismus der 1890er Jahre war ein Ganzes von Strategie und Theorie, dessen Komposition am festen Platz jedes einzelnen Bausteins hing. Der Angriff auf einen jeden von diesen drohte das Ganze zum Einsturz zu bringen. Mit diesem Gepäck also kam die »fertige Marxistin« Luxemburg 1898 nach Berlin und griff in den Revisionsmusstreit ein. Bevor diese Auseinandersetzung eingegangen wird, sei der Blick auf Rosa Luxemburgs Positionen zur Nationalitätenfrage und nationalen Autonomie Anfang des 20. Jahrhunderts gerichtet.

Noch einmal die polnische Frage – 1908/09

Am Haus, das Rosa Luxemburgs Familie wenige Monate nach ihrer Geburt bezogen hatte,[10] klaffte am 13. März 2018 plötzlich im Putz eine Lücke. Seit 1979 war hier eine Tafel befestigt gewesen, die an Luxemburg erinnerte. Nun wurde diese Spur getilgt, als Teil der Politik der konservativen polnischen Regierung, das sozialistische Erbe zu verdrängen. Rosa Luxemburg wird vorgeworfen, der Wiederherstellung des polnischen Staates feindlich gegenübergestanden zu haben. Sie hätte das Recht auf nationale Selbstbestimmung der Völker abgelehnt. Doch die Wahrheit ist konkret: Man kann Rosa Luxemburg keinesfalls eine »antipolnische« Position unterstellen (siehe Politt 2012).

Will man Rosa Luxemburgs Position zur Frage der Wiederherstellung eines polnischen Staates verstehen, so muss man vor allem begreifen, dass sie – anders als andere Sozialisten – davon ausging, dass »die Grenzen zwischen den großen Flächenstaaten [...] unverrückbar« waren: »Die Einschnitte, Verwerfungen und gewaltigen Änderungen, die auf der politischen Landkarte Europas im Ergebnis des Ersten Weltkriegs, also nur wenige Jahre später sich einstellen werden, wusste sie nicht zu antizipieren. Hier werden umgekehrt alle diejenigen auf die große Bühne der Politik gespielt werden, die sich im mittleren und östlichen Teil Europas für unabhängige Nationalstaaten eingesetzt hatten, so wie es in Polen Piłsudski getan hatte.« (Politt 2012: 30) Wie Luxemburg auf dem Internationalen Sozialistenkongress im Juni 1900 in Paris sagte, seien sie und ihre Genossen davon überzeugt, »dass das Proletariat weder zur Veränderung der politischen und kapitalistischen Geografie noch zur Neubildung bürgerlicher Staaten in der Lage ist, sondern dass es gezwungen ist, sich auf den bestehenden, historisch entstandenen Grundlagen zu organisieren, um die sozialistische Macht und soziale Republik zu erobern« (GW 6: 303). Anders als Lenin rechnete sie nicht »mit *allen* möglichen und sogar mit allen überhaupt *denkbaren* Wechselfällen« (Lenin 1903: 458). Als am Ende des Ersten Weltkriegs alle drei Reiche zusammengebrochen waren, die Polen seit 1772 unter sich aufgeteilt hatte, war die Geografie radikal verändert, ein

[10] Wahrscheinlich zog Luxemburgs Familie erst wenige Monate nach ihrer Geburt in dieses Haus (siehe den Kommentar von Politt 2018 sowie Pilawski/Politt 2020: 8f.).

vorher nur »denkbarer« Fall war tatsächlich eingetreten.[11] Alle Aussagen von Luxemburg lassen sich aber nur dann verstehen, wenn man akzeptiert, dass sie genau diese Situation völlig ausgeschlossen hatte. Ihre Frage war, wie sozialistische Politik durch polnische Sozialdemokraten unter der Bedingung der stabilen Existenz des russischen, deutschen und habsburgischen Reiches möglich ist – und nicht bei deren gemeinsamem Zusammenbruch. Ihre umfassendsten Ausführungen dazu verfasste sie 1908/09 für die von Jogiches redigierte Zeitschrift »Przegląd Socjaldemokratyczny« unter dem Titel »Nationalitätenfrage und Autonomie«.

Luxemburgs Ausgangsposition war, dass revolutionäre Realpolitik sich nicht von abstrakten Idealen leiten lassen dürfe, die nicht umsetzbar seien. Solch ein abstraktes Ideal war für sie die Schaffung eines modernen polnischen Nationalstaats. Sie hielt dies für ein »Hirngespinst« (AR: 45). Politik müsse auf dem Boden der Tatsachen gemacht werden: »Die Forderungen des politischen Programms sind mit dem bestimmten Ziel abgefasst, eine unmittelbare, praktische und auf dem Boden des bürgerlichen Systems durchführbare Lösung jener brennenden Aufgaben gesellschaftlichen und politischen Lebens zu ermöglichen, die in das Gebiet des Klassenkampfes des Proletariats eingreifen, damit sie als Wegweiser für die Alltagspolitik und ihre Bedürfnisse dienen, damit sie die politische Aktion der Arbeiterpartei hervorrufen und in die entsprechende Richtung führen, damit sie schließlich die revolutionäre Politik des Proletariats von der Politik bürgerlicher und kleinbürgerlicher Parteien abgrenzen.« (NA: 50) Sie ergänzte: »Der Sozialismus der modernen Arbeiterklasse, der wissenschaftliche Sozialismus vor allem, gefällt sich nicht in möglichst radikal und großmütig klingenden Lösungen von gesellschaftlichen und nationalen Fragen, sondern er prüft zunächst einmal die realen Bedingungen für diese Aufgaben.« (NA: 59)

Luxemburg war eine polnische Patriotin, wenn man Patriotismus an der Liebe zur und Achtung der eigenen nationalen Kultur und dem Einsatz für die Menschen, die diese Kultur verkörpern, misst. Nur führte für sie der Weg zur freien Entfaltung der polnischen Kultur nicht über einen polnischen Nationalstaat, sondern über den Sozialismus. »[...] die Gesellschaft erobert erst dann die faktische Möglichkeit einer freien Selbstbestimmung über ihr nationales Dasein, wenn sie die Möglichkeit besitzt, bewusst über ihre wirtschaft-

[11] En passant räumte Luxemburg diese Möglichkeit ein: »Ihr ›Recht‹ auf Selbstbestimmung kann die polnische Nation erst dann verwirklichen, wenn es dazu die faktische Fähigkeit besitzt, die mit Gewalt errungen wurde und dann sich durchsetzt.« (NA: 82) Sie sah aber dafür keine Chance. Die Revolution von 1905 habe im Gegenteil den gemeinsamen Kampf gegen den Zarismus in den Vordergrund gerückt.

liche Existenz, über ihre Produktionsbedingungen zu bestimmen. ›Nationen‹ werden ihr historisches Dasein dann beherrschen, wenn die menschliche Gesellschaft ihren gesellschaftlichen Prozess beherrschen wird.« (NA: 72) Der Weg über den Nationalstaat sei ein Umweg, wenn der Kapitalismus in einem großen Flächenstaat einmal entstanden sei, und führe zurück in die Vergangenheit (NA: 93, 103).

Sie ging von einer Reihe von Annahmen aus, die unbedingt ernst zu nehmen sind, will man ihre Folgerungen beurteilen – unabhängig davon, ob man diese Annahmen teilt oder nicht. Vor allem sah sie den Widerspruch, dass alle großen Nationalstaaten »Eroberungsstaaten« (NA: 66) sind, die sich ganze Imperien schaffen und zugleich die kleinen Staaten in völliger Abhängigkeit halten, sodass von Selbstbestimmung eigentlich nicht gesprochen werden könne (siehe NA: 65). Angesichts der Tendenz des Kapitalismus zur Zentralisierung könne der Versuch, neue Nationalstaaten in Europa zu gründen, nur reaktionär wirken und die Unterdrückung von nationalen Minderheiten verschärfen. Die Demokratisierung der vorhandenen Flächenstaaten und das Erkämpfen der bürgerlichen und kulturellen Freiheiten, vor allem auch der Freiheiten, die eigene Sprache und Kultur zu pflegen, der Aufbau eines entsprechenden Bildungssystems usw., schienen ihr der einzig mögliche progressive Weg unter den gegebenen Bedingungen. Bewusst verwendet sie für die eigenen Auffassungen deshalb auch den Terminus der Nationalitätenfrage – im Unterschied zur nationalen Frage. Ihre Vision war die radikale Demokratisierung der Flächenstaaten als Bedingung für eine darüber hinausweisende sozialistische Revolution. Der Kampf um den Nationalstaat, so ihre feste Überzeugung, würde den Kampf um den Sozialismus zwangsläufig verdrängen und die progressiven Kräfte schwächen. Luxemburg folgte nicht Lenins Auffassung, für den der Nationalismus *jeder* unterdrückten Nation »einen allgemein demokratischen Inhalt« (Lenin 1914: 415) hat. Sie suchte nachzuweisen, dass sich ein solcher allgemeiner Inhalt nur durch den Kampf um die Demokratisierung des Gesamtstaates entfalten könne. Für Lenin im Gegenzug war der »Nationalismus der Großrussen« die eigentliche Gefahr, denn es sei »ein feudaler Nationalismus« (ebd.). Genau dies unterstellte Luxemburg aber auch dem polnischen Nationalismus.

Luxemburg zeigte den rassistisch-kolonialistischen Hintergrund der Debatte auf. Oft würde »die Frage der Kolonialeroberungen von der Nationalitätenfrage« getrennt:

> »Dieser Standpunkt wird durch die Verteidiger des ›Rechts der Nationen‹ sogar häufig bewusst oder unbewusst eingenommen und entspricht auch der Haltung, wie sie z. B. Eduard David in der deutschen Sozialdemokratie

oder van Kol in der holländischen in der Frage der Kolonialpolitik einnehmen, bei denen Kolonialeroberungen überhaupt ein Ausdruck der zivilisatorischen Mission durch die europäischen Völker sind, die sogar im sozialistischen System notwendig sein würden. Diese Haltung lässt sich als eine ›europäische‹ Anwendung des philosophischen Grundsatzes von Fichte in Ludwig Börnes bekannter Umschreibung auf einen kurzen Nenner bringen: ›Ich bin ich, und was außer mir ist nur Lebensmittel.‹ Wenn nun lediglich die europäischen Völker als eigentliche Nationen, die Kolonialvölker hingegen als ›Lebensmittel‹ angesehen werden, dann kann in Europa von ›Nationalstaaten‹ gesprochen werden […]. Doch in diesem Fall würde das ›Recht der Nationen auf Selbstbestimmung‹ zu einer Theorie der herrschenden Rassen werden und verriete deutlich seine wahre Herkunft aus der Ideologie des bürgerlichen Liberalismus […].« (NA: 68)

Kritisch wendet sich Luxemburg gegen die Vorstellung, man müsse als Sozialdemokrat einfach der Mehrheitsmeinung in der Nationalitätenfrage folgen. Die »traditionellen Bewusstseinsformen« der Mehrheit seien »zumeist den Idealen und Bestrebungen des Sozialismus feindliche Formen des bürgerlichen Bewusstseins« (NA: 75) und man müsse sie revolutionieren.

Für das Russische Reich entwickelte Rosa Luxemburg umfassende Vorstellungen der territorialen Selbstverwaltung mit gesicherten Rechten für die Angehörigen der verschiedenen Nationalitäten. Detailliert arbeitete sie dies auf den Feldern von öffentlicher Daseinsvorsorge, Bildung und Kultur, der lokalen Infrastruktur usw. aus. Angesichts der Verteilung vieler Nationalitäten über viele Regionen des Reiches ging sie davon aus, dass es keine Grundlage für eine Selbstverwaltung auf der Basis von Nationalitäten gäbe – mit einer Ausnahme: das Königreich Polen. Nur hier seien die Voraussetzungen für eine Landesautonomie gegeben – nur hier weise die betreffende Nationalität »eine eigene bürgerliche Entwicklung […], ein eigenes Stadtleben, eine eigene Intelligenz, ein eigenes literarisches und wissenschaftliches Leben« (NA: 168) vor. Kein anderes Territorium des Russischen Reiches verfüge über ähnliche Bedingungen.[12]

[12] Lenin wandte in seiner Kritik ein, dass dies durch den Zuschnitt der Territorien im Russischen Reich bedingt sei und sich nach einer Revolution natürlich ändern würde (Lenin 1913b: 34).

Kapitel 4
Die Konzipierung revolutionärer Realpolitik um die Wende zum 20. Jahrhundert

> *»Die Sozialdemokratie hat [...] in ihrem Programm viele Forderungen, die auch von einer bürgerlichen Regierung [...] angenommen werden könnten. [...] In diesem Falle zeigt sich aber wiederum [...], dass es bei dem sozialdemokratischen Kampf in erster Linie nicht auf das Was, sondern auf das Wie ankommt.«*
> *(GW 1.1: 485)*

Am 16. Mai 1898 traf Rosa Luxemburg in Berlin ein. Hier, in der Hauptstadt des deutschen Reiches, wollte sie sich nach Abschluss ihrer Dissertation in der stärksten und einflussreichsten sozialdemokratischen Partei Europas ein neues Tätigkeitsfeld erschließen. Ihre Veröffentlichungen in der deutschen Parteipresse zur polnischen Frage und ihr Auftreten auf Kongressen der Zweiten Internationale hatten ihr schon einige Bekanntheit verschafft. Zudem war die polnische Frage auch eine deutsche Frage. Schließlich hatte sich Preußen Teile Polens einverleibt. Schon kurz nach ihrer Ankunft stürzte sie sich nach Abstimmung mit dem Vorstand der SPD in den Wahlkampf in Oberschlesien. Ihr Vorschlag, auch bei den Stichwahlen an anderen Orten als Rednerin eingesetzt zu werden, wurde aber abgelehnt (siehe Laschitza 1996: 89). Ihr Platz schien definiert – die Arbeit unter polnischen Arbeiterinnen und Arbeitern im Deutschen Reich. Die von Eduard Bernstein im Frühjahr 1898 ausgelöste Diskussion um Programmatik und Strategie der Sozialdemokratie bot ihr jedoch die Chance, direkt in das Zentrum der sozialdemokratischen Politik in Deutschland vorzustoßen. Mit ihrer Intervention in diese Diskussion betrat die Siebenundzwanzigjährige die große Bühne der deutschen Sozialdemokratie. Systematisch vorbereitet, schrieb sie in nur zwei Tagen eine erste Artikelserie für die *Leipziger Volkszeitung* (GB 1: 204). Schon im Oktober 1898 nahm sie als Delegierte am Stuttgarter Parteitag teil, als eine von sechs weiblichen der insgesamt 252 Delegierten, und eine von sechs mit akademischem Grad (siehe Hirsch 1969: 37).

Bernsteins Revision des Marxismus stellte genau jenes Verständnis von Strategie der Sozialdemokratie radikal infrage, das sich Luxemburg und ihre polnischen Genossen im Jahrzehnt zuvor erarbeitet hatten, weil, wie Rosa Luxemburg zustimmend den italienischen Marxisten Antonio Labriola zitiert, »nur in Deutschland sich die gegenseitige Durchdringung und fast gänzliche Verschmelzung der *sozialistischen Arbeiterbewegung* und des *Marxismus* vollzogen« (zitiert in GW 6: 262) hatte. Die Vehemenz, mit der Luxemburg in die deutsche Diskussion eingriff, erklärt sich auch daraus. Es war keine innertheoretische Frage. Für sie ging es um den Kern dessen, was sie als revolutionäre Sozialdemokratie verstand. Es ist kein Zufall, dass Alexander Parvus (eigentlich Israil Lasarewitsch Helphand, 1867–1924) gemeinsam mit Luxemburg zu den entschiedensten Gegnern von Bernstein gehörte. Er teilte mit ihr die Erfahrungen des zaristischen Reiches. Zwei osteuropäische Außenseiter waren es, die in der SPD den Angriff auf Bernstein anführten.

Bernstein: Das Ziel ist mir nichts

Eduard Bernstein (1850–1932) war schon 1872 der Sozialdemokratischen Arbeiterpartei um Bebel und Liebknecht (den »Eisenachern«) beigetreten und hatte mit diesen an der Vorbereitung des Vereinigungsparteitags mit dem *Allgemeinen Deutschen Arbeiterverein*, den Lassalleanern, mitgewirkt. Während des Sozialistengesetzes musste er emigrieren, erst in die Schweiz und später, nach Ausweisung aus der Schweiz, nach England. Er war in dieser Zeit Redakteur des »Sozialdemokrat«, der nach dem Verbot der wichtigsten Parteizeitung der deutschen Sozialdemokratie, des »Vorwärts«, erst in der Schweiz und dann in England herausgegeben wurde. Der »Sozialdemokrat« wurde über viele Jahre illegal nach Deutschland gebracht und fand weite Verbreitung. Bernstein hatte mit Karl Kautsky entscheidend am Erfurter Parteiprogramm der SPD von 1891 mitgearbeitet und die Grundzüge des sogenannten Minimalprogramms, die konkreten Reformforderungen, geprägt. In England stand Bernstein zudem im engsten freundschaftlichen Kontakt zu Friedrich Engels, der ihn sehr schätzte. Bernstein gehörte damit zu dem engsten Kreis der Partei und galt mit Kautsky als einer ihrer beiden Vordenker.

Unmittelbar nach dem Tod von Friedrich Engels hatte Bernstein begonnen, seine Zweifel an wesentlichen programmatischen Grundannahmen der sozialdemokratischen Strategie zum Ausdruck zu bringen. 1896/97 erschien eine Folge von Artikeln Bernsteins unter dem Titel »Probleme des Sozialismus. Eigenes und Übersetztes«. Er verwies darauf, dass es neben dem Utopismus der »Zukunftsstaatsmodelei« noch einen anderen Utopismus gäbe. Der Sozialismus erscheine als Erlösung von allen Übeln, und dies »in kürzester Zeit«: »Es wird ein großer Strich gemacht: hier die kapitalistische, dort die sozialistische Gesellschaft. Von systematischer Arbeit in der ersteren ist nicht die Rede, man lebt von der Hand in den Mund und lässt sich von den Ereignissen treiben. Die Berufung auf den sehr einseitig gedachten Klassenkampf und die ökonomische Entwicklung muss über alle theoretischen Schwierigkeiten hinweghelfen.« (Bernstein 1897: 165)

Was anfangs als offenes Nachdenken über ungelöste programmatische Probleme, über »Einseitigkeiten« und »theoretische Schwierigkeiten« erschien und in vielen Artikeln Bernsteins dieser Jahre in der *Neuen Zeit* zum Ausdruck kam, wurde aber in kurzer Zeit zu einer direkten Infragestellung der Strategie der SPD, wie sie auf dem Erfurter Parteitag ihre gültige Form angenommen hatte, aber bis in die frühen 1870er Jahre zurückging.

Im Januar 1898 erschien Bernsteins Artikel »Der Kampf der Sozialdemokratie und die Revolution der Gesellschaft«, der die Grenze zwischen dem Zweifel und der Empfehlung für einen Wechsel der Parteistrategie eindeutig überschritt und zu einem Skandal wurde: »Ich gestehe es offen, ich habe für das, was man gemeinhin unter ›Endziel des Sozialismus‹ versteht, außerordentlich wenig Sinn und Interesse. Dieses Ziel, was immer es sei, ist mir gar nichts, die Bewegung alles. Und unter Bewegung verstehe ich sowohl die allgemeine Bewegung der Gesellschaft, d.h. den sozialen Fortschritt, wie politische und wirtschaftliche Agitation und Organisation zur Bewirkung dieses Fortschritts. Die Sozialdemokratie hat also danach den baldigen Zusammenbruch des bestehenden Wirtschaftssystems, wenn er als Produkt einer großen verheerenden Geschäftskrisis gedacht wird, weder zu gewärtigen, noch zu wünschen. Was sie zu tun, und darauf auf lange hinaus zu tun hat, ist, die Arbeiterklasse politisch zu organisieren und zur Demokratie auszubilden, und für alle Reformen im Staate zu kämpfen, welche geeignet sind, die Arbeiterklasse zu heben und das Staatswesen im Sinne der Demokratie umzugestalten.« (Bernstein 1898: 556)

Bernsteins Deutung der Epochensituation und seine strategischen Folgerungen standen im direkten Widerspruch zu den Annahmen, die der Strategie der SPD zugrunde lagen. Sie wiesen der Partei eine völlig neue Richtung, die als sozialreformerisch nach innen und sozialimperialistisch nach außen verstanden werden musste. Die strategischen Konsequenzen wurden in dem Maße klarer, wie Bernstein auf Anraten Bebels begann, seine Auffassungen zu systematisieren und die »Dunkelheiten und Zweideutigkeit«, so Bebel (zitiert in Papcke 1979: 28), auszuräumen.

Dabei wurde deutlich, dass Bernstein nicht etwa praxisferne Annahmen in Frage stellte, sondern die strategische Praxis der SPD selbst. Sie sollte ihren Charakter als Partei des Klassenkampfes aufgeben. Das Ziel der Eroberung der politischen Macht, dessen Erringung durch legale Kämpfe um Wahlerfolge, soziale und demokratische Reformen und offensive Agitation vorbereitet werden sollte, wurde nebensächlich, die Reformen wurden der eigentliche Zweck. Bernsteins zentrale These war: Der Einfluss der SPD »würde ein viel größerer sein, als er heute ist, wenn die Sozialdemokratie den Mut fände, sich von einer Phraseologie zu emanzipieren, die tatsächlich überlebt ist, und *das scheinen zu wollen, was sie heute in Wirklichkeit ist: eine demokratisch-sozialistische Reformpartei«* (Bernstein 1969: 196).[13]

Die Strategie der SPD von 1891

Was Bernstein »Phraseologie« nannte, war der Kern der Überzeugungen der Überväter der SPD, August Bebels wie Wilhelm Liebknechts. Als sich die SPD nach dem Fall des Sozialistengesetzes wieder öffentlich in Deutschland zusammenfinden konnte, ab 1890, gab sie sich mit dem Erfurter Parteiprogramm eine Grundlage, die in den Augen ihrer anerkannten Führer erstens auf der wissenschaftlichen Grundlage des Marxismus basierte, zweitens den realen Bedingungen des deutschen Kaiserreichs und des Kapitalismus dieser Zeit entsprach und sich drittens in überwältigender, vorher unvorstellbarer Weise bewährt hatte. Sieht man sich die Reden von Liebknecht und Bebel auf dem Erfurter Parteitag an, wird deutlich, dass die gewählte Strategie keinesfalls nur (aber natürlich auch) taktisch inspiriert, sondern von fester Überzeugung getragen war.

Nach der gescheiterten Revolution von 1848/49 und der blutigen Niederschlagung der Pariser Kommune wurde offensichtlich, dass die sozialistische Arbeiterbewegung sich auf eine Situation einstellen musste, wo bewaffnete Revolutionen unwahrscheinlicher und zugleich legale Kampfformen realistischer werden. Das allgemeine Wahlrecht und die schrittweise Legalisierung der Gewerkschaften und der sozialen wie kulturellen Vereine der Arbeiterinnen und Arbeiter boten neue Möglichkeiten. Noch in der Zeit des Sozialistengesetzes hatte die SPD die Losung ausgegeben: »An unserer Gesetzlichkeit müssen unsere Feinde zugrunde gehen.« Marx hatte 1880 den französischen Sozialisten ins Programm diktiert, dass das allgemeine Wahlrecht »aus einem Instrument des Betrugs, das es bisher gewesen ist, in ein Instrument der Emanzipation umgewandelt« (MEW Bd. 16: 238) werden müsse.

Die von der SPD und ihren Vorläufern seit den frühen 1870er Jahren verfolgte Strategie bildete eine konsistente Einheit von Annahmen und Folgerungen, deren Scheitern 1914 den zeitweiligen Erfolg verdunkelt hat. Auf dem Erfurter Parteitag haben Wilhelm Liebknecht, der zum Programm sprach, und August Bebel, der zur Taktik, sprich: Strategie, redete, diese Einheit begründet.

[13] Hier ist nicht der Ort, Bernsteins Position angemessen zu würdigen. Sein bleibendes Verdienst war es, die Schwächen des Marxismus seiner Zeit aufzudecken und wichtige Annahmen mit den gegenläufigen Tendenzen zu konfrontieren. Wie Luxemburg steckte er ganz in den Widersprüchen seiner Zeit und der sozialistischen Bewegung (siehe Eichhorn 2001) und suchte sie in Bewegung zu setzen. Während Luxemburg auf Revolutionierung setzte, so Bernstein auf Reformierung (siehe Meyer 1982; Heimann et al. 2020).

Deutlicher noch als im Parteiprogramm selbst wurden hier die Intentionen der SPD-Führung offensichtlich. Liebknecht machte deutlich, wie sehr das neue Programm und die in ihm verankerte Strategie der von Marx und Engels entsprach. Für ihn war die Entwicklung der Partei seit 1875 vor allem auch »die wissenschaftliche Entwicklung der Partei, die Erziehung zum wissenschaftlichen Sozialismus« (SPD 1891b: 329), d.h. Marxismus. Roter Faden des Programms sei der Gedanke, »dass diejenigen, welche die Produktionsmittel besitzen, in diesen die Mittel zur Knechtung, Ausbeutung und Proletarisierung ihrer nicht im Besitz von Produktionsmitteln befindlichen Mitmenschen haben« (ebd.: 333). Ganz im Geiste von Marx' »Kapital« und der dort entwickelten Akkumulationstheorie und der Schriften von Engels betonte Liebknecht: »Die Spaltung der Gesellschaft wird immer tiefer und vollständiger – was zwischen beiden Extremen, Kapitalist und Proletarier steht, die sogenannten Mittelschichten [...], verschwinden mehr und mehr«. Mit Naturnotwendigkeit vollziehe sich »*Expropriation in Permanenz*« (ebd.: 337). Aus dieser Erkenntnis, so Liebknecht, ergebe sich dann auch der revolutionäre Charakter der SPD – genau jener Charakter, den Bernstein ein halbes Jahrzehnt später völlig in Frage stellte. Liebknecht führte aus:

»So schmiedet der Arbeiter, indem er arbeitet und Reichtum schafft, sich selber die Sklavenkette. An diesem Prozess können fromme Wünsche nichts ändern. Alle Kritiken des Kapitalismus, welche nicht auf den Kern gehen, sind unfruchtbar – alle Versuche, unter Beibehaltung der Grundlagen des Kapitalismus, dessen ›Auswüchse‹ zu beseitigen, sind Utopisterei. Diese ›Auswüchse‹ sind die logische Folge, die unvermeidliche Konsequenz des kapitalistischen Systems – wer sie beseitigen will, muss die *Ursache*, muss das kapitalistische System beseitigen. Durch diese Forderung unterscheidet sich die Sozialdemokratie von allen übrigen Parteien und kennzeichnet sich als *revolutionäre Partei*, während alle anderen Parteien ohne Ausnahme auf dem Boden des Privateigentums an den Produktionsmitteln stehen. [...] wer da wähnt, allmählich auf dem Wege der Kompromisse, mit kleinbürgerlichen Salben und Palliativmittelchen ließen sich die Übel der heutigen Gesellschaft so mildern, dass man sie wenigstens auf eine Zeit lang noch ertragen könne – wer solchen Anschauungen huldigt, *verlässt den revolutionären Boden der Partei*. Das haben wir zu bedenken, wenn wir fragen: *Gehörst du zu uns oder nicht?* [...]

Darum fordert die Sozialdemokratie, dass hier am Grunde, an der Wurzel zugegriffen, die Ursache dieser Zustände beseitigt wird. Das fordert sie nicht nach Laune, sondern vollbewusst, weil sie auf der Höhe jener Weltanschauung steht, welche die Gesellschaft als *Organismus* auffasst, der mit Naturnotwendigkeit wächst und sich fortentwickelt. Sie sieht, dass die heutige Gesellschaft Zustände geschaffen hat, welche dieselbe zerstören müssen; sie sieht – was in allen unseren Programm-Entwürfen ausgedrückt ist –, dass die heutige Gesellschaft mit eherner Logik hinein treibt in eine Katastrophe, in ihren eigenen ›Weltuntergang‹, der nicht abzuwenden ist. […] Das Proletariat, das der Kapitalismus erzeugt, macht er selbst zu seinem Erben, bereitet ihm die Erbschaft vor, schmiedet ihm die Waffen, gibt ihm die Möglichkeit, das zu verwirklichen, was wir erstreben, schafft ihm die materiellen Bedingungen zur Verwirklichung unseres Ideals – kurz der *kapitalistische Gegenwartsstaat* ist der *Vater wider Willen des Zukunftsstaates.*« (SPD 1891b: 337-339)

Polarisierung zwischen immer weniger Kapitaleigentümern und den eigentumslosen Proletarierinnen und Proletariern sowie wachsende interne Krisenhaftigkeit und Tendenz zum Weltkrieg würden, so die Annahme der Führer der SPD, eine Situation herbeiführen, die teils als Zusammenbruch des kapitalistischen Systems, teils als Katastrophe oder – durch Bebel – als »Kladderadatsch« bezeichnet wurden. Die Strategie war genau darauf berechnet: Es ging darum, mit legalen Mitteln (Bebel nennt vor allem Agitation, Wahlen und gewerkschaftlichen Kampf) eine gesellschaftlich verankerte politische Kraft aufzubauen, die fähig wäre, mit aller Entschiedenheit und politischen Überzeugtheit in eine solche große Krise einzugreifen. Wie August Bebel auf dem Parteitag von 1891 ausführte: »Die bürgerliche Gesellschaft arbeitet so kräftig auf ihren eigenen Untergang los, dass wir nur den Moment abzuwarten brauchen, in dem wir die ihren Händen entfallende Gewalt aufzunehmen haben. [...] Ja, ich bin überzeugt, die Verwirklichung unserer letzten Ziele ist so nahe, dass Wenige in diesem Saale sind, die diese Tage nicht erleben werden. […]

Die Entwicklung der ökonomischen Verhältnisse, die fortgesetzten Kriegsrüstungen, wo sich jeder sagen muss, kommt der Krieg nicht heute oder morgen, so kommt er übermorgen sicher, und die Gewissheit, dass alle diese Dinge zum Verderben der heutigen Gesellschaft ausschlagen, das Alles hat herbeigeführt, dass keiner mehr leugnet, wir treiben einer Katastrophe zu.« (SPD 1891b: 172, 175)

Es ginge immer darum, »die Partei *kampffähiger* zu machen, um das große, ganze Ziel *rascher* und *ausgiebiger* zu erreichen« (SPD 1891b: 278) und »den Kampfboden, auf dem wir stehen, uns besser her(zu)richten, um uns verteidigungsfähiger zu machen« (SPD 1891b: 174). Bebel warnte seine Genossen, in der Stunde der Krise und Entscheidung müsse man bereit sein: »Nehmt Euch in Acht, es geht Euch eines Tages wie den törichten Jungfrauen in der Bibel, wenn der Bräutigam kommt, dann haben sie kein Öl auf der Lampe. Mit anderen Worten: Ihr scheint so wenig die wahre Situation zu begreifen, dass Ihr überrascht werdet von den Ereignissen und nicht wisst, was Ihr zu tun habt. Es ist nicht das erste Mal, dass es bei großen Umgestaltungen der Führerschaft so erging.« (SPD 1891b: 281) Die Zentralität des Kampfes um die politische Macht wurde dadurch begründet, dass die sozialistischen Verhältnisse des gesellschaftlichen Eigentums anders als die kapitalistischen Eigentumsverhältnisse *nicht* im Schoße der alten Gesellschaft entstehen könnten, sondern bewusst politisch geschaffen werden müssten. Hatte das Bürgertum erst die ökonomische und später dann die politische Macht errungen, so müsse die Arbeiterbewegung diese Reihenfolge umkehren, um ihr Ziel, den Sozialismus, durchzusetzen: »Wir sind nicht in der Lage, die Herrschaft der Arbeiterklasse zu errichten auf der Gewinnung der ökonomischen Macht, wir müssen zum umgekehrten Mittel greifen. In erster Linie haben wir die politische Macht zu erobern und diese zu benutzen, um auch die ökonomische Macht durch die Expropriation der bürgerlichen Gesellschaft zu erreichen. Ist die politische Macht in unseren Händen, so findet sich das Weitere von selbst.« (ebd.: 159)

Bernsteins Provokation: Theorie und Praxis im Widerspruch

In der politischen Auseinandersetzung war Rosa Luxemburg unerbittlich, in ihrer Kritik am Kapitalismus ohnehin. Anfangs beschränkte sie sich darauf, ihre erworbenen marxistischen Kenntnisse auf aktuelle Fragen anzuwenden. Bekannt wurde sie 1899 mit einer Broschüre »Sozialreform oder Revolution?«, in der sie die Abrechnung mit einem der wenigen persönlichen Schüler von Friedrich Engels suchte: mit Eduard Bernstein. Bernstein hatte während des Sozialistengesetzes in der Emigration die Exilpresse geleitet und galt in der europäischen Sozialdemokratie in theoretischen Fragen des Sozialismus als Koryphäe. Wenige Monate nach dem Tode von Engels hatte er aber begonnen, der unter Sozialisten weit verbreiteten theoretischen Auffassung abzuschwören, dass sich die Probleme in der auf der kapitalistischen Produktionsweise beruhenden Gesellschaft immer weiter verschärfen würden und diese Gesellschaft deshalb nicht nur zu bekämpfen, sondern vollständig zu überwinden sei. Bernstein meinte nun, Anhaltspunkte dafür gefunden zu haben, die diese Auffassung widerlegten: Die Gegensätze würden sich abschwächen, statt sich weiter zu verschärfen. Deshalb sei die Kooperation mit der bürgerlich-kapitalistischen Gesellschaft der bisher geübten Konfrontation vorzuziehen.

Bernstein hatte damit zwar nur ausgesprochen, was viele sozialdemokratische Parlamentarier und mehr noch die Führer der Gewerkschaften ohnehin dachten, aber öffentlich nie zugaben. Die Gewerkschaftsführer hatten sich nie ernsthaft für die Idee einer fundamentalen Opposition erwärmen können, gefährdete sie in ihren Augen doch, wie nicht zuletzt das Sozialistengesetz gezeigt habe, gerade in Krisensituationen den Bestand der mühselig aufgebauten Organisationen – und damit die eigene Macht.

Doch selbst jetzt wagten sich nur wenige aus der Deckung, um Bernstein beizuspringen. Denn er hatte, ohne zu ahnen, was er auslösen würde, ein schweres Sakrileg begangen. Die Gegenreaktionen der »Tempelwächter«, allen voran des theoretischen Kopfes der SPD, Karl Kautsky, waren entsprechend heftig. Bis zum Parteitag der SPD im Jahre 1903 wurde eine sogenannte Revisionismusdebatte geführt, in der sich Rosa Luxemburg in ihrer neuen politischen Umgebung deutlich mehr als nur ihre ersten Sporen verdiente – auch wenn sie inhaltlich nur bekannte Positionen des Marxismus zusammenfasste. Die Gegensätze im Kapitalismus würden sich so verschärfen, dass die Menschheit in die Barbarei treibe. Aufgabe der Arbeiterbewegung sei es, alles zu tun, um dies zu verhindern. Der Sozialismus sei die Rettung vor dem Untergang, daher die Formel: Sozialismus oder Barbarei.

Spezialisten meinen, dass kein Buch mehr Menschen für das Vorhaben von Marx, Ausbeutung, Unterdrückung und Krieg auf Dauer aus der menschlichen Gemeinschaft zu verbannen, begeistert habe als Rosa Luxemburgs Frühwerk »Sozialreform oder Revolution?« Auch heute noch bietet es auf anregende Weise einen guten Überblick über den ursprünglichen Marxismus – also über jenen Marxismus, der noch nicht durch den späten Kautsky verunstaltet sowie durch Stalin und seine Adepten bis zur Unkenntlichkeit geschändet worden war.

Marx selbst hatte allerdings so etwas wie einen »Marxismus« abgelehnt und spöttisch gemeint, sollte es ihn trotzdem geben, wäre er, Karl Marx, jedenfalls kein Marxist. Karl Kautsky, neben Eduard Bernstein die andere Autorität in theoretischen Fragen des Sozialismus, hatte sich seit den 80er Jahren des 19. Jahrhunderts gemüht, im deutschsprachigen Raum mit einer Vielzahl von Schriften das Gedankengut von Karl Marx zu popularisieren – und zu systematisieren. Was dabei herauskam, nannte er »Marxismus«: ein Gebäude von Glaubenssätzen, Argumentationsfiguren, historischen Linien und »wissenschaftlichen Begründungen«. Für jede neu auftretende Frage war Karl Kautsky, der unermüdliche Parteiangestellte für Fragen der Theorie, mit einer eigenen Theorie zur Hand. Bei Kautsky sind sie alle in die Schule gegangen: Lenin, Trotzki, Rosa Luxemburg sowie Tausende heute vergessene Marxistinnen und Marxisten.

Bis zur Revisionismusdebatte war Kautsky der unangefochtene Herrscher über jede Art der Interpretation gewesen. Der Streit mit Bernstein festigte seine Position sogar noch, denn die Revisionismusdebatte wurde per Parteitagsbeschluss zu seinen Gunsten beendet. Der SPD-Parteivorstand hatte mit dieser von ihm herbeigeführten »Lösung« – wenn auch wider Willen – eine Büchse der Pandora geöffnet: Erstmalig wurden in einer politischen Großorganisation – sieht man von der katholischen Kirche ab – Fragen der Theorie und Weltanschauung aus dem Bereich der intellektuellen Debatte in die Politik gezerrt und dort »entschieden«; eine Verunstaltung des Geistes, die in der kommunistischen Bewegung im Laufe des 20. Jahrhunderts zu einer unreflektierbaren Selbstverständlichkeit werden sollte.

Vorerst galt jedenfalls weiter: Überwindung des Kapitalismus mit aller Konsequenz. Dabei war der SPD-Parteivorstand, bestehend aus den alten Mitstreitern der Sozialistengesetz-Zeit, gar nicht mehr so revolutionär; er handelte pragmatisch. Der SPD war, eher nebenher, etwas ganz Merkwürdiges gelungen: Sie hatte mitten im zur Weltmacht aufsteigenden Preußendeutschland mit seinem Militarismus, verdeckten Antisemitismus, Kolonialwahn und Kostümierungsfetischismus eine eigene proletarische Gesellschaft geschaffen, eine Gegenwelt mit eigenen Institutionen und Absicherungen gegen die Unbilden nicht nur des proletarischen Lebens.

Der »Vierte Stand«, wie ihn der Romancier der Vor-Weltkriegs-Ära Theodor Fontane nannte – das Proletariat, die Arbeiterschaft, die Arbeiterklasse, wie ihn andere, darunter Karl Marx, bezeichneten –, war erstmals 1844 beim Aufstand der schlesischen Weber niederkartätscht worden. Als der junge Gerhart Hauptmann ein halbes Jahrhundert später diesen Skandal auf die Bretter von Berlins Deutschem Theater brachte, kündigten Seine Majestät ihre Loge. Im Wilhelminischen Preußendeutschland, Produkt der gescheiterten Deutschen Revolution von 1848 und des siegreichen Krieges gegen Österreich von 1866, im Spiegelsaal von Versailles 1871 nach dem Sieg über das trotz aller Wirrungen seit Jahrhunderten übermächtige Frankreich zusammengezimmert, galt der Prolet einen Dreck.

Die vom ins Exil getriebenen Karl Marx beeinflusste und vom sprachgewaltigen Ferdinand Lassalle geführte frühe deutsche Arbeiterbewegung erst hatte ihm Selbstbewusstsein gegeben. Menschen jüdischer Herkunft, wie Marx und Lassalle es waren, oft selbst nicht mehr Anhänger der jüdischen Religion, spielten vor dem Ersten Weltkrieg in der proletarischen Bewegung Deutschlands eine wichtige Rolle; nicht anders war es in der frühen KPD (die sich allerdings in den letzten Jahren vor ihrer Zerschlagung zumindest in ihren Parlamentsfraktionen schon ohne Not freiwillig »judenfrei« gemacht hatte). Die in der kapitalistisch-feudalen Gesellschaft Deutschlands Verachteten, hier Arbeiter, dort Kinder des assimilierten jüdischen Bildungsbürgertums, darunter Eduard Bernstein und Rosa Luxemburg, hatten zueinander gefunden und eine neue politische Kraft geschaffen.

Auch im traditionellen Bildungsbürgertum waren viele assimilierte Juden erfolgreich, von Albert Einstein bis Stefan Zweig, während der Zenit des jüdischen Einflusses in den Wirtschaftseliten zur Jahrhundertwende längst überschritten war. Soweit ihnen nicht die Flucht aus Deutschland gelang, endeten sie oder ihre Nachkommen in Auschwitz oder an ähnlichen Orten der Vernichtung. Unter ihnen Mathilde Jacob, die oft unterschätzte »rechte Hand« von Rosa Luxemburg, deren Scheck für den Freikauf aus den Fängen der Nazis in den USA erst bereitgestellt werden konnte, als sie schon per Reichsbahn nach Theresienstadt abtransportiert worden war.

Mit der Revisionismusdebatte hatten sich die sieben Mitglieder des SPD-Parteivorstandes[14] vor ein schwieriges Problem gestellt gesehen, das weder Karl Kautsky noch der blutjungen Neupolitikerin Rosa Luxemburg bewusst war. Sie sahen durch den Revisionismus Eduard Bernsteins ihr erfolgreiches Projekt bedroht. Alles, was den weiteren scheinbar unaufhörlichen Aufstieg zu stören schien, musste unterdrückt werden – selbst ein so verdienstvoller Genosse wie Bernstein, mit dem außerhalb des offiziellen Protokolls natürlich die erprobte Freundschaft weiter gepflegt wurde. Das Patt zwischen den Organisationshütern vor allem aus den Gewerkschaften und den Ideologiewächtern um Karl Kautsky wurde in dieser Zeit von der SPD-Führung stets sorgsam aufrechterhalten.

Bernsteins Totalrevision des Marxismus

Bernstein hatte beginnend 1896 nach und nach alle Annahmen in Frage gestellt, die dem Erfurter Parteiprogramm und der »bewährten Taktik« zweier Jahrzehnte zugrunde lagen. Erstens versuchte er zu zeigen, dass es starke Gegenbewegungen zur Konzentration des Kapitals gäbe und es keineswegs so sei, dass zunehmend alle Produktionsmittel in den Händen weniger Kapitalisten zentralisiert würden. Gerade die Aktiengesellschaften würden eine Streuung der Vermögen befördern. Sie mache »Aneignung von Kapitalen durch einzelne Magnaten zum Zwecke der Konzentrierung gewerblicher Unternehmen überflüssig« (Bernstein 1969: 75).

Auch könne nicht davon die Rede sein, dass die kleinbürgerlichen, bäuerlichen und Mittelschichten einfach verschwinden würden und sich die Klassenstruktur polarisiere: »Weit entfernt, dass die Gliederung der Gesellschaft sich gegen früher vereinfacht hätte, hat sie sich vielmehr, sowohl was die Ein-

[14] 1903 bestand der SPD-Parteivorstand aus sieben Mitgliedern (später waren es neun): August Bebel und Paul Singer als Vorsitzende, Wilhelm Pfannkuch und Ignaz Auer als Sekretäre, Karl Alwin Gerisch als Kassierer, die vom Parteitag ebenfalls gewählte Kontrollkommission entsandte als Beisitzer Wilhelm Eberhardt und Robert Wengels. 1909 bestand der Vorstand aus den neun Mitgliedern August Bebel, Friedrich Ebert, Karl Alwin Gerisch, Hermann Molkenbuhr, Hermann Müller, Wilhelm Pfannkuch, Paul Singer, Robert Wengels und Luise Zietz.

kommenshöhe als was die Berufstätigkeiten anbetrifft, *in hohem Grade abgestuft und differenziert.*« (Ebd.: 79) Vor allem aber sah Bernstein eine klare Tendenz zur Demokratisierung und dies auch in der Wirtschaft: »Politisch sehen wir das Privilegium der kapitalistischen Bourgeoisie in allen vorgeschrittenen Ländern Schritt für Schritt demokratischen Einrichtungen weichen. Unter dem Einfluss dieser und getrieben von der sich immer kräftiger regenden Arbeiterbewegung hat eine gesellschaftliche Gegenaktion gegen die ausbeuterischen Tendenzen des Kapitals eingesetzt, die zwar heute noch sehr zaghaft und tastend vorgeht, aber doch da ist und immer mehr Gebiete des Wirtschaftslebens ihrem Einfluss unterzieht.« (Ebd.: 10)

Ausgehend von dieser Sicht stellte Bernstein in Frage, dass es tatsächlich wieder zu großen Krisen kommen könne, die den Kapitalismus an den Rand des Zusammenbruchs bringen würden: »Der Kreis der Industrien und ihrer Märkte scheint heute zu groß, um an allen Punkten gleichzeitig und mit gleicher Schwere von Krisen getroffen werden zu können, es sei denn, dass ganz außergewöhnliche Ereignisse die Geschäftswelt aller Länder gleichmäßig in Schrecken jagen, überall gleicher Weise den Kredit lähmen. Ich sage nicht, dass dem so ist, sondern drücke nur eine Vermutung aus. Vestigia terrent [die Spuren schrecken] – ich habe von dem Prophezeien in diesen Dingen einen Heidenrespekt. Aber die *Elastizität* des modernen *Kreditwesens* bei *enorm anschwellendem Kapitalreichtum*, der vervollkommnete Mechanismus des Verkehrs in allen seinen Zweigen [...], das sind *Tatsachen,* und es ist ganz undenkbar, dass sie nicht auf die Beziehung von Produktionstätigkeit und Marktlage von bedeutendem Einfluss sein sollten.

Es spricht somit eine große Wahrscheinlichkeit dafür, dass wir mit dem Fortschritt der wirtschaftlichen Entwicklung für gewöhnlich überhaupt nicht mehr mit Geschäftskrisen der bisherigen Art zu tun, und alle Spekulationen auf solche als die Einleiter der großen gesellschaftlichen Umwälzung über Bord zu werfen haben werden. [...] Ein annähernd gleichzeitiger völliger Zusammenbruch des gegenwärtigen Produktionssystems wird mit der fortschreitenden Entwicklung der Gesellschaft nicht wahrscheinlicher, sondern unwahrscheinlicher [...].« (Bernstein 1898: 554f.)

Damit verwarf Bernstein die Ausrichtung der SPD auf die *Vorbereitung* für ein entschiedenes revolutionäres Handeln in einer ökonomisch-politischen Krise. Die SPD sollte nicht mehr als »Gewalthaufen« in Wartestellung, sondern vor allem als permanent tätige Reformkraft wirken. Sie müsse die Drohung mit einer politischen Systemveränderung aufgeben und sich als systemimmanente Kraft erweisen, die die sowieso schon laufenden Prozesse der Relativierung der Übermacht des Kapitals vorantreibt. Diese Vorstellung ließ sich aber nur halten, wenn davon ausgegangen wurde, dass diese Reformpolitik, auf die

die SPD eingeschworen werden sollte, mehr war als nur ein paar »Konzessiönchen« (Bebel), sondern selbst eine Art von Systemtransformation.

»Wenn man unter Verwirklichung des Sozialismus die Errichtung einer in allen Punkten streng kommunistisch geregelten Gesellschaft versteht, so trage ich allerdings kein Bedenken zu erklären, dass mir dieselbe noch in ziemlich weiter Ferne zu liegen scheint. Dagegen ist es meine feste Überzeugung, dass schon die gegenwärtige Generation noch die Verwirklichung von sehr viel Sozialismus erleben wird, wenn nicht in der patentierten Form, so doch in der *Sache*. Die stetige Erweiterung des Umkreises der gesellschaftlichen Pflichten, d.h. der Pflichten und korrespondierenden Rechte der Einzelnen gegen die Gesellschaft, und der Verpflichtungen der Gesellschaft gegen die Einzelnen, die Ausdehnung des Aufsichtsrechts der in der Nation oder im Staat organisierten Gesellschaft über das Wirtschaftsleben, die Ausbildung der demokratischen Selbstverwaltung in Gemeinde, Kreis und Provinz und die Erweiterung der Aufgaben dieser Verbände – alles das heißt für mich Entwicklung zum Sozialismus oder, wenn man will, stückweise vollzogene Verwirklichung des Sozialismus. Die Übernahme von Wirtschaftsbetrieben aus der privaten in die öffentliche Leitung wird diese Entwicklung natürlich begleiten, aber sie wird nur allmählich vor sich gehen können. Und zwar nötigen triftige Zweckmäßigkeitsgründe hier zur Mäßigung. Zur Ausbildung und Sicherung guter demokratischer Betriebsführung [...] gehört vor allem Zeit. [...] Es ist aber auch, sobald die Gemeinschaft von ihrem Rechte der Kontrolle der wirtschaftlichen Verhältnisse gehörigen Gebrauch macht, die faktische Überführung von wirtschaftlichen Unternehmungen in öffentlichen Betrieb nicht von der fundamentalen Bedeutung, wie man gewöhnlich glaubt. In einem guten Fabrikgesetz kann mehr Sozialismus stecken als in der Verstaatlichung einer ganzen Gruppe von Fabriken.« (Bernstein 1898: 555f.)

Was durch Bernstein strategisch angedacht war, war die Verbindung von schrittweiser Sozialisierung der Produktion durch Ausbau der gewerkschaftlichen Macht der Arbeiterinnen und Arbeiter, durch Stärkung einer demokratischen Kontrolle des Staates über die Wirtschaft und den wachsenden Einfluss der Arbeiterbewegung auf die staatliche Politik. Während für Marx und Engels die Arbeiter nur dadurch zur wirtschaftlich herrschenden Klasse werden können, indem sie zuerst die politische Macht ergreifen, wird bei Bernstein die politische Macht zur abgeleiteten Größe der wachsenden wirtschaftlichen Macht der Arbeiterklasse: »Demokratie heißt *jedesmal so viel Herrschaft der Arbeiterklasse, als diese nach ihrer intellektuellen Reife und dem Höhegrad der wirtschaftlichen Entwicklung überhaupt auszuüben fähig ist.*« (Bernstein 1969: 11)

Was am Ende dann vom Sozialismus bleibt, ist nach Bernstein ein »organisatorischer Liberalismus« (ebd.: 161), d. h. die liberale demokratische Organisation von Korporationen. Weder dürften die Gewerkschaften danach streben, selbst die Produktion zu organisieren, noch sei irgendwie erkennbar, dass Genossenschaften gegenüber der privaten Produktion überlegen seien. Die Macht- und Eigentumsfragen, Herzstück des Marxismus, traten in Bernsteins Sicht völlig in den Hintergrund, und so konnte er schreiben: »Sobald eine Nation einen politischen Zustand erreicht hat, wo das Recht der besitzenden Minderheit aufgehört hat, ein ernsthaftes Hindernis für den sozialen Fortschritt zu bilden, wo die negativen Aufgaben der politischen Aktion zurücktreten hinter den positiven, da wird die Berufung auf die gewaltsame Revolution zur inhaltlosen Phrase. Man kann eine Regierung, eine privilegierte Minderheit stürzen, aber nicht ein Volk.« (Ebd.: 213)

In eine offen reaktionäre Richtung kippte Bernsteins Position dort, wo er sich mit der sogenannten Kolonialfrage auseinandersetzte. Ausdehnung der Märkte und Steigerung der »Produktivität« werden zu den zentralen Kriterien des ökonomischen Fortschritts und die Interessen der Arbeiterbewegung werden mit einem solchen »Fortschritt« gleichgesetzt. Die Blindheit gegenüber den ausbeuterischen und unterdrückenden Seiten der kapitalistischen Industriegesellschaft nach innen (es wird Bernstein nachgesagt, dass er in seiner Zeit in England nie ein kapitalistisches Unternehmen von innen gesehen habe), geht einher mit der offenen Befürwortung kolonialer Unterwerfung in Afrika oder Asien – natürlich in »zivilisierten« Formen. Er misst die wirtschaftliche »Kultur« an der Zahl von Menschen, die auf einem bestimmten Territorium leben können (»Bevölkerungsfähigkeit«), und leitet daraus nichts weniger ab als die Pflicht (!) zur Eroberung: »An diesem Maßstab gemessen, hat, unter sonst gleichen Umständen, die höhere Kultur gegenüber der niederen stets *das höhere Recht auf ihrer Seite*, hat sie gegebenenfalls das geschichtliche *Recht*, ja, die *Pflicht*, sich jene zu unterwerfen.« (Bernstein 1900b: 551) Auf der Grundlage eines solchen Rechts wie einer solchen Pflicht wird dann zugleich behauptet, dass »die Sozialdemokratie [der Kolonialmächte – d. Autoren] der natürliche Anwalt der Eingeboren« sei, »die unter die Oberherrschaft oder Schutzherrschaft ihres Landes geraten« (ebd.: 561).

Bernstein warf zentrale theoretische Fragen auf, ohne in der Lage zu sein, sie konsistent zu beantworten. Seine Stärke lag darin, die Grundannahmen des Marxismus, wie er in der Zweiten Internationale verbreitet war, zu hinterfragen. Er konnte zeigen, dass Annahmen über die Vereinfachung und stetige Polarisierung der Klassenstruktur nicht haltbar waren; dass die Tendenzen von Konzentration und Zentralisation des Kapitals auf starke Gegentendenzen stießen; dass unter der Dominanz der Kapitalverwertung Prozesse in Gang gebracht werden, die wesentliche soziale und kulturelle Bedürfnisse zur Geltung bringen und die Arbeiterinnen und Arbeiter integrieren. Er stellte infrage, dass es zu einer Zusammenbruchskrise kommen müsse, und verwies darauf, dass man sich ernsthaft mit den Fragen einer sozialistischen Gestaltung der Wirtschaftsverhältnisse beschäftigen müsse. Die Probleme der Komplexität wirtschaftlicher Prozesse würden mit der einfachen Überführung in staatliches bzw. genossenschaftliches Eigentum nicht gelöst, auch müsse sich die Leistungskraft dieser alternativen Eigentumsformen erst noch bestätigen. Es sind dies alles Fragen der Kapitalismus- und Sozialismustheorie, die bis heute offen geblieben sind. Indem Bernstein diese Aspekte betonte und gegenläufige Tendenzen seinerseits an den Rand schob, entstand das Bild einer evolutionär fortschreitenden kapitalistischen Gesellschaft, die sich selbst schrittweise sozialistisch aufhebt.

Luxemburgs Begründung revolutionärer Realpolitik als Einheit von Marxismus und Sozialismus

Rosa Luxemburg hatte in Auseinandersetzung mit der sozialdemokratischen Strategie im russisch besetzten Königreich Polen eine Position entwickelt, die darauf zielte, die Vertretung der unmittelbar drängendsten Tagesbedürfnisse der Arbeiterinnen und Arbeiter (soziale und demokratische Interessen) mit einer revolutionären sozialistischen Perspektive zu verbinden. Dies machte für sie das Wesen sozialdemokratischer Strategie aus, ganz unabhängig von den jeweiligen Bedingungen. Ihre Position war absolut eindeutig: »Die Bewegung als solche ohne Beziehung auf das Endziel, die Bewegung als Selbstzweck ist mir nichts, das Endziel ist uns alles.« (GW 1.1: 241) Die Leistung von Marx sah sie darin, den Leitfaden für eine solche »revolutionäre Realpolitik« begründet zu haben:

> »Dank diesem Leitfaden ist es der Arbeiterklasse zum ersten Mal gelungen, die große Idee des sozialistischen Endziels in die Scheidemünze der Tagespolitik umzuwechseln und die politische Kleinarbeit des Alltags zum ausführenden Werkzeug der großen Idee zu erheben. Es gab vor Marx eine von Arbeitern geführte bürgerliche Politik und es gab revolutionären Sozialismus. Es gibt erst seit Marx und durch Marx *sozialistische Arbeiterpolitik*, die zugleich und im vollsten Sinne beider Worte *revolutionäre Realpolitik* ist. Wenn wir nämlich als Realpolitik eine Politik erkennen, die sich nur erreichbare Ziele steckt und sie mit wirksamsten Mittel auf dem kürzesten Wege zu verfolgen weiß, so unterscheidet sich die proletarische Klassenpolitik im Marxschen Geiste darin von der bürgerlichen Politik, dass die bürgerliche Politik vom Standpunkt der *materiellen Tageserfolge* real, während die sozialistische Politik es vom Standpunkte der *geschichtlichen Entwicklungstendenz* ist.« (GW 1.2: 373)

Luxemburgs Begründung einer revolutionären Realpolitik im Revisionismusstreit erfolgte dadurch, dass sie alle zentralen Grundannahmen von Bernstein zurückwies. Für sie war klar, dass Theorie und Praxis eine Einheit bilden müssten: »Unsere Taktik hängt [...] gar nicht allein von den jeweiligen augenblicklichen Verhältnissen ab, sondern ebenso sehr von unseren Grundsätzen.« (GW 6: 186) Rosa Luxemburg hielt Bernstein strikt entgegen: Von umfassenden Tendenzen zur Abschwächung der Widersprüche in der kapitalistischen Gesellschaft könne nicht die Rede sein. Die Polarisierung in zwei gegensätzliche Klassen – Kapitalisten und Proletarier – führe weiterhin zum Verschwinden der Mittelschichten. Die bürgerlichen Klassen würden auf die Entwicklung des Klassenkampfes durch den Abbau von Demokratie antworten. Nur die Drohung einer sozialen Revolution würde ihnen soziale Reformen abnötigen. Würde diese Drohung aufgegeben, wären auch keine weiteren Erfolge bei den gewerkschaftlichen, demokratischen und sozialen Formen des Kampfes der Sozialdemokratie möglich. Sie hielt daran fest, dass es völlig unmöglich sei, dass das Proletariat sich »schon innerhalb der heutigen bürgerlichen Gesellschaft die wirtschaftliche Macht« verschaffen könne (GW 1.1: 568). Weder die Genossenschaften noch die Gewerkschaften wären im Kapitalismus dazu in der Lage. Die Genossenschaften würden den unvermeidlichen Zwängen der kapitalistischen Verwertung unterworfen (siehe GW 1.1: 417f.) und die Gewerkschaften könnten niemals etwas anderes sein als die »organisierte *Defensive* der Arbeitskraft gegen die Angriffe des Profits« (GW 1.1: 419).

Gegen Bernsteins Vorstellung von einem zivilisierten Imperialismus und Kolonialismus gewandt, schrieb sie: »Ist aber die Weltpolitik (sprich: Imperialismus – d. Autoren) und der Militarismus eine aufsteigende Tendenz der heutigen Phase, so muss sich folgerichtig die bürgerliche Demokratie auf absteigender Linie bewegen.« (GW 1.1: 425)[15] Kolonialismus und imperiale Konkurrenz würden zu diesem Abstieg der Demokratie beitragen (GW 1.2: 19). Ihre Schlussfolgerung: »Es gibt keinen größeren Feind der Arbeiterklasse in ihrem Kampf, als ihre eigenen Illusionen.« (GW 1.1: 569). Nicht durch soziale Reform, sondern »nur durch Ergreifung der Staatsgewalt« (GW 1.1: 571) könne Sozialismus erreicht werden. *Erstens* betonte Luxemburg den sich ver-

[15] 1913 resümierte Luxemburg: »Auf zwei Jahrzehnte des Weltfriedens folgten in dem letzten Jahrzehnt des vorigen Jahrhunderts sechs blutige Kriege und im ersten des neuen vier blutige Revolutionen. Statt der Sozialreformen – Umsturzvorlagen, Zuchthausvorlagen und Zuchthauspraxis, statt der industriellen Demokratie – der gewaltige Zusammenschluss des Kapitals in Kartellen und Arbeitgeberverbänden und die internationale Praxis der Riesenaussperrungen. Und statt des neuen Aufschwungs der Demokratie im Staate ein elender Zusammenbruch der letzten Reste des bürgerlichen Liberalismus und der bürgerlichen Demokratie.« (GW 3: 192)

stärkenden kapitalistischen und autoritären Charakter der gesellschaftlichen Verhältnisse, *zweitens* ging sie davon aus, dass es zu großen Krisen kommt, die den Kapitalismus an den Rand des Zusammenbruchs bringen, und *drittens* entwickelte sie, warum die sozialdemokratische Bewegung nie warten dürfe, bis alle Bedingungen für eine Revolution völlig »ausgereift« seien.

Erstens: Während Bernstein und seine Bündnisgenossen in der SPD auf den mehr oder minder steten Ausbau der sozialen Macht der Arbeiterbewegung und eine wachsende Unterordnung der kapitalistischen Produktionsweise unter soziale und demokratische Ziele mithilfe des vorhandenen Staates setzten, diagnostizierte Luxemburg genau die entgegengesetzten Tendenzen. Es gäbe einen wachsenden Widerspruch zwischen den realen sozialistischen Möglichkeiten und ihrer Realisierung. Der bürgerliche Staat sei es, der der Lösung dieses Widerspruchs im Wege stehe. Deshalb zentrierte Luxemburg die gesamte Strategie auf den Kampf um die politische Macht im Staat als dem wesentlichen Hindernis und zukünftigen Hebel einer sozialistischen Umwälzung:

> »Die Theorie von der stufenweisen Einführung des Sozialismus läuft hinaus auf eine allmähliche Reform des kapitalistischen Eigentums und des kapitalistischen Staates im sozialistischen Sinne. Beide entwickeln sich jedoch kraft objektiver Vorgänge der gegenwärtigen Gesellschaft nach einer gerade entgegengesetzten Richtung. Der Produktionsprozess wird immer mehr vergesellschaftet und die Einmischung, die Kontrolle des Staates über diesen Produktionsprozess wird immer breiter. Aber gleichzeitig wird das Privateigentum immer mehr zur Form der nackten kapitalistischen Ausbeutung fremder Arbeit, und die staatliche Kontrolle wird immer mehr von ausschließlichen Klasseninteressen durchdrungen. Indem somit der Staat, d.h. die politische Organisation, und die Eigentumsverhältnisse, d.h. die rechtliche Organisation des Kapitalismus, mit der Entwicklung immer kapitalistischer und nicht immer sozialistischer werden, setzen sie der Theorie von der allmählichen Einführung des Sozialismus zwei unüberwindliche Schwierigkeiten entgegen. […] Die Produktionsverhältnisse der kapitalistischen Gesellschaft nähern sich der sozialistischen immer mehr (im Sinne ihres gesellschaftlichen Charakters – d. Autoren), ihre politischen und rechtlichen Verhältnisse dagegen errichten zwischen der kapitalistischen und der sozialistischen Gesellschaft eine immer höhere Wand. Diese Wand wird durch die Entwicklung der Sozialreformen wie der Demokratie nicht durchlöchert, sondern umgekehrt fester starre gemacht. Wodurch sie also niedergerissen werden kann, ist einzig der Hammerschlag der Revolution, d.h. die Eroberung der politischen Macht durch das Proletariat.« (GW 1.1: 399f.)

Zweitens: Die sogenannte Zusammenbruchstheorie ist heute weitgehend in Vergessenheit geraten, obwohl es gute Gründe geben könnte, sich ihrer wieder zu erinnern. Bernsteins Position von der Möglichkeit der Evolution des Kapitalismus ohne größere, systemgefährdende Krisen wurde spätestens 1914 ad absurdum geführt. Zugleich aber hatte er mit Recht auf die enorme Anpassungsfähigkeit kapitalistischer Gesellschaften und dic Lernfähigkeit der sie tragenden sozialen und politischen Kräfte verwiesen. Luxemburg setzte dem Evolutionismus Bernsteins das Konzept von Entwicklungslinien mit »Knoten« entgegen. Die Gegensätze der kapitalistischen Gesellschaft müssten unausbleiblich zu Katastrophen führen, aber diese »Kataklismen« seien vermittelt durch Phasen längerer Stabilität (siehe GW 1.1: 259).

Für Rosa Luxemburg war zudem die Frage nach einer absoluten Grenze kapitalistischer Entwicklung keine scholastische Angelegenheit, sondern von direkter politischer Bedeutung und »ein Eckstein des wissenschaftlichen Sozialismus« (GW 1.1: 435). Katastrophen bildeten für sie »nicht einen Gegensatz zur Entwicklung, sondern *ein Moment, eine Phase* der Entwicklung« (GW 1.1: 259). Ob der Kapitalismus ein unendliches oder zumindest sehr weit in die Zukunft reichendes Entwicklungspotenzial habe oder aber in absehbarer Zeit an unüberwindbare Grenzen stoßen würde, machte für sie einen radikalen Unterschied:

> »Nimmt man […] mit Bernstein an, die kapitalistische Entwicklung gehe nicht in der Richtung zum eigenen Untergang, dann hört der Sozialismus auf, objektiv notwendig zu sein. […] Die revisionistische Theorie steht vor einem Entweder – Oder. Entweder folgt die sozialistische Umgestaltung nach wie vor aus den inneren Widersprüchen der kapitalistischen Ordnung, dann entwickeln sich mit dieser Ordnung auch ihre Widersprüche, und ein Zusammenbruch in dieser oder jener Form ist in irgendeinem Zeitpunkt das unvermeidliche Ergebnis, dann sind aber auch die ›Anpassungsmittel‹ unwirksam und die Zusammenbruchstheorie richtig. Oder die ›Anpassungsmittel‹ sind wirklich imstande, einem Zusammenbruch des kapitalistischen Systems vorzubeugen, also den Kapitalismus existenzfähig machen, also seine Widersprüche aufheben, dann hört aber der Sozialismus auf, eine historische Notwendigkeit zu sein, und er ist dann alles, was man will, nur nicht ein Ergebnis der materiellen Entwicklung der Gesellschaft.« (GW 1.1: 376, 377)

Luxemburgs spätere Akkumulationstheorie (siehe Kapitel 8) war der Versuch, eine neue wissenschaftliche Antwort auf die Frage nach den absoluten Grenzen des Kapitalismus zu finden. 1899 band sie diese an die Tendenz zur Überproduktion. Schon zu dieser Zeit war für sie die Unfähigkeit des Kapitalismus, einen Absatz für die eigenen Produkte zu finden, zentral. Luxemburg unterschied dabei die Tendenz zu einer »letzten Grenze« von den konkreten Gründen für den unmittelbaren Untergang des Kapitalismus. Letzterer war für sie immer an den erfolgreichen Klassenkampf des Proletariats gebunden. Aber ohne den wissenschaftlichen Nachweis einer absoluten Grenze schien ihr eine Politik, die auf die Überwindung des Kapitalismus setzt, nicht begründbar:

> »Wenn der Hinweis auf die chronische Überproduktion nicht gleichbedeutend ist mit der Prophezeiung der großen Weltkrisis, so überhaupt nicht mit der Prophezeiung einer besonderen Art des Untergangs der kapitalistischen Produktion. Seine Bedeutung besteht darin, dass er durch Festsetzung einer äußersten Grenze der Lebensfähigkeit der heutigen Gesellschaft den Sozialismus aus jenem nebelhaften Bereich, in das ihn heute so viele Sozialisten verweisen, uns näher rückt, so dass dieser aus einem Ziel, das vielleicht nach 500 Jahren verwirklicht werden dürfte – vielleicht auch nicht – ein absehbares und notwendiges Ziel praktischer Politik wird. [...] Mehr als jede andere Erscheinung des kapitalistischen Wirtschaftslebens erfüllen sie die arbeitenden Schichten des Volkes mit dem Empfinden der Notwendigkeit der Expropriation der Expropriateure und mit dem Bewusstsein, dass die Eroberung der politischen Macht durch das Proletariat das einzig wirksame Mittel ist, ihnen zu Leibe zu gehen.« (GW 1.1.: 550f.)

Drittens: Die Marxistinnen und Marxisten der Zweiten Internationale hatten immer Marx' These vor Augen: »Eine Gesellschaftsformation geht nie unter, bevor alle Produktivkräfte entwickelt sind, für die sie weit genug ist.« (MEW Bd. 13: 9) Sie kannten auch Engels' Position aus seiner Schrift »Der deutsche Bauernkrieg«: »Es ist das Schlimmste, was dem Führer einer extremen Partei widerfahren kann, wenn er gezwungen wird, in einer Epoche die Regierung zu übernehmen, wo die Bewegung noch nicht reif ist für die Herrschaft der Klasse, die er vertritt, und für die Durchführung der Maßregeln, die die Herrschaft dieser Klasse erfordert.« (MEW Bd. 7: 400) Die ungeheure Entwicklung, die der Kapitalismus seit der 1848er-Revolution genommen hatte, bewies dessen Potenzen. Es entstand die Frage, ob vor jeder Übernahme der Macht nicht sehr sorgfältig abgewogen werden müsse, ob eine sozialistische Umwälzung überhaupt eingeleitet werden könne. Müsse man nicht abwarten, bis *alle* objektiven wie subjektiven Bedingungen völlig ausgereift seien?

Luxemburg wandte sich gegen diese Vorstellung von Revolution als einem mehr oder minder einmaligen Akt, der dann erfolgen solle, wenn alle Bedingungen vollständig gegeben seien. Die reifen Verhältnisse sind der Revolution nicht einfach objektiv vorausgesetzt, sondern entstehen nach ihrer Auffassung im hohen Maße im Handeln selbst, aus dem Klassenkampf. Ein Grund dafür sei, dass in der kapitalistischen Ordnung »alle Elemente der künftigen Gesellschaft in ihrer Entwicklung vorerst eine Form annehmen, in der sie sich dem Sozialismus nicht nähern, sondern von ihm entfernen« (GW 1.1: 431). Vor dem Hintergrund dieser These wird deutlich, welche zentrale Bedeutung der sozialistische Kampf für Luxemburg hatte. In ihm und nicht so sehr in den objektiven Bedingungen sah sie die wesentliche Voraussetzung für die Entstehung einer sozialistischen Gesellschaft. Schon deshalb, so Luxemburg, sei die Intensivierung des Klassenkampfes eine zentrale Voraussetzung, damit die Bedingungen des Erfolgs – unvermeidlich durch eine Kette von Niederlagen hindurch – entstehen. Die Niederlagen seien Etappen auf dem einzig möglichen Weg zum schließlichen Erfolg, so ihre sehr unbequeme These:

> »Erstens ist eine so gewaltige Umwälzung, wie die Überführung der Gesellschaft aus der kapitalistischen in die sozialistische Ordnung, ganz undenkbar auf *einen* Schlag, durch *einen* siegreichen Streich des Proletariats. Dies als möglich voraussetzen hieße wiederum eine echt blanquistische Auffassung an den Tag legen. Die sozialistische Umwälzung setzt einen langen und hartnäckigen Kampf voraus, wobei das Proletariat allem Anscheine nach mehr als einmal zurückgeworfen wird, so dass es das erste Mal, vom Standpunkte des Endresultates des ganzen Kampfes gesprochen, notwendig ›zu früh‹ ans Ruder gekommen sein wird.
>
> Zweitens aber lässt sich das ›verfrühte‹ Ergreifen der Staatsgewalt auch deshalb nicht vermeiden, indem das Proletariat erst im Laufe jener Krisen, die seine Machtergreifung begleiten wird, erst im Feuer langer und hartnäckiger Kämpfe den erforderlichen Grad der politischen Reife erreichen kann, der es zur endgültigen großen Umwälzung befähigen wird. So stellen sich denn jene *›verfrühten‹* Angriffe des Proletariats auf die politische Staatsgewalt selbst als wichtige geschichtliche Momente heraus, die auch den *Zeitpunkt* des endgültigen Sieges mitherbeiführen und mitbestimmen. Von *diesem* Standpunkte erscheint die Vorstellung einer ›verfrühten‹ Eroberung der politischen Macht durch das arbeitende Volk als ein politischer Widersinn, der von einer mechanischen Entwicklung der Gesellschaft ausgeht und einen *außerhalb* und *unabhängig* vom Klassenkampf bestimmten Zeitpunkt für den Sieg des Klassenkampfes voraussetzt.
>
> Da aber das Proletariat somit gar nicht imstande ist, die Staatsgewalt anders als ›zu früh‹ zu erobern, oder, mit anderen Worten, da es sie unbedingt einmal oder mehrmals ›zu früh‹ erobern muss, um sie schließlich dauernd zu erobern, so ist die Opposition gegen die *›verfrühte‹* Machtergreifung

> nichts als die Opposition gegen die *Bestrebung des Proletariats überhaupt, sich der Staatsgewalt zu bemächtigen.*« (GW 1.1: 435)

Revolutionäre Realpolitik maß sich für Luxemburg nicht daran, ob dieser oder jener Kampf um Reformen oder diese oder jene revolutionäre Forderung aufgestellt wurde, sondern an der Fähigkeit, »das schließliche revolutionäre Ziel mit einer praktischen alltäglichen Tätigkeit glücklich zu vereinigen« und »dadurch breite Volksmassen in den Kampf hineinzuziehen« (GW 1.1: 229). Also kein Nebeneinander von Sozialreform und Revolution, sondern ihre organische Verbindung in konkreten Auseinandersetzungen im praktischen Alltag selbst war Luxemburgs Ziel. Wie sie auf dem Stuttgarter Parteitag 1898 ausführte:

> »Die Reden von Heine und anderen haben bewiesen, dass sich in unserer Partei ein äußerst wichtiger Punkt verdunkelt hat, nämlich das Verständnis von der Beziehung zwischen unserem Endziel und dem alltäglichen Kampfe. Da wird gesagt: Das vom Endziel ist eine hübsche Stelle in unserem Programm, die gewiss nicht vergessen werden darf, aber in keiner unmittelbaren Beziehung zu unserem praktischen Kampfe steht. Vielleicht findet sich eine Anzahl Genossen, die so denkt: eine Spekulation über das Endziel sei eigentlich eine Doktorfrage. Ich behaupte demgegenüber, dass für uns als revolutionäre, als proletarische Partei keine praktischere Frage existiert als die vom Endziel. Denn bedenken Sie: Worin besteht eigentlich der sozialistische Charakter unserer ganzen Bewegung? Der eigentliche praktische Kampf zerfällt in drei Punkte: den gewerkschaftlichen Kampf, den Kampf um die Sozialreform und den Kampf um die Demokratisierung des kapitalistischen Staates. Sind diese drei Formen unseres Kampfes eigentlicher Sozialismus? Durchaus nicht. […] Was macht uns dann in unserem alltäglichen Kampfe zur sozialistischen Partei? Es ist nur die Beziehung dieser drei Formen des praktischen Kampfes zum Endziel. Nur das Endziel ist es, welches den Geist und den Inhalt unseres sozialistischen Kampfes ausmacht, ihn zum Klassenkampf macht. Und zwar müssen wir unter Endziel nicht verstehen, wie Heine gesagt hat, diese oder jene Vorstellung vom Zukunftsstaat, sondern das, was einer Zukunftsgesellschaft vorangehen muss, nämlich die Eroberung der politischen Macht. Diese Auffassung unserer Aufgabe steht im engsten Zusammenhang mit unserer Auffassung von der kapitalistischen Gesellschaft, dem festen Boden unserer Anschauung, dass die kapitalistische Gesellschaft sich in unlösbare Widersprüche verwickelt, die im Schlussresultat eine Explosion notwendig machen, einen Zusammenbruch, bei dem wir den Syndikus spielen werden, der die verkrachte Gesellschaft liquidieren wird.« (GW 1.1: 236f.)

Durch die Abkopplung des Endziels von den Fragen der konkreten Gestaltung einer sozialistischen Gesellschaft wurde durch Luxemburg die Frage ausgeklammert, inwiefern es eine Kontinuität zwischen Problemen der Arbeiterbewegung in der Gegenwart und denen einer Arbeiterbewegung unter einer sozialistischen Regierung geben könne. Für sie war der Bruch so absolut, dass es bedeutungslos schien, sich auf damit verbundene Aufgaben vorzubereiten. Dies war ganz im Sinne von Karl Marx, der in einem Brief an den niederländischen Sozialisten Ferdinand Domela Nieuwenhuis geschrieben hatte: »Die doktrinäre und notwendig phantastische Antizipation des Aktionsprogramms einer Revolution der Zukunft leitet nur ab vom gegenwärtigen Kampf. Der Traum vom nah bevorstehenden Untergang der Welt feuerte die primitiven Christen an in ihrem Kampf gegen das römische Weltreich und gab ihnen Siegesgewissheit. Die wissenschaftliche Einsicht in die unvermeidbare und stetig unter unseren Augen vorgehende Zersetzung der herrschenden Gesellschaftsordnung und die durch die alten Regierungsgespenster selbst mehr und mehr in Leidenschaft gegeißelten Massen, die gleichzeitig riesenhaft fortschreitende positive Entwicklung der Produktionsmittel – dies reicht hin als Bürgschaft, dass mit dem Moment des Ausbruchs einer wirklich proletarischen Revolution auch die Bedingungen ihres (wenn auch sicher nicht idyllischen) unmittelbaren, nächsten Modus operandi gegeben sein werden.« (MEW Bd. 35: 161)

Revolutionäre Realpolitik war für Luxemburg nicht primär eine Frage des *Was*, nicht nach dieser oder jener konkreten sozialen oder demokratischen Forderung, sondern des *Wie* der Verbindung von praktischer, unmittelbarer Tätigkeit und des Endziels, der Eroberung der politischen Macht (GW 1.1: 229, GW 6: 278). Ginge diese Verbindung verloren, so würde die SPD zu einer »bürgerlichen Arbeiterpartei« (GW 1.1: 514). Die Verbindung von praktischem Kampf und Endziel, so Rosa Luxemburg zu dieser Zeit, sei nur auf drei Wegen möglich:

> »indem sie mit ihren am weitesten gehenden Forderungen den bürgerlichen Parteien eine gefährliche Konkurrenz bereiten und sie durch den Druck der Wählermassen vorwärtsdrängen; dann, indem sie die Regierung vor dem Lande bloßstellen und sie durch die öffentliche Meinung beeinflussen; endlich, indem sie durch ihre Kritik in und außerhalb der Kammer [dem Parlament – d. Autoren] immer mehr die Volksmassen um sich gruppieren und so zu einer achtungsgebietenden Macht anwachsen, mit der Regierung und Bourgeoisie rechnen müssen.« (GW 1.2: 33)

Es gäbe prinzipiell keine Möglichkeit, wie Rosa Luxemburg ironisch gegen Bernstein schreibt, »das Meer der kapitalistischen Bitternis durch flaschenweises Hinzufügen der sozialreformerischen Limonade in ein Meer sozialistischer Süßigkeit zu verwandeln« (GW 1.1: 400). Trotz der Entwicklung von Sozialreformen und Demokratie würde die Wand zwischen der kapitalistischen und sozialistischen Gesellschaft nur immer höher und fester gemacht. Diese Wand sei vor allem politisch. Sie könne nur durch den »Hammerschlag der Revolution, d.h. die Eroberung der politischen Macht durch das Proletariat« (ebd.) niedergerissen werden. Und wie sie weiter schrieb: »Der Sozialismus wohnt also dem alltäglichen Kampfe der Arbeiterklasse durchaus nicht als Tendenz inne, er wohnt inne nur hier den immer mehr sich zuspitzenden objektiven Widersprüchen der kapitalistischen Wirtschaft, dort der subjektiven Erkenntnis der Arbeiterklasse von der Unerlässlichkeit ihrer Aufhebung durch eine soziale Umwälzung.« (GW 1.1: 403)

Fast am Ende ihrer berühmten Schrift »Sozialreform oder Revolution?« schrieb Luxemburg: »Nunmehr sind Sozialismus und Marxismus, proletarischer Emanzipationskampf und Sozialdemokratie identisch.« (GW 1.1: 442) Ein Zurück zu einem vormarxistischen Sozialismus, wie sie ihn Bernstein vorwarf, sei »ein Rückfall in die zwerghaften, ausgetretenen Hausschuhe der Bourgeoisie« (ebd.). Noch viele Jahre später schrieb sie in einem Brief: »O ich Esel, o ich Rhinozeros, o ich Bernstein!« (GB 2: 253) Die von Luxemburg mit solcher Entschiedenheit proklamierte Identität von Sozialismus und Marxismus wurde aber in den nächsten Jahren immer stärker herausgefordert – schon 1899 durch den Eintritt des sozialistischen Politikers Millerand in eine bürgerliche Regierung (siehe Kapitel 5). Die Schwierigkeiten, eine überzeugende und wirksame revolutionäre Realpolitik durchzusetzen, nahmen zu. Immer manifester wurden die sicher geglaubten Gewissheiten in Frage gestellt.

Das Revolutionsdenkmal von Mies van der Rohe, 1926 am Tag der Beerdigung von Rosa Luxemburg (13. Juni) auf dem Zentralfriedhof Friedrichsfelde in Berlin eingeweiht, wurde 1935 von den Nationalsozialisten abgerissen; die Gräber wurden 1941 dem Erdboden gleichgemacht. An der Stelle steht seit 1982 ein Erinnerungsmal.

Der Vater, Edward Luxenburg

Die Mutter, Lina Luxenburg, geb. Löwenstein

Als Zwölfjährige

Leo Jogiches, um 1895

Um 1895, wahrscheinlich in Paris

Als Studentin in Zürich

Um die preußische Staatsbürgerschaft zu erlangen, ging Rosa Luxemburg 1898 mit Gustav Lübeck eine Scheinehe ein.

Familienfoto: »Das Bild ist zu Ostern 1902 in Berlin oder, was wahrscheinlich ist, in der damals noch selbständigen Stadt Charlottenburg aufgenommen worden. In der vorderen Reihe sitzen vom Betrachter aus gesehen links neben Rosa Luxemburg [ihre Schwester] Anna und [ihr Bruder] Maxymilian, auf der rechten Seite Lilly, die Schwägerin. Dahinter stehen [ihr Bruder] Mikołaj sowie Jenny und Annie, Mikołajs und Lillys Töchter. Auf den kleinen Porträtbildern auf dem Tisch sind Rosas Nichte Romana und deren Vater Józef Luxenburg abgebildet, der wegen der Geburt des Sohnes Jerzy Edward nicht zum Familientreffen kommen konnte.« (Pilawski/Politt 2020: 128)

Mit August Bebel während des VI. Internationalen Sozialistenkongresses in Amsterdam, 1904

Das 1904 in Amsterdam gewählte Internationale Sozialistische Büro, dem Rosa Luxemburg bis 1914 angehörte

Während des Jenaer Parteitages der SPD, September 1905

Um 1910

Mit ihrer engen Freundin Luise Kautsky, 1909

Mit Clara Zetkin während des Magdeburger Parteitages, 1910

Mit Parvus (Alexander Helphand)

Rosa Luxemburg mit ihren Anwälten Kurt Rosenfeld (rechts) und Paul Levi auf dem Weg zum Berliner Kriminalgericht, Juni 1914

Um 1908

Kapitel 5
Der Fall Millerand – Regierungsbeteiligung von Sozialisten als Testfall von Theorie und Strategie

Der Stein des Anstoßes

Am 22. Juni 1899 trat der französische Sozialist Alexandre Étienne Millerand der französischen Regierung unter Pierre Waldeck-Rousseau als Minister bei. Wie Jean Jaurès schrieb: »Selbst wenn das Ereignis [einer Beteiligung von Sozialisten an einer bürgerlichen Regierung – d. Autoren] sich nicht in derselben Form wiederholen sollte, so hat es doch eine unberechenbare Tragweite« (Jaurès 1901: 113). Unmittelbarer Auslöser für die Regierung Waldeck-Rousseau war ein rechter nationalistischer Putschversuch von Paul Déroulède, der die aufgeheizte Atmosphäre während der antisemitischen Dreyfus-Affäre nutzen wollte, um die Republik zu stürzen. Ein Bündnis von demokratisch-bürgerlichen und sozialistischen Kräften in Gestalt einer »Regierung der Rettung« sollte die Gefahr bannen. Zugleich verband ein Teil der sozialistischen Kräfte damit die Hoffnung auf weitergehende demokratische und soziale Reformen. Andere dagegen sahen im neuen »Ministerialismus« eine »gefährliche Abweichung vom Sozialismus« und in Millerand den »erste[n] Verwirklicher einer neuen Methode« (Vaillant 1901: 146), die es abzulehnen gelte.

Die Regierungsbeteiligung eines Sozialisten war in mehrfacher Hinsicht in der Linken umstritten. Erstens moralisch: In dieser Regierung saß mit General Gaston de Galliffet einer derjenigen, die maßgeblich an der brutalen Niederschlagung der Pariser Kommune beteiligt waren, als Kriegsminister gemeinsam mit einem der politischen Erben der Kommune an einem Tisch.[16] Zweitens strategisch: Würde diese Regierung eine Art Übergangsphase zum Sozialismus einleiten und Schritt für Schritt den Kapitalismus überwinden

[16] Die Zahl der innerhalb von *einer* Woche nach Niederschlagung der Pariser Kommune im Mai 1871 Hingerichteten betrug rund 30 Tausend und ist damit deutlich höher als die der rund 17 Tausend, die während der gesamten »Schreckensherrschaft« der Jakobiner der Guillotine übergeben wurden, und liegt bei rund der Hälfte bis zwei Drittel jener, die insgesamt in den dreizehn Monaten der Jakobinerdiktatur und der Zeit von Bürgerkrieg und Interventionskriegen 1793/4 Opfer dieser »Schreckensherrschaft« wurden. Wie der Sozialist Édouard Vaillant an Millerand telegrafierte: »Wenn es einen Namen gibt, der [in der Regierung – d. Autoren] nicht auftauchen darf, weil er für uns alle Verbrechen und die ganze Reaktion von Versailles verkörpert, so ist es der Galliffets. [...] es hieße, dem Henker, dem erbittertsten Feinde der Arbeiterklasse und des Sozialismus das Portefeuille des Krieges geben – des Krieges gegen uns« (zitiert in Jaurès 1901: 111).

oder wäre sie letztlich nur eine Form, den Kapitalismus selbst zu festigen? Drittens taktisch: Würde die Linke politisch durch eine Regierungsbeteiligung gestärkt oder geschwächt werden? Viertens realpolitisch: Würden in der Regierung mehr soziale und politische Reformen durchsetzbar sein als durch Druck aus der Gesellschaft und von der Oppositionsbank aus? Fünftens theoretisch: Der Marxismus der Zweiten Internationale bot keine wissenschaftliche Grundlage für linke Politik in einer Situation langfristiger relativer Stabilität des Kapitalismus und wachsender Gefährlichkeit durch Vorbereitung eines Weltkrieges, durch die Barbarei von Kolonialismus, Imperialismus, Nationalismus, Rassismus und Antisemitismus.

Die Geschichte der Regierungsbeteiligung des Sozialisten Millerand ist kurz. Sie reicht nur bis 1902. Galliffet selbst bekleidete kein ganzes Jahr den Posten des Kriegsministers. Halbherzige Reformen, die bald zum Stehen kamen, hartes Vorgehen gegen Arbeiter und die Erpressung gegenüber den Sozialisten gehörten dazu. Und weitergehende Eingriffe in die Wirtschaftsordnung seien unmöglich und würden die Regierung selbst zum Scheitern bringen und damit der Rechten Tür und Tor öffnen. Der Parteiausschluss von Millerand 1904 und seine konservative Wende, die ihn später als Kriegsminister, Ministerpräsident und Präsident in Spitzenämter der französischen Republik führten, seien erwähnt.

Rosa Luxemburg kam schon wenige Tage nach dem Eintritt von Millerand in die Regierung auf die Herausforderung zu sprechen, die dieser Schritt eines Sozialisten für die gesamte sozialistische Bewegung hatte. Sie formulierte am 6. Juli 1899 in der Leipziger Volkszeitung, deren Chefredakteurin sie zu dieser Zeit war, sofort die drei praktischen Alternativen dazu:

> »Der Eintritt Millerands in das Ministerium Waldeck-Rousseau ist wohl geeignet, nicht nur für die Sozialisten Frankreichs, sondern auch anderer Länder den Anlass zu mancher taktisch-prinzipiellen Betrachtung zu bieten. Die aktive Teilnahme der Sozialisten an einer bürgerlichen Regierung ist jedenfalls eine Erscheinung, die außerhalb des Rahmens der gewöhnlichen Betätigungsformen des Sozialismus liegt. Haben wir hier vor uns eine ebenso berechtigte und zweckmäßige Form, der Sache des Proletariats zu dienen, wie z.B. in der Tätigkeit im Parlament, im Gemeinderat? Oder ist dies im Gegenteil ein Bruch mit den Prinzipien und der Taktik des Sozialismus? Oder aber endlich bildet die Teilnahme der Sozialisten an der bürgerlichen Regierung einen Ausnahmefall, der unter bestimmten Voraussetzungen zulässig und notwendig, unter anderen verwerflich und schädlich ist?« (GW 1.1: 483)

Schon an diesem Punkt wird deutlich, dass Rosa Luxemburg die gesamte Diskussion vor allem unter einem Aspekt betrachtete: Welche Konsequenzen hat die Entscheidung von Millerand für die praktische Politik der Linken? Sie greift deshalb auch nur insofern auf die marxistischen Staatsauffassungen ihrer Zeit zurück, wie sie ihr von Bedeutung erscheinen, die Fähigkeit der sozialdemokratischen Kräfte zu erhöhen, unter den sehr komplizierten Bedingungen ihrer Zeit sozialistische Politik zu betreiben.

Die vom einflussreichsten marxistischen Theoretiker dieser Zeit, Karl Kautsky, auf dem Pariser Sozialistenkongress vom 23. bis 27. September 1900 ausgearbeitete und mit Mehrheit angenommene Resolution legte fest, dass jeweils im Einzelfall entschieden werden müsse, ob eine Beteiligung sozialistischer Kräfte an einer bürgerlichen Regierung angemessen sei. Sie formuliert aber einen prinzipiellen Vorbehalt: Regierungsbeteiligung könne niemals »der normale Beginn der Eroberung der politischen Macht«, sondern nur das Resultat einer »Zwangslage« sein.[17] Dies spielt auf die schon erwähnte Bedrohung der bürgerlichen Demokratie durch einen rechtsgerichteten Putsch in Frankreich an. Die Resolution lehnte also eine Regierungsbeteiligung *im Prinzip* ab, erlaubte sie aber von (Ausnahme-)Fall zu (Ausnahme-)Fall. Was aber, wenn die Ausnahme zur Normalität und Regierungsbeteiligung zum nächsten Ziel sozialistischer Politik werden würde? Welche Folgen hätte dies für linke Politik und das eigene Staatsverständnis? Dies waren die Fragen, die Rosa Luxemburg ins Zentrum stellte.

---

[17] Die Resolution über die »Eroberung der staatlichen Macht und die Bündnisse mit bürgerlichen Parteien« des Internationalen Sozialisten-Kongresses in Paris vom 23. bis 27. September 1900 heißt im Wortlaut: »Die Eroberung der politischen Macht durch das Proletariat kann in einem modernen demokratischen Staate nicht das Werk eines bloßen Handstreichs sein, sondern kann nur den Abschluss einer langen und mühevollen Arbeit der politischen und ökonomischen Organisation des Proletariats, seiner physischen und moralischen Regenerierung und der schrittweisen Eroberung von Wahlsitzen in Gemeindevertretungen und gesetzgebenden Körperschaften bilden. Aber die Eroberung der Regierungsgewalt kann dort, wo sie zentralisiert ist, nicht stückweise erfolgen. Der Eintritt eines einzelnen Sozialisten in ein bürgerliches Ministerium ist nicht als der normale Beginn der Eroberung der politischen Macht zu betrachten, sondern kann stets nur ein vorübergehender und ausnahmsweiser Notbehelf in einer Zwangslage sein. Ob in einem gegebenen Falle eine solche Zwangslage vorhanden ist, das ist eine Frage der Taktik und nicht des Prinzips. Darüber hat der Kongress nicht zu entscheiden. Aber auf jeden Fall kann dieses gefährliche Experiment nur dann von Vorteil sein, wenn es von einer geschlossenen Parteiorganisation gebilligt wird und der sozialistische Minister der Mandatar seiner Partei ist und bleibt.« (Zweite Internationale 1975: 17)

Die Leerstelle zwischen marxistischer Theorie und sozialistischer Praxis

Der marxistische Flügel der sozialistischen Bewegung des ausgehenden 19. Jahrhunderts stand vor einem grundlegenden Problem: Zum einen schien ihnen mit dem »Kapital« von Marx durch unwiderlegbare wissenschaftliche Argumente begründet, dass der Sozialismus oder Kommunismus als »Verein freier Menschen« (MEW Bd. 23: 92) gesetzmäßig dem Kapitalismus folgen würde. Die »gesellschaftlich planmäßige Verteilung« (ebd.: 93) der Arbeit und der »Gemeinbesitz [...] der Erde und der durch die Arbeit selbst produzierten Produktionsmittel« (ebd.: 791) seien für die neue Gesellschaft charakteristisch. Zum anderen war es aber nach 1848 nicht nur zu einer weiteren Ausdehnung der kapitalistischen Produktionsweise auf immer neue Länder und Regionen gekommen, sie hatte sich auch zeitweilig stabilisiert. Eine Reihe von sozialen Reformen hatte ihre Wirkung entfaltet und besonders krasse Missstände in den industriell entwickelten Ländern eingedämmt. Damit kamen Zweifel an der zentralen Aussage aller marxistischen Programmatik dieser Zeit auf: »Die Proletarisierung der Volksmassen, die Vereinigung des gesamten Kapitals in den Händen einiger Weniger, die das ganze wirtschaftliche Leben der kapitalistischen Nationen beherrschen, die Krisen, die Unsicherheit der Existenz, *alle diese quälenden und empörenden Wirkungen der kapitalistischen Produktionsweise sind in ihrer steten Zunahme durch keine Reformen auf dem Boden der heutigen Eigentumsordnung zu hemmen, und seien diese noch so weitgehend*« (Kautsky 1965: 115).

Die Pariser Kommune von 1871 war eine kurze Episode revolutionärer Erhebung geblieben. Die sozialistische Bewegung in Westeuropa nahm zwar in den letzten beiden Jahrzehnten des 19. Jahrhunderts einen beeindruckenden, scheinbar unaufhaltsamen Aufstieg. Zugleich blieb aber der angekündigte Zusammenbruch des Kapitalismus aus. Die Macht des Sozialismus als Bewegung *im* Kapitalismus wuchs, das Ziel selbst, die Beseitigung des Kapitalismus, schien aber in immer größere Ferne zu rücken. Da in der Tradition von Marx der Sozialismus *wissenschaftlich* begründet sein sollte, war dieses offensichtliche Auseinanderfallen von wissenschaftlich formulierten Thesen und realer Politik eine existenzielle Bedrohung des Selbstverständnisses der Sozialdemokratie der Zweiten Internationale, soweit sie sich in der marxistischen Tradition sah. Die gegebene Theorie verlor ihre handlungsleitende Funktion und konnte zugleich – so schien es – nicht ohne Verlust ihrer Radikalität modifiziert werden. Dies war im vorhergehenden Revisionismusstreit offenbar geworden.

So zögerlich und halbherzig die staatlichen Reformen im letzten Drittel des 19. Jahrhunderts auch gewesen sein mochten, so hatten sie doch eine beträchtliche Veränderung bewirkt und vor allem eine Dynamik ausgelöst, von der viele

Sozialreformer und zunehmend auch Teile der sozialdemokratischen Bewegung und der Gewerkschaften erwarteten, dass sie Grundtendenzen des ungezügelten Kapitalismus überwinden würden. Viele weitergehende Sozialreformen wurden zumindest konzipiert. Auch wenn diese Maßnahmen seitens der Herrschenden nicht zuletzt vom Motiv gespeist waren, einer Revolution von unten durch eine Reform von oben zuvorzukommen und den Aufstieg der Arbeiterbewegung durch deren Integration in einen regulierten Kapitalismus zu entschärfen, wurden die dadurch bewirkten Modifikationen des Kapitalismus selbst immer deutlicher. Immer unklarer wurde, ob ihnen prinzipielle Schranken entgegenstanden.

Drei strategische Antworten wurden auf diese Herausforderung formuliert. *Erstens:* Friedrich Engels und mit ihm die deutsche Sozialdemokratie unter August Bebel und Wilhelm Liebknecht, die siegreich und gestärkt aus dem Bismarckschen »Sozialistengesetz« hervorgegangen waren, setzten auf eine Politik der immer weiteren Akkumulation von Wählerstimmen bis weit in die Mittelschichten hinein, des Ausbaus der sozialistischen Organisation und der Schulung der Arbeitermassen bei Enthaltung von jeder nichtlegalen revolutionären Aktion. Diese Position setzte sich auch auf dem Pariser Kongress der Zweiten Internationale 1900 durch. Die objektiven Bedingungen für eine Machtübernahme (weitergehende Demokratisierung sowie soziale und kulturelle Reformen) sollten gestärkt werden. Durch den Nachweis, dass die Grundbedürfnisse der Arbeiter durch Reformen innerhalb der bürgerlichen Ordnung am Ende nicht realisiert werden könnten, sollte ihre Kampfbereitschaft weiter ausgebildet werden. Dies sollte die subjektiven Bedingungen einer Revolution schaffen. Diese würde bei einer neuen Krise oder im Zusammenhang mit einem Weltkrieg möglich und unvermeidbar werden. *Zweitens:* Ein starker Flügel der Sozialdemokratie und vor allem auch der Gewerkschaften waren bestrebt, die gewachsene Kraft der Arbeiterbewegung in unmittelbare Erfolge verbesserter Arbeits- und Lebensbedingungen, höherer Löhne, sozialer Reformen und politischer Demokratisierung umzusetzen. Dieser Flügel ging zugleich davon aus, dass dies der Weg sei, den Kapitalismus selbst schrittweise zu überwinden. Sie sahen keine absoluten Systemgrenzen, die einer solchen Evolution im Wege stehen würden. In der deutschen Linken wurden die theoretischen Grundlagen für diese Position durch Eduard Bernstein gelegt. *Drittens:* Anarchosyndikalisten und revolutionäre Linke suchten nach einem dritten Weg, der auf die Selbstorganisation der Arbeiter (vor allem durch den Generalstreik und Betriebsübernahmen) unter Führung des linken Flügels der sozialistischen Bewegung setzte. Sie hofften, dass dabei revolutionäre Situationen entstehen würden, die zum Sturz der kapitalistischen Ordnung führen würden. Weder der »Naturprozess« stetigen Wachstums einer sozialdemokratischen Bewegung bis zum Tag der Übernahme der politischen Macht während einer großen Krise noch eine Nutzung der gegebenen Opportunitäten nach dem Maß auch der kleinsten Fortschritte stand für sie im Vordergrund. Es war praktisches energisches Eingreifen durch politisches Massenhandeln, was eine zentrale Rolle einnahm. Genau dabei würde auch erst jene proletarische Subjektivität als Massenkraft entstehen, die die Überwindung des Kapitalismus möglich machen würde. Die eigene Aktion sei die Bedingung für Organisierung und Befähigung zum Sturz des Kapitalismus.

Während in Deutschland das politische System des Wilhelminischen Monarchismus mit seinem Bündnis von Adel, Militär und Großbürgertum bis 1918 der Beteiligung der Sozialdemokratie an der Machtausübung auf der nationalen Ebene im Wege stand, sah es in Frankreich anders aus. Waren in Deutschland vor allem die Gewerkschaften zu aktiver Reformzusammenarbeit »verführt«, so gab es in Frankreich auch die »Verführung« sozialistischer Parteien zur Teilhabe an direkter politischer Macht. Alexandre Étienne Millerand war der erste, der ihr nachgab. Vom Standpunkt einer orthodoxen marxistischen Staatstheorie war dies ein Skandal in der Theorie selbst – ein Arbeitervertreter im Zentrum des politischen Machtorgans der kapitalistischen Klasse. Konnte dies etwas anderes sein als Klassenverrat?

So wie die Entdeckung der nicht-kontinuierlichen Abstrahlung von Energie mit dem Postulat eines Wirkungsquantums (Max Planck) zum Ausgangspunkt der Revolution der klassischen Physik werden sollte, so wurde die Tatsache der offensichtlichen Integration der Arbeiterbewegung in die kapitaldominierten modernen Gesellschaften zum Ausgangspunkt grundlegender theoretischer Umbrüche im Marxismus. Ganz offensichtlich: »[...] die marxistischen Lehrsätze über Konzentration und Katastrophe, Revolution, Diktatur des Proletariats und Aufrichtung einer kollektivistischen Naturalwirtschaft von oben herab« waren im Übergang vom 19. zum 20. Jahrhundert »aus Dogmen zu Problemen geworden« (David 1900: 704). Rosa Luxemburgs Beitrag zur Analyse der Regierungsbeteiligung von Millerand steht dabei noch ganz am Anfang dieses Umbruchs. Sie stieß an die Grenzen der marxistischen Theorie des Politischen und versuchte, über sie hinauszugehen. Entscheidend war für sie dabei, wie eine autonome sozialistische Politik unter den neuen Bedingungen begründet werden könne. Nicht innerwissenschaftliche Erwägungen, sondern politische Ziele definieren ihren Standpunkt. Im Folgenden soll diesem Suchprozess von Rosa Luxemburg nachgegangen werden. Dabei beschränkt sich die Darstellung weitgehend auf den Zeitraum zwischen 1899 und 1902, in der der »Fall Millerand« die Marxisten beschäftigte.

Die Formulierung des Problems durch Rosa Luxemburg

Rosa Luxemburgs erster Artikel, der sich dem »Fall Millerand« zuwendet, war zwar mit dem Titel »Eine taktische Frage« überschrieben, zielt aber »auf dic Ableitung einer allgemeinen Richtschnur aus unseren Grundsätzen« (GW 1.1: 486) ab. Sie koinzidierte, dass dort, »wo es sich um die Freiheit des Landes oder um die demokratischen Errungenschaften, wie die Republik handelt« (ebd.), eine Regierungsbeteiligung durchaus zu erwägen sei, wenn das Bürgertum die Republik selbst nicht mehr schützen könne. Dies dürfe aber nur eine vorübergehende Maßnahme mit eingeschränktem Zweck bleiben. Die Beteiligung sozialistischer Kräfte an der Regierung dürfe nur eine taktische Ausnahme sein. Dafür gab sie eine Begründung, die unmittelbar auf das Staatsverständnis verweist, das ihre revolutionären Position fundierte.

Rosa Luxemburg stellte in ihrem Artikel »Eine taktische Frage« zwei prinzipiell verschiedene Positionen einander gegenüber. Sie grenzt sich ab vom Standpunkt »der opportunistischen Auffassung des Sozialismus« (ebd.: 483), wie er vor allem von Bernstein vertreten worden sei. Die Vertreter dieser Position würden von der Möglichkeit einer »*stückweisen Einführung des Sozialismus* in die bürgerliche Gesellschaft« (ebd.) ausgehen. Der sozialistische Umbau der ökonomischen Strukturen des Kapitalismus könne sich dieser Auffassung nach auch graduell vollziehen. Folge man einer solchen Annahme, dann, so Rosa Luxemburg, »verwandelt sich der kapitalistische Staat von selbst allmählich in einen sozialistischen« (ebd.). Von einem solchen Standpunkt aus sei »eine fortschreitende Aufnahme der Sozialisten in die bürgerliche Regierung sogar ein natürliches Ergebnis der demokratischen Entwicklung der bürgerlichen Staaten« (ebd.: 483f.). Regierungsbeteiligung mache aber, so Rosa Luxemburg, einen sozialistischen Charakter von Politik prinzipiell unmöglich, da Regierungsvertreter zu »aktiver Unterstützung des bürgerlichen Staates im Ganzen« (ebd.: 485) verpflichtet seien. Reformpolitik aus der Regierung heraus sei »im allerbesten Fall« nur »bürgerliche Demokratie oder bürgerliche Arbeiterpolitik« (ebd.). An anderer Stelle formulierte sie, »dass eine Politik, die vom prinzipiellen Standpunkt verwerflich ist, nimmermehr vom taktischen als angebracht erscheinen kann« (GW 1.2: 81).

Rosa Luxemburg selbst ging (wie alle Marxisten der Zweiten Internationale dieser Zeit) davon aus, »dass die Einführung des Sozialismus erst nach dem Zusammenbruch der kapitalistischen Ordnung in Angriff genommen werden kann« (GW 1.1: 484). Der notwendige und richtige Kampf um Reformen im Kapitalismus, um »bürgerliche Reformen« (ebd.: 485), sei nicht an sich sozialistisch, sondern man müsse ihm »einen prinzipiell sozialistischen Charakter, den Charakter des proletarischen Klassenkampfs [...] verleihen« (ebd.).

Aus einer bürgerlichen Regierung heraus aber können man keinen »*Klassenkampf*, den Kampf mit der Bourgeoisie und ihrem Staat« (ebd.: 484) führen. Sie schlussfolgerte: »Die Vertreter der Arbeiterklasse können, ohne ihre Rolle zu verleugnen, nur in *einem* Falle in die bürgerliche Regierung treten: um sich ihrer gleichzeitig zu bemächtigen und sie in die Regierung der herrschenden Arbeiterklasse zu verwandeln« (ebd.: 485).

In der Auseinandersetzung zur Regierungsbeteiligung von Sozialisten stellte Rosa Luxemburg also vier für ihr Staatsverständnis entscheidende Thesen auf: *Erstens*: Reformen im Kapitalismus verändern den kapitalistischen Charakter der Eigentumsverhältnisse niemals so grundlegend, dass dabei Elemente und Tendenzen einer neuen Ordnung zum Tragen kommen könnten. Sozialismus ist weder graduell noch transformatorisch »einzuführen«, sondern nur durch eine Staatsmacht, die in ihrer Gänze sozialistischen Charakter trägt. Die Eroberung der Staatsmacht durch die Arbeiterklasse ist das eigentliche Ziel, weil nur dies die Umwälzung der ökonomischen Ordnung ermöglicht. *Zweitens*: Der bürgerliche Staat ist das wichtigste Hemmnis einer sozialistischen Umgestaltung, er stellt jene Mauer da, die durchbrochen werden müsse, um eine Revolution einzuleiten. *Drittens*: Aus der Exekutive eines solches Staates heraus kann nur bürgerliche Politik gemacht werden, während in der Legislative der Versuch der Durchsetzung sozialer Reformen in Verbindung mit der »gleichzeitige[n] *Opposition* gegen die bürgerliche Regierung *im ganzen* – was sich handgreiflich unter anderem in der Ablehnung des Budgets äußert« (GW 1.1: 485), möglich sei. *Viertens*: Der Kampf um die Bewahrung der bürgerlichen Demokratie und die Bereitschaft zur revolutionären Gewalt gehören zusammen.

Diese vier zentralen Thesen Rosa Luxemburgs in der Diskussion erklären sich vor allem daraus, dass sie mit aller Macht die Selbständigkeit der sozialistischen Kräfte, ihre Kampffähigkeit, ihren antikapitalistischen Charakter erhalten will. Die Macht der Linken liegt für sie vor allem *außerhalb* der Institutionen der bürgerlichen Gesellschaft und ist deshalb völlig unvereinbar mit der unmittelbaren Teilhabe an Regierungsmacht. Theoriediskussion und politische Auseinandersetzung sind in der damaligen sozialdemokratischen Bewegung direkt verbunden. Von einer wirklichen Selbständigkeit wissenschaftlicher Problemformulierung gegenüber der politischen Aktion kann nicht gesprochen werden. Die Staats- und Gesellschaftsauffassungen sind zugleich politische Positionierungen. Deshalb lösten Veränderungen in der Theorie auch so scharfe Diskussionen aus.

Im Weiteren wird allen vier Positionen, dem Kapitalismus- und Sozialismusverständnis, dem Staatsverständnis und dem Politikverständnis von Rosa Luxemburg, wie es sich in der Auseinandersetzung beim »Fall Millerand« äußert, nachgegangen. Teilweise wird dabei nolens volens auf Positionen zurückgegriffen, die Rosa Luxemburg kurz vorher, in ihren Streitschriften gegen Bernstein, entwickelt hatte.

Kapitalismus und Klassenstaat

Das Staatsverständnis von Rosa Luxemburg basiert auf dem Kapitalismus- und Sozialismusverständnis, wie es im orthodoxen Marxismus der Zweiten Internationale formuliert worden war. Als »Grundwiderspruch, aus dem alle Widersprüche [der kapitalistischen Produktionsweise] entspringen«, wird folgende Tatsache angesehen: *»Das gesellschaftliche Produkt wird angeeignet vom Einzelkapitalisten«* (MEW Bd. 19: 227) Dieser Gegensatz von gesellschaftlicher Produktion und privatkapitalistischer Aneignung könne nur durch die Machtübernahme der Arbeiterklasse gelöst werden: »Das Proletariat ergreift die öffentliche Gewalt und verwandelt kraft dieser Gewalt die den Händen der Bourgeoisie entgleitenden gesellschaftlichen Produktionsmittel in öffentliches Eigentum. Durch diesen Akt befreit es die Produktionsmittel von ihrer bisherigen Kapitaleigenschaft und gibt ihrem gesellschaftlichen Charakter volle Freiheit, sich durchzusetzen. Eine gesellschaftliche Produktion nach vorherbestimmtem Plan wird nunmehr möglich. Die Entwicklung der Produktion macht die fernere Existenz verschiedener Gesellschaftsklassen zu einem Anachronismus. In dem Maß wie die Anarchie der gesellschaftlichen Produktion schwindet, schläft auch die politische Autorität des Staates ein. Die Menschen, endlich Herren ihrer eignen Art der Vergesellschaftung, werden damit zugleich Herren der Natur, Herren ihrer selbst – frei.« (ebd.: 228)

Karl Kautsky hatte den Zusammenbruch des Kapitalismus in seiner Schrift »Das Erfurter Programm« aus der Tendenz der Verwandlung der übergroßen Mehrheit der Bevölkerung in Lohnabhängige abgeleitet: »Das Privateigentum an den Produktionsmitteln führt in der kapitalistischen Gesellschaft dahin, dass alle besitzlos sind, einen einzigen ausgenommen. Es führt also zu seiner eigenen Aufhebung, zur Besitzlosigkeit aller und zur Versklavung aller. Die Entwicklung der kapitalistischen Warenproduktion führt aber damit auch zur Aufhebung ihrer eigenen Grundlagen. *Die kapitalistische Ausbeutung wird widersinnig, wenn der Ausbeuter keine andern Abnehmer seiner Waren mehr findet als die von ihm Ausgebeuteten. Sind die Lohnarbeiter die einzigen Konsumenten, dann sind die Produkte unverkäuflich, in denen der Mehrwert verkörpert ist, dieser wird – wertlos.* In der Tat wäre ein Zustand, wie der hier geschilderte, ebenso ungeheuerlich wie unmöglich. Es wird und kann nie dazu kommen. Denn die bloße Annäherung an diesen Zustand muss die Leiden, Gegensätze und Widersprüche in der Gesellschaft zu einer solchen Höhe treiben, dass sie unerträglich werden, dass die Gesellschaft aus ihren Fugen geht und zusammenbricht, wenn der Entwicklung nicht schon früher eine andere Richtung gegeben wird.« (Kautsky 1965: 88f.) Rosa Luxemburg gab in ihrer Akkumulationstheorie später ihre eigene Antwort (siehe Kapitel 8).

Die fast verzweifelte Suche der orthodoxen Marxisten nach einer theoretischen, streng wissenschaftlichen Begründung der Unvermeidlichkeit des Zusammenbruchs des Kapitalismus war keine Frage des persönlichen Ehrgeizes oder dogmatischer Verbohrtheit ihrer Vertreter, sondern tragende Säule des Forschungsprogramms selbst und seines Paradigmas. Aus der unübersehbaren Widersprüchlichkeit moderner kapitalistischer Gesellschaften allein oder aus der bloßen Wünschbarkeit einer anderen Welt ließ sich die Unvermeidlichkeit der Überwindung des Kapitalismus nicht mit wissenschaftlicher Gewissheit erklären. Widersprüche können ja – und dafür sprach die auch damals schon mindestens hundertjährige Geschichte des Kapitalismus – immer wieder neu vermittelt werden, nicht zuletzt durch staatliche Reformen. Wenn die zerstörerischen Folgen bestimmter Tendenzen eines entfesselten Kapitalismus durch Sozialreformen, Demokratisierung, Regulation, Ausbau eines starken öffentlichen Sektors, Entmilitarisierung usw. kontrolliert werden könnten, ohne dabei zum öffentlichen Eigentum an der Gesamtheit aller wichtigen Produktionsmittel und der Aufhebung der Warenproduktion übergehen zu müssen, würde der Zusammenbruch nicht den Kapitalismus, sondern das Gebäude des orthodoxen Marxismus selbst ereilen. Und dies bedrohte unmittelbar das revolutionär-antikapitalistische Selbstverständnis der marxistischen Linken dieser Zeit.

Die Position von Rosa Luxemburg in der Debatte zur Regierungsbeteiligung lässt sich überhaupt nicht verstehen, wenn man sie auf die konkrete Wirkung von Reformen und die spezifischen Folgen einer Teilnahme von Sozialisten an bürgerlichen Regierungen reduziert. Es gab für Rosa Luxemburg eine ganz klare Wasserscheide in der Politik: Solange das Eigentum nicht durch eine sozialistische Regierung zentralisiert und in öffentlichen Besitz überführt wird, um auf dieser Grundlage die profitorientierte Produktion einzelner Unternehmen durch die gesamtgesellschaftlich geplante Produktion für den Bedarf der Gesellschaftsglieder abzulösen, solange sei jede Regierungspolitik dem Wesen nach bürgerlich, auch wenn dabei Arbeiterinteressen eine mehr oder minder starke Rolle spielen. Natürlich könne die Sozialdemokratie gezwungen sein, in Verteidigung der demokratischen und sozialen Errungenschaften im *Ausnahmefall* auch aus der Regierung heraus die Vertretung der Aufgaben der Bourgeoisie zu übernehmen, zu der diese selbst im Augenblick nicht fähig sei. Aber dies sei keine sozialistische Politik im engeren Sinne und würde an der prinzipiellen Opposition zu dem kapitalistischen System nichts ändern und diese auch nicht in Frage stellen. Erst die Nutzung der Staatsmacht zu einer sozialistischen Revolution der Eigentumsverhältnisse wäre eine wirkliche sozialistische Regierungspolitik.

Es gibt allen Grund, sich der Schärfe des Arguments bewusst zu sein, das Rosa Luxemburg vorbrachte: Solange die Eigentumsverhältnisse des Kapitalismus nicht beseitigt seien, solange keine gesamtgesellschaftliche Planung der Produktion und Verteilung auf der Basis des öffentlichen Eigentums an allen wesentlichen Produktionsmitteln gegeben sei, könnten zwar diese oder jene Arbeiterinteressen mehr oder weniger stark zur Geltung gebracht werden. Die Politik bleibe dann aber den dominanten ökonomischen Gesetzen des Kapitalismus noch immer untergeordnet. Solange es eine kapitalistische Eigentumsordnung gäbe, bliebe der Staat in seinem Wesen bürgerlich, und vor allem seine Exekutive sei unabweisbar den Zwängen zur Aufrechterhaltung dieser Ordnung verpflichtet. Grundlage einer solchen Auffassung ist, dass die Eigentumsordnung selbst erst durch die Übernahme der gesamten wesentlichen Produktionsmittel in die Hände eines sozialistischen Staates ihren kapitalistischen Charakter verlieren könne. In allen seinen Grundfunktionen bliebe der Staat solange bürgerlich, wie die Arbeiterklasse nicht die Eigentumsfrage selbst durch eine Politik umfassender Verstaatlichung löst *und* dies als Ausgangspunkt nutzt, das gesellschaftliche Eigentum der Produzenten an den gesellschaftlichen Produktionsbedingungen zu verwirklichen. Das Verständnis von Sozialismus als einer auf gesellschaftlichem Gemeineigentum beruhenden Produktion zum eigenen Bedarf (ohne Ware-Geld-Verhältnisse) und die Position von Rosa Luxemburg, Reformpolitik sei bürgerlich, wenn sie nicht den Bruch mit dem kapitalistischen System ins Zentrum rückt, gehören untrennbar zusammen.

Der bürgerliche Staat als Mauer zwischen Kapitalismus und Sozialismus

Wenn eine graduelle Transformation des Staates, durch welche heftigen Umbrüche auch immer ausgelöst, ausgeschlossen ist, dann kann der Staat auf der Basis der kapitalistischen Eigentumsverhältnisse selbst nur ein bürgerlicher Klassenstaat sein, der bessere oder schlechtere Bedingungen für den Kampf um eine revolutionäre Veränderung des Eigentums bietet. Wie Engels schrieb: »Die bisherige, sich in Klassengegensätzen bewegende Gesellschaft hatte den Staat nötig, d.h. eine Organisation der jedesmaligen ausbeutenden Klasse zur Aufrechterhaltung ihrer äußern Produktionsbedingungen, also namentlich zur gewaltsamen Niederhaltung der ausgebeuteten Klasse in den durch die bestehende Produktionsweise gegebnen Bedingungen der Unterdrückung (Sklaverei, Leibeigenschaft oder Hörigkeit, Lohnarbeit).« (MEW Bd. 19: 223)

Völlig unabhängig davon, welche sozialen und demokratischen Errungenschaften auch immer erkämpft werden durch die Arbeiterbewegung, und ganz gleichgültig, welche Reformen eine Regierung (und sei es mit Beteiligung der Sozialdemokratie) durchzusetzen in der Lage ist, alle diese Veränderungen ändern nichts daran, dass die kapitalistische Gesellschaft erhalten bleibt und ihre zerstörerischen Tendenzen fortwirken. Aufgrund dieser Widersprüchlichkeit in der »Basis« der Gesellschaft können Reformen nur partielle Ergebnisse bringen. Zudem würden sich die Elemente von Barbarei immer weiter anhäufen. Reformen würden das grundlegende Merkmal – den Skandal einer privatkapitalistischen Produktion auf der Grundlage einer gesellschaftlichen Produktion – nicht berühren. Gerade weil, so Rosa Luxemburg, der Widerspruch zwischen dem gesellschaftlichen Charakter der Produktion und der privatkapitalistischen Aneignung eskaliert, müsse der Staat immer mehr zum bürgerlichen Klassenstaat werden. Er sei es, der verhindert, dass die Vergesellschaftung der Produktion sich auch als Vergesellschaftung des Eigentums Bahn bricht. Es waren nach ihrer Auffassung nicht die Produktionsverhältnisse, sondern der Staat, der zum eigentlichen Hemmnis einer sozialistischen Entwicklung würde. Der Staat könne entweder als bürgerlicher Staat alles tun, um den naturgesetzlichen Übergang zum Sozialismus zu verhindern. Oder aber er könne diesen als sozialistischer Staat, als politische Herrschaft der Arbeiterklasse, durchsetzen. Der politische Kampf gegen den bürgerlichen Staat ist deshalb der entscheidende Kampf. Aus der Regierung heraus könne ein solcher Kampf niemals geführt werden.

Bei den Reformisten und Revisionisten dagegen wurde der Staat zum Instrument einer mehr oder minder graduellen Transformation der kapitalistischen Gesellschaft. Ökonomisch durch die Stärkung der gewerkschaftlichen Macht und ihre Ausweitung auf die wirtschaftliche Mitbestimmung, kulturell durch den Bildungsaufstieg und die gleichberechtigte Teilhabe am geistigen Leben und politisch durch die Beteiligung an der Staatsmacht soll der Kapitalismus über sich hinaus getrieben werden. Wie Eduard David schrieb:

»Im schroffsten Gegensatz zu Kautsky bin ich der Meinung, dass die Eroberung der Regierungsgewalt in parlamentarisch regierten Staaten nur stückweise geschehen kann und geschehen wird. In Frankreich und anderwärts haben die Sozialisten die Regierungsgewalt nur deshalb noch nicht, weil die überwiegende Mehrheit des Volkes noch nicht geneigt ist, sie ihnen zu geben. Der Umschlag in der Meinung der Volksmehrheit wird kein plötzlicher sein. Nur schrittweise, von Wahl zu Wahl, wird es unseren Genossen gelingen, ihre Parlamentsmandate zu vermehren. In dem Maße aber, als ihnen das gelingt, werden sie bei den linksliberalen Regierungsbildungen in der Lage sein, einzelne Ministerportefeuilles zu ergreifen. Und sobald sie in der Lage dazu sind, *werden sie es tun*, so wahr, als ihre *Wählermassen* sie dazu zwingen werden. Mögen immerhin Theoretiker haarscharf beweisen, dass das der schmählichste Verrat am Prinzip des Klassenkampfs wäre, die Wählermasse würde es nicht verstehen, und *nicht dulden*, dass ihre Mandatare ein Machtmittel aus der Hand gäben, mit dem sie zwar noch nicht die kollektivistische Gesellschaft herstellen, wohl aber tiefgreifende soziale und politische Reformen durchsetzen könnten, die die Lage des Proletariats ganz wesentlich verbessern würden.« (David 1900: 708)

Rosa Luxemburg ihrerseits behauptete das genaue Gegenteil: Solange der Staat nicht als proletarischer Staat das Eigentum verstaatlicht und der Herrschaft der Produzenten (der Arbeiterklasse) unterwirft, ist er als bürgerlicher Staat das wichtigste Bollwerk gegenüber jeder grundlegenden Veränderung. Die Beteiligung an der exekutiven Machtausübung in einem solchen Staat ist damit Teilhabe nicht an der *Ermöglichung*, sondern an der *Verhinderung* einer sozialistischen Umwälzung. Nicht in den Produktionsverhältnissen, auch nicht in der Zivilgesellschaft, wie später Antonio Gramsci, sondern im Staat als Macht- und Gewaltinstrument der herrschenden Klasse sieht sie das eigentliche Hindernis. Würde der Staat nicht im Wege stehen, würden sich die Tendenzen der Vergesellschaftung unvermeidlich Bahn brechen.

Folgt man einer solchen Position, dann ergibt sich ein Entweder-Oder: Entweder wird die *gesamte* Staatsmacht zur Erhaltung einer überlebten kapitalistischen Eigentumsordnung eingesetzt oder aber sie wird für deren Umsturz mobilisiert. Teilnahme an einer bürgerlichen Regierung kann deshalb nur heißen, sich an einer der drei folgenden Funktionen eines bürgerlichen Staates zu beteiligen: *Erstens* kann der Staat versuchen, die kapitalistische Grundstruktur zu bewahren, indem er auch auf *dieser* Grundlage die Erfüllung der allgemeinen gesellschaftlichen Funktionen sichert (der Staat als Repräsentant gesamtgesellschaftlicher Anliegen im Interesse der Kapitaleigentümer). Dazu gehören auch die Ausübung des Gewaltmonopols und seine Nutzung zur Unterdrückung aller systemsprengenden Bewegungen. Er kann *zweitens* jene Produktionsbedingungen bereitstellen, die das Kapital aus sich heraus selbst privat nicht zur Verfügung stellen kann, und damit die Grenzen einer bloß privatkapitalistischen Verfügung erweitern (der Staat als Gesamtkapitalist und als Akteur eines staatlich regulierten oder Staats-Kapitalismus). Er kann drittens versuchen, bestimmte Zugeständnisse an das Proletariat und andere subalterne soziale Gruppen gegen den Widerstand einzelner bornierter Gruppen des Kapitals durchzusetzen, um den sozialen Frieden zu fördern, Teile der unteren gesellschaftlichen Klassen durch Integrationsangebote zu »ködern« und zugleich der Hegemonie des Kapitals zu unterwerfen (der Staat als sozialer und ideologischer Integrationsapparat der herrschenden Kapitaleigentümer). In jeder dieser Funktionen ist staatliche Tätigkeit aber gerichtet auf die Erhaltung und nicht etwa die Transformation der kapitalistischen Eigentumsverhältnisse. Sie ist deshalb, so Rosa Luxemburg, bürgerliche Politik, selbst dann, wenn sie der Verbesserung der unmittelbaren Lage der Arbeiter tatsächlich und wirksam dient.

Die Zentralität, mit der Rosa Luxemburg und andere revolutionäre Marxisten dieser Zeit immer wieder die Staatsfrage stellten, ist (auch) theoretisch begründet. Wenn aus dem Kapitalismus heraus so machtvolle Tendenzen in Richtung einer Überwindung des Antagonismus von vergesellschafteter Produktion und privatkapitalistischer Aneignung resultieren und diese Überwindung im Interesse der immer größeren Mehrheit der Bevölkerung ist, dann entsteht die Frage, warum sie sich nicht Bahn brechen. Ökonomisch ließ sich dies im Rahmen des Marxismus nicht erklären, denn gerade in der Ökonomie, im Kessel kapitalistischer Widersprüche, schien sich doch ein stetig wachsender Druck aufzubauen. Der staatliche »Überbau« erschien damit als »Deckel«, der immer fester und härter sein müsse, um diesem Druck zu widerstehen, bis er schließlich in einer heftigen Eruption gesprengt werden würde und sich dann die revolutionäre Magma einer neuen sozialistischen Eigentumsordnung, wie sie sich in der kapitalistischen Ökonomie erhitzt hatte, unwiderstehlich Bahn brechen würde. Die theoretische Konzeption eines Klassenstaats im genannten engen Sinne und die Forderung nach einer revolutionären Autonomie der Sozialdemokratie waren eng miteinander verbunden.

Sozialistische Politik im bürgerlichen Staat

Die partielle Demokratisierung einiger europäischer Staaten, sei es im Gefolge von Reformen, sei es durch Revolutionen, militärische Niederlagen oder auch als bloßes Instrument einer intelligenten konservativen Bündnispolitik wie im Falle Deutschlands, fand immer auch vor dem Hintergrund des Aufstiegs der Arbeiterklasse als sozialer Macht statt. Schon die englische Chartistenbewegung war zugleich eine Bewegung für das allgemeine (männliche) Wahlrecht und für soziale Reformen. Erst durch die Arbeiterklasse wuchs der Druck, die Demokratie der Besitzenden in eine parlamentarische Vertretung des (zunächst nur männlichen) Volkes zu verwandeln. Dieser Idee konnte nur schwer widerstanden werden. Die Integration großer Teile der Bevölkerung in die Industrie, die Konzentration der Arbeiterschaft in städtischen Ballungsgebieten, oft nahe an den Sitzen der Regierung, die militärischen Revolutionen seit Napoleon, die die allgemeine Wehrpflicht zur Folge hatten, erhöhten die Abhängigkeit jeder Staatsmacht von der Loyalität der Bevölkerung im Allgemeinen und der (männlichen) Arbeiterklasse im Besonderen. Schrittweise kam es zur Ausweitung des Wahlrechts.

Die aufkommende Arbeiterbewegung war der Vorkämpfer einer Ausweitung des allgemeinen Wahlrechts und im Maße der Erfolge dieses Kampfes entstanden die ersten Arbeiterparteien, die die parlamentarische Vertretung der Arbeiterinteressen nicht mehr den liberalen bürgerlichen Kräften überließen, sondern selbst in die Hände nahmen. Im Maße der dabei erzielten Erfolge wuchs zugleich die Frage, was mit der errungenen Macht im Parlament anzufangen sei. Umso stärker die parlamentarische Vertretung wurde, umso häufiger Mehrheiten in den Parlamenten davon abhingen, ob sie unter Ein- oder Ausschluss der sozialistischen Parteien gebildet wurden, um so heftiger wurde die Diskussion, ob auf die Regierungszusammensetzung ein direkter Einfluss genommen werden solle. Wie der französische Sozialist Albert Thomas schrieb: »Hat in allen Parlamenten die Abstimmung eines Mitgliedes den gleichen Wert, den gleichen *Wert als Handlung*, möchte ich sagen, im deutschen Reichstag, wie in der französischen Kammer? Befinden sich die Reichstagsabgeordneten in der Lage, sich sagen zu müssen, dass eine ihrer Abstimmungen die Regierung stürzen, dass sie ein System durch ein anderes ersetzen könne, sei es auch nur ein bürgerliches durch ein anderes bürgerliches? Das aber gerade ist die Situation, in der die französischen Sozialdemokraten sich schon seit drei Jahren befinden [...].« (Thomas 1903: 487)

Die Reformisten und Revisionisten setzten auf die Nutzung dieser Macht, um Kompromisse in Budgetfragen zu erzielen, Mehrheiten für Reformgesetze zu schaffen oder sich eben auch an einer Regierung zu beteiligen. Ihre Einschätzung war, »dass der Sozialismus heute stark genug ist, um allenthalben in die bürgerlichen Einrichtungen einzudringen, ohne von ihnen aufgesogen zu werden, und dass er darum die Kraft, das Recht und die Pflicht hat, von der bürgerlichen Gesellschaft seinen Anteil an der Macht zu fordern und den Dingen in wachsendem Maße sein Gepräge aufzudrücken« (von Vollmar 1900: 783). Wie Eduard Bernstein schrieb: »Die Abstinenz der Sozialisten in der Frage der Zusammensetzung der Regierung«, wenn man diese denn beeinflussen könne, würde ähnlich wirken, »wie auch sonst die politische Abstinenz: *man begibt sich der Möglichkeit, anderen die Hände zu binden, ohne darum mehr an wirklicher Aktionsfreiheit zu gewinnen. Man begräbt sein Pfund, anstatt damit zu wuchern.«* (Bernstein 1902: 256) Die marxistischen Kräfte dagegen gingen davon aus, dass die Vertretung im Parlament ausschließlich dazu gebraucht werden solle, die Einheit und Unabhängigkeit der Arbeiterbewegung zu stärken und die eigenen Positionen sichtbar zu machen. Die parlamentarische Vertretung der Arbeiter in einem bürgerlichen *Parlament* sei als Klassenkampf möglich, eigenständige Arbeiterpolitik in einer bürgerlichen *Regierung* dagegen nicht. Teilnahme an der Regierung würde genau umgekehrt die eigenen Hände binden und Klassenkampf unmöglich machen. Dies macht für

Luxemburg die Wasserscheide zwischen einer radikal-demokratischen Partei und einer sozialistischen Partei aus.

Damit wird ein Verständnis des gewaltenteiligen bürgerlichen Staates formuliert, das zwischen Parlament und Regierung eine klare Unterscheidung macht, wie Rosa Luxemburg verdeutlichte: »Während das Parlament ein Organ der Klassen- und Fraktionskämpfe innerhalb der bürgerlichen Gesellschaft, deshalb das geeignetste Terrain für den systematischen Widerstand der Sozialisten gegen die Herrschaft der Bourgeoisie bildet, ist diese Rolle der Arbeitervertreter im Schoße der Regierung von vornherein ausgeschlossen« (GW 1.2: 58). Dafür gibt sie folgende Begründung: »Berufen, das fertige Ergebnis der im Parlament und im Lande ausgefochtenen Parteikämpfe in die Tat umzusetzen, ist die Zentralgewalt vor allem ein Organ der Aktion, dessen Lebensfähigkeit auf innerer Homogenität beruht.« (Ebd.) Die Regierung eines Nationalstaats stellt für sie ein Ganzes dar, das »nur die politische Organisation der kapitalistischen Wirtschaft« sei und zwischen dessen »einzelnen Funktionen volle Harmonie« (ebd.: 59) bestehe. Sie führte dazu weiter aus: »Somit stellt die Zentralregierung eines modernen Staates ein Räderwerk dar, dessen einzelne Teile von allen Seiten ineinandergreifen und gegenseitig ihre Bewegungen bestimmen und regulieren. Der unmittelbare Transmissionsmechanismus, der das ganze Räderwerk in Gang bringt, ist das bürgerliche Parlament, aber die treibende Kraft sind dabei zunächst die Klassen- und Parteiverhältnisse im Lande und in letzter Linie – die Produktions- und Austauschverhältnisse der gesellschaftlichen Wirtschaft. Der kapitalistischen Einheitlichkeit der Ökonomik hier entspricht die bürgerliche Einheitlichkeit der Regierungspolitik dort.« (Ebd.) Da die einzelnen Funktionen der Regierung innerlich untrennbar zusammenhingen, gäbe es eine »solidarische Verantwortlichkeit ihrer einzelnen Mitglieder« (ebd.) und es sei ein »vollkommen utopischer Plan [...] zu denken, ein Ressort der Regierung könne bürgerliche, ein anderes sozialistische Politik treiben, und die Zentralgewalt könne somit stückweise, nach einzelnen Ressorts, für die Arbeiterklasse erobert werden« (ebd.: 60). Aus dieser Position ergibt sich auch die Forderung, unabhängig von allen taktischen Erwägungen das Budget als Gesamtausdruck der Grundtendenz eines Klassenstaates immer abzulehnen, eine Auffassung, die Luxemburg auch gegenüber Vertretern der SPD im badischen Landtag geltend machte.

Rosa Luxemburg relativierte diese Auffassung zumindest insofern, als sie die Beteiligung der Sozialisten an Organen der kommunalen Selbstverwaltung anders behandelt wissen will:

> »Während die Regierung die zentralisierte Staatsgewalt verkörpert, wächst die Munizipalität aus der lokalen Selbstverwaltung auf Kosten der Zentral-

> gewalt, als Befreiung von der Zentralgewalt, heraus. Während für die Regierung die spezifischen Mittel der bürgerlichen Klassenherrschaft: der Militarismus, der Kultus, die Handelspolitik, die auswärtige Politik, das eigentliche Wesen ausmachen, ist die Munizipalität speziell zu kulturellen und wirtschaftlichen Aufgaben berufen, also zu denselben, die dem administrativen Mechanismus der sozialistischen, keine Klassenspaltungen kennenden Gesellschaft entsprechen. Zentralregierung und Gemeinde sind deshalb historisch zwei entgegengesetzte Pole in der heutigen Gesellschaft. Der ständige Kampf zwischen der Munizipalität und der Regierung, zwischen dem Bürgermeister und dem Präfekten in Frankreich sind der konkrete Ausdruck dieses geschichtlichen Gegensatzes.« (GW 1.2: 62)

In der Selbstverwaltung der Bürgerinnen und Bürger, in der Stärkung der Kommunen, sah sie eine Tendenz, die über den bürgerlichen Klassenstaat hinausweist.

Diese Überlegungen dehnte Rosa Luxemburg aber nicht auf den Zentralstaat aus. In einer Regierungsbeteiligung erkennt sie keine Möglichkeit, sozialistische Tendenzen zu bestärken. Da sie von der einheitlichen Ausrichtung der kapitalistischen Ökonomie ausgeht, nimmt sie auch eine einheitliche Handlungsweise bürgerlicher Regierungen an, die als kollektive politische Gesamtkapitalisten agieren. Ganz anders als Rosa Luxemburg behauptet Nicos Poulantzas später, dass die Widersprüche zwischen den Fraktionen der dominanten Klassen »im Innern des Staates die Form von internen Widersprüchen zwischen den verschiedenen Zweigen und Apparaten« (Poulantzas 1978: 164) annehmen. Da der Staat Klassenkompromisse bearbeitet, um Kohäsion einer in Klassengegensätze gespaltenen Gesellschaft zu ermöglichen (Poulantzas 1975: 138), ist er auch im Wirken seiner Exekutive ein Feld von sozialen Kämpfen. Die innere Widersprüchlichkeit der kapitalistisch strukturierten Ökonomie fände ihre politische Bewegungsform in der Struktur des kapitalistisch geprägten Staates.

Rosa Luxemburgs ganzes Denken zielte wie das anderer revolutionärer Sozialisten darauf, die Arbeiterbewegung und ihre Parteien als Kräfte autonom und unabhängig vom Staat zu konstituieren und zu entwickeln, um sie zu befähigen, den Staat zu erobern, als Staatsmaschinerie der herrschenden Klasse zu zerschlagen und die neu zu schaffende Staatsmacht der Arbeiter zu nutzen, die Eigentumsordnung zu revolutionieren. Der vorhandene Staat kann deshalb nur insoweit als Instrument sozialistischer Politik genutzt werden, wie diese Autonomie der Arbeiterbewegung gestärkt wird. Bezogen auf den Staat ist sozialistische Politik für sie deshalb ausschließlich Oppositionspolitik. Durch diese könne sie zugleich »eine ausgedehnte Agitation« bei Wahlen und im Parlament führen und »auf die Politik der Regierung positiv einwirken«, ohne selbst zu einer »ministeriellen Partei« zu werden (GW 1.1: 629).

Wie Rosa Luxemburg schrieb: »Allein, weit entfernt, praktische, handgreifliche Erfolge, unmittelbare Reformen fortschrittlichen Charakters unmöglich zu machen, ist die grundsätzliche Opposition vielmehr für jede Minderheitspartei im allgemeinen, ganz besonders aber für die sozialistische, das einzige wirksame Mittel, praktische Erfolge zu erzielen.« (GW 1.2: 32) Regierungsbeteiligung, so Rosa Luxemburg, mache Kritik der Regierung und damit Aufklärung der Massen unmöglich, führe dazu, dass Kompromisse um jeden Preis gemacht werden würden und liefere so die Linke an die bürgerliche Mehrheit aus. Sie schwäche die außerparlamentarische Kraft derselben, sodass nicht etwa mehr, sondern viel weniger erreicht würde als aus der Opposition.

Weil die ganze Kraft zur Veränderung der Gesellschaft in der Unabhängigkeit der sozialistischen Kräfte liege und nur ein *von außen* kommender Druck auf die Regierungspolitik diese Unabhängigkeit erhalten würde, so Rosa Luxemburg, sei Regierungsbeteiligung immer nur als absolute Ausnahme (siehe dazu weiter unten) denkbar. Sie folgert deshalb auch: »Die Ministerschaft Millerands bedeutet [...], weit entfernt, eine neue Ära der Sozialreformen in Frankreich zu inaugurieren, das Aufhören des Kampfes der Arbeiterklasse um soziale Reformen, bevor er noch begonnen hatte, das heißt die Erstickung desjenigen Elements, das einzig der verknöcherten französischen Sozialpolitik ein gesundes modernes Leben einflößen könnte.« (GW 1.2: 57)

Der Kampf um Demokratisierung der Demokratie und die Frage der Gewalt

Die Diskussion, die die Regierungsbeteiligung von Millerand in der sozialistischen Arbeiterbewegung auslöste, war untrennbar verbunden mit der Frage, wie sich die sozialistische Linke verhalten solle, wenn die Demokratie selbst bedroht sei. Sollte sie dann nicht in eine Einheitsfront aller Demokraten eintreten und dies auch in Form einer gemeinsamen republikanischen Regierung? Sollte sie den Widersprüchen zwischen jenen Teilen der herrschenden Klassen, die zur (Militär-)Diktatur neigten, und jenen, die an einer parlamentarischen Republik festhielten, neutral zusehen und als dritte Kraft die soziale Republik fordern oder aber Partei ergreifen und dabei gegebenenfalls ihre langfristigen Ziele zunächst zurückstellen, um die Republik zu verteidigen? Rosa Luxemburg sah darin eine falsche Alternative. Ihr ging es auch in diesem Fall darum, die Fähigkeit zu entwickeln, »das sozialistische *Endziel* mit der praktischen *Tagespolitik* organisch zu verbinden« (GW 1.1: 654). Und dies gelte auch im Fall der Bedrohung der bürgerlichen Demokratie.

Rosa Luxemburg ging davon aus, dass eine kapitalistische Gesellschaft durch eine ständige Zersetzung in einzelne Interessengruppen gekennzeichnet ist und diese Zersetzung auch die Institutionen der bürgerlichen Demokratie erfasse. Zwar seien die früheren Grundlagen für eine monarchistische Konterrevolution entfallen, da alle Klassen bis auf das Proletariat von der bürgerlichen Entwicklung profitieren würden (GW 1.2: 16). Jede der privilegierten Gruppen habe aber nur noch ein borniertes Eigeninteresse und könne das Ganze der Republik nicht mehr verteidigen. Eine derart fragmentierte Gesellschaft sei nun mit einem »fundamentale[n] Widerspruch« konfrontiert, der sich mit der kolonialen Expansion Frankreichs herausgebildet habe. Es ist der Widerspruch »zwischen einer auf der Herrschaft des bürgerlichen Parlaments basierten Republik und einer großen, auf Kolonial- und Weltpolitik zugeschnittenen ständigen Armee« (GW 1.2: 19). Diese Armee entzöge sich der Kontrolle durch die demokratischen Institutionen und bringe diese in Gefahr. Es ist dieser Widerspruch zwischen bürgerlichem Nationalstaat und chauvinistischem Imperialismus, den später Hannah Arendt auch mit Verweis auf Rosa Luxemburg als eine der Ursachen des Nationalsozialismus und seiner totalen Herrschaft ausmacht.

Rosa Luxemburg fasste ihre Analyse der Selbstgefährdung einer bürgerlichen Demokratie so zusammen: »Die soziale Entwicklung in Frankreich, welche die Kultur der Interessenpolitik des Bürgertums so weit getrieben hat, dass sie es in Einzelgruppen zerfallen ließ, die, ohne Gefühl der Verantwortlichkeit für das Ganze, Regierung und Parlament zum Spielzeug ihres Eigennutzes gemacht haben, dieselbe Entwicklung hat auf der anderen Seite die Verselbständigung der Armee aus einem Werkzeug des Staatsinteresses zu einer Interessengruppe für sich erzeugt, die ihre Vorteile ungeachtet der Republik, trotz der Republik und gegen die Republik zu verteidigen bereit ist.« (GW 1.2: 19)

In einer solchen Situation entsteht für Rosa Luxemburg ein Paradoxon. Unfähig bisher, die bürgerliche Republik durch eine sozialistische Revolution zu überwinden, müsse die sozialistische Bewegung diese nun verteidigen gegen alle Kräfte, die sie bedrohen würden: »Es galt, die Republik, die Demokratie, den Gegenwartsstaat vor dem Untergang in der Barbarei zu retten, um ihn zum sozialistischen Gemeinwesen herausbilden zu können.« (GW 1.1: 654) Man müsse den bürgerlichen Staat »vor einer verfrühten Zersetzung [...] bewahren, ihn lebensfähig und entwicklungsfähig [...] erhalten« (ebd.), damit eine spätere sozialistische Revolution überhaupt möglich bliebe.

Dies aber hieße nun gerade nicht, einfach jenen Status quo zu verteidigen, der selbst die Ursache der Selbstgefährdung der bürgerlichen Republik sei. Vielmehr müsse das stehende Heer durch ein Milizheer ersetzt werden, um der Verselbständigung der Armee ein Ende zu bereiten und die »Selbständigkeit der republikanischen Zivilgewalt« (GW 1.2: 20) durchzusetzen. Diejenigen, die auf einen Putsch gegen die Republik hingearbeitet hätten, seien vor Gericht zur Rechenschaft zu ziehen. Die Trennung von Staat und Kirche sei zu Ende zu führen und die Glaubensausübung in eine rein private Angelegenheit zu verwandeln, um der antirepublikanischen Macht des katholischen Klerus die Grundlage zu entziehen. Und natürlich sei die imperialistische Politik unverzüglich zu beenden. Es galt zu zeigen, »dass das bürgerliche Frankreich noch so viel Kraft besitzt, die Zersetzungselemente, die es produziert, selbst auszuscheiden und zu neutralisieren« (GW 1.2: 21). Der Kampf gegen einen Staatsstreich hätte zur umfassenden Demokratisierung der Republik genutzt werden müssen. Rosa Luxemburg kritisiert folgerichtig, dass die Regierung der »Verteidigung der Republik«, der sich Millerand angeschlossen habe, keine dieser Aufgaben auch nur im Ansatz verfolgt habe:

> »War die monarchistische Gefahr, wie wir es darzutun suchten, gering, dann ist die großspurig eingeleitete und mit einem Fiasko beendete Rettungsaktion der Regierung eine Lächerlichkeit. War dagegen diese Gefahr groß und ernst, dann ist die Scheinaktion des Kabinetts ein Verrat an der Republik und an den ihm vertrauenden Parteien.« (GW 1.2: 26)

In den Augen von Rosa Luxemburg war die Verteidigung der parlamentarischen Demokratie, waren Engagement für Rechtsstaatlichkeit, soziale Reformen, Unterordnung der Armee unter die demokratischen Institutionen, Trennung von Staat und Kirche, Beseitigung von Militarismus und Imperialismus, waren alle radikaldemokratischen und sozialen Forderungen untrennbarer Teil einer sozialistischen Politik gegenüber dem bürgerlichen Staat; und zwar solange sich diese Politik nicht darauf reduziert, sondern zugleich wirksam das Ziel verfolgt, die autonome Macht der Arbeiterbewegung zu stärken. Demokratisierung und Sozialreformen sind für sie ein adäquates Kampffeld einer auf Emanzipation gerichteten Bewegung und als solches jeder Rückkehr zu Diktatur und verschärfter Ausbeutung vorzuziehen. Nicht im Elend des Proletariats, sondern in seiner souveränen Bildung, Organisation und Selbsterziehung der Arbeiter sah sie den Ausgangspunkt einer sozialistischen Umwälzung. Im Kampf für eine Demokratisierung der bürgerlichen Demokratie und die Verbesserung der Lage der Arbeiter erkannte sie dafür die günstigsten Voraussetzungen – aber nur dann, wenn diese die Erfolge selbst erkämpfen und dabei erkennen, dass sie die Früchte der Entwicklung nur dann ganz erhalten werden, wenn sie letztlich die Macht in die eigenen Hände nehmen. Wie auch Kautsky ging sie davon aus,

> »dass die Ergreifung der Staatsgewalt durch die Arbeiterklasse erst das Ergebnis einer mehr oder weniger langen Periode des regelmäßigen täglichen Klassenkampfes sein könne, in dem die Bestrebungen zur fortschreitenden Demokratisierung des Staates und des Parlamentarismus ein äußerst wirksames Mittel zur geistigen und materiellen Hebung der Arbeiterklasse darstellen« (GW 1.2: 246f.).

Rosa Luxemburg ging davon aus, dass die herrschenden Klassen in einer Situation, in der sie ihre Vormacht bedroht sehen, zur Gewalt greifen und dabei die verfassungsmäßigen Grundlagen der bürgerlichen Staatsmacht bereitwillig außer Kraft setzen werden. Wie schon bei Friedrich Engels und vielen anderen Marxisten dieser Zeit ist für sie Gewalt nicht das selbst gewählte offensive Mittel sozialistischer Politik, sondern ein sehr vorsichtig zu handhabendes Mittel der Verteidigung. Es ist erst dann geboten, wenn die herrschenden Klassen selbst zur extralegalen Gewalt greifen. Durch die vorherige Entwicklung der Arbeiterbewegung müssten derart günstige Bedingungen auch für eine »gewaltsame Revolution« geschaffen sein, dass »die gesamte politische Lage und das Kräfteverhältnis mehr oder minder die Wahrscheinlichkeit des Erfolges verbürgen« (GW 1.2: 247). Parlamentarismus könne aber nicht das einzige Mittel des Klassenkampfes sein: »Ganz im Gegenteil, die Gewalt ist und bleibt die Ultima Ratio auch der Arbeiterklasse, das bald in latentem, bald in aktivem Zustand wirkende oberste Gesetz des Klassenkampfes« (ebd.). Für Rosa Luxemburg war die Epoche der gewaltsamen Umwälzungen in der Geschichte nicht vorbei. Sie hielt daran fest, dass die Fähigkeit zur Gewaltausübung das eigentliche Geheimnis aller Macht ist: »Und wenn wir durch die parlamentarische wie jede andere Tätigkeit die Köpfe revolutionieren, so geschieht es, damit schließlich im Notfall die Revolution aus den Köpfen in die Fäuste hinuntersteigt« (ebd.). Denn der »ganze kapitalistische Staat beruht auf der Gewalt« (ebd.: 241). Ein »friedliches Hinüberwachsen« in den Sozialismus ist für sie angesichts des zu erwartenden Widerstands der Bourgeoisie eine Illusion.

Ein Fazit

Rosa Luxemburgs Position in der Diskussion, die der Eintritt von Millerand in die französische Regierung von 1899 ausgelöst hatte, ist nur zu verstehen, wenn man sich das eigentliche Problem vor Augen führt, das sie bewegte: Es ist das »Problem der organischen Vereinigung der praktischen Gegenwartsarbeit mit dem Zukunftsideal, der Bewegung mit dem sozialistischen *Endziel*« (GW 1.1: 659). Das Verhältnis der beiden müsse immer wieder neu ins »Gleichgewicht«

(ebd.) gebracht werden. »Die *endgültige* Lösung des Verhältnisses zwischen Endziel und Bewegung, zwischen sozialistischer Zukunft und bürgerlicher Gegenwart wird«, so Rosa Luxemburg, »nur dann erreicht, wenn das Endziel mit der Bewegung sich gänzlich deckt, d.h., wenn die sozialistische Zukunft zur Gegenwart wird. Dann haben aber auch der Klassenkampf und die sozialdemokratische Entwicklung ihr Ende erreicht« (ebd.: 659f.). Ihr geht es um eine »*revolutionäre Realpolitik*«, die vom »Standpunkte der *geschichtlichen Entwicklungstendenz*« real ist und »die politische Kleinarbeit des Alltages zum ausführenden Werkzeug der großen Idee« (GW 1.2: 373) erhebt.

Indem Rosa Luxemburg dieses Spannungsverhältnis von realer sozialistischer Bewegung und proklamiertem Endziel ins Zentrum ihrer Analysen der Regierungsbeteiligung von Sozialisten stellte, hatte sie einen sehr strikten Maßstab, der es ihr erlaubte, nüchterne Einblicke in die vorhandenen Grenzen einer linken Reformpolitik zu gewinnen. Sie trieb dabei die inneren Widersprüche gerade auch des Staatsverständnisses des orthodoxen Marxismus der Zweiten Internationale auf einen Punkt zu, an dem das gesamte Konstrukt selbst zur Sprengung gebracht wurde. Realhistorisch geschah das spätestens am 1. August 1914 mit dem Beginn des Ersten Weltkrieges. Revolutionärer Sozialismus und Reformismus gingen von da an getrennte Wege. Rosa Luxemburg selbst aber zog in der Debatte zur Regierungsbeteiligung von Millerand das folgende Fazit: »So kehrt das Schiff des dogmenfreien Sozialismus aus seiner ersten großen Probefahrt auf den Gewässern der praktischen Politik mit zerbrochenen Masten, zertrümmertem Steuer und Leichen an Bord in den Hafen zurück.« (GW 1.2: 179)

Kapitel 6
Das elektrische Zeitalter der Plötzlichkeiten – die Russische Revolution von 1905 als Wendepunkt

»[...] ich nenne herrlich eine Zeit, die massenhaft Probleme und gewaltige Probleme aufwirft, die Gedanken anspornt, ›Kritik, Ironie und tiefere Bedeutung‹ anregt, Leidenschaften aufpeitscht und vor allem – eine fruchtbare, schwangere Zeit ist, die stündlich gebiert und aus jeder Geburt noch ›schwangerer‹ hervorgeht, dabei nicht tote Mäuse gebiert oder gar krepierte Mücken, wie in Berlin, sondern lauter Riesendinge [...]. Die Revolution ist großartig, alles andere ist Quark!«
(GB 2: 259)

Generalstreik, Organisationsdebatte und politische Führung – Ansätze eines neuen Konzepts

In einer Festschrift für Ferdinand Lassalle hob Luxemburg hervor: »Es gab zu jeder Zeit Menschen – und es gibt solche auch heute –, die an die Möglichkeit und das Zeitgemäße einer Revolution erst dann glauben, wenn sie bereits geschehen, Menschen, die der Weltgeschichte ihre Gedanken sozusagen nicht vom Antlitz, sondern vom Rücken ablesen.« (GW 1.2: 419)[18] Luxemburg auf jeden Fall blickte der Geschichte offen ins Antlitz. Sie war Mitte 1904 fest davon überzeugt, dass Russland am Vorabend einer Revolution steht (GW 1.2: 440). Alle Zeichen dort wie auch in Westeuropa würden auf dramatische Umwälzungen hinweisen. Darauf aber sei die SPD nicht vorbereitet. Schon vor der Russischen Revolution von 1905 hatte Rosa Luxemburg erkannt, dass die alte Strategie der SPD unter Bebels Führung und ihr eigenes Mittun dabei in eine Sackgasse geführt hatten. Ihre Zweifel am Vorbildcharakter der Strategie der SPD nahmen nach der Jahrhundertwende immer mehr zu. Ausführlich begann sie Lassalle zu würdigen und ihn Marx wieder an die Seite zu stellen. Sie betont, dass neben der Analyse der historischen Gesetze der individuelle Entschluss, die »kühne Tat« notwendig sei (GW 1.2: 155), auch wenn sie teilweise von falschen Positionen getragen wurde.

Rosa Luxemburgs politische Leitfiguren blieben immer zugleich Karl Marx *und* Ferdinand Lassalle, der eine vor allem als Begründer einer wissenschaftli-

[18] Luxemburgs besondere Wertschätzung für Lassalle drückte sie in einem Brief an Kostja Zetkin so aus: »[...] dass Ferdinand [Lassalle] Dich bezaubert hat, freut mich sehr; ich schwärme auch für ihn und lasse mir ihn durch keinen und durch nichts verleiden. Auf mich wirkt er auch noch stets anspornend zur Arbeit und zur Wissenschaft; sie hat bei ihm ein so lebendiges, geniales Wesen. Marx ist zwar gewaltiger und tiefgründiger, aber lange nicht so blitzend und farbenreich wie dieser.« (GB 2: 308)

chen Weltanschauung der Arbeiterklasse, der andere als entschlossener, politisch unmittelbar eingreifender Gründer der ersten selbständigen politischen Partei dieser Klasse in Deutschland. Von diesen beiden – die zwei Pole einer politischen Philosophie der historischen Praxis betonend – schrieb sie:

> »Und hatte Marx der Revolutionsmacherei alten Stils den Riegel vorgeschoben mit den Worten, die Menschen machen ihre Geschichte selbst, aber sie machen sie nicht aus freien Stücken, so legte Lassalle mit umgekehrter Betonung, aber mit gleichem Recht den Nachdruck auf die befruchtende Initiative, auf die revolutionäre Energie und Entschlossenheit, indem er den deutschen Arbeitern mit flammenden Worten predigte: Die Menschen machen ihre Geschichte nicht aus freien Stücken, aber sie machen sie selbst!« (GW 3: 182f.)

Wie Geschichte zu »machen« sei, rückte für Luxemburg nach 1900 immer stärker ins Zentrum ihrer strategischen Suche. Ihr wurde bewusst: Wir »leben in dem elektrischen Zeitalter der Plötzlichkeiten, die blitzschnelle Überraschung gehört zum Handwerkszeuge des neuesten Kurses« (GW 6: 286). Die bisherigen Formen, auf die die deutsche Sozialdemokratie gesetzt hatte, schienen ihr viel zu eng: Wahlkämpfe, gewerkschaftliche Auseinandersetzungen und politische Agitation führten in ihren Augen immer mehr dazu, dass sich die Arbeiterbewegung in der kaiserlich-deutschen Gesellschaft einrichtete. Als deutsche Truppen in einer imperialistischen Allianz 1900 in China intervenierten, kritisierte Luxemburg scharf die Tatenlosigkeit der SPD und bemerkte, dass »Fernstehende den falschen Eindruck gewinnen« könnten, »als ob wir eine vorwiegend parlamentarische Partei wären« (GW 1.1: 800). Die ernsthafte Konfrontation, aus der revolutionäre Erfahrung erwachsen sollte, blieb aus. Die Linke in der SPD begann, die Form des Massenstreiks als wesentliches Mittel, um zentrale demokratische Ziele durchzusetzen, immer stärker zu betonen. Bis dahin war er vor allem als Ultima Ratio im Falle einer antidemokratischen Offensive der herrschenden Kreise analysiert worden (siehe Parvus 1896). Jetzt aber ging es darum, selbst in die Offensive zu kommen und aus der Stagnation auszubrechen. Luxemburg verwies in diesem Zusammenhang auf die belgischen Erfahrungen und analysierte sie kritisch.

1902 hatten die belgischen Sozialisten versucht, mithilfe eines politischen Generalstreiks ein demokratisches Wahlrecht durchzusetzen, diesen Streik aber nach einer Woche weitgehend ergebnislos abgebrochen. Die wesentliche Ursache dafür sah Rosa Luxemburg darin, dass die Sozialisten die politische Führung an die Liberalen abgetreten hatten (GW 1.2: 218). Zugleich aber gewann Luxemburg Lehren für die Anwendung des Generalstreiks. Die in der deutschen Sozialdemokratie vorherrschende Vorstellung, dazu müsste schon im Vorfeld die gesamte Arbeiterklasse umfassend organisiert und davon überzeugt sein, den Kapitalismus zu überwinden, so Luxemburg, »findet auf lokale und gelegentliche politische Generalstreiks keine Anwendung, denn hier sind nur eine populäre politische Losung und materiell günstige Umstände als Voraussetzung notwendig« (GW 1.2: 236). Der Generalstreik stünde nicht im Gegensatz zur parlamentarischen Arbeit, sondern sei ein weiteres »Werkzeug« neben dieser und der politischen Agitation. Dies schließe auch die Bereitschaft zu extralegaler Gewalt ein (GW 1.2: 241). Alles andere käme einer Absage an eine Revolution gleich. Sie kommt zu dem Schluss, dass der Verzicht auf das Mittel des politischen Streiks in Deutschland gegenüber Belgien oder Frankreich Ausdruck für die »halbasiatische Zurückgebliebenheit« der SPD »in politischer Hinsicht« (GW 1.2: 238) sei. Dies sind Positionen, die den Grundkonsens der SPD in Frage stellten. Für die SPD war es selbstverständlich geworden, keinesfalls selbst zu illegalen Mitteln zu greifen, geschweige denn zu Gewalt (und sei es in Form von ungesetzlichen politischen Streiks). Rosa Luxemburg dagegen betonte: Gewalt sei »sowohl in einzelnen Episoden des Klassenkampfes wie zur endgültigen Eroberung der Staatsgewalt« (GW 1.2: 247) unerlässlich.

Im sozialdemokratischen Politikverständnis hatte sich Rosa Luxemburg mit ihrem Eintreten für den politischen Massenstreik auf vermintes Gelände gewagt. Die Forderung nach politischen Massen- und Generalstreiks galt in der Sozialdemokratie als Ausdruck einer Abirrung, die mit aller Kraft zu bekämpfen war: des Anarchismus. Karl Marx hatte sich zu Anfang der siebziger Jahre des 19. Jahrhunderts mit einem russischen Sozialisten, der in der 1848er-Revolution in Dresden auf den Barrikaden gestanden hatte, heillos zerstritten: mit Michail Bakunin. Marx glaubte, dass sich die Befreiung der Arbeiterschaft von Ausbeutung und Unterdrückung aus historischen Gesetzmäßigkeiten ergebe, die ihre letzten Ursachen in der Ökonomie hätten. Es reiche nicht allein der Wille zur Veränderung. Wolle man revolutionäre Politik machen, gelte es, diese Gesetzmäßigkeiten zu erkennen und ihnen entsprechend zu handeln, also den Fortschritt hin zu einer Gesellschaft ohne Ausbeutung und Unterdrückung nachhaltig zu beschleunigen. Bakunin hingegen war ein moralisch und ethisch argumentierender Sozialist, der den einzelnen und seine Befreiung in den Mittelpunkt stellte. Bakunin sah im Willen zur Aktion, genährt vom Bewusstsein der schreienden Ungerechtigkeiten, die der Kapitalismus hervorbringt, und in der aufrüttelnden Proklamation wesentliche Momente revolutionärer Politik. Den Streik wollten die Anarchisten nicht nur, wie es die sozialdemokratisch inspirierten Gewerkschaften taten, als Waffe in den ökonomischen Auseinandersetzungen zwischen Arbeit und Kapital einsetzen, sondern vor allem im politischen Kampf. Mit einem Generalstreik hofften einige sogar, das ganze System zum Einsturz zu bringen.

Mit Marx und Bakunin, und mehr noch mit ihren Jüngern, die oft nicht mehr als Epigonen waren, standen sich ein sogenannter wissenschaftlicher Sozialismus und ein sogenannter libertärer Sozialismus, auch Anarchismus genannt, unversöhnlich gegenüber. Zwar gab es, nüchtern betrachtet, zwischen beiden Seiten eine Reihe wichtiger Gemeinsamkeiten, aber sie wurden gezielt in den Hintergrund gedrängt. Stattdessen luden die beiden alternden Männer ihre zweifellos vorhandenen Differenzen noch mit ihrer persönlichen Feindschaft auf und hinterließen damit der Linken ein bis heute existierendes Schisma.

Beide Richtungen unterschieden sich in den Zielen zumindest im Grundsatz so gut wie gar nicht; die wirklichen Differenzen lagen in der Frage des Weges. Hier brach erstmals ein Streit aus, der im 20. Jahrhundert die Linke in immer kleinere und versektetere Gruppen und Grüppchen zerlegen sollte. Jeder hat ja so recht, spöttelte schon Kurt Tucholsky. Eine jede dieser Gruppen kannte als einzige den richtigen Weg aus dem Jammertal des Kapitalismus und bekämpfte alle anderen »Ungläubigen« nach dem Muster: Je näher uns deine Auffassungen stehen, desto gefährlicher sind sie – deshalb müssen ihre Träger umso wirkungsvoller bekämpft werden. Die europäische Linke hat Teile des 20. Jahrhunderts in dieser Infantilität zugebracht. Der Kapitalismus hat sich in dieser Zeit prächtig entwickelt und die verheerendsten Krisen und Kriege gezeugt; der entfesselte Finanzmarktkapitalismus der neuesten Zeit in seiner ganzen Absurdität und Menschenfeindlichkeit ist nur eine logische Konsequenz dieser Entwicklung.

Im Zusammenhang mit den Generalstreiks in Belgien machte Rosa Luxemburg dann auch die folgenreiche Beobachtung, dass die Vorstellung, jede Massenaktion *setze voraus*, dass eine sehr hohe Organisationskraft und ein entsprechendes Kampfbewusstsein notwendig für den Erfolg sei, falsch ist. In der SPD herrsche die Idee, man müsse nur immer weiter den Organisationsgrad der Arbeiterinnen und Arbeiter vorantreiben, um dann irgendwann über eine so überwältigende Handlungsfähigkeit zu verfügen, um – wodurch auch immer ausgelöst – die Macht zu ergreifen. Sie handele wie ein Feldherr, der jeder Schlacht ausweicht, weil seine quantitative Stärke niemals ausreicht, um mit absoluter Sicherheit zu siegen. Luxemburg wandte dagegen ein: »Statt sich also im geschlossenen Zirkel zwischen der als Voraussetzung notwendigen sozialistischen Aufklärung und dem beabsichtigten sozialistisch aufklärenden Ergebnis zu drehen […], knüpft der gelegentliche politische Generalstreik nur an Momente des politischen Alltagslebens von tiefgreifender und aufregender Bedeutung an und dient seinerseits zugleich als wirksames Mittel der sozialistischen Agitation.« (GW 1.2: 236f.)

In den Mittelpunkt der strategischen Orientierung Luxemburgs rückte mehr und mehr die direkte offensive Massenaktion, in der zugleich die Umstände verändert werden und sich die Akteure selbst verändern. Der »Gewalthaufen«, von dem Engels geschrieben hatte, sollte nicht mehr ruhig und weitgehend passiv durch Wahlen vermehrt werden, sondern sich selbst im eigenen Handeln hervorbringen. Dies bedeutete auch ein Verhältnis zwischen Arbeiterschaft und Führung, das der jahrzehntelangen Praxis der SPD widersprach, auch wenn Luxemburg zu dieser Zeit diesen Konflikt noch nicht direkt gegen den Parteivorstand wandte. Herrschaft über die Massen ist für sie die klassische bürgerliche Politikform, diese müsse umgekehrt werden: »Die einzige Rolle der sogenannten ›Führer‹ in der Sozialdemokratie besteht darin, die Masse über ihre historischen Aufgaben aufzuklären. Das Ansehen, der Einfluss der ›Führer‹ in der Sozialdemokratie wächst nur im Verhältnis zu der Menge Aufklärung, die sie in diesem Sinne leisten, das heißt also gerade im Verhältnis, wie sie die bisherige Grundlage jeder Führerschaft, die Blindheit der Masse, zerstören, in dem Verhältnis, mit einem Worte, wie sie sich selbst ihrer Führerschaft *entäußern*, die Masse zur Führerin und sich selbst zu *Ausführern*, zu Werkzeugen der bewussten Massenaktion machen.« (GW 1.2: 396)

Dazu aber müssen sie nicht das bürokratische Gehäuse einer erstarrten Organisation, sondern Teil und Seele der realen sozialen Bewegungen sein, sich aus diesen immer neu bestimmen und ihre spezifischen intellektuellen und organisatorischen Ressourcen dafür nutzen. Verheerend sei es, aus Angst vor der wahrscheinlich brutalen Reaktion des Feindes bei einem Sieg der Sozialdemokratie auf jede Offensive zu verzichten (GW 6: 392-394). Dies hieße die Defensive auf ewig festzuschreiben.

Die Frage von Führung und »Massen« wurde auch berührt, als es in der russischen Sozialdemokratie, der SDAPR, auf dem zweiten Parteitag in Brüssel und London vom 30. Juli bis 23. August 1903 zu einem Streit um die Statuten der Partei kam. 1904 legte Lenin seine Positionen zu diesem Streit in seiner Schrift »Ein Schritt vorwärts, zwei Schritte zurück« dar. Er begründete, warum die von der Mehrheit der Delegierten angenommene Position die einzig mögliche Position sei, um die »Schaffung einer *wirklichen* Partei« (Lenin 1904b: 205) unter den konkreten Bedingungen des absolutistischen Russlands voranzutreiben. Es ging vor allem um die Bindung einer Mitgliedschaft an eine aktive Parteiarbeit und um die Rechte der Leitungsgremien der Partei, die nur im Ausland weitgehend frei wirken konnten. Wie Lenin schrieb: »Aber in dem Maße, wie sich bei uns eine *wirkliche* Partei herausbildet, muss der klassenbewusste Arbeiter lernen, die Mentalität eines Soldaten der proletarischen Armee von der Mentalität eines bürgerlichen Intellektuellen zu unterscheiden, der mit anarchistischen Phrasen prunkt; er muss lernen, die Erfüllung der Pflichten eines Parteimitglieds nicht nur von den einfachen Mitgliedern, sondern auch von den Leuten an der Spitze zu *fordern*, er muss lernen, der Nachtrabpolitik in organisatorischen Fragen mit derselben Verachtung zu begegnen, mit der er in vergangenen Jahren der Nachtrabpolitik in taktischen Fragen begegnet ist!« (Lenin 1904b: 399)

Karl Kautsky äußerte sich zu den Auseinandersetzungen in der russischen Sozialdemokratie im Mai 1904 in der *Iskra* mit den Worten: »Hätte ich auf Ihrem Parteitag zwischen Martow und Lenin zu wählen gehabt, so hätte ich mich auf Grund der gesamten Erfahrung unserer Tätigkeit in Deutschland entschieden für Martow ausgesprochen.« (Zitiert in Laschitza 1996: 197) Die Menschewiki wandten sich nun u.a. an Luxemburg, um »Autoritäten gegen ihn [Lenin – d. Autoren] los[zu]lassen« (zitiert in ebd.). Diese schrieb unmittelbar darauf ihren Artikel »Organisationsfragen der russischen Sozialdemokratie«, der in der *Iskra* und in der *Neuen Zeit* erschien. Der *Vorwärts* hatte den Wunsch der russischen Sozialdemokraten auf Veröffentlichung ihrer Position in der wichtigsten Parteizeitung der SPD noch mit den Worten abgelehnt, man könne dem nicht viel Platz einräumen, da die russische Bewegung »noch so jung« sei »und der reifen deutschen Bewegung so wenig geben kann« (zitiert in ebd.: 196). Dies sah Luxemburg völlig anders:

> »Es gehört zu den stehenden altehrwürdigen Wahrheiten, dass die sozialdemokratische Bewegung der zurückgebliebenen Länder von der älteren Bewegung der vorgeschritteneren Länder lernen müsse. Wir wagen, diesem Satze den entgegengesetzten hinzuzufügen: Die älteren und voranschreitenden sozialdemokratischen Parteien können und sollen ebensogut aus der näheren Bekanntschaft mit ihren jüngeren Bruderparteien lernen. Ebenso wie für den marxistischen Ökonomen [...] alle der kapitalistischen Wirtschaftsordnung vorangegangenen ökonomischen Stadien nicht einfach bloße Formen der ›Unentwickeltheit‹ im Hinblick auf die Krone der Schöpfung – den Kapitalismus – sind, sondern *historisch* gleichberechtigte verschiedene Typen der Wirtschaft, ebenso sind für die marxistischen Politiker die verschieden entwickelten sozialistischen Bewegungen bestimmte historische Individuen für sich. Und je mehr wir dieselben Grundzüge der Sozialdemokratie in der ganzen Mannigfaltigkeit ihres verschiedenen sozialen Milieus kennenlernen, um so mehr kommt uns das Wesentliche, das Grundlegende, das *Prinzipielle* der sozialdemokratischen Bewegung zum Bewusstsein, um so mehr tritt die durch jeden Lokalismus bedingte Borniertheit des Gesichtskreises zurück.« (GW 1.2: 422)

Luxemburg betonte in ihrem Artikel die Besonderheit Russlands. Aufgrund des zaristischen Absolutismus müsse »das Proletariat direkt aus der politischen Atomisierung, die die Grundlage des absoluten Regimes bildet, zur höchsten Form der Organisation – als zielbewusst kämpfende Klasse« (GW 1.2: 424) führen. Sie müsse »in der leeren Luft« (ebd.) erschaffen. Natürlich sei die Sozialdemokratie immer durch einen bestimmten Zentralismus geprägt, aber Lenin sei Vertreter eines »rücksichtslosen Zentralismus« (GW 1.2: 425). Dieser basiere auf zwei Grundsätzen – »auf der blinden Unterordnung aller Parteiorganisationen mit ihrer Tätigkeit bis ins kleinste Detail unter eine Zentralgewalt, die allein für alle denkt, schafft und entscheidet, sowie auf der schroffen Abgrenzung des organisierten Kernes der Partei von dem ihn umgebenden revolutionären Milieu« (GW 1.2: 429). Einem solchen »Ultrazentralismus« stellte Luxemburg den »›Selbstzentrismus‹ der führenden Schicht des Proletariats, ihre Majoritätsherrschaft innerhalb ihrer eigenen Parteiorganisation« (ebd.) gegenüber. In der Partei müsse die Selbstermächtigung der Arbeiterklasse ihren adäquaten Ausdruck finden. Grundlage für diese Position war die Überzeugung: »Tatsächlich ist die Sozialdemokratie aber nicht mit der Organisation der Arbeiterklasse *verbunden,* sondern sie ist *die eigene Bewegung* der Arbeiterklasse.« (Ebd.) Während Lenin sich positiv auf die Tradition der Jakobiner bezog, die die Selbstorganisation des Pariser Volkes im Laufe der eigenen Herrschaft immer weiter einschränkten, beginnend bei den Frauen, schrieb Luxemburg: »Die sozialdemokratische Bewegung ist die erste in der Geschichte der Klassengesellschaften, die in allen ihren Momenten, im ganzen Verlauf auf die Organisation und die selbständige direkte Aktion der Masse berechnet ist.« (GW 1.2: 427)

Man kann Luxemburgs Warnung vor der »Willen- und Gedankenlosigkeit einer vielbeinigen und vielarmigen Fleischmasse« und dem »Kadavergehorsam« (GW 1.2: 430) als düstere Antizipation der Verwandlung der lebendigen sozialdemokratischen Organisationen in die Burgfriedenparteien des Ersten Weltkriegs oder in stalinisierte Kommunistische Parteien lesen. Man kann darin aber auch eine Verkennung der besonderen Bedingungen Russlands sehen. Immerhin vermochten es die Bolschewiki, in den beiden Revolutionen von 1905 und 1917 eine besondere Wirkungskraft zu entfalten.[19] Auf jeden Fall aber legte Luxemburg den Schwerpunkt auf »die selbständige direkte Aktion« der Volksmassen, während Lenin wie viele andere sozialdemokratische Par-

[19] Für Lenin war, so seine Behauptung, der ganze Streit nur darum gegangen, »ob das Zentralkomitee und das Zentralorgan die Richtung der Parteitagsmehrheit vertreten sollen oder nicht« (Lenin 1904a: 482).

teiführer vor allem den instrumentellen Charakter dieser Aktion zur Umsetzung vorgegebener Ziele ins Zentrum rückten.

Die Auseinandersetzung mit Tendenzen, die die Eigenständigkeit der Arbeiterinnen und Arbeiter unterdrückten, führte Luxemburg auch in der SPD. Im Vorfeld des Ersten Weltkriegs wurde ihre Kritik an der Bürokratisierung und Oligarchisierung der deutschen Sozialdemokratie immer schärfer. Sie konstatierte »übermäßige Machtillusionen der Zentralbehörden der Arbeiterbewegung« (GW 3: 40) und musste spätestens 1914 erfahren, dass dies keine Illusionen, sondern reale Macht war, die die Arbeiterinnen und Arbeiter im Krieg für fast vier Jahre zu weitgehender Ohnmacht verdammte.

Luxemburgs Gespür für die Gefahren einer zentralistischen Organisation ließen sie unterschätzen, dass Lenin mit der Zentralisation den Kampf gegen jene Strömungen verband, die sich, wie er es sah, dem liberalen Bürgertum unterzuordnen bereit waren. Anders als ihr war ihm die »Reinheit« immer wichtiger als die Einheit. Lieber blieb er mit Wenigen zusammen, die aber seiner Position folgten, als in einer großen Organisation um Mehrheiten zu kämpfen, wie sie es tat. Lenin hoffte, letztlich durch die Organisation einer disziplinierten kampffähigen Kaderorganisation die Massen zu gewinnen. Luxemburg suchte hingegen primär den direkten Zugang zu den Massen über Propaganda und Agitation und nahm dafür die aus ihrer Sicht falsche Politik von Parteiführungen in Kauf.

In dieser Auseinandersetzung mit Lenin entwickelte Luxemburg eine bleibende Erkenntnis, die ins Handbuch auch aller heutigen linken sozialen Bewegungen und Parteien gehört und unter ihren »Spontaneismus« verbucht wurde. Luxemburg schrieb von der Sozialdemokratie: »Ihre wichtigsten und fruchtbarsten taktischen Wendungen des letzten Jahrzehntes sind nicht etwa von bestimmten Leitern der Bewegung, geschweige von Leitern der Organisationen ›erfunden‹ worden, sondern sie waren jedes Mal das spontane Produkt der entfesselten Bewegung selbst. [...] Die Kampftaktik der Sozialdemokratie wird in ihren Hauptzügen überhaupt nicht ›erfunden‹, sondern sie ist das Ergebnis einer fortlaufenden Reihe großer schöpferischer Akte des experimentierenden, oft elementaren Klassenkampfes.« (GW 1.2: 431, 432)

Mit diesem Wissen, diesen Einsichten ging Rosa Luxemburg in die Russische Revolution – zutiefst unzufrieden über die Entwicklung in Deutschland und voller Hoffnung auf das, was sich im zaristischen Reich abzeichnete. Wie sie in einem Brief im Dezember 1904 an die holländische Sozialistin Henriette Roland Holst schrieb:

> »Das Nachlaufen der einzelnen opportunistischen Dummheiten und kritische Nachschwätzen ist mir keine befriedigende Arbeit, vielmehr habe ich

> dieses Amt so herzlich satt, dass ich am liebsten in solchen Fällen schweige. Ich bewundere auch die Sicherheit, mit der manche unserer radikalen Freunde stets nur für nötig halten, das verirrte Schaf – die Partei wieder in den sicheren heimatlichen Stall der ›Prinzipienfestigkeit‹ zurückzuführen und dabei nicht empfinden, dass wir auf diese rein negative Weise keinen Schritt vorwärtskommen. Und für eine revolutionäre Bewegung nicht vorwärtskommen heißt – zurückzugehen. Das einzige Mittel, gegen den Opportunismus radikal zu kämpfen, ist selbst vorwärtszugehen, die Taktik zu *entwickeln*, die revolutionäre Seite der Bewegung zu *steigern*. Der Opportunismus ist überhaupt eine Sumpfpflanze, die sich in stehendem Wasser der Bewegung rasch und üppig entwickelt; bei forschem starkem Strom verkümmert sie von selbst.« (GB 6: 102)

Am Ende dieses wichtigen Briefes zitiert sie aus Conrad Ferdinand Meyers Gedicht »Huttens letzte Tage«[20] die Zeilen: »Mich reut – ich beicht es mit zerknirschtem Sinn / Dass nicht ich Hutten stets gewesen bin« und fügt hinzu: »Ist das nicht wie mit ehernem Hammerschlag geschrieben?« (Ebd.: 103) Sie hat später in Stunden der Selbstvergewisserung das Gedicht noch öfter zitiert.

Die erste Russische Revolution – Lehrstunde der Geschichte

Wenige Wochen, nachdem sie obige Zeilen geschrieben hatte, brach die erste Russische Revolution aus, die das ganze russische Zarenreich und nicht zuletzt auch das russisch besetzte Polen erfasste. Diese Revolution wurde zum wichtigsten Einschnitt für Rosa Luxemburgs weiteres Leben und Werk. Wie Donald E. Shepardson schreibt: »Luxemburg kehrte am 13. September 1906 nach Berlin zurück, gegenüber der, die Berlin ein Jahr zuvor verlassen hatte, war sie eine andere geworden. Ihr Zusammentreffen mit aktiven Revolutionären und ihre Erfahrungen in Warschau hatten ihr Gefühl der Isolation in der SPD erhöht.« (Shepardson 1996: 53) Diese Revolution überzeugte sie, dass die ruhigen Zeiten vorbei seien. Für sie begann 1905 eine neue Epoche: »Mit der Russischen Revolution schließt die nahezu 60-jährige Periode der ruhigen, parlamentarischen Herrschaft der Bourgeoisie. Mit der Russischen Revolution geraten wir bereits in die Übergangsperiode von der kapitalistischen zur sozialistischen Gesellschaft.« (GW 2: 9) Selbst eine zeitweilige Übernahme der po-

[20] Ulrich von Hutten (1488 bis 1523) war ein deutscher Humanist, Ritter und Anhänger der Reformation, der sich in seinen letzten Lebensjahren mit Waffengewalt gegen die Papstkirche und ihre Anhänger wandte.

litischen Macht durch die sozialistische Arbeiterbewegung hielt sie nicht mehr für ausgeschlossen. Wie sie konstatierte: »Große revolutionäre Ereignisse haben die Eigentümlichkeit, dass sie, sosehr sie im großen und ganzen vorausgesehen, erwartet worden sein mögen, doch stets, sobald sie da sind, in ihrer Kompliziertheit, in ihrer konkreten Gestalt als eine Sphinx, ein Problem vor uns stehen, das in jeder Faser begriffen, ergründet, gelernt werden will.« (GW 1.2: 478) So wurde die Russische Revolution für sie ein Gegenstand lernenden Eingreifens und eingreifender Wissenschaft. Immer wieder studierte sie die englische und französische Revolution des 17. und 18. Jahrhunderts und schrieb nach dem Lesen in der französischen Revolutionsgeschichte von F. A. Mignet: »[…] die Sache hat mich tief ergriffen, ich war überwältigt von diesem grandiosen, göttlichen Massenwahnwitz. Die Geschichte der Revolutionen ist doch das Interessanteste, was es gibt in der Wissenschaft.« (GB 2: 343, siehe auch GB 3: 50)

Mit ihrem schon vorher aufgenommenen Kampf für die Anerkennung des politischen Massenstreiks als legitimes Kampfmittel der Arbeiterbewegung wollte sie endlich den Stillstand in der deutschen Sozialdemokratie, der mehr und mehr zum Zurückweichen vor Imperialismus, Kolonialismus und reaktionärem Autoritarismus wurde, überwinden und zur Offensive übergehen. Hatte Engels, hatten die alten Führer der deutschen Sozialdemokratie den Erfolg ihrer Arbeit vor allem am Aufbau der Arbeiterorganisationen und den Wahlerfolgen gemessen und wollten in der »Zwischenzeit« den »Haufen« ruhig halten, so konnte Luxemburg sehen, wie – übrigens schon 1848 – sich in einer Revolution in kürzester Zeit Erfolge der Organisierung, der Ausbreitung revolutionären Bewusstseins und praktische Erfolge einstellen. Sie betonte: »Die politische Reife und die latente revolutionäre Energie der Arbeiterklasse mit Wahlstatistiken oder Gewerkschafts- und Wahlvereinsziffern messen wollen heißt an den Montblanc mit dem Schneiderzentimeter[maß] herantreten.« (GW 1.2: 488) Luxemburg zog aus der Russischen Revolution eine Schlussfolgerung, die im völligen Widerspruch zum Überlegenheitsgefühl der deutschen Sozialdemokratie stand: Die russische Arbeiterbewegung wird zum Vorbild, weil sich Russland »mit seiner bürgerlichen Revolution so unverzeihlich verspätet hat« (GW 2: 150). Sie könne sich als »Vortrupp« der internationalen Arbeiterbewegung erweisen (GW 2: 232). Der Rückstand könne in einen Vorsprung verwandelt werden. Die gewonnenen Erfahrungen ermöglichten ihr, so Ernest Mandel, »die verstreuten Elemente zu einer systematischen Kritik der ›alten bewährten Taktik‹ der westlichen Sozialdemokratie zusammenzufügen« (Mandel 1986: 51).

In dieser Revolution, unmittelbar ausgelöst durch den innerimperialistischen Krieg zwischen Russland und Japan, wurden die tiefen Spannungen in der Welt des frühen 20. Jahrhunderts mit aller Wucht offenbar. Deutlich wurde die Überschneidung von Imperialismus, Krieg, partieller Konsolidierung des Kapitalismus in seinen Zentren, Kolonialisierung der Peripherie, die Verknüpfung von nationaler und sozialer Frage, von Arbeiterbewegung und Bauernaufständen, von Reaktion und Antisemitismus. Vor dem Hintergrund dieser Revolution wurde Rosa Luxemburg das Unzureichende einer bloßen Verteidigung von Theorie und Praxis der Zweiten Internationale gegenüber dem opportunistischen Einrichten in den gegebenen Kräfteverhältnissen einerseits und einer Politik der Vereinnahmung der sozialen Bewegungen andererseits schlagend deutlich. Vor allem in den Massenstreiks sah sie eine Bewegungsform, die beiden Tendenzen gleichermaßen zu entgehen vermag. Sie setzte ihre eigenständige Suche nach einer Theorie und Praxis fort, die fähig sein sollte, in emanzipativer und zugleich revolutionärer Weise in diese Widersprüche einzugreifen. Und dieses Erbe ist unabgegolten. Die Russische Revolution war für sie deshalb so bedeutsam, weil sich in ihr neue Praxisformen herausbildeten: »Die Sozialdemokratie Russlands ist die erste, der die schwere, aber ehrenvolle Aufgabe zuteil wurde, die Grundlagen der Lehre von Marx nicht in der Periode eines richtigen, ruhigen, parlamentarischen Ablaufs des staatlichen Lebens, sondern in einer stürmischen revolutionären Periode anzuwenden.« (GW 2: 210)

Die Ereignisse im zaristischen Reich führten Luxemburg noch einmal vor Augen, dass, anders als in der SPD teilweise vorgestellt, eine »wirkliche Revolution« »niemals ein künstliches Produkt bewusster planmäßiger Leitung und Agitation« (GW 1.2: 510) werden kann, auch wenn die marxistische Analyse das Heraufkommen einer solchen Revolution schon zwanzig, dreißig Jahre zuvor antizipiert hatte. Die Herausforderung für die Sozialdemokratie, so Luxemburg, entstehe im Prozess selbst: »Sich *im Laufe der Revolution* die führende Stellung erobern, die ersten Siege und Niederlagen der elementaren Erhebung geschickt ausnutzen, um sich des Stromes im Strome selbst zu bemächtigen, dies ist die Aufgabe der Sozialdemokratie in revolutionären Epochen. Nicht den *Anfang*, sondern den *Schluss*, das Ergebnis des revolutionären Ausbruches meistern und dirigieren, dies ist das einzige Ziel, das sich eine politische Partei vernünftigerweise stellen kann [...].« (GW 1.2: 500) Sie konzentrierte sich in ihren Analysen nicht auf die neu entstandenen Sowjets, sondern auf die Formen des Massenkampfes, vor allem Massenstreiks. Diese Form des Kampfes hätte in früheren Revolutionen keine zentrale Rolle gespielt: »Über eine solche tödliche Waffe hat noch keine der bisherigen Revolutionen in der Neuzeit verfügt. [...] Jetzt ist im russischen Staat der Generalstreik zum ersten Mal zur Eröffnungsschlacht in jener Revolution geworden, in der das Proletariat zum ersten Mal in der Geschichte zum Kampf schreitet als selbständige und sich ihrer gesonderten Interessen bewusste Klasse.« (AR: 68) Es sei dies alles aus einem elementaren Anstoß und dem wechselseitigen Lernprozess erwachsen.

Luxemburg konstatierte, dass sich in der Russischen Revolution vieles umkehrte: Die wesentlichen sozialen und politischen Errungenschaften entstehen hier nicht aus einer Belagerungsstrategie, sondern aus der Offensive, und dies mit atemberaubender Geschwindigkeit. Und wo vorher nur kleine, zumeist illegale Strukturen der ökonomischen und politischen Arbeiterbewegung vorhanden waren, bildeten sich in kürzester Zeit Massenorganisationen. Ihre Schlussfolgerung: »Es ist eben eine ganz mechanische, undialektische Auffassung, dass starke Organisationen dem Kampfe immer vorausgehen müssen. Die Organisation wird auch, umgekehrt, selbst im Kampf geboren, zusammen mit der Klassenaufklärung.« (GW 1.2: 603)

Während Antonio Gramsci ausgehend von den nachrevolutionären Erfahrungen der 1920er Jahre zum Theoretiker des Stellungskrieges wurde, entwickelte sich Rosa Luxemburg in der Revolution von 1905 zur »Theoretikerin (par excellence) des ›Bewegungskrieges‹, der stets auch mit der [...] realhistorischen Erfahrung des krisenhaften Zusammenbruchs der herrschenden sozialökonomischen und politischen Ordnung verbunden ist.« (Deppe 1997: 18) Auf der anderen Seite rückte dadurch bei ihr die Bedeutung von festen Organisationsstrukturen in den Hintergrund, die gerade dann von Bedeutung sind, wenn es zu Entscheidungssituationen kommt oder aber auch in Zeiten des Rückzugs und der Niederlage. Georg Lukács, der die Positionen von Luxemburg und Lenin verbinden wollte, schrieb mit Recht: »[…] Organisation ist die Form der Vermittlung zwischen Theorie und Praxis. Und wie in jedem dialektischen Verhältnis erlangen auch hier die Glieder der dialektischen Beziehung erst in und durch ihre Vermittlung Konkretion und Wirklichkeit.« (Lukács 1968: 475) Die Organisationsstrukturen eines aus elementaren Kämpfen hervorgehenden Massenstreiks sind das eine, die einer Partei das andere. In der Revolution von 1905 formierte sich Rosa Luxemburgs Verständnis von emanzipatorischer Politik als ein »praktischer Lernprozess von gesellschaftlichen Massen […], ein Lernprozess, bei dem sie [die Arbeiter – d. Autoren] zu Subjekten ihrer eigenen Befreiung von Unmündigkeit, Ausbeutung und Unterdrückung werden« (Brangsch 2011: 92). Schon 1904 hatte sie gegenüber Lenin auf dem »›Selbstzentralismus‹ der führenden Schicht des Proletariats« (GW 1.2: 429) bestanden. Führung, Organisation, sozialistische Theorie sollten aus den Emanzipationsprozessen der arbeitenden Klasse hervorwachsen und sich – dienend – auf diese beziehen und ihr eigenes Werk sein (siehe Bellofiore 2013a: 49f.). Nicht zuletzt: Führung, Organisation und sozialistische Theorie waren für sie nicht getrennte Dinge, sondern nur Seiten ein und desselben Prozesses.

Während der Russischen Revolution der Jahre 1905 und 1906 geriet die aus Deutschland in ihre polnische Heimat geeilte Rosa Luxemburg 1906 in die Fänge der Warschauer Polizei. Polens Hauptstadt Warschau gehörte zum riesigen Russischen Reich, in dem sich ein Zarenregime mit Geheimpolizei, korrupter Bürokratie und allgegenwärtigem Polizeiterror mühsam an der Macht hielt. Da unter zaristischen Verhältnissen eine Verhaftung auch aus politischen Gründen mit Gefahr für Leib und Leben einherzugehen vermochte, sammelten die engsten polnischen Freunde Rosa Luxemburgs nicht nur 3000 Rubel für eine Kaution – sie setzten auch die Drohung in Umlauf, das Leben hochgestellter russischer Beamter sei nicht mehr sicher, sollte ihrer Freundin auch nur ein Haar gekrümmt werden. Kurze Zeit später wurde sie freigelassen – am 1. August 1906 reiste sie illegal ins vergleichsweise sichere Finnland, das zwar 1809 von Schweden an das Zarenreich gefallen war, in dem aber immer noch die schwedische Verfassung von 1789 galt. Ebenso wie die sich auf dem Weg in eine neuerliche Emigration befindenden Führer der Bolschewiki, Lenin und Sinowjew, ließ sich Rosa Luxemburg im finnischen Kuokkala nieder; von dort fuhr sie – wie sich Leo Trotzki 1919 erinnerte – öfter »illegal nach Petersburg, wo sie in unseren Kreisen verkehrte und unter fremden Namen[21] diejenigen von uns, die damals verhaftet waren, in den Gefängnissen besuchte [darunter Alexander Parvus und Trotzki selbst – d. Autoren]. Sie war im wahren Sinne des Wortes die Verkörperung unserer direkten und unmittelbaren Verbindung mit der damaligen sozialistischen Welt [...].« (Trotzki 1920: 16)

Wichtiger als diese Fahrten in das eine Stunde entfernt liegende St. Petersburg waren aber die Debatten, die Rosa Luxemburg mit Lenin und seinem Umfeld über die Niederlage der Revolution hatte; wie tief die auch später nicht überwindbaren Meinungsverschiedenheiten gingen, ließ sich erst vor einigen Jahren rekonstruieren. Grigori Sinowjew, der Rosa Luxemburg ab 1924 »verstoßen« sollte, erzählte 1919 über die Debatten in Kuokkala zumindest noch die halbe Wahrheit: »Rosa Luxemburg steht unter den wenigen Teilnehmern der Dritten Internationale, die in sich die Eigenschaften eines feurigen Agitators, eines glänzenden Politikers und zugleich eines der größten Theoretiker und Literaten des Marxismus vereinigten. [...] Ich erinnere mich der Gespräche mit Rosa Luxemburg 1906 im Dorf Kuokkala in der kleinen Wohnung des Genossen Lenin [...] Der erste, der theoretisch die Bilanz dieser unterdrückten Revolution zu ziehen begann, der erste Theoretiker des Marxismus, der

[21] Rosa Luxemburg lebte in Kuokkala unter dem Namen Felicia Budilowitsch (siehe GB 2/263 und 266). Будить bedeutet wecken bzw. erwecken; Felicia Budilowitsch war ein Spiel, mit dem sich Rosa Luxemburg nach den Monaten der Demütigung ihre Überlegenheit zurückzuholen versuchte: als »Glücklich [wieder zum Leben] Erweckte«.

erfasste, was unsere Räte bereits 1905 waren, obgleich sie erst kaum aufkeimten, der erste europäische Marxist, der sich deutlich jene Rolle vorstellte, die den revolutionären Massenaufständen im Einklang mit bewaffnetem Aufstand bevorsteht – war Rosa Luxemburg.« (Sinowjew 1920: 18f.)

In Kuokkala schrieb Rosa Luxemburg im Auftrag des Landesvorstandes der SPD von Hamburg ihre Analyse »Massenstreik, Partei und Gewerkschaften«, in der sie die Erfahrungen der Russischen Revolution mit denen Westeuropas verband und Ansätze einer neuen offensiven Strategie der Massenmobilisierung entwickelte. Wie Karl Radek in seiner Eigenschaft als Vertreter der Bolschewiki später schreiben sollte: »Diese Broschüre bedeutet die Grundlegung einer neuen Phase des Sozialismus. Mit ihr beginnt die Absonderung der kommunistischen Bewegung von der Sozialdemokratie.« (Radek 1986: 27) Es war aber zugleich der Versuch, eine revolutionäre Praxis theoretisch zu begründen, die nicht in einer Herrschaft über das Volk, sondern in die Selbstbefreiung des Volkes münden sollte. Wie Luxemburg schrieb: »Der lebendige Stoff der Weltgeschichte bleibt trotz einer Sozialdemokratie immer noch die Volksmasse, und nur wenn ein lebhafter Blutkreislauf zwischen dem Organisationskern und der Volksmasse besteht, wenn derselbe Pulsschlag beide belebt, dann kann auch die Sozialdemokratie zu großen historischen Aktionen sich tauglich erweisen.« (GW 3: 252) Claudio Pozzoli hat durchaus Recht, wenn er schreibt: »Mit der *Massenstreik*-Broschüre wird zum ersten Mal nach Engels' Tod gegenüber wirklich neuen Ereignissen ›marxistisch‹ gedacht.« (Pozzoli 1974a: 17) Luxemburg beweist sich damit als »Vertreterin einer Theorie *aus* dem Klassenkampf« (Howard 1974: 106) selbst heraus.

Das wesentliche Merkmal der Luxemburgischen Position ist das, was später vereinfachend oder auch denunziatorisch ihr *Spontaneismus* genannt wurde. Luxemburgs Betonung von Spontaneität sollte nicht mit chaotischer Willkür, sondern mit dem aus eigener Einsicht hervorgehenden freien Handeln – ganz im Sinne Immanuel Kants – verbunden werden, selbst einen Anfang zu setzen.[22] Revolution war für sie jener Prozess, in dem Menschen, die Abhängigkeitsverhältnissen unterworfen sind, gemeinsam den Raum der Freiheit erobern (Vollrath 1973: 93f.). Nicht nur deklamatorisch war die Arbeiterbewegung, waren die Volksmassen für sie der eigentliche geschichtliche Akteur. Durch die Massenbewegung, so Luxemburg, konstituieren sich die Arbeiterinnen und Arbeiter als selbstbewusste, selbstbestimmte Akteure, die ihre Vergesellschaftung in

[22] »Soll [...] Freiheit eine Eigenschaft gewisser Ursachen der Erscheinungen sein, so muss sie [...] ein Vermögen sein, sie von selbst (sponte) anzufangen.« (Kant 1903: 344; siehe Vollrath 1973: 100)

konkreter Aktion unter die eigene Kontrolle bringen. Dies ist für sie Sozialismus: Freiheit in Aktion und Freiheit als Ziel.

Weder glaubte sie, dass die Arbeiterbewegung durch die demokratische Organisation ihrer Klasse in Gewerkschaft oder Partei ersetzt werden könne, noch, dass eine zentralistische Kleingruppe Befehle erteilen dürfe. Dies war nicht als Verzicht auf Organisation oder Führung zu verstehen, sondern verarbeitete die Erfahrungen von 40 Jahren eigenständiger Organisierungen der Arbeiterbewegung. Rosa Luxemburg suchte Auswege aus der sich abzeichnenden Unterordnung der sozialen Emanzipationsbewegung unter die Interessen der von ihnen selbst geschaffenen Organisationen und ihrer Führer. Sie wandte sich dagegen, das Verhältnis von Arbeiterbewegung und Sozialdemokratie in ein oligarchisches Verhältnis demokratischer oder diktatorischer Repräsentation zu verwandeln, bei dem am Ende die Repräsentanten die entscheidenden oder sogar alleinigen Akteure sind. In dieser Zeit gewann Luxemburgs Politikkonzept klare Konturen. Im Mittelpunkt stand von nun an »Selbstermächtigung durch vollständig öffentliches Handeln, Angreifen, Parieren und Lernen« (Schütrumpf 2018a: 67). Sie hielt an der Gründungsaussage der Ersten Internationale fest, »dass die Emanzipation der Arbeiterklasse durch die Arbeiterklasse selbst erobert werden muss« (MEW Bd. 16: 14), und visierte ein durch und durch »aktives Parteikonzept« an, in dem »von der Führung nicht die geschichtliche Schöpferkraft, sondern die Bündelung und Verstärkung der schöpferischen Impulse sozialer Bewegungen erwartet wird« (Haug 2001: 63).

Rosa Luxemburg erfasste den Widerspruch zwischen Selbstorganisation der Arbeiter und der Eigenmacht von Parteien, Gewerkschaften und Führung – im Unterschied zu vielen Führern der Zweiten Internationale und auch der Bolschewiki *von unten her*. Dort suchte sie den »lebendigen Stoff der Weltgeschichte« und nicht primär bei den festen Organisationen. Von dorther versuchte sie, die Funktionen von Organisationen und Führern, von Leitung und Theorie zu verstehen. Sie wusste um die Unvermeidlichkeit der Verselbständigung derselben. Aber sie wehrte sich mit aller Entschiedenheit dagegen, aus dieser Verselbständigung eine Tugend zu machen. Nicht eigenes Handeln der Massen *oder* Anweisung von Partei und Führung, nicht Einsichten der wirklichen Proletarier *oder* Hineintragen einer wissenschaftlichen Theorie. Emanzipative Lösungsformen der unvermeidlichen Gegensätze jeder praktischen Bewegung waren für sie vielmehr die Führung des wirklichen Handelns von Massen und die theoretische Analyse der praktisch gewonnenen Erkenntnisse dieses Handelns.

Rosa Luxemburgs Bild von Geschichte war das eines großen Stroms, auf dem sich die Tanker und Boote von Parteien und Organisationen mit ihren eingebildeten und wahren Kapitänen und Mannschaften bewegen – keinesfalls bedeutungslos, aber nicht die eigentlich treibende Kraft und nur dann fähig zu steuern, wenn sie für die Tiefenströmungen empfindlich waren. Die realen sozialen Bewegungen waren für sie die eigentliche Quelle der ständigen Erneuerung der geschichtlichen Ströme. Für Rosa Luxemburg entstanden Organisationen aus dem Handeln der sozialen Bewegungen: »Seit wann werden große geschichtliche Bewegungen, große Volksbewegungen auf dem Wege heimlicher Abmachungen in geschlossenem Zimmer abgewickelt?« (GW 2: 172), fragte sie 1906 auf dem Mannheimer Parteitag der SPD. Scharf stellte sie das gesamte Aktionsverständnis der deutschen Sozialdemokratie in Frage, das aus ihrer Sicht »bloß auf die hübsch ausgeführten Märsche des kasernierten kleinen Teils des Proletariats zugeschnitten« (GW 2: 143) sei. Dies alles beruhe »auf einer Illusion der ruhigen, ›normalen‹ Periode der bürgerlichen Gesellschaft«, sei auf einen Kampf »ausschließlich auf dem Boden der bürgerlichen Gesellschaftsordnung« (GW 2: 156) berechnet. Zwangsläufig würde sich ein eigener Beamtenstand in der Arbeiterbewegung herausbilden und die Organisation würde zum Selbstzweck (GW 2: 163).

Die Aufgabe der Sozialdemokratie und ihrer Führungen sei es, vorderster Teil des Stromes zu sein, dessen Kraft zu steigern, dessen Richtung zu bestärken, dessen Entschlossenheit, die Dämme der kapitalistischen Gesellschaft zu durchbrechen, auf die Spitze zu treiben:

> »Die Parole, die Richtung dem Kampfe zu geben, die *Taktik* des politischen Kampfes so einzurichten, dass in jeder Phase und jedem Moment des Kampfes die ganze Summe der vorhandenen und bereits ausgelösten, betätigten Macht des Proletariats realisiert wird und in der Kampfstellung der Partei zum Ausdruck kommt, dass die Taktik der Sozialdemokratie nach ihrer Entschlossenheit und Schärfe nie *unter* dem Niveau des tatsächlichen Kräfteverhältnisses steht, sondern vielmehr diesem Verhältnis vorauseilt, das ist die wichtigste Aufgabe der ›Leitung‹ […].« (GW 2: 133, vgl. auch GW 1.2: 433)

Voraussetzung dafür seien »vollkommene Klarheit« über die realen Verhältnisse und Perspektiven, die »Demokratisierung des ganzen Parteilebens« und »mehr Selbstkritik« (GW 3: 451).

Will man resümierend Rosa Luxemburgs Verständnis von Geschichte und sozialistischer Bewegung nahe kommen, so stelle man sich große Ströme vor, aber eben nicht im Sinne der für die Schifffahrt begradigten deutschen Flüsse, die in brave Wasserstraßen verwandelt wurden, sondern Ströme, die mal wie im Zeitraffer ständig neu ihre Bahn brechen, mal träge und erschöpft dahinfließen, mal Gebirge durchstoßen, riesige Gebiete neu erschließen und dann scheinbar ruhig auf Zeit in großen Seen fast stillzustehen scheinen, um unerwartet von Neuem alles in machtvollem Laufe von Grund auf umzuwühlen. Als große Literatin, die sie war, hat sie es mit Blick auf die Massenstreiks in der Russischen Revolution von 1905 so formuliert:

> »Der Massenstreik, wie ihn uns die Russische Revolution zeigt, ist eine so wandelbare Erscheinung, dass er alle Phasen des politischen und ökonomischen Kampfes, alle Stadien und Momente der Revolution in sich spiegelt. Seine Anwendbarkeit, seine Wirkungskraft, seine Entstehungsmomente ändern sich fortwährend. Er eröffnet plötzlich neue, weite Perspektiven der Revolution, wo sie bereits in einen Engpass geraten schien, und er versagt, wo man auf ihn mit voller Sicherheit glaubt rechnen zu können. Er flutet bald wie eine breite Meereswoge über das ganze Reich, bald zerteilt er sich in ein Riesennetz dünner Ströme; bald sprudelt er aus dem Untergrund wie ein frischer Quell, bald versickert er ganz im Boden. Politische und ökonomische Streiks, Massenstreiks und partielle Streiks, Demonstrationsstreiks und Kampfstreiks, Generalstreiks einzelner Branchen und Generalstreiks einzelner Städte, ruhige Lohnkämpfe und Straßenschlachten, Barrikadenkämpfe – alles das läuft durcheinander, nebeneinander, durchkreuzt sich, flutet ineinander über; es ist ein ewig bewegliches, wechselndes Meer von Erscheinungen. Und das Bewegungsgesetz dieser Erscheinungen wird klar: Es liegt nicht in dem Massenstreik selbst, nicht in seinen technischen Besonderheiten, sondern in dem politischen und sozialen Kräfteverhältnis der Revolution.« (GW 2: 124)

Rosa Luxemburg bestand vor vielen anderen und gegen viele andere darauf, dass es einer möglichst freien, möglichst demokratischen, möglichst zur sozialen Bewegung hin offenen Form der Organisationen bedarf, soll Gesellschaft emanzipatorisch verändert werden. Eine solche Organisation muss für die unterirdischen Ströme der Gesellschaft und zur Innovation befähigt sein. Ohne diese ist Sozialismus ihrem Verständnis nach unmöglich. Peter Nettl bringt es auf den Punkt: »Rosa Luxemburgs beherrschende Idee war nicht Demokratie, individuelle Freiheit oder Spontaneität, sondern Teilnahme – Reibung, die revolutionäre Energie erzeugt.« (Nettl 1967: 30)

Die Niederlage als Weg zum Sieg

Die Russische Revolution zeigte den beteiligten sozialistischen Revolutionärinnen und Revolutionären, dass angesichts der offensichtlichen Schwäche der zaristischen Regierung und der völligen politischen Unwilligkeit der bürgerlich-kapitalistischen Gruppen selbst das Heft des Handelns in die eigenen Hände zu nehmen, der Sturz des Zarismus mit der Übernahme der Macht durch die Sozialdemokratie verbunden sein könne – und sei es im Bündnis mit Vertretern der Bauernschaft. Die Menschewiki warnten davor, dass dies nur zu einer Katastrophe führen könne. Eine sozialistische Regierung müsse sozialistische Politik umsetzen, doch seien dafür die Bedingungen in Russland nicht reif, der Kapitalismus noch nicht umfassend entwickelt. Lenin und die Bolschewiki dagegen setzten in dieser Zeit auf eine radikal-demokratische bürgerliche Revolution unter sozialistischer Führung, die sich keine darüber hinausgehenden sozialistischen Ziele setzen würde. Es ginge nur um »Umgestaltungen, die sich auf dem Boden der bürgerlichen Gesellschaft verwirklichen lassen, zum Unterschied von den sozialistischen Umgestaltungen« (Lenin 1905: 278). Trotzki widersprach dem und begann sein Konzept der permanenten Revolution zu entwickeln, denn er ging davon aus, »dass das an die Macht gelangte Proletariat durch die ganze Logik seiner Position unausweichlich dazu getrieben wird, die Wirtschaft in staatliche Regie zu nehmen« (Trotsky 1969: 67).

Luxemburg sah wie Lenin, Trotzki oder auch Kautsky den Übergangscharakter der Russischen Revolution. Sie rückte aber einen völlig anderen Aspekt in den Vordergrund und knüpfte dabei an ihre eigenen Positionen im Revisionismusstreit an. Natürlich müsse die russische Arbeiterklasse die Macht übernehmen. Und gerade dadurch, dass »sie sich auf der Höhe ihrer Aufgaben erweisen wird, das heißt durch ihre Aktionen den Verlauf der revolutionären Ereignisse bis an die äußerste, durch die objektive Entwicklung der gesellschaftlichen Verhältnisse gegebene Grenze heranführen wird«, warte »auf sie an dieser Grenze fast unvermeidlich eine große vorübergehende Niederlage« (GW 2: 231). Diese Niederlage wäre in ihren Augen nicht Folge einer fehlerhaften Strategie, sondern Resultat von ihrem Erfolg! Sie ging davon aus, dass es in der Revolution darauf ankäme, »die Verhältnisse innerhalb der Fabrik und der Gesellschaft weitmöglich« zu revolutionieren. Denn »desto weniger wird die Bourgeoisie gleich nach der Revolution in der Lage sein, das Erreichte zurückzudrängen« (AR: 208). Nur die entschiedene revolutionäre Tat könne sicherstellen, dass die Reaktionäre nach der Revolution das Rad der Geschichte nicht mehr zurückdrehen können (siehe AR 259ff.). Der »bürgerliche Republikanismus in Frankreich« sei »geschichtliches Produkt einiger aussichtsloser Diktaturen des Proletariats« (AR: 261) und der Liberalismus würde dann wieder erstarken, wenn es darum geht, »dem Proletariat dessen Errungenschaften zu nehmen« (AR: 263).

In der Revolution von 1905 entwickelte Luxemburg das Konzept einer Art Doppelherrschaft. Die Arbeiterklasse, so betonte sie, müsse sich über die genauen Schritte nach einem politischen Sieg im Klaren sein, damit ihr »die

Früchte des Kampfes« nicht entrissen werden können (Luxemburg 2015a: 16). Zum einen bedürfe es einer provisorischen, revolutionären Regierung, um »die materiellen Machtmittel und Grundlagen in die eigenen Hände zu bekommen: Militärkräfte, Finanzen, Steuern und das öffentliche Vermögen« (Luxemburg 2015a: 20). Diese Regierung müsse das allgemeine Chaos bekämpfen, die Einberufung, die Wahlen zur und die Arbeit einer verfassungsgebenden Versammlung, der Konstituante, sichern und zugleich die Kräfte der Reaktion »im Zaume halten und ihnen das Messer an die Gurgel setzen« (ebd.: 23). Die Regierung müsse dezidiert sozialistisch sein, eine Regierung des »sozialistischen Proletariats«, das die führende Rolle in der Revolution habe. Die Konstituante dagegen müsse aus freien Wahlen der gesamten Bevölkerung hervorgehen (ebd.: 24f.). Ihre Schlussfolgerung:

> »So sind also die Provisorische Arbeiterregierung, die als erste Machtstruktur aus dem Schoß der Revolution hervorgeht, und die Verfassungsgebende Versammlung, die von der gesamten Bevölkerung gewählt wird, um unter dem Schutz und der Obhut der Provisorischen Regierung die Verfassung auszuarbeiten, diejenigen Organe, die berufen sind, die Bestrebungen und die Aufgaben der Revolution durchzusetzen, und die die politische Freiheit gleich nach dem Sieg einzuführen haben.« (Ebd.: 25)

Sie ging auch davon aus, dass die Mehrheit in der Konstituante nicht bei den Sozialisten liegen würde, und verlangte, dass auch auf Dauer der Kampf »nicht völlig von der Straße in den geschlossenen Versammlungssaal« (ebd.: 35) übergehen dürfe.

In faktischer Vorwegnahme der Situation vom Oktober 1917 bis Januar 1918 sah Luxemburg die Aufgabe, durch eine revolutionäre Regierung eine verfassungsgebende Versammlung einzuberufen und in der Perspektive die Macht an diese Versammlung abzugeben. Was sie nicht vorhersah, war der Entschluss des engsten Kreises um Lenin im Januar 1918, diese Machtabgabe nicht zuzulassen (siehe dazu ausführlicher im Kapitel 10).

Freiheit für den Feind

In den Auseinandersetzungen mit ihren politischen Gegnern in der polnischen Sozialdemokratie, die an dem Ziel der Wiederherstellung des polnischen Staates festhalten wollten und die, so Luxemburgs Auffassung, auch dazu bereit seien, die freie Diskussion zu unterdrücken, wird jener Gedanke in seiner schärfsten Form ausgesprochen: »Freiheit ist immer die Freiheit der Andersdenkenden«.

Er steht aber in einer Spannung, die Rosa Luxemburg ausdrückte, wenn sie schrieb, die Sozialdemokratie müsse »bei jedem Schritt daran denken, dass Revolution keine Zeit ist, um mit der Reaktion zu diskutieren, sondern eine Zeit, um sie zu erdrücken und [...] niederzuwerfen« (AR: 209). Wie uneingeschränkte Presse- und Versammlungsfreiheit für den Feind und dessen Niederwerfen miteinander verbunden werden sollen, wie dieser Widerspruch ausgetragen werden kann, bleibt offen. Die Mahnung jedoch steht offen im Raum: Ohne diese Freiheit könne es keine wirkliche Selbstbefreiung der Unterdrückten geben. Wenn diese Befreiung die *eigene bewusste Tat* von Menschen sein soll, die sich mündig über ihre Interessen und Ziele aufklären, so ihre Position, dann ist dies völlig unmöglich, wenn dabei genau der Raum zerstört wird, der für diese Selbstaufklärung unverzichtbar ist. Die Vernunft, die aus der freien Kommunikation, dem offenen Wettstreit der Ideen und Einsichten erwächst, ist für Luxemburg wichtiger als die Vernunft, die aus der instrumentellen Unterordnung unter vorgegebene »richtige« Ziele erwachsen könnte. Man könnte auch sagen, dass ihr der befreiende Weg wichtiger war als die versprochene Freiheit am Endziel.

> »Folglich ist das Nutzen der Freiheit von Versammlungen und Presse die wichtigste Sache, die dem Proletariat ermöglicht, während der Kämpfe selbst Bewusstsein zu erlangen; das Proletariat kämpft somit dafür, sich versammeln, die eigenen Angelegenheiten besprechen und in frei herausgegebenen Zeitungen seine Freunde und seine Feinde kennenlernen zu können. Wenn die erste Bedingung für die Bewusstwerdung des Proletariats das Erzwingen von Versammlungs-, Meinungs- und Pressefreiheit aus den Händen der Regierung ist, so ist die zweite Bedingung die schonungslose Nutzung dieser Freiheit, die völlige Freiheit von Kritik und Diskussion in den Reihen der kämpfenden Arbeiter. Meinungs- und Pressefreiheit ist die eine Bedingung, damit das Proletariat Bewusstsein erlangen kann, die andere aber ist, dass das Proletariat selbst sich keine Fesseln anlegt, dass es nicht sagt, darüber dürfe nicht diskutiert werden und darüber auch nicht. Das wissen die aufgeklärten Arbeiter auf der ganzen Welt, und sie sind immer bemüht, sogar ihrem schlimmsten Gegner das Recht zuzugestehen, seine Auffassung frei darlegen zu können. Sie sagen: Möge der Feind dem Arbeitervolk höchstselbst seine Auffassung darlegen, damit wir darauf antworten können, damit sich die Arbeitermasse klarwerden kann, wer Freund, wer Feind ist. Der bewusste Teil des Proletariats, die Sozialdemokratie, steht aus diesen Gründen auf Wacht für die Freiheit von Meinung, Diskussion und Kritik.« (AR: 152)

Kapitel 7
In der Defensive (1907–1917)

»Man soll sich noch die Kehle heiser reden, damit möglichst viele Teppe in den Reichstag hineinkommen und dort den Sozialismus zum Hohn machen.«
(GB 4: 127)

Die SPD am Kreuzweg

1907 erlebten die SPD-Strategen ihr Waterloo bei der Reichstagswahl. Einem ultranationalistischen Wahlkampf der bürgerlichen und monarchistischen Parteien gegen die »vaterlandslosen Gesellen« wussten sie nichts Ernsthaftes entgegenzusetzen. So verlor die vom Erfolg verwöhnte Partei massenhaft Wahlkreise und damit Mandate, auch wenn sie in den absoluten Stimmen noch einmal zulegte. Die proletarische Gegengesellschaft stieß damit erstmals an ihre Grenzen – die Grenzen, die ihr von der Wilhelminischen Mehrheitsgesellschaft immer spürbarer gesetzt wurden. Denn in dieser Mehrheitsgesellschaft war es den regierenden, immer imperialistischer auftretenden Politikern gelungen, den Traum vom »Platz an der Sonne« und damit den nationalistischen Wahn tief zu verankern. Das blieb nicht ohne Wirkung auf das proletarische Milieu.

Die SPD-Führung musste begreifen, dass sich ihre proletarische Gegengesellschaft erschöpfte – und zwar in dem Maße, wie sich die Partei selbst erfolgreich entfaltete. Die beiden Gesellschaften konnten nur solange nebeneinander und gegeneinander koexistieren, wie sich beide voneinander abgeschlossen hielten. Seit den 1880er Jahren warb die zuvor lange Zeit »nach unten« hermetisch abgeschlossene Mehrheitsgesellschaft aber unter den proletarisierten Schichten immer wirkungsvoller mit einem ideologischen Integrationsangebot: dem Nationalismus und Imperialismus. Besonders deutlich hatte der sich bei der Wahl von 1907 als ein Mittel herausgestellt, das geeignet war, den Einfluss der Sozialdemokratie zu begrenzen und zurückzudrängen.

Das bedeutete strategisch aber ein Scheitern der sozialdemokratischen Taktik, die entwickelt worden war, um den Kapitalismus zu beseitigen. Theorie und Praxis standen in einem merkwürdigen Spannungsverhältnis. Theoretisch ging es – das hatte der Ausgang der Revisionismusdebatte noch einmal unterstrichen – um eine konsequente Überwindung des Kapitalismus und damit um eine sozialistische Ideologie, von der die SPD-Führung eine hohe Bindekraft erwartete. Praktiziert hingegen wurde der Weg der Kompromisse und eines immer zahnloseren Parlamentarismus – für die eigenen Organisationen weit weniger gefährlich als die Konfrontation mit der Staatsmacht. Letztlich sollte mit den Stimmen aus einer sich ständig ausweitenden proletarischen Gesellschaft die traditionelle Mehrheitsgesellschaft überstimmt und so auf friedlichem Weg der Sozialismus eingeführt werden. Spätestens seit der Wahl von 1907 ahnte die SPD-Führung, dass ihre praktizierte Auffassung falsch war und sie die Mehrheit der Stimmen beider Gesellschaften nie würde erringen können.

Zwischen zwei Szenarien war zu wählen: Entweder mit einer stagnierenden, strategisch sogar kleiner werdenden, auf den Sozialismus orientierten Anhängerschaft einen offensiven Kampf für den Sozialismus zu führen, wie ihn Rosa Luxemburg und die Linke völlig selbstverständlich einforderten. Damit wären sie allerdings nicht nur Gefahr gelaufen, den Einfluss auf den sich dem Nationalismus zuwendenden Teil der eigenen Klientel zu verlieren, sondern auch – durch den zu erwartenden Einflussverlust geschwächt – eine Zerschlagung der aufgebauten Organisationsmacht zu riskieren. Das zweite Szenario bedeutete, in aller Stille die bisherigen Konzepte umzuwerfen und ohne Geschrei die Ausrichtung zu ändern. Für das letztere entschied sich die SPD-Führung: Sie wollte, solange sie noch stark genug war, statt weiter die eigene Gegengesellschaft auszubauen, versuchen, diese in die bürgerliche Gesellschaft hineinzuführen und so wenigstens eine Teilhabe an der Macht anzustreben. Damit verbunden war natürlich eine Abkehr vom Ziel, den Kapitalismus zu überwinden; stattdessen sollte er künftig nur noch gezügelt werden. Nach außen wurde vorerst fast nichts geändert, nach innen hingegen fast alles. Diese Entscheidung für die strategische Integration in die Wilhelminische Gesellschaft führte die SPD letztlich zur Zustimmung zu den Kriegskrediten am 4. August 1914. Die Weichen für diesen Kurs wurden aber schon auf dem Mannheimer Parteitag der SPD von 1906 gestellt, als Kautskys Vorstoß abgewehrt wurde, die SPD-nahen Gewerkschaften der SPD als Partei unterzuordnen (Shepardson 1996: 55). Damit scheiterte auch die Forderung, durch Massenstreiks in Preußen als größtem Land im Kaiserreich endlich das allgemeine und gleiche Männerwahlrecht durchzusetzen.

Der Erste, der diese Umorientierung zu spüren bekam, war Rosa Luxemburgs langjähriger Förderer und enger Vertrauter Karl Kautsky, dessen Broschüre »Der Weg zur Macht. Politische Betrachtungen über das Hineinwachsen in die Revolution« beim Erscheinen im Januar 1909 hinter seinem Rücken vom SPD-Vorstand aus dem Verkauf gezogen wurde. Dieser Vorstand war längst mehrheitlich mit Mitgliedern besetzt, die – wenn auch von außen nicht einsehbar – auf Positionen eines Hineinwachsens in den Sozialismus standen und jegliche Revolutionspropaganda zu verhindern trachteten. »Es sind aufgeblasene beschränkte Parvenüs« (Kautsky 1972: 132), meinte Kautsky unumwunden und erstritt eine zweite Auflage – kam aber seinen Widersachern insofern entgegen, als er geringfügige Änderungen vornahm und seiner Vorrede den Satz hinzufügte, dass die Partei für diesen Text nicht verantwortlich sei (siehe Kautsky 1909: 6). Kautsky war froh, dass sein Text überhaupt im Parteiverlag erschien, und sah in diesem Kompromiss einen Erfolg; für Clara Zetkin war es hingegen »eine glatte Kapitulation« (Zetkin 1972: 137), die sie Kautsky nicht verzeihen konnte. Auch zwischen Rosa Luxemburg und Kautsky begann die Entfremdung.

Die sozialistisch-internationalistische Linke hatte in den Augen der SPD-Führung 1907 ihre Funktion als Garantin einer alle zusammenschweißenden Weltanschauung verwirkt. Viele Linke kamen mit der schleichenden Isolierung nicht zurecht, schwuren ihren Überzeugungen ab und mutierten zu »Parteisoldaten«, die sich bald für fast nichts zu schade waren. Erstmals zeigte sich damit ein Phänomen, das bis heute immer wieder beklagt wird: dass die meisten Linken nicht ihr ganzes Leben lang revolutionär-sozialistische, also eine auf die Überwindung des Kapitalismus gerichtete Politik machen, sondern ab einem gewissen Punkt sich »mit dem Leben« arrangieren und nur noch behaupten, linke Politik zu machen. Nach 1907 schrumpfte die Linke in der SPD auf einen kapitulationsunwilligen Rest zusammen. Ab 1911 bildete sich um Franz Mehring und Rosa Luxemburg ein »Fähnlein der Aufrechten«, zu dem nach Kriegsbeginn auch Karl Liebknecht stieß.

Offensiv in die »große Politik« griff die SPD letztmalig im Jahre 1910 ein: in die Kämpfe gegen das Dreiklassenwahlrecht. Doch die Auseinandersetzungen spitzten sich so zu, dass es zu offenen Konfrontationen zwischen »der Straße« und dem herrschenden Regime kam, sodass die SPD-Führung, von der Angst vor der eigenen Courage gepackt, diesen Kampf abbrach. Gegen die Forderung Rosa Luxemburgs und ihrer Freunde nach Fortsetzung einer offensiven Politik entwickelte Karl Kautsky eigens eine Theorie: Mit der Entstehung neuer Mittelschichten – Angestellte und freie Berufe – entstünde ein neuer Liberalismus, der sich nicht wie der traditionelle Liberalismus nach rechts, sondern, falls die SPD weiter eine kompromissbereite Politik betriebe, zur Arbeiterbewegung wenden werde. Auf dieser Linie der Zurückhaltung zog die SPD 1912 in den Reichstagswahlkampf, errang erstmals den Status der stärksten Fraktion und wurde nach den Wahlen in ihrer Politik noch anpassungsbereiter. Die Parteiführung fühlte sich bestätigt und entwöhnte die Partei so sehr jeglicher Widerständigkeit, dass nach dem 4. August 1914 und nach dem Einschwenken auf Kriegskurs und Burgfrieden die kritischen Stimmen zumeist von selbst verstummten; der »Rest« wurde bis 1917 »hinausgesäubert«, Karl Kautsky, der zwar viel, aber nicht alles mitmachte, inklusive.

Wider den Nichts-als-Parlamentarismus

Rosa Luxemburg war in der Zeit dieser insgeheimen neuen Weichenstellung schon nicht mehr so stark in der SPD verankert wie vor ihrer Reise ins revolutionäre Russisch-Polen. Angesichts der Kämpfe in Russland, vor allem angesichts der Massenstreiks, hatte sie einige orthodoxe marxistische Positionen aufgegeben. Grundlegend änderte sich vor allem ihr Verhältnis zur proletarischen Organisation. Im marxistischen Kanon galt eine starke Organisation als die entscheidende Voraussetzung für Aktionen allgemein und für die revolutionäre Aktion im Besonderen. Rosa Luxemburg gelangte nun zur Überzeugung, dass das Organisationswesen der SPD in eine Fessel für jede, vor allem für jede revolutionäre Aktion umgeschlagen war. Denn die Führung der SPD sah in Aktionen zunehmend eine Gefahr für den Bestand der Organisationen, deren Schutz vor einer Zerschlagung durch den militaristischen Polizeistaat sie höherstellte als Aktionen gegen die Mehrheitsgesellschaft – schon vor 1907, ab dem Kurswechsel von 1907 jedoch erst recht.

In der Russischen Revolution von 1905/06 hatte Rosa Luxemburg erlebt, wie sich die Organisation aus der revolutionären Aktion, nicht zuletzt aus dem politischen Massenstreik heraus formte, und wie die Aktion der Organisation vorausging. Mit der Idee des politischen Massenstreiks im Gepäck war sie im Jahre 1906 auf den SPD-Parteitag gegangen – und dort furios gescheitert. Im Nachhinein entpuppte sich ihre Broschüre »Massenstreik, Partei und Gewerkschaften«, die sie extra für diesen Parteitag verfasst hatte, als der theoretische Ausgangspunkt für eine Verselbstständigung der Linken in der SPD. Daran änderte auch nichts, dass Rosa Luxemburg das genaue Gegenteil beabsichtigt hatte: nicht Abspaltung von der SPD, sondern Gewinnung der SPD für eine revolutionäre Politik – notfalls nur Gewinnung der Parteibasis gegen eine immer konservativer werdende Führung.

Die Jahre nach der ersten Russischen Revolution waren Jahre, in denen Rosa Luxemburg immer härter und immer verzweifelter gegen die Passivität der SPD gegenüber Imperialismus, Militarismus und den autoritär-halbfeudalen Strukturen des deutschen Kaiserreichs anrannte. Fassungslos stand sie »vor der Tatsache, dass die mächtigste proletarische Organisation der Welt, nachdem sie die Stärke von 2/3 Millionen politisch Organisierter, 2¼ Millionen gewerkschaftlich Organisierter und 3¼ Millionen Wähler erreicht hat, beinahe daran ist, zu erklären, dass sie die Beschlüsse der internationalen Kongresse nicht durchführen könne« (GW 2: 275) – es ging um das Handeln bei Ausbruch eines Krieges. Immer war sie davon ausgegangen, dass mit dem Erstarken der Sozialdemokratie »die aufgeklärte Arbeitermasse […] ihre Schicksale, die Leitung ihrer Gesamtbewegung, die Bestimmung ihrer Richtlinien in die eigene Hand« (GW 2: 280) nehme, und dann musste sie erleben, wie die in der Reichstagsfraktion organisierte Führung der SPD diese Masse in den Krieg führte. Heftig wandte sie sich gegen Kautskys »Ermattungsstrategie«, in der sie nichts anderes sah als die Apologie der Passivität: »*Nichtsalsparlamentarismus* – das ist alles, was Kautsky der Partei heute zu empfehlen weiß.« (GW 3: 316)

Rosa Luxemburg hat all diesen Verführungen getrotzt – um den Preis, politisch in die Isolation zu geraten. Es waren die Jahre vor dem Ersten Weltkrieg, als ihr engster Verbündeter in der deutschen Sozialdemokratie, Karl Kautsky, immer neue marxistische Theorien erfand, um die Politik der Anpassung an das Wilhelminische Regime, die der Vorstand der SPD praktizierte, zu rechtfertigen, und die beiden sich deshalb für immer entfremdeten. Marxismus begann für Rosa Luxemburg zu einem Schimpfwort zu werden. Ab 1910 verwandte sie die Wörter Marxisten und Marxismus vorwiegend in Anführungsstrichen und zumeist in abwertender Absicht. Obwohl sie als treue Marxistin in die sozialdemokratische Bewegung eingetreten war, hatte sie sich selbst kaum je als Marxistin bezeichnet – was damals in den Parteien der Zweiten Internationale ohnehin nicht üblich war. Im ersten Jahrzehnt des neuen Jahrhunderts hatte sie dann viele – wenn auch, wie gezeigt, nicht alle – Dogmen des Kautskyschen Marxismus hinter sich gelassen und ihren eigenen Weg zu Marxens Werk und zur Anwendung seiner Methode gefunden. Hierbei konnte ihr kaum einer ihrer Zeitgenossen das Wasser reichen.

Auch wenn ihr bis zum letzten Moment die Zustimmung der SPD-Reichstagsfraktion zu den Kriegskrediten am 4. August 1914 unvorstellbar war, wurde ihr Blick immer nüchterner. 1913 bilanzierte sie die parlamentarischen Erfolge der deutschen Sozialdemokratie:

> »Die Sozialdemokratie hat in fünfzig Jahren vorbildlicher Arbeit aus dem nunmehr steinigen Boden [des Parlamentarismus – d. Autoren] so ziemlich herausgeholt, was an greifbarem materiellem Gewinn für die Arbeiterklasse wie an Klassenaufklärung für sie herauszuholen war. Der jüngste, größte Wahlsieg unserer Partei hat jetzt für aller Augen klargemacht, dass eine sozialdemokratische Fraktion von 110 Mann in der Ära der imperialistischen Delirien und der parlamentarischen Impotenz sozialreformerisch wie agitatorisch nicht mehr, sondern weniger herauszuholen imstande ist als früher eine Fraktion von einem Viertel dieser Stärke. Und der heutige Knotenpunkt der innerpolitischen Entwicklung Deutschlands, das preußische Wahlrecht, hat durch seine hoffnungslose Versumpfung alle Aussichten auf eine durch bloßen Druck der Wahlaktionen erzwungene parlamentarische Reform vernichtet. In Preußen wie im Reiche stößt die Sozialdemokratie in ihrer ganzen Macht ohnmächtig an die Schranke, die Las-

> salle schon im Jahre 1851 in den Worten formulierte: ›Nie hat, nie wird eine (gesetzgebende) Versammlung den bestehenden Zustand umstürzen. Alles, was eine solche Versammlung je getan und gekonnt hat, ist, den draußen bestehenden Zustand proklamieren, den draußen schon vollzogenen Umsturz der Gesellschaft sanktionieren und ihn in seine einzelnen Konsequenzen, Gesetze usw. auszuarbeiten. Aber ewig wird eine solche Versammlung impotent sein, die Gesellschaft selber umzustürzen, die sie vertritt.‹ Wir sind aber an einer Entwicklungsstufe angelangt, wo die dringendsten und unabweisbarsten Abwehrforderungen des Proletariats – das allgemeine Wahlrecht in Preußen, die allgemeine Volkswehr im Reich – einen tatsächlichen Umsturz der bestehenden preußisch-deutschen Klassenverhältnisse bedeuten. Will die Arbeiterklasse heute im Parlament ihre Lebensinteressen durchsetzen, dann muss sie erst ›draußen‹ den tatsächlichen Umsturz vollziehen. Will sie dem Parlamentarismus wieder politische Fruchtbarkeit verleihen, dann muss sie durch außerparlamentarische Aktionen die Masse selbst auf die politische Bühne führen.« (GW 3: 222f.)

Mit dieser Position stand sie sehr alleine da.

Als sich Karl Kautsky im Weltkrieg dann gar dazu verstieg, die Zustimmung der SPD zum Burgfrieden mit dem kriegführenden Kaiserreich aus dem Marxismus heraus zu erklären, vermochte Rosa Luxemburg über diesen »Ismus« nur mehr gallig zu spotten: »Die deutsche Sozialdemokratie beeilte sich beim Ausbruch des Krieges, den Raubzug des deutschen Imperialismus mit einem ideologischen Schild aus der Rumpelkammer des Marxismus zu schmücken, indem sie ihn für den von unseren Altmeistern 1848 herbeigesehnten Befreierfeldzug gegen den russischen Zarismus erklärte.« (GW 4: 352)

Dieser Zustand der Sozialdemokratischen Partei ließ sie am Ende zynisch reagieren – obwohl ihr das nun wirklich nicht lag:

> »Vereine, Instanzen, Konferenzen, Generalversammlungen, Kassenbücher, Mitgliedsbücher, das ist ›die Partei‹ nach den Scheidemann-Genossen wie nach den Haase-Genossen. Die einen wie die andern merken nicht, dass sich Vereine, Instanzen, Mitgliedsbücher und Kassenbücher mit dem Augenblick in wertlosen Plunder verwandeln, in dem die Partei aufhört, die durch ihr Wesen bedingte Politik zu treiben. Die einen wie die andern merken nicht, dass ihr Gezänk um die Frage der Spaltung oder der Einigkeit der deutschen Sozialdemokratie deshalb ein Streit um des Kaisers Bart ist, denn die deutsche Sozialdemokratie existiert heute als Ganzes gar nicht mehr.
>
> Stellen wir uns für einen Augenblick vor, dass in der Peterskirche in Rom, diesem ehrwürdigsten Tempel des christlichen Glaubens, diesem köst-

> lichsten Denkmal der religiösen Kultur, eines schönen Morgens, die Feder sträubt sich fast, es niederzuschreiben, statt des katholischen Gottesdienstes vor aller Augen eine – nun, eine schamlose Orgie wie in einem öffentlichen Hause entfesselt wäre. Stellen wir uns noch Entsetzlicheres vor, denken wir uns, dass die Priester bei dieser Orgie ihre Talare, ihre Ornate, ihre Weihrauchgefäße beibehalten würden, die sie früher beim Hochamt gebraucht hatten. Wäre die Peterskirche alsdann doch noch eine Kirche, oder wäre sie ganz etwas anderes? Die schlanken Mauern würden freilich noch dieselben sein, die Altäre und die Messgewänder wären die alten, aber voll Schaudern würde jeder nach einem Blick ins Innere zurückprallen und verstört fragen: Was ist in aller Welt aus der Kirche geworden?« (GW 4: 233)

Luxemburg engagierte sich nach 1907 für eine politische Offensive der SPD, um endlich das allgemeine Wahlrecht in Preußen durchzusetzen, agitierte für die Republik, um die Herrschaft der Clique um den Kaiser zu brechen, und forderte, dass im Falle eines Krieges die deutschen Arbeiter die Waffe nicht gegen ihre Klassenbrüder richten dürften. Dies brachte ihr eine Verurteilung zu zwölf Monaten Gefängnisstrafe ein. Ihre Popularität bei den Arbeiterinnen und Arbeitern in Deutschland stieg, aber zugleich verlor sie jeden institutionellen Einfluss in der SPD. Der »Sumpf« der Partei, so Luxemburg, wandte sich jetzt gegen die Linke (GW 3: 352). Der Zugang zu den Zeitungen und Zeitschriften der Partei wurde ihr mehr und mehr versperrt. Die Organisation stellte sich zwischen sie und die Massen und machte die von Luxemburg geforderte Antwort auf die imperialistische Politik, »das eigene Auftreten der breitesten Massen, ihre eigenen politischen Aktionen, Massendemonstrationen, Massenstreiks« (GW 3: 194) völlig unmöglich. 1913 warnte Luxemburg die SPD:

> »Die Sozialdemokratie ist historisch dazu berufen, die Vorhut des Proletariats zu sein, sie soll als Partei der Arbeiterklasse führend voranstürmen. Bildet sie sich aber ein, sie allein, die Sozialdemokratie, sei berufen, die Geschichte zu machen, die Klasse sei selbst nichts, sie müsse erst ganz in Partei verwandelt werden, ehe sie handeln darf, dann kann sich leicht ergeben, dass die Sozialdemokratie zum hemmenden Moment im Klassenkampf wird und dass sie, wenn die Zeit reif ist, der Arbeiterklasse nachlaufen muss, von ihr wider Willen zu Entscheidungsschlachten geschleift.« (GW 3: 254)

Die Politik der Reichstagsfraktion würde, sieht sie 1913 voraus, letztlich dazu führen, dass sie bei Ausbruch eines Krieges auch dessen Finanzierung zustimmen würden, den Kriegskrediten (siehe GW 3: 341). Die Aufrufe zur Steigerung der »Aktionsfähigkeit der Massen« (GW 3: 451), wenige Monate vor

Ausbruch des Weltkrieges, fanden große Zustimmung an der Parteibasis und blieben doch ohne unmittelbare Auswirkung auf die Politik der SPD.

Nur allzu bekannt ist Rosa Luxemburgs Kritik an den diktatorischen Tendenzen der Bolschewiki schon 1903. Sie mündete in ihre Kritik an der Errichtung einer bolschewistischen Diktatur 1917/18. Die Schärfe und die Hellsichtigkeit dieser Kritik an den Bolschewiki beruhten aber vor allem auf ihren unmittelbaren politischen Erfahrungen in der scheinbar so demokratischen deutschen Sozialdemokratie.[23] Im Februar 1915 konstatierte Rosa Luxemburg das Paradoxon der Selbstaufgabe dieser erfolgreichsten proletarischen Partei der Geschichte:

> »Noch nie, seit es eine Geschichte der Klassenkämpfe, seit es politische Parteien gibt, hat es eine Partei gegeben, die in dieser Weise, nach fünfzigjährigem unaufhörlichem Wachstum, nachdem sie sich eine Machtstellung ersten Ranges erobert, nachdem sie Millionen um sich geschart hatte, sich binnen vierundzwanzig Stunden so gänzlich als politischer Faktor in blauen Dunst aufgelöst hatte wie die deutsche Sozialdemokratie. An ihr, gerade weil sie der bestorganisierte, bestdisziplinierte, geschulteste Vortrupp der Internationale war, lässt sich der heutige Zusammenbruch des Sozialismus am klassischsten nachweisen.« (GW 4: 21)

Diese Selbstaufgabe war lange vorbereitet worden. Sie war das nichtintendierte Resultat des Erfolges der deutschen Sozialdemokratie beim Aufbau einer mächtigen Klassenorganisation innerhalb des Wilhelminischen Kaiserreichs sowie die bewusste Entscheidung derer, die die Früchte dieses Erfolges für sich usurpiert hatten. Die Vision der Gründungsväter dieser Klassenorganisation von SPD, sozialdemokratischen Gewerkschaften, breitesten Kultur- und Sportvereinen und Trägerschichten war es, innerhalb der junkerlich-kapitalistischen Gesellschaft eine Gegenmacht, einen »Gewalthaufen«, aufzubauen,

---

[23] Dies dürfte schon deshalb nicht verwundern, weil wesentliche Elemente des Leninschen Parteiverständnisses aus der deutschen Sozialdemokratie übernommen wurden (Plener 1998: 58f.). Im Unterschied zu Ulla Plener sei aber behauptet, dass sich die Bolschewiki im Widerspruch zwischen demokratischem Anspruch und tagesaktuellen Erfordernissen der Tendenz nach zumeist in Richtung eines nichtdemokratischen Zentralismus der Willensbildung, Entscheidung und Durchsetzung entschieden. Immer wieder wurden mit Verweis auf die »konkrete Lage« zentrale Regeln innerparteilicher oder gesellschaftlicher Demokratie außer Kraft gesetzt. Die spätere Stalinisierung gab selbst den demokratischen Anspruch auf (stellte insofern tatsächlich eine »Umkehrung« [Plener] der Leninschen Positionen dar), setzte zugleich aber die vorhergehende, von Lenin initiierte praktische Tendenz fort und führte sie ins Extrem. Lenin hatte nach Beendigung des Bürgerkrieges in Sowjetrussland das Fraktionsverbot mit Macht durchgesetzt.

um, wie der alte Engels es hoffte, Schritt um Schritt und Wahlerfolg um Wahlerfolg zu wachsen und schließlich mit der hoffentlich friedlichen Eroberung der Staatsmacht die Sozialisierung der Produktionsmittel einleiten zu können. Die Bindung dieser Klassenorganisation an den »wissenschaftlichen Sozialismus« erschien als Garant, dass sich die Mittel nicht gegenüber dem Ziel verselbständigten.

Die Wucht, mit der sich Bebel gegen Bernsteins Revisionismus wandte und dabei Rosa Luxemburg ihren frühesten und wirkungsvollsten Auftritt auf den Parteitagen der deutschen Sozialdemokratie ermöglichte, ergab sich aus dem Bewusstsein um die Gefahr, die der Verzicht auf die revolutionäre Ideologie eines notwendigen radikalen Bruchs für sein Lebenswerk und für die Klassenorganisation als Ganze hervorrufen würde.

Schon zehn Jahre vor dem Schicksalsaugust von 1914 erkannte Rosa Luxemburg immer schärfer Tendenzen des »Aufkommen(s) eines regelrechten gewerkschaftlichen Beamtenstandes« (GW 2: 163), der in der Parlamentarisierung der sozialdemokratischen Führungsspitze und der Entwicklung von Parteibeamten sein Pendant hatte. Sie sah darin ein »notwendiges Übel« und warnte, »dass diese notwendigen Förderungsmittel [...] auf einer gewissen Höhe der Organisation und auf einem gewissen Reifegrad der Verhältnisse in ihr Gegenteil, in Hemmnisse des weiteren Wachstums umschlagen« (ebd.). Die parlamentarischen und gewerkschaftlichen Formen des Kampfes innerhalb festgefrorener Zustände langsamer Evolution würden zunehmend als die einzig möglichen Formen angesehen und die damit verbundenen Organisationen »aus einem Mittel zum Zweck allmählich in einen Selbstzweck, in ein höchstes Gut verwandelt [...], dem die Interessen des Kampfes [vielfach – d. Autoren] untergeordnet werden« (ebd.).

Aus Angst, die Ergebnisse der bisherigen Entwicklung in Frage zu stellen – Parlamentspositionen oder den Grad der gewerkschaftlichen Organisation – würde, so Rosa Luxemburg, gerade dann innerhalb der Sozialdemokratie auf die Anwendung dieser Mittel des Kampfes verzichtet, wenn sie am dringendsten gebraucht würden. Mit der Begründung, man hätte noch keine parlamentarische Mehrheit, würden selbst die Minimalforderungen der Sozialdemokratie aufgegeben; mit der These, man habe noch nicht restlos alle Arbeiter organisiert und könne nicht jeden Streikenden aus der Streikkasse voll bezahlen, würde entschlossenes Handeln blockiert. Die Wahlniederlage der SPD von 1907, als sie angesichts starker nationalistischer Tendenzen an Unterstützung verlor, führte dazu, dass die Führung der Partei immer mehr dazu neigte, Massenstimmungen auch dann nachzugeben, wenn sie in direktem Gegensatz zu ihren erklärten Prinzipien standen. Vor diesem Hintergrund konnten sich in der Führung der SPD jene Personen durchsetzen, die in vielen Fragen nationalistische und politisch konservative Positionen vertraten und die dem deutschen Imperialismus und Kolonialismus mit Sympathie gegenüberstanden.

Je größer die organisatorischen Machtmittel der deutschen Arbeiterklasse, so schien es, umso unmöglicher war es, diese im politischen und sozialen Klassenkampf zu gebrauchen: »Je mehr unsre Organisationen wachsen, Hunderttausende und Millionen umfassen, umso mehr wächst notgedrungen der Zentralismus. Damit geht aber auch das geringe Maß an geistigem und politischen Inhalt, an Initiative und Entschluss, das im alltäglichen Leben der Partei von den Organisationen aufgebracht wird, gänzlich auf die kleinen Kollegien an der Spitze: auf Vereinsvorstände, Bezirksvorstände und Parlamentarier, über. Was für die große Masse der Mitglieder übrigbleibt, sind die Pflichten zum Beitragzahlen, zum Flugblätteraustragen, zum Wählen und zu Wahlschlepperdiensten, zur Hausagitation für das Zeitungsabonnement und dergleichen.« (GW 3: 252f.)

Es war für sie »die Lebensfrage der Sozialdemokratie«, »dass der politische Gedanke und der Wille der *Masse* der Partei stets wach und tätig bleiben, dass sie sie in *steigendem* Maße zur Aktivität befähigen« (GW 3: 39) solle. Dies sah sie als Grundbedingung für den notwendigen Strategiewechsel an. Sie wollte, dass die erreichte Quantität in eine neue Qualität umschlägt und über den »Rahmen des bürgerlichen Parlamentarismus« (GW 3: 222) hinausführt und der Massenstreik zur »Praxis des Proletariats« in der »Phase der selbständigen Aktion der proletarischen Masse« (GW 3: 247) wird.

Als am 14. Januar 1914 die Reichstagsfraktion der SPD die Frage des Massenstreiks diskutierte und Luxemburg ihre Positionen vortrug, wurde der Antrag auf eine offensive Propagierung des Massenstreiks als Kampfmittel abgelehnt (mit 52 zu 37 Stimmen bei elf Enthaltungen) und das Ganze wie üblich an eine Kommission zur weiteren Prüfung verwiesen (siehe Laschitza 2016: 44-46). Die SPD gab den Widerstand gegen das Kaiserreich schon weit vor dem August 1914 auf. Sie war nicht länger kampfeswillig. Nicht ihre bisherigen Feinde, sondern sie selbst war ermattet. Was Luxemburg von vielen in der Reichstagsfraktion der SPD hielt, hatte sie 1911 in einem Brief während des Wahlkampfes klar gemacht, bei dem sie sich bis über die Grenzen ihrer Kräfte hinaus eingesetzt hatte. Offen sprach sie vom »parlamentarischen Kretinismus« (GB 4: 202). Der Anarchist Erich Mühsam schrieb 1913 über Rosa Luxemburg, »dass sich der Rest von Tatkraft, Angriffslust und Idealismus, der noch in ihrer Partei lebt, fast ganz auf diese eine Frau konzentriert hat [...], auf diese Frau [...], vor deren Klugheit und Charaktergeradheit ich trotz meiner überall abweichenden Ansichten respektvoll den Hut ziehe« (zitiert in Geide 1995: 138)

Einer der wichtigsten sozialen Gründe für die Verwandlung der sozialdemokratischen Partei in eine Partei, die ihre parlamentarischen Erfolge zum Selbstzweck macht, war die Tatsache, dass die Schaffung der eigenständigen proletarischen Klassenorganisationen von sozialdemokratischer Partei und ihrer Repräsentation in den Parlamenten sowie von sozialdemokratischen Gewerkschaften und der Etablierung systematischer Verhandlungsprozesse mit den Unternehmern zugleich Erzeugung einer sozialen und politischen *Gegenelite* und *Integration* derselben in die Institutionen des kaiserlichen Deutschlands und seiner Eliten war. Was für Luxemburg »eine Art eiserner Käfig« war (AR 205), die Legalität der herrschenden Ordnung, war für die Führung der SPD zum Raum von Identifikation und Möglichkeiten des freien Handelns geworden.

Die sozialdemokratische Führung befand sich im Spannungsfeld zwischen Bindung an ihre eigenen Organisationen mit deren eigener Kultur, Ideologie und deren Prozeduren demokratischer Legitimation und Vertretung einerseits und ihrem Wirken in zunehmend engeren Wechselbeziehungen mit den herrschenden Eliten Deutschlands andererseits. Angesichts zu schwacher Gegenkräfte wurde aus dem Wechselwirken der Hang zum Beitritt der sozialdemokratischen Führung in die herrschende Oberschicht. Die Möglichkeit dafür ergab sich mit der Auslösung des Ersten Weltkrieges. Durch Zustimmung zu den Kriegskrediten erkauften sich die neuen Führer der deutschen Sozialdemokratie ihren Aufstieg von den verachteten Underdogs zu einer anerkannten staatstragenden Führungsgruppierung. In den Augen des Kaisers waren sie endlich »Deutsche« geworden.

Der Ausbruch des Ersten Weltkriegs

Der August 1914 war für die europäische Linke ein Schock. Über mehr als ein Jahrzehnt hatte sie sich auf Kongressen und in Appellen auf diese Stunde eines Weltkrieges vorbereitet. Es schien, als machte der Tanker SPD von heute zu gestern eine jähe Wendung, die von der Reichstagsfraktion ausging. Doch war diese Wendung lange vorbereitet. 1913 war dies offensichtlich: Die Fraktion der SPD im Reichstag stimmte der Deckungsvorlage für die Heeresvermehrung zu und der Parteitag von 1914 segnete dies mit Mehrheit ab. Die Kräfteverhältnisse in der SPD waren nach längerer »Inkubationszeit« gekippt (Anton 2018: 82). Die eiserne Fraktionsdisziplin hielt jene Reichstagsabgeordneten, die sich im August 1914 zumindest enthalten oder ganz gegen die Kriegskredite stimmen wollten, unter Kontrolle. Die Paria-Raupe der ewigen Oppositionspartei häutete sich und eine das Kaiserreich tragende Mitgestaltungspartei kam zum Vorschein. Nur hieß Mitgestaltung zunächst einmal das aktive Mitwirken am Übergang zu einer Kriegswirtschaft und Disziplinierung der Arbeiterinnen und Arbeiter und der Soldaten. Die Organisationsmacht siegte über die von Luxemburg so andauernd beschworene Eigenaktivität der Massen. Das Schlimmste für Luxemburg waren die Ausschaltung der SPD als eigenständiger »Machtfaktor« und die moralische Niederlage, der Verrat der Ideale, für die die Sozialdemokratie eingestanden war (siehe GW 4: 43).

Rosa Luxemburg hatte im September 1913 in Frankfurt am Main während eines Vortrages erklärt: »Wenn uns zugemutet wird, die Mordwaffe gegen unsere französischen oder andere ausländische Brüder zu erheben, so erklären wir: Nein, das tun wir nicht.« Die Haftstrafe, zu der sie daraufhin im Februar 1914 verurteilt worden war, wurde aber nicht sofort vollzogen – woraufhin sie und ihre beiden Anwälte quer durch Deutschlands Großstädte eine Vortragstour veranstalteten, auf der sie vor dem drohenden Krieg warnten und auf die grauenvollen Schikanen in deutschen Kasernen hinwiesen. Dafür wurde Rosa Luxemburg abermals angeklagt – doch als am 1. Verhandlungstag ihr Anwalt ankündigte, 30.000 Zeugen für den Beweis von Soldatenmisshandlungen vorzuladen, wurde der Prozess ausgesetzt. Zwei Monate später begann der Weltkrieg.

Rosa Luxemburg wollte am Abend des 4. August 1914, dem Tag, an dem die Reichstagsfraktion der SPD den Kriegskrediten zugestimmt hatte, durch Selbstmord ein Fanal gegen diesen Krieg setzen; davon konnten sie aber ihre Freunde noch rechtzeitig abbringen. Stattdessen wurden mehr als 200 Telegramme an SPD-Linke im ganzen Deutschen Reich mit der Aufforderung versandt, einen Antikriegsaufruf zu unterschreiben. Nur eine Einzige antwortete: Clara Zetkin, abschlägig.[24]

Rosa Luxemburg und ihre auf eine Handvoll zusammengeschrumpften Berliner Anhänger standen allein. Sie begannen, illegale Versammlungen zu organisieren und illegal gefertigte Materialien zu verbreiten. Die Haft, zu der Rosa Luxemburg in Frankfurt am Main verurteilt worden war, hätte sie nicht antreten müssen; bei Kriegsbeginn hatte der Kaiser eine Amnestie für politisch Verurteilte erlassen. Um jedoch in den Genuss dieser Amnestie zu gelangen, musste man an den Kaiser ein Bittgesuch stellen. Rosa Luxemburg hat weder 1906, als sie in Warschau in russischer Haft saß, an den Zaren ein Bittgesuch gestellt noch 1914 an den Deutschen Kaiser. Am 18. Februar 1915 wurde sie in Haft genommen. In der Haft verfasste sie – ihre Wärterinnen immer wieder täuschend – Antikriegsmaterialien, die Vertraute regelmäßig aus dem Gefängnis schmuggelten. Daneben schrieb sie in dieser Zeit wissenschaftliche Arbei-

[24] Sie fürchtete die Isolierung und schrieb: »An der Haltung der Fraktion ändert der Protest nichts mehr, er bliebe eine rein persönliche Kundgebung, die jetzt von niemand[em] verstanden würde, nur zeigte, dass wir völlig isoliert in der Luft stehen und wie klein und ohnmächtig wir sind. Doch wichtiger wäre die Wirkung für später. Der Protest würde unseren eigenen Flügel vollständig sprengen – d. h. innerhalb der Massen, ich denke nicht an die Führer – und würde uns die spätere Auseinandersetzung auf lange hinaus verlegen.« (Zetkin 1914)

ten sowie die »Junius-Broschüre«, ihre Abrechnung mit der SPD, die allerdings nur im Ausland, in der Schweiz (1916), verlegt werden konnte.

Zwischen Mitte Februar 1916 und ihrer erneuten Verhaftung im Juli 1916 folgten weitere illegale Versammlungen, darunter am 1. Mai 1916 auf dem Potsdamer Platz in Berlin der öffentliche Protest gegen den Krieg, bei dem Karl Liebknecht verhaftet und anschließend zu Zuchthaus verurteilt wurde, während Rosa Luxemburg von Freunden rechtzeitig in Sicherheit gebracht werden konnte. Bis zum 9. November 1918, bis zum Tage der Revolution in Berlin, wurde Rosa Luxemburg als Gefangene der Militärverwaltung, die während des Krieges die innenpolitische Macht ausübte, in »Schutzhaft« gehalten – ohne Anklage, ohne Verurteilung, zuerst in Wronke bei Posen (heute Wronki bei Poznan in Polen), dann in Breslau (heute Wrocław). Hier verlor sie durch Magengeschwüre einen großen Teil ihrer Gesundheit, schrieb aber weiterhin ihre Antikriegsartikel, die im illegalen »Spartacus«, einer Zeitschrift, die Rosa Luxemburgs erster Lebenspartner (1892–1906/07) Leo Jogiches produzierte und vertrieb, sowie bis zum Verbot im Juni 1917 unter Pseudonym in der unter Zensur stehenden Wochenzeitung »Der Kampf« (Duisburg).

Verfolgt man die Stellungnahmen und Schriften von Luxemburg in den Monaten und Jahren nach Ausbruch des Ersten Weltkriegs, so fällt ein krasser Gegensatz zum Agieren von Lenin auf. Dieser brauchte nur Minuten, bestenfalls Stunden, um sich von dem Schock zu befreien und die Katastrophe als mögliche Chance zu erkennen. Während Luxemburg – wie Lenin – den Verrat geißelt und – anders als dieser – vor allem das Morden, die Barbarei, den zivilisatorischen Rückschritt ins Zentrum rückte, begann Lenin unverzüglich, die strategischen Optionen zu studieren, die sich bei einer absehbaren Niederlage Russlands im Krieg gegen Deutschland ergeben würden. Er hatte vor Augen, dass die Niederlage gegen Japan 1904/05 zum Auslöser der ersten Russischen Revolution geworden war. Ausgehend von dieser Einsicht begann Lenin jene Elemente zu entwickeln, auf denen seine ungewöhnliche strategische Interventionsfähigkeit in den Jahren 1917/18 resultierte (Brie 2017: 13-52). Wie Hannah Arendt schrieb, weigerte sich Luxemburg »von Anfang bis zum Ende kategorisch, im Krieg etwas anderes als das schrecklichste Unheil zu erblicken, was auch immer dabei herauskommen mochte – nach ihrer Meinung waren die Kosten an Menschenleben, besonders proletarischer Menschen, in jedem Falle zu hoch. Außerdem ging es ihr einfach gegen den Strich, die Revolution als Nutznießerin von Krieg und Blutvergießen zu betrachten – was Lenin nicht das geringste ausmachte.« (Arendt 1989: 66) Rosa Luxemburg verstand die sozialistische Idee als ein moralisches Kapital, das durch alle Zeiten unbeschädigt zu erhalten sei. Eine diskreditierte sozialistische Idee bedeutete für Rosa Luxemburg das Ende jeder sozialistischen Bewegung.

Es finden sich in Luxemburgs Schriften bis Anfang 1918 keine ausgearbeiteten Versuche, die möglichen Szenarien eines Endes des Krieges und die strategischen Optionen für die Linken in Deutschland (geschweige denn in Polen) zu durchdenken. Das Instrumentelle, das Lenin auszeichnete, war ihr fremd. Von diesem ist überliefert, dass er nach der Hinrichtung seines von ihm außerordentlich verehrten und geliebten Bruders Alexander gesagt haben soll: »Gebt mir eine Partei und ich hebe Russland aus den Angeln.« Luxemburg dachte anders: Sie wollte durch ihr Wirken, durch ihre Schriften die Arbeiterinnen und Arbeiter ermutigen, wachrütteln, dafür begeistern, ihre Angelegenheiten in die eigenen Hände zu nehmen. Dies vor allem war für sie Sozialismus, so sehr sie ihn zugleich als Ordnung des Gemeineigentums dachte. Diese Ordnung aber war für sie nur Mittel für die Selbstregierung der Arbeitenden in allen Lebensbereichen. Diese Energie der Selbstermächtigung wollte Luxemburg freisetzen, während Lenin sie einzusetzen suchte, unter möglichst strikter Kontrolle und mit dem Ziel der Eroberung der politischen Macht unter Führung einer disziplinierten Partei.

Aus einer solchen radikal-demokratischen Orientierung Luxemburgs ergab sich auch ihre strikte Ablehnung des Austritts aus der SPD im Herbst 1914. An Kostja Zetkin schrieb sie in dieser Zeit: »Über dein ›Austreten‹ aus der Partei habe ich gelacht. Du großes Kind, willst du vielleicht aus der Menschheit auch ›austreten‹?« (GB 5: 7) In einem anderen Brief heißt es, dass die schlechteste Arbeiterpartei besser sei als keine (GB 6: 177). Sie wollte die in der SPD organisierten Massen der Arbeiterinnen und Arbeiter für eine andere Politik gewinnen, nicht sie der Disziplin einer anderen Partei unterwerfen. Sie wollte sich nicht den Zugang zur in der SPD organisierten Masse der klassenbewussteren Arbeiterinnen und Arbeiter versperren: »Das Hinwerfen des Mitgliedsbuchs als Befreiungsillusion ist nur die auf den Kopf gestellte Verhimmelung des Mitgliedsbuchs als Machtillusion, beides nur die verschiedenen Pole des Organisationskretinismus.« (GW 4: 235) Auch der Trennung von der USPD widersetzte sich Luxemburg lange. Sie wollte den Kontakt zu den Massen nicht verlieren, die dort vereinigt waren. Sie wollte bei der Mehrheit bleiben, um sie zu verändern: »Es genügt nicht, dass eine Handvoll Leute das beste Rezept in der Tasche hat und schon weiß, wie man die Massen führen soll. Diese Massen müssen geistig den Traditionen der 50-jährigen Vergangenheit entrissen, von ihnen befreit werden. Und das können sie nur im großen Prozess ständiger schärfster innerer Selbstkritik der Bewegung im ganzen.« (GW 4: 274) Dass dazu auch der organisatorische Bruch zwingend notwendig werden kann, wollte sie lange nicht akzeptieren. Zudem hatte sie Sorge, dass eigene organisatorische Zusammenschlüsse »den paar aktionsfähigen Leuten die Hände […] binden« (GB 5: 93).

Für Luxemburg war es unklar, wie es im und nach dem Krieg weitergehen sollte. Sie konzentrierte sich auf Vorschläge für eine neue Internationale, doch fehlte weitgehend eine Antizipation konkreter Handlungsoptionen in absehbaren offenen Situationen. Wie sie bekannte: »Alles ist noch in der Verschiebung begriffen, der große Bergrutsch scheint gar kein Ende zu nehmen, und auf einem solchen zerwühlten und schwankenden Felde die Strategie zu bestimmen und die Schlacht zu ordnen ist eine verteufelt schwierige Sache.« (GB 5: 70) Der weitgehende Verzicht auf ein strategisches Durchdenken von Handlungssituationen und die bis 1918 andauernde Ablehnung der Schaffung einer eigenen Partei erwiesen sich jedoch in der Novemberrevolution als fatal. Während die Arbeiter- und Soldatenräte SPD und USPD als gleichberechtigte sozialdemokratische Parteien ansahen, die gemeinsam provisorisch die Regierungsgeschäfte übernehmen sollten, waren die Spartakisten Karl Liebknecht und Rosa Luxemburg zwar als Personen bekannt – geliebt und bewundert wie auch gehasst. Sie verkörperten jedoch keine eigene organisierte Massenkraft der Linken. In dieser Eigenschaft waren sie nichtexistent, was bis in den Januaraufstand von 1919 nachwirkte. Es erwies sich, dass Führung ohne Organisation und ohne ein in der Organisation verankertes Vertrauen in Führung in kritischen Momenten ins Leere läuft und der organisierten Gegenrevolution keine wirksame Macht entgegenzusetzen hat.[25] Die Selbstorganisation der Massen ist ohne die Organisation von Minderheiten viel zu unbeständig. Der direkte Appell an eine breitere Öffentlichkeit kann eine hohe moralische Ausstrahlung erfahren, aber in kritischen Momenten des Handelns wie in den ruhigen Perioden sind Organisationen von entscheidender Bedeutung. In ihrer Kritik des »Organisationskretinismus« ließ Luxemburg eine positive Analyse von Organisationsmacht vermissen. Mit Recht betont Peter Nettl, dass die »Gleichgültigkeit, ja Verachtung, mit der sie Probleme und Methoden der Organisation behandelt, […] in hochorganisierten Gesellschaften« (Nettl 1967: 24) fehl am Platz sei.

---

[25] Wie Peter Nettl schrieb: »Im Spartakusbund wie in der SDKPiL gab man sich höchst ungern mit organisatorischen Dingen ab: mochten andere die Infrastruktur schaffen, damit sie die Apostel dann ›erobern‹ konnten. Die Analogie erstreckt sich sogar auf die Personalverhältnisse: an der Spitze […] eine formlos zusammenarbeitende Gruppe von Führern, die nach außen einig waren, sich aber alle persönlichen Freiheiten und Eigenheiten ausgeprägt individualistischer Intellektueller vorbehielten; unter ihnen eine Gruppe minder privilegierter Aktivisten, deren Aufgabe es war, Geld zu sammeln, Literatur zu vertreiben und allgemein der Führung zu Diensten zu stehen – ohne äußeren Glanzpunkt. Niemand trug mehr zur Schaffung dieses politischen Milieus bei als Rosa Luxemburg, bei der sich eine hochgradig dem Öffentlichen zugewandte Aktivität seltsam verband mit eifersüchtig gehüteter Autonomie des Privatlebens und der privaten Meinungen.« (Nettl 1967: 264)

In den düsteren Jahren des Ersten Weltkriegs, lange Zeit eingesperrt in die Gefängnisse des Kaiserreichs, war Rosa Luxemburg von einem absolut überzeugt: Diese Niederlage der Sozialdemokratie, diese weltgeschichtliche Katastrophe eines Krieges der imperialistischen Staaten wird eine Gegenreaktion erzeugen, die den Sozialismus auf die Tagesordnung setzen wird. In der »Sozialdemokratischen Korrespondenz« vom 27. August 1914, ihrem einzigen Sprachorgan in dieser Zeit, schrieb sie:

> »Heute noch stumm und erdrückt von dem Unfassbaren, werden die Völker sich morgen aufrichten und erkennen: Eine Gesellschaft, die solche Ungeheuer in ihrem Schoße barg, ist unmöglich. Eine Gesellschaftsordnung, die zum Chaos führt, muss über kurz oder lang im Chaos untergehen. Rückfall der Menschheit in die Barbarei oder Wiedergeburt durch eine planmäßig organisierte, auf der Völkerverbrüderung basierende Gesellschaftsordnung, – das ist die Alternative, vor die alle Kulturnationen durch den heutigen Weltkrieg, mag er ausgehen, wie er will, gestellt werden.« (GW 7.2: 893)

Sie musste vier Jahre darauf warten, bis diese Alternative auf der Tagesordnung zu sein schien.

Kapitel 8
Das imperialistische Zeitalter und die Akkumulation des Kapitals

»Es war seit jeher den Epigonen vorbehalten, befruchtende Hypothesen des Meisters in starres Dogma zu verwandeln und satte Beruhigung zu finden, wo ein bahnbrechender Geist schöpferische Zweifel empfand.« (GW 5: 444)

Die Vorgeschichte von Luxemburgs Akkumulationstheorie

Rosa Luxemburgs Akkumulationstheorie hat eine Vorgeschichte, die in die Mitte der 1890er Jahre zurückreicht. Ihre Dissertation zur Entwicklung des Kapitalismus im russisch besetzten Königreich Polen führte ihr die Rolle der Umwandlung der subsistenzwirtschaftlichen bäuerlichen und handwerklichen Produktion in Warenproduzenten und die damit verbundene Integration in die zunehmend kapitalistisch geprägten Märkte vor Augen. Sie erkannte, wie die Nachfrage seitens der kleinen Warenproduzenten nach kapitalistisch hergestellten Gütern dem Kapitalismus den Weg bereitete. Während Marx sich im »Kapital« auf das Modell einer durchkapitalisierten Volkswirtschaft konzentrierte, also einen »reinen« Kapitalismus annahm, war ihr Gegenstand eine Volkswirtschaft, die kapitalistische Großbetriebe genauso einschloss wie halbfeudale Großwirtschaften und Kleinproduktion mit starkem Anteil von Subsistenzwirtschaft, und dies alles im raschesten Umbruch (GW 1.1: 117ff.).

In ihrer Auseinandersetzung mit Bernstein war das Problem der Akkumulation des Kapitals und seiner Grenzen aufgeworfen worden (siehe Kapitel 4). Wie Luxemburg am 2. Juli 1898, in der heißen Phase ihrer Arbeit an den Anti-Bernstein-Artikeln, an Jogiches schrieb: »Am schwierigsten sind zwei Punkte: erstens über die Krisen, zweitens der positive Beweis, dass der Kapitalismus sich den Schädel zerschmettern muss, was meines Erachtens *unvermeidlich* ist« (GB 1: 166). Sie ist also schon zu dieser Zeit nicht zufrieden mit den vorliegenden Begründungen, wie sie sie von Marx kannte, und stellt den Anspruch an sich, »nicht mehr und nicht weniger als eine kurze Begründung neuer Art des wissenschaftlichen Sozialismus« (ebd.) zu leisten. Ein halbes Jahr später, am 9. Januar 1899, präzisiert sie ihr Problem in einem weiteren Brief an Jogiches: »Jetzt hilf mir, aber schnell, folgendes Ideechen zu lösen: Mit der Entwicklung des Kapitalismus entwickeln sich die Widersprüche *u[nd] die Unhaltbarkeit* nicht nur der kapitalistischen *Wirtschaft*, sondern auch des kapitalistischen *Staates*. Das letztere, d.h. die kapitalistische Politik strebt ebenfalls *zum Zusammenbruch*. Eine Illustration aus der Praxis: In der internationalen Politik spielte bis vor etwa fünf bis sechs Jahren eine zentrale Rolle Konstantinopel, um das sich der ganze internationale Kampf drehte. [...] Um 1895 erfolgte eine wichtige Veränderung, der japanische Krieg öffnet das Tor nach China, und die europäische Politik, getrieben von den kapitalistischen und staatlichen Interessen, stürzte nach Asien. Konstantinopel trat in den Hintergrund. [...] Klar ist, dass die Aufteilung Asiens und Afrikas das letzte Ziel ist, jenseits dessen es für die europäische Politik kein weiteres Feld gibt, um sich zu entwickeln. Dann tritt erneut eine solche *Einklemmung* ein wie neulich bei der Orientfrage, und den Staaten Europas bleibt nichts anderes, als sich aufeinander zu stürzen, d.h., in der Politik beginnt *die Periode der Schlusskrisen* etc. etc. Du verstehst schon, *was für herrliche Ausblicke das gewährt* [...].« (GB 1: 249f.)

Von Anfang an band Luxemburg die Frage des unvermeidlichen Zusammenbruchs des Kapitalismus an die Tendenz zur Überproduktion wegen mangelnder Nachfrage: »Ob also eine Weltkrisis, ob die partiellen Krisen bald oder nicht bald eintreten, das sind sehr untergeordnete Fragen, die man auch gar nicht beantworten kann. Genug, die allgemeine *Überproduktion* in dieser oder jener Form muss und wird über kurz oder lang eintreten. Und *dies* ist es, was das *Todesurteil* für die kapitalistische Gesellschaft bedeutet.« (GW 1.1: 550). In ihrer ausführlichen Besprechung des Buches von Kautsky gegen Bernstein (Kautsky 1899) kommt Luxemburg erneut auf dieses Problem zu sprechen. Schon zu diesem Zeitpunkt ist die »unheilbar chronische Überproduktion [...] die letzte Grenze, bis zu der das kapitalistische Regime sich überhaupt behaupten kann« (GW 1.1: 550), auch wenn der Klassenkampf des Proletariats das Ende der kapitalistischen Produktionsweise herbeiführen kann, »ehe noch diese in das Stadium ihrer Verwesung eingetreten« (ebd.) sei. Nur durch das Wissen um eine solche *absolute Grenze*, so Luxemburg, verwandle sich der Sozialismus aus einem Ziel, das in einem »nebelhaften Bereich« der Zukunft liege und »vielleicht nach 500 Jahren verwirklicht werden dürfte«, in »ein absehbares und notwendiges Ziel praktischer Politik« (ebd.). Ohne die Annahme einer solchen absoluten Grenze, die wissenschaftlich *bewiesen* ist, würde für Luxemburg das ganze Gebäude des Marxismus zusammenbrechen, da es kein stabiles Fundament hätte. Die revolutionäre Realpolitik, die sie vertritt, basiert auf der Verbindung von Endziel und Tagespolitik. Das Endziel selbst aber wird wiederum bei ihr dadurch begründet, dass Kapitalismus selbst mit absoluter Notwendigkeit genau jene Grenze hervorbringt, an der er früher oder später scheitern muss. Luxemburgs Akkumulationstheorie löst damit für sie wissenschaftlich ein, was sie im Streit mit Bernstein nur behauptet hatte, so wie für Marx das »Kapital« die Hypothesen des »Kommunistischen Manifest« in wissenschaftliche politökonomische Theorie verwandelte.

Aber erst mit ihrer Tätigkeit als Lehrerin für Nationalökonomie an der Parteischule der SPD ab 1907 bot sich ihr die Möglichkeit, der Frage nach den absoluten Grenzen des Kapitalismus systematisch nachzugehen und eine Antwort zu finden, die diese These aus ihrer Sicht überzeugend wissenschaftlich zu erklären vermochte. Es ist dies (auch) eine Rückkehr zu einer vorrangig wissenschaftlichen Arbeitsweise, in der die intellektuelle Suche das politische Anliegen für einen langen Moment in den Hintergrund rücken ließ, das sonst immer ihre Arbeit dominierte. Eine Teilnehmerin der Lehrgänge, Rosi Wolfstein, schrieb 1920 über ihre Lehrmethode: »Wie sie uns zur eigenen Auseinandersetzung, zur Selbstverständigung mit den nationalökonomischen Fragen zwang? Durch Fragen! Durch Fragen und immer erneutes Fragen und Forschen holte sie aus der Klasse heraus, was nur an Erkenntnissen über das, was es festzustellen galt, in ihr steckte. Durch Fragen beklopfte sie die Antwort und ließ uns selbst hören, wo und wie sehr es hohl klang, durch Fragen tastete sie die Argumente ab und ließ uns selbst sehen, ob sie schief oder gerade waren, durch Fragen zwang sie über die Erkenntnis des eigenen Irrtums hin zum eigenen Finden einer hieb- und stichfesten Lösung.« (zitiert in Hirsch 1969: 72)

In dieser Zeit, als sie an der »Akkumulation des Kapitals« arbeitete, war für sie zugleich das Problem des Imperialismus immer wichtiger geworden. In der Zweiten Internationale rückten die Fragen von Kolonialismus, Imperialismus und Krieg ins Zentrum. Der Amsterdamer Kongress von 1904 forderte die Mitgliedsparteien auf, die damit verbundenen Fragen intensiver zu studieren. Auf dem Kongress 1907 kam es zu heftigen Auseinandersetzungen. Eine Resolution, die die positiven Seiten des Kolonialismus betonte, konnte nur mit knapper Mehrheit zurückgewiesen werden. Es gelang, den von Luxemburg, Lenin, Plechanow, Trotzki und anderen eingebrachten Beschluss durchzubringen: »Droht der Ausbruch eines Krieges, so sind in den beteiligten Ländern die Arbeiter und ihre parlamentarischen Vertreter verpflichtet, alles aufzubieten, um den Ausbruch des Krieges durch Anwendung entsprechender Mittel zu verhindern, die sich je nach der Verschärfung des Klassenkampfes und der allgemeinen politischen Situation naturgemäß ändern und steigern. Falls der Krieg dennoch ausbrechen sollte, sind sie verpflichtet, für dessen rasche Beendigung einzutreten und mit allen Kräften dahin zu streben, um die durch den Krieg herbeigeführte wirtschaftliche und politische Krise zur politischen Aufrüttelung der Volksschichten und zur Beschleunigung des Sturzes der kapitalistischen Klassenherrschaft auszunutzen.« (GW 2: 236)

Luxemburgs politische Agitation und ihre theoretische Arbeit bildeten miteinander verbundene Linien, die beide Fragen aufwarfen. Innen- und Außenpolitik sollten in ihrem strategischen Zusammenhang begriffen werden (siehe GW 3: 11). Eine Argumentation, die »die Kolonialpolitik« nur als

»ein schlechtes Geschäft« darstellt, da sich Aufwand und Nutzen nicht decken (GW 3: 35), lehnte sie strikt ab. Imperialismus war für sie die folgerichtige Verstärkung jener Elemente, die »die Kapitalsgeschichte von ihrer Wiege an« begleitet habe: »Es ist die äußerste Steigerung dieser Elemente, ein Zusammenrücken, ein gigantisches Auftürmen dieser Gegensätze, was eine neue Epoche im Werdegang der heutigen Gesellschaft ergeben hat. In dialektischer Wechselwirkung, zugleich Folge und Ursache der gewaltigen Kapitalakkumulation und der mit ihr gegebenen Verschärfung und Zuspitzung des Gegensatzes im Innern zwischen Kapital und Arbeit, auswärts zwischen den kapitalistischen Staaten, hat der Imperialismus die Schlussphase, die gewaltsame Weltaufteilung durch das stürmende Kapital eröffnet.« (GW 3: 193) Luxemburg stellte dabei die zerstörende Wirkung von Kapitalismus und Imperialismus auf die kolonial unterdrückten Völker ins Zentrum. Anders als Bernstein konnte sie keine zivilisatorischen Segnungen erkennen: »Das innerste Wesen, der Kern, der ganze Sinn und Inhalt der imperialistischen Politik der kapitalistischen Staaten ist das fortschreitende und unausgesetzte Zerreißen aller nichtkapitalistischen Länder und Völker in Fetzen, die von dem Kapitalismus nach und nach verschlungen und verdaut werden.« (GW 3: 28)

Die Zeit nach 1870 war eine Epoche relativer Ruhe im Zentrum des kapitalistischen Weltsystems und zugleich der endgültigen kolonialen Aufteilung der Welt. Der Reichtum der Gesellschaften Westeuropas und der USA wuchs und mit ihr – wenn auch deutlich geringer – die Teilhabe der arbeitenden Klassen der kapitalistischen Zentren an diesem Reichtum. Die Vormacht des Besitzbürgertums in England wurde durch die Herrschaft von Finanz- und Industrieoligopolen abgelöst (zu den Paradoxien dieser Zeit siehe Hobsbawm 1989: 9f.).

Aber diese relative Ruhe kam um 1900 an ihr Ende. Während es in den Metropolen zum Stellungskrieg von Kapital und Arbeit kam, brachen die gewaltsamen Konflikte an den Rändern auf – erstens zwischen den imperialistischen Staaten, zweitens zwischen ihnen und sich formierenden antikolonialen Bewegungen und drittens als Volksrevolutionen, so mit den revolutionären Umbrüchen in China (seit 1900), der Russischen Revolution (1905/7) und der Revolution in Mexiko (1913 bis 1920). In den imperialistischen Hauptländern stockten die demokratischen und sozialen Reformen, die imperialistische Unterdrückung nahm angesichts wachsenden Widerstands brutalere Formen an und die zwischenimperialistischen Konflikte drohten außer Kontrolle zu geraten. Gemeinsam mit Lenin und anderen radikalen Linken der Sozialistischen Internationale forderte Luxemburg nach 1900 immer entschiedener, dass die Sozialdemokratie »von der Weltpolitik Kenntnis nimmt«, denn »alle Länder leben beständig im Kriegszustand« (GW 6: 305, 306). Deshalb bräuchten die sozialistischen Bewegungen eine neue Strategie und Theorie. Für die einen schienen wichtige Annahmen der Marx'schen Theorie der Kapitalakkumulation schlicht widerlegt. Für die anderen schien eine Weiterentwicklung der Marx'schen Politischen Ökonomie und ihre Erweiterung geboten, um eine offensive Antwort auf die Herausforderungen zu finden. Raya Dunayevskaya macht dabei auf folgenden Zusammenhang aufmerksam: »Am Beginn des 20. Jahrhunderts eröffnete der Übergang des Kapitalismus in seine imperialistische Phase eine völlig neue Epoche, weil auch das direkte Gegenteil sich herausbildete – die Revolution. Ohne Zweifel hat diese neue globale Dimension – die Russische Revolution von 1905, die auch im Osten eine neue welthistorische Etappe anzeigte – die Dialektik der Geschichte für Luxemburg sehr real werden lassen.« (Dunayevskaya 1981: 6)

Die in dieser Zeit vorgelegten marxistischen Analysen jener Gesellschaften, in denen die kapitalistische Produktionsweise herrschte, waren vor allem durch Rudolf Hilferdings grandiose Studie zum Finanzkapital geprägt, die 1910 erschienen war (Hilferding 1947). Auf sie bezogen sich die führenden Theoretiker der Zweiten Internationale von Kautsky (Kautsky 1911, 1914) bis Bucharin im Jahre 1917 (Bucharin 1969) oder Lenin (Lenin 1916). Eine wichtige Quelle für alle war auch das Werk von John Atkinson Hobson aus dem Jahre 1902 (Hobson 1968). Sie setzten an der schon von Marx beobachteten Entwicklung des Kredits und der Aktiengesellschaften sowie an der von ihm prognostizierten Zentralisation des Kapitals an. Engels hatte diese Zentralisation bis hin zu einer Situation extrapoliert, »wo das gesamte gesellschaftliche Kapital vereinigt wäre in der Hand, sei es eines einzelnen Kapitalisten, sei es einer einzigen Kapitalistengesellschaft« (MEW Bd. 23: 656).

Gesellschaft als kultureller Organismus

Rosa Luxemburgs Zugang zur kapitalistischen Akkumulation fiel erkennbar aus diesem Diskurs heraus. Sie erkannte die Bedeutung von Großbanken und Großkonzernen sowie Kartellen, aber anders als viele der genannten Theoretiker sah sie in dieser Zentralisation und Konzentration nicht vornehmlich Vorformen des Sozialismus, die man eigentlich nur umdrehen müsse zum Wohle der Arbeiter, sondern betonte die zerstörerische Wirkung, die sie auf die kolonialen oder halbkolonialen Wirtschaften, vor allem auf die kleinbäuerliche Produktion haben. Detailliert analysierte sie die Umverteilung bis hin zu den monopolistischen Organisationen, vermittelt durch die staatlichen Organe. Ihr positiver Bezugspunkt waren nicht die Großorganisationen des Kapitals oder des Staats, sondern die Selbstorganisation der Arbeiter und nicht zuletzt der Bauern in den vorkapitalistischen Gemeinschaften, die sie immer wieder heranzog, um die Möglichkeit einer nichtkapitalistischen Wirtschafts- und Eigentumsordnung zu illustrieren, vor allem in ihrer »Einführung in die Nationalökonomie« (GW 5: 524-778). Scharf analysierte sie deren Zerstörung. Vor 1100 Zuhörerinnen und 3500 Zuhörern hielt sie 1907 öffentliche Vorlesungen. Es waren große öffentliche Ereignisse.

Wie Christel Neusüß (1985: 306) bemerkte, ist Rosa Luxemburgs zentrale Fragestellung die der *Reproduktion des Ganzen der Gesellschaft*. Luxemburg verstand Gesellschaft als *kulturellen Organismus*, deren Teil die Wirtschaft mit ihren konkreten soziokulturellen und politischen Ausformungen ist. Sie begann ihr Werk zur Akkumulation des Kapitals nicht wie Marx mit der Ware als Elementarform des Reichtums, sondern mit einem Nachdenken über die Erhaltung der Gesamtgesellschaft und deren Bedrohung durch die kapitalistische Akkumulation und betonte: »Zunächst ist die regelmäßige Wiederholung der Produktion die allgemeine Voraussetzung und Grundlage der regelmäßigen Konsumtion und damit die Vorbedingung der Kulturexistenz der menschlichen Gesellschaft unter allen ihren geschichtlichen Formen. In diesem Sinne enthält der Begriff der Reproduktion ein kulturgeschichtliches Moment.« (GW 5: 10) Sie fragte vom Ganzen der Gesellschaft her und untersuchte die Bedrohungen, denen dieses Ganze und vor allem seine schwächsten Glieder durch die Kapitalakkumulation ausgesetzt sind. Gerade dieser Ausgangspunkt ist die Ursache, wieso Luxemburgs Werk von höchster Aktualität erscheint und intensiv rezipiert wird. Für Luxemburg waren es immer Zivilisationen, die sich »reproduzieren«, und nicht nur technologische und ökonomische Verhältnisse. Deswegen schien ihr der Kapitalismus »ein Ding der Unmöglichkeit«, eine Gesellschaft ohne bewusste Organisation, die »sich trotzdem zu einem Ganzen fügt und existieren kann« (GW 5: 770). Schon bei ihr wurde die Politische Ökonomie zur Kulturell-Politischen Ökonomie (siehe die neuen Ansätze von Sum/Jessop 2013).

Es gibt immer einen untrennbaren Zusammenhang zwischen der Leitfrage, die einer Forschung zugrunde liegt, und den gewählten Modellen, der Forschungsmethode und den empirischen Forschungsgegenständen (Brie 2019: 69). Marx ging davon aus, dass eine kommunistische soziale Revolution aus den Emanzipationskämpfen der arbeitenden Klassen der hochentwickelten Länder hervorgehen würde. Diese strategische Annahme bestimmte weitgehend seinen politökonomischen Forschungsprozess. Das »Kapital« unterstellte deshalb eine kapitalistische Produktionsweise in Abstraktion von nichtkapitalistischen Verhältnissen, klammerte die familiäre wie öffentliche Reproduktionsarbeit, die einfache Warenproduktion und die Kolonien aus. Nur jene Prozesse, die unbedingt notwendig schienen, um eine proletarische Revolution zu begründen, wurden einbezogen. Dies war keine Entscheidung aus Unkenntnis, sondern aus dem Bestreben heraus, nicht mehr Annahmen in die Analyse einzubeziehen, als unbedingt zwingend erforderlich waren, um die forschungsleitende Hypothese zu begründen. Luxemburg erkannte ausgehend von den Erfahrungen des imperialistischen Zeitalters, dass der Forschungsgegenstand einer marxistischen Gesellschaftsanalyse erweitert werden muss, um unter den neuen Bedingungen eine revolutionäre Strategie zu begründen. Die zu berücksichtigende Totalität bestand aus ihrer Sicht aus zwei Gruppen von Ländern. Nur aus ihrer widersprüchlichen Einheit ließe sich das Ganze der Kapitalakkumulation erklären (Córdova 1974: 77f.).

Die Gründe der wachsenden Konflikthaftigkeit des Kapitalismus nach außen wie nach innen sah Rosa Luxemburg anders als Hilferding nicht vor allem darin, dass das »Finanzkapital in seiner Vollendung die höchste Stufe ökonomischer und politischer Machtvollkommenheit in der Hand der Kapitaloligarchie« bedeute und dies »immer unvereinbarer mit den Interessen der durch das Finanzkapital ausgebeuteten, aber auch zum Kampf aufgerufenen Volksmassen« (Hilferding 1947: 518) sei. Sie definierte das Problem auch nicht wie Lenin, der betonte, dass »Monopole, Oligarchie, das Streben nach Herrschaft statt nach Freiheit, die Ausbeutung einer immer größeren Anzahl kleiner oder schwacher Nationen durch ganz wenige reiche oder mächtige Nationen« den Imperialismus als parasitären oder in Fäulnis begriffenen Kapitalismus« (Lenin 1916: 305) auszeichnen würden. Sie sah die Ursache der Krisen in den Grenzen der kapitalistischen Akkumulation selbst, auf die militaristisch, autoritär und unsozial reagiert werde. Sie stellte nicht die besondere Form des Kapitalismus des frühen 20. Jahrhunderts ins Zentrum, sondern sah in dieser Form die Zuspitzung der allgemeinen Widersprüche. Dies ist zugleich Stärke wie auch Schwäche ihres Ansatzes.

Kapitalismus als eine unmögliche Weltform

Eine der Absichten der Wirtschaftswissenschaftlerin Rosa Luxemburg war es, ihren eigenen Berufsstand überflüssig zu machen: Wenn die Warenproduktion überwunden sei, werde die Politische Ökonomie enden; nichts Geringeres hatte Rosa Luxemburg im Sinn. Politisch wie wissenschaftlich kam sie zwar aus der Schule von Marx, wurde allerdings nicht zu einer der vielen Epigonen des Denkers aus Trier. Ganz im Gegenteil.

Um die kapitalistische Mehrwertproduktion, zu der dann – um den Preis des Untergangs – das Wachstum, die ständige Ausweitung gehört, analysieren zu können, hatte sich Marx entschlossen, mit einem vereinfachten Modell zu arbeiten. Er unterstellte eine Gesellschaft, die lediglich aus Kapitalisten und Lohnarbeitern besteht; eine Gesellschaft also, die es so nie gegeben hat, was Marx selbst immer wieder betonte. Doch nur unter diesen »Laborbedingungen« war es ihm möglich, bestimmte Grundzusammenhänge dieser Produktionsweise freizulegen. Er konnte zeigen, wie der Mehrwert entsteht, wie er nicht konsumiert, sondern in die Produktion eingespeist – akkumuliert – wird, um noch mehr Waren herzustellen und noch mehr Mehrwert zu erzielen. Jeder Kapitalist, der sich diesem Spiel verweigere, werde über kurz oder lang niederkonkurriert.

Eine Frage konnte Marx mit seinem vereinfachten Herangehen allerdings nicht beantworten: woher das Wachstum, woher der ständig steigende Absatz, also die gewinnbringende Rückverwandlung des in Waren angelegten Kapitals in mehr Kapital komme. Hier setzte Rosa Luxemburg an. Sie ging davon aus, dass in einer Gesellschaft, die nur aus Kapitalisten und Lohnarbeitern bestünde, eine Ausdehnung des Absatzes unmöglich ist. Sie verwarf aber Marx nicht, sondern nahm seine Erkenntnisse und begab sich auf den Rückweg – von der Abstraktion zur Wirklichkeit. Dort stieß sie auf einen dritten Akteur neben Kapital und Lohnarbeit: die Akteure auf nichtkapitalistischen Absatzmärkten. Ihre Erkenntnis:

> »Die kapitalistische Produktion ist als echte Massenproduktion auf Abnehmer aus bäuerlichen und Handwerkskreisen der alten Länder sowie auf Konsumenten aller anderen Länder angewiesen, während sie ihrerseits ohne Erzeugnisse dieser Schichten und Länder (sei es als Produktions-, sei es als Lebensmittel) technisch gar nicht auskommen kann. So musste sich von Anfang an zwischen der kapitalistischen Produktion und ihrem nichtkapitalistischen Milieu ein Austauschverhältnis entwickeln, bei dem das Kapital sowohl die Möglichkeit fand, den eigenen Mehrwert für Zwecke weiterer Kapitalisierung in blankem Gold zu realisieren, als sich mit allerlei nötigen Waren zur Ausdehnung der eigenen Produktion zu versehen, endlich durch Zersetzung jener nichtkapitalistischen Produktionsformen immer neuen Zuzug an proletarisierten Arbeitskräften zu gewinnen.« (GW 5: 429)

Der Kapitalkreislauf käme ins Stocken, wenn es misslinge, die nichtkapitalistische Welt als billigen Rohstofflieferanten sowie als Absatzmarkt für teure Industrieprodukte der kapitalistischen »Mutterländer« zu erobern – die sich darüber aber in die Haare kriegen würden: Die Konkurrenz um diese Gebiete treibe die kapitalistischen »Mutterländer« letztlich in einen Weltkrieg. Diese Auffassung hatte Rosa Luxemburg 1913 in ihrem Werk »Die Akkumulation des Kapitals. Ein Beitrag zur ökonomischen Erklärung des Imperialismus« entwickelt. Sie hoffte auf einen großen Erfolg, der allerdings ausblieb. Außer ihrem Verbündeten Franz Mehring, der den mehr als 70 Zeitungen der SPD eine positive Rezension kostenlos zur Verfügung stellte, reagierte das SPD-Establishment auf die an der Parteibasis beliebte radikale Genossin eher verschnupft – vor allem wegen der Angriffe von Rosa Luxemburg auf die immer halbherzigere Politik der SPD-Führung. Unter diesem Konflikt litt auch die Resonanz auf Rosa Luxemburgs Werk.

Ihr Buch war übrigens wirklich nicht gut geraten: Über weite Strecken lesen sich die ersten 200 Seiten wie eine Selbstverständigung, wie ein Rohentwurf. Anders fallen nur die sieben historischen Kapitel über Akkumulation, Imperialismus und Militarismus am Ende des Bandes aus – diese sind Weltliteratur. Nach ihrem Misserfolg antwortete Rosa Luxemburg ihren Kritikern in einem weiteren Werk, das unter dem Titel »Antikritik« in die Literatur eingegangen ist. Diese Arbeit verfasste sie 1915, als sie wegen ihrer kompromisslosen Antikriegspolitik eine einjährige Gefängnisstrafe im Frauengefängnis in Berlins Barnimstraße abzubüßen hatte. Da niemand wagte, von der Ausgestoßenen etwas zu drucken, erschien das Buch erst 1921 bei Frankes Verlag in Leipzig, zwei Jahre nach der Ermordung der Autorin. Der Fortschritt in der »Antikritik« gegenüber der »Akkumulation des Kapitals« lag weniger im Dargelegten als in der Darlegung. Denn hier gelang es Rosa Luxemburg, ihre Auffassungen schlüssig und sprachlich auf hohem Niveau darzustellen. Allerdings wiesen ihre Berechnungen auch in dieser Arbeit Fehler auf. Erst der lange Zeit weitgehend vergessene Fritz Sternberg (siehe Grebing/Scherer 2017) überwand 1926 in seinem Buch »Der Imperialismus« (Sternberg 1926) diese Schwächen und formulierte Rosa Luxemburgs Ansatz voll aus. Wer sich mit Rosa Luxemburgs Akkumulationstheorie beschäftigen will, sollte daher am besten mit Sternberg beginnen (Sternberg 1929). Wie immer in der Forschungsgeschichte beginnt der Fortschritt nicht mit den richtigen Antworten, sondern mit intelligenten Fragen. Luxemburg hatte deren mehrere, auch wenn sie nicht alle beantworten konnte.

Luxemburgs Arbeit »Die Akkumulation des Kapitals. Ein Beitrag zur ökonomischen Erklärung des Imperialismus« war durch verschiedene Faktoren ausgelöst worden. Eine wesentliche Rolle spielte erstens die aufmerksame Beobachtung der Verschiebung der weltpolitischen Konflikte. Zweitens stieß sie bei der Lehre an der Parteischule der SPD auf Probleme, die sie nicht innerhalb des von ihr angeeigneten Marx'schen Paradigmas zu lösen vermochte. Ihr Interesse für die vorkapitalistischen Formen von Wirtschaft einerseits mit deren kommunistischen Zügen und die Empathie für die vom Imperialismus unterworfenen Völker andererseits begünstigten drittens die Richtung ihres Lösungsvorschlags. Unmittelbarer Auslöser war ihre Arbeit an einer »Einführung in die Nationalökonomie«, die ein Fragment blieb und erst 1925 veröffentlicht wurde. An Kostja Zetkin schrieb sie in dieser Zeit: »Ich bin in meiner ökonomischen Arbeit, und zwar gleich im letzten Kapitel, wo ich den Imperialismus begründen will. [...] Die streng ökonomische Beweisführung führte mich zu Marxschen Formeln am Schluss des zweiten Bandes des ›Kapitals‹, die mir längst unheimlich waren und wo ich jetzt eine Windbeutelei nach der anderen finde. Ich werde mich damit gründlich abfinden müssen, sonst kann ich meine Auffassung nicht aufstellen. Das freut mich als Gedankenarbeit, nimmt aber Zeit in Anspruch.« (GB 4: 124) Das innertheoretische Hauptproblem war für sie, dass sie innerhalb der Marx'schen Politischen Ökonomie keine Antwort auf die folgende Frage finden konnte: »Wer kann [...] Abnehmer, Konsument für die gesellschaftliche Warenproduktion sein, deren Verkauf erst die Akkumulation ermöglichen soll? Soviel ist klar, es können dies weder Arbeiter noch Kapitalisten selbst sein.« (GW 5: 426)

In ihrer Arbeit zur Lösung des Akkumulationsproblems kreuzten sich drei Interessen Luxemburgs: Erstens suchte sie eine Antwort darauf, warum Kapitalismus zwangsläufig an nicht überschreitbare Grenzen stößt. Ihr schien dies im überkommenen Marxismus nicht überzeugend geklärt. Zweitens war ihr ostmitteleuropäischer Blick geschärft für die Zerstörungen des Kapitalismus an seiner Peripherie. Genauer noch: Sie blickte als eine der ersten Marxistinnen von der (Semi-)Peripherie aufs Zentrum des Weltkapitalismus. Und drittens suchte sie nach einer Begründung für die wachsenden imperialistischen Spannungen und die sich anhäufende Kriegsgefahr. Das Vorwort zu ihrer Schrift vom Dezember 1912 endet mit den Worten: »Sollte mir der Versuch gelungen sein, dieses Problem wissenschaftlich exakt zu fassen, dann dürfte die Arbeit außer einem rein theoretischen Interesse, wie mir scheint, auch einige Bedeutung für unseren praktischen Kampf mit dem Imperialismus haben.« (GW 5: 7)

Rosa Luxemburg fand den zentralen Widerspruch des Kapitalismus darin, »dass die kapitalistische Akkumulation zu ihrer Bewegung nichtkapitalistischer sozialer Formationen als ihrer Umgebung bedarf, in ständigem Stoffwechsel mit ihnen vorwärtsschreitet und nur so lange existieren kann, als sie dieses Milieu vorfindet« (GW 5: 315). Man könnte auch sagen: Ohne Nichtkapitalismus kein Kapitalismus! Dies sei, so meinte sie, »im Sinne der Marxschen Lehre«, aber in Wirklichkeit war es eine fundamental andere Sicht auf die Kapitalakkumulation als die von Marx im ersten Band des »Kapital« gewählte. Marx habe nur die »eine Seite« dieser Akkumulation betrachtet, jene, die sich zwischen Kapital und Arbeit in der »Produktionsstätte des Mehrwerts« vollziehe. »Die andere Seite der Kapitalakkumulation«, so Luxemburg, »vollzieht sich zwischen dem Kapital und nichtkapitalistischen Produktionsformen« (GW 5: 397). Diese Seite der Kapitalakkumulation aber sei so endlich wie der irdische Globus, den man schon zu ihrer Zeit weit schneller als in achtzig Tagen umrunden konnte. In den letzten einhundert Jahren wurde aber auch klar, »dass der Kapitalismus nicht nur sein eigenes ›Außen‹ hervorbringt, sondern auch ein großes Interesse hat, dieses Außen zu erhalten, um weiter von seinen Ressourcen leben zu können«‹ (Soiland 2016: 209).

Kapitalakkumulation war für Luxemburg die Verbindung von Ausbeutung der Lohnarbeit *und* Zerstörung nichtkapitalistischer Zivilisationen. In letzteren findet sie etwas, was der Kapitalismus nach ihrer Auffassung nicht besitzt – die Produktion für die unmittelbaren Bedürfnisse und die direkte Regelung der gemeinsamen Angelegenheiten. Vorbild ist die »agrarkommunistische Wirtschaftsorganisation«. Hier lag ihre Sympathie, wie ihre Sprachwahl zeigt:

> »Man kann sich nichts Einfacheres und Harmonischeres zugleich vorstellen als dieses Wirtschaftssystem der alten germanischen Mark. Wie auf flacher Hand liegt hier der ganze Mechanismus des gesellschaftlichen Lebens. Ein strenger Plan, eine stramme Organisation umfassen hier das Tun und Lassen jedes einzelnen und fügen ihn dem Ganzen als ein Teilchen ein. Die unmittelbaren Bedürfnisse des täglichen Lebens und ihre gleichmäßige Befriedigung für alle, das ist der Ausgangspunkt und der Endpunkt der ganzen Organisation. Alle arbeiten gemeinsam für alle und bestimmen gemeinsam über alles. Woraus fließt aber und worauf gründet sich diese Organisation und die Macht der Gesamtheit über den einzelnen? Es ist nichts anderes als der Kommunismus an Grund und Boden, das heißt gemeinsamer Besitz des wichtigsten Produktionsmittels durch die Arbeitenden.« (GW 5: 656)

Ähnlich äußert sie sich auch über die Wirtschaftsweise unter der Herrschaft der Inka. Die vorkapitalistischen Gesellschaften waren für Luxemburg ein »wertvoller historischer Orientierungspunkt, der es ermöglicht, den Kapitalismus zu kritisieren« (Löwy 1989: 141).

Die Begründung dafür, dass die Kapitalakkumulation zwingend auf nichtkapitalistische Milieus angewiesen ist, fand Luxemburg in der These, dass der stets wachsende Mehrwert unter den Bedingungen eines äquivalenten Austauschs und der Tatsache, dass er nicht allein in die Konsumption durch die Kapitalisten selbst fallen würde, keine Realisierung finden könne, da Mehrwert eben etwas sei, was über den Austausch gleicher Werte hinaus erzeugt worden sei. Innerhalb der Marx'schen Reproduktionsschemata des zweiten Bandes des »Kapital« könne nicht erklärt werden, woher die zusätzliche Nachfrage nach dem zusätzlich geschaffenen Wert denn kommen könne. Es bedürfe »dritter Personen« (GW 5: 299). Es gelte, dass »*zum mindesten* der zu kapitalisierende Mehrwert und der ihm entsprechende Teil der kapitalistischen Produktionsmasse« außerhalb der kapitalistischen Kreise realisiert werden müsse – wo anders also als in der »nichtkapitalistischen Welt« (GW 5: 308)?!

> »Die Lösung [des Akkumulationsproblems – d. Autoren] liegt, im Sinne der Marxschen Lehre, in dem dialektischen Widerspruch, dass die kapitalistische Akkumulation zu ihrer Bewegung nichtkapitalistischer sozialer Formationen als ihrer Umgebung bedarf, in ständigem Stoffwechsel mit ihnen vorwärtsschreitet und nur so lange existieren kann, als sie dieses Milieu vorfindet. Von hier aus können die Begriffe des inneren und auswärtigen Absatzmarktes, die im theoretischen Streit um das Problem der Akkumulation eine so hervorragende Rolle gespielt haben, revidiert werden. Innerer und äußerer Markt spielen gewiss eine große und grundverschiedene Rolle im Gang der kapitalistischen Entwicklung, jedoch nicht als Begriffe der politischen Geografie, sondern als die der sozialen Ökonomie. Innerer Markt vom Standpunkt der kapitalistischen Produktion ist kapitalistischer Markt, ist diese Produktion selbst als Abnehmerin ihrer eigenen Produkte und Bezugsquelle ihrer eigenen Produktionselemente. Äußerer Markt für das Kapital ist die nichtkapitalistische soziale Umgebung, die seine Produkte absorbiert und ihm Produktionselemente und Arbeitskräfte liefert.« (GW 5: 315)

Anders als jede Produktionsweise vor ihm, so Luxemburg, müsse Kapitalismus alle nichtkapitalistischen Formen verdrängen und brauche sie doch wie die Luft zum Atmen. Kapitalismus sei eine Wirtschaftsform, die »gleichzeitig mit der Tendenz, zur Weltform zu werden, an der inneren Unfähigkeit zerschellt, eine Weltform der Produktion zu sein« (GW 5: 411). Sie kann dabei auf ihre brillante Kurzdarstellung der Entwicklung der globalen Baumwollproduktion und kapitalistisch-industriellen Revolution zurückgreifen, wo wie im Brennglas die Widersprüche von Kapitalismus, Kolonialismus und neuer Sklaverei sowie Leibeigenschaft, von Zentren und Peripherien auf den Punkt gebracht werden (GW 5: 557-563) (siehe die neue Darstellung von Beckert 2014).

Das von Luxemburg betonte Problem der effektiven Nachfrage unter den Bedingungen erweiterter Reproduktion kann nicht dadurch weggeredet werden, dass auf die Nachfrage der kapitalistischen Unternehmen nach konstantem Kapital und den sich erweiternden Eigenverbrauch der Unternehmen an den eigenen Produkten wie Eisen, Kohle usw. verwiesen wird. Es lenkt auch nicht ab vom Widerspruch zwischen Kapital und Lohnarbeit und dem Klassencharakter kapitalistischer Akkumulation (so u.a. Dunayevskaya 1981: 41; Hudis 2014: 478ff.), wenn Luxemburg betont, dass die Bewegung dieser (und anderer) Widersprüche durch das Nadelöhr der Nachfrage hindurchmuss. Neben nichtkapitalistischen Milieus macht sie, wenn auch nur auf den letzten Seiten ihres Werkes, auf die Staatsausgaben (nicht zuletzt im Bereich von Rüstung) aufmerksam. Spätere Versuche, im Rahmen von Fordismus, Sozialstaat, keynesianischer Makrosteuerung oder einer schuldengetriebenen Akkumulation die von ihr aufgezeigten Probleme zu bearbeiten, verweisen auf die Vielfalt der Formen der Bearbeitung des Widerspruchs zwischen dem Drang nach erweiterter Reproduktion des Kapitalverhältnisses und Sicherung der dafür notwendigen Verwertungsbedingungen, zu denen nicht nur die Schaffung von Nachfrage gehört, sondern vor allem die vielen Formen von Arbeit, die für die Reproduktion der Gesellschaften als Zivilisationen unbedingt erforderlich sind. Bellofiore fasst die drei wichtigsten ökonomischen Erkenntnisse Luxemburgs so zusammen: »Es sind (1) die makromonetäre Natur des kapitalistischen Prozesses und deshalb die zentrale Bedeutung von Finanzen für die Kapitalakkumulation; (2) die Abhängigkeit des dynamischen Gleichgewichts der erweiterten Reproduktion von der Dynamik der Investitionen, und deren Abhängigkeit vom Anreiz zu investieren; und (3) die Begründung der Krisentheorie in der Dynamik der Produktion von Wert und Mehrwert, da die Krise von deren Realisierung die notwendige Konsequenz der Erzielung des *relativen Mehrwerts* ist, die den tendenziellen Fall des ›relativen‹ Lohns erzeugt. Es ist wahr, dass Luxemburg nicht in der Lage war, ihre Erkenntnisse zur Gänze auszuschöpfen, es ist aber auch wahr, dass ihre Kritiker nicht einmal das Problem sahen, das sie gestellt hatte.« (Bellofiore 2013b: 5f.)

Es gibt, wie Luxemburg immer wieder betonte, keinen automatischen Zusammenbruch. Judith Dellheim hat auf diesen Aspekt ihres Werkes verwiesen, wenn sie schreibt: »Wie werden Arbeitende bereit und in der Lage, ihre materiellen Bedürfnisse und Lebensweisen so zu verändern, dass sie der Gewalt gegeneinander, gegen Arbeiterinnen und Arbeiter in anderen Ländern, gegen sozial schwächere Bevölkerungsgruppen auf der ganzen Welt, gegen die Natur ein Ende setzen und sie überwinden?« (Dellheim 2016: 313) Solange diese Antwort nicht gefunden ist, wird sich die kapitalistische Akkumulation immer neue Felder der Landnahme und Enteignung erschließen und die eigenen destruktiven Folgen zum immer weiterwachsenden Gegenstand der Verwertung umformen.

Im Zusammenhang mit der Diskussion um die sogenannte produktive, d. h. im Marx'schen Sinne mehrwertschaffende Arbeit wies Luxemburg auf die Tatsache hin, dass wichtigste Tätigkeiten, die menschliches Leben überhaupt möglich machen, Menschen als Menschen hervorbringen und erhalten, Tätigkeiten, die im Haushalt anfallen und bis heute vor allem von Frauen geleistet werden, als unproduktiv gelten. Diese Widersprüchlichkeit fasste sie in folgende Worte:

> »Anders als die Frauen der Kapitalistenklasse sind die Frauen des Proletariats wirtschaftlich selbstständig, sind für die Gesellschaft *produktiv* tätig so gut

> wie die Männer. Nicht in dem Sinne, dass sie dem Manne durch häusliche Arbeit helfen, mit dem kargen Lohn das tägliche Dasein der Familie zu fristen und Kinder zu erziehen. Diese Arbeit ist nicht produktiv im Sinne der heutigen kapitalistischen Wirtschaftsordnung, und mag sie in tausendfältigen kleinen Mühen eine Riesenleistung an Selbstaufopferung und Kraftaufwand ergeben. Sie ist nur eine private Angelegenheit des Proletariers, sein Glück und Segen, und gerade deshalb bloße Luft für die heutige Gesellschaft. Als produktiv gilt – solange Kapitalsherrschaft und Lohnsystem dauern werden – nur diejenige Arbeit, die Mehrwert schafft, die kapitalistischen Profit erzeugt. Von diesem Standpunkt ist die Tänzerin im Tingeltangel, die ihrem Unternehmer mit ihren Beinen Profit in die Taschen fegt, eine produktive Arbeiterin, während die ganze Mühsal der Frauen und Mütter des Proletariats in den vier Wänden ihres Heimes als unproduktive Tätigkeit betrachtet wird. Das klingt roh und wahnwitzig, entspricht aber genau der Rohheit und dem Wahnwitz der heutigen kapitalistischen Wirtschaftsordnung [...].« (GW 3: 163)

Raya Dunayevskaya macht auf eine gravierende Schwachstelle in Luxemburgs Akkumulationstheorie aufmerksam. Denn einerseits lenkt Luxemburg das Augenmerk weg von der einseitigen Zentrierung auf das Verhältnis von Kapital und Lohnarbeit in den kapitalistischen Kernsektoren der Industrie und den industriellen Zentren. Auch analysiert sie im Detail die Zerstörungen, die die imperialistische Durchdringung überall auf dem Globus anrichtet, und sie schreibt ausführlich über die Aufstände unterdrückter Völker in Afrika, Asien und Lateinamerika. Andererseits aber zieht sie daraus nicht die Schlussfolgerung, dass diese Völker im imperialistischen Zeitalter selbst revolutionäre Subjekte werden könnten. Sie gibt ihre Zentrierung auf das Proletariat als alleinige revolutionäre Kraft nicht auf. Dunayevskaya schreibt: »Einige der besten Darstellungen in Luxemburgs *Akkumulation* finden sich in ihrer Beschreibung des ›realen‹ Prozesses der Akkumulation durch die Eroberung von Algerien und Indien, den Opiumkrieg gegen China, den Englisch-Burischen Krieg und die Aufteilung Afrikas sowie die Auslöschung der indigenen Bevölkerung der Amerikas. Obwohl Luxemburg sehr genau beschrieb, wie der Krieg zwischen Buren und Engländern auf ›dem Rücken der Neger‹ ausgetragen wurde, hat sie daraus keine Schlussfolgerungen gezogen über die schwarzen Afrikaner als revolutionäre Kraft. Die revolutionäre Rolle war ausschließlich für das Proletariat reserviert. In ihrer Kritik der Marx'schen Diagramme sah sie die ökonomischen Kategorien nur als ökonomische und nicht vor allem als Symbole des Klassenkampfs selbst.« (Dunayevskaya 1981: 37) Luxemburgs Abgrenzung zu allem, was als kleinbürgerlich oder nationalistisch erscheinen könnte, als

Sonderinteressen von Frauen und »Judenschmerzen«, ist so absolut, dass sie die universalen Potenzen in diesen besonderen Kämpfen nicht in ihre strategischen Überlegungen einbezieht. Für sie ist und bleibt das Proletariat die universelle Klasse, was deren eigene nationalistische, imperialistische, antisemitische oder sexistische Tendenzen als bloße Verirrungen erscheinen ließ, die im Zuge der revolutionären Selbstermächtigung überwunden werden.

Mit Rosa Luxemburg nahm die Akkumulationstheorie eine imperialismus- und reproduktionsorientierte Wendung, die sie bis heute behalten hat. Unterstellt Marx einen »reinen Kapitalismus« als Realabstraktion, von der aus nur das Proletariat als wahrhaft fortschrittliche Klasse erschien, so konstruierte Luxemburg das Verhältnis von kapitalistischer Produktionsweise und nichtkapitalistischen Produktionsweisen als konstitutiv für jede Kapitalakkumulation, zog daraus aber nicht die möglichen revolutionsstrategischen Schlussfolgerungen. Rosa Luxemburg nahm also eine folgenreiche Erweiterung des Marx'schen Akkumulationszusammenhangs vor. Die Arbeiterklasse muss sich von diesem Standpunkt aus zugleich direkt mit dem Kapital *und* mit jenen Zerstörungen auseinandersetzen, die Imperialismus und Militarismus erzeugen. Wie Peter Hudis formuliert: »Rosa Luxemburg bleibt eine entscheidende Bezugsperson für unsere Zeit, weil sie darauf insistierte, dass die Kapitalakkumulation nicht nur von den internen *zeitlichen* Dynamiken partikularer kapitalistischer Gesellschaften abhängt, sondern vor allem von der *räumlichen* Durchdringung und Zerstörung der nichtkapitalistischen Welt durch den Kapitalismus.« (Hudis 2014: 474) Damit stand zugleich die Frage im Raum, welche Bedeutung die antikolonialen und antiimperialistischen Kämpfe für eine sozialistische Strategie haben. Für Luxemburg war auf jeden Fall klar, dass die Ignoranz gegenüber dem von ihr aufgezeigten Widerspruch kapitalistischer Akkumulation, der imperialistisch gewaltsam bearbeitet wird, zwangsläufig »zu dem elenden Fiasko der Sozialdemokratie« (GW 5: 517) führte, das sie im Ersten Weltkrieg erlebte.

Das Kapital, so Rosa Luxemburgs Epochendefinition, expandiere in seiner aktuellen militaristischen Gestalt und zerstöre dabei nach außen wie innen genau jene Kaufkraft, die es zur Realisierung des Mehrwerts brauche. Sie zieht den fulminanten Schluss:

> »Je gewalttätiger das Kapital vermittelst des Militarismus draußen in der Welt wie bei sich daheim mit der Existenz nichtkapitalistischer Schichten aufräumt und die Existenzbedingungen aller arbeitenden Schichten herabdrückt, um so mehr verwandelt sich die Tagesgeschichte der Kapitalakkumulation auf der Weltbühne in eine fortlaufende Kette politischer und sozialer Katastrophen und Konvulsionen, die zusammen mit den periodischen wirtschaftlichen Katastrophen in Gestalt der Krisen die Fortsetzung der

> Akkumulation zur Unmöglichkeit, die Rebellion der internationalen Arbeiterklasse gegen die Kapitalsherrschaft zur Notwendigkeit machen werden, selbst ehe sie noch ökonomisch auf ihre natürliche selbstgeschaffene Schranke [ausfallender nichtkapitalistischer Nachfrage – d. Autoren] gestoßen ist« (GW 5: 410f., siehe auch den Schluss ihrer erst posthum erschienenen »Einführung in die Nationalökonomie«, GW 5: 778, und die »Antikritik«, GW 5: 430).

Nur die politische Revolution der Arbeiterklasse, so Luxemburg, könne diesen Widerspruch positiv auflösen, sonst drohe der Absturz in die Barbarei (siehe GW 7.1: 229).[26]

Politökonomische Fundierung einer neuen Strategie

Die Verbindung von Entwicklungen in den Zentren und (Semi-)Peripherien des kapitalistischen Weltsystems war immer schon durch starke barbarische Züge geprägt. Angesichts dieser Tatsache begriff Hannah Arendt unter direktem Rückgriff auf Rosa Luxemburg den Imperialismus als eines jener »Elemente« totalitärer Herrschaft, die dem Nationalsozialismus den Weg bereiteten. Sie schrieb: »Unter den Büchern über den Imperialismus ist vielleicht keines von einem so außerordentlichen historischen Instinkt geleitet wie die Arbeit Rosa Luxemburgs. Da sie im Verfolg ihrer Studien zu Resultaten kam, die mit dem Marxismus weder in seiner orthodoxen noch in seiner reformierten Form in Einklang zu bringen waren, und doch sich von dem mitgebrachten Rüstzeug nicht befreien konnte, ist ihr Werk Stückwerk geblieben; und da sie es weder den Marxisten noch deren Gegnern hatte recht machen können, ist es fast unbeachtet geblieben.« (Arendt 1995: 254) Luxemburgs strategische Schlussfolgerungen für die sozialistische Arbeiterbewegung waren vor allem

[26] Riccardo Bellofiore kommt zu der Einschätzung: »Mit allen ihren Beschränkungen stellte die ökonomische Analyse von Luxemburg nichts weniger dar als ein Wiederaufleben der Werttheorie als Theorie der Ausbeutung in einer Geldwirtschaft, geprägt durch die dynamische Konkurrenz zwischen Unternehmen. Ihre Originalität bestand darin, Marx' Perspektive in einem Ansatz aufzugreifen, der durch alte (Wicksell, Schumpeter, Keynes) und neue (Schmitt, Parguez, Graziani) Theorien der Geldzirkulation weiter entwickelt wurde. Genau das, was Kautsky oder Lenin, Bauer oder Bucharin als ihre ›Fehler‹ ansahen, erscheint jetzt als etwas, was Luxemburg zu einer Wegbereiterin einer makroökonomischen Theorie von Ausbeutung, Akkumulation und Krise macht.« (Bellofiore 2010) Schon 1939 hatte Michal Kalecki festgestellt, dass Luxemburg die »klarste Formulierung« des Problems der effektiven Nachfrage vor Keynes geliefert habe (Kalecki 2003: 46).

die konsequente Auseinandersetzung mit Imperialismus, Militarismus und Kolonialismus und eine eindeutige Solidarität mit jenen Völkern, die durch den Kapitalismus unterjocht und enteignet werden.

Rosa Luxemburg entwickelte unter Auswertung der Russischen Revolution von 1905 ein Politikverständnis, das keine Trennlinie mehr kannte zwischen den Kämpfen der organisierten Arbeiterbewegung und den breitesten Schichten des Proletariats, einschließlich derer, die oft einfach als »Lumpenproletariat« abgeschrieben worden waren, nicht zuletzt durch Marx. Sie schloss in diese Kämpfe die breitesten Volksschichten und nicht zuletzt die Bauern ein, die lange einfach als reaktionär angesehen worden waren. Sie betonte den Zusammenhang zwischen den Kämpfen in den entwickelten kapitalistischen Ländern, denen Russlands und denen der kolonialisierten oder halbkolonialisierten Völker Afrikas, Lateinamerikas oder Asiens. In allen diesen Konflikten war es in ihren Augen immer die Kapitalakkumulation einerseits und die Gegenwehr gegen sie, die direkt oder indirekt die Agenda bestimmten. Insofern konnte gerade auch von denen, die nicht im Zentrum des Systems waren, die größte emanzipatorische Innovation kommen. Auch in der Theorie verlor so die Arbeiterklasse Deutschlands für Luxemburg ihre Avantgardestellung. Und in den Kolonien sah sie keine bloßen ökonomischen Anhängsel der Zentren, noch sah sie in den unterworfenen Völkern Objekte der »Zivilisierung«. Ein im imperialen Geist abgefasstes Flugblatt der SPD kommentiert sie mit den Worten: »Fügen wir noch hinzu, dass in dem ganzen Flugblatt nicht ein Wort von den Völkern, von den Eingeborenen der Kolonien, von ihren Rechten, Interessen und Leiden infolge der Weltpolitik gesagt wird, dass das Flugblatt mehrmals von der ›glänzenden englischen Kolonialpolitik‹ spricht, ohne den periodischen Hungertyphus der Inder, die Ausrottung der Eingeborenen Australiens, die Nilpferdpeitsche auf dem Rücken der ägyptischen Fellahs zu erwähnen [...].« (GW 3: 35) Luxemburgs Sympathien lagen bei der Gegenwehr, auch wenn sie anders als Lenin das Entstehen völlig eigenständiger und erfolgreicher antikolonialer Bewegungen strategisch noch nicht antizipierte.[27] Indem sie *praktisch* das Ganze der Kämpfe ins Auge fasste und vom Standpunkt der Bedrückten, der sich selbst Organisierenden, der Kämpfenden aus die Welt sah, und indem sie *theoretisch* das Ganze der Kapitalakkumulation fasste und sich nicht auf das unmittelbare Kapital-Lohnarbeiter-Verhältnis begrenzte, öffnete sie den Marxismus und Sozialismus für neue Bewegungsformen und Kämpfe. Für Luxemburg zielten ihre Neufassung der Marx'schen Akkumulationsthe-

[27] Erst das »Versagen« der europäischen Arbeiterbewegung im und nach dem Ersten Weltkrieg hat der Linken dafür die Augen geöffnet. Es war die frühe Dritte Internationale, die zuerst Bewegungen aus den Kolonien gleichberechtigt einschloss (Leonhard 1981).

orie und ihre Begründung einer Strategie der Selbstorganisation der Arbeiter und der Volksmassen insgesamt – und sei es gegen die Herrschaft der bürokratisierten Apparate der eigenen Bewegung – auf eine Einheit.

Dies alles verändert auch den Blick auf den Sozialismus. Für Rosa Luxemburg war er nicht einfach ein Industriesystem in den Händen einer siegreichen Arbeiterklasse, sondern Beginn einer neuen Zivilisation, die nicht nur das Erbe der großen Industrie, sondern ein viel reicheres zivilisatorisches Erbe antritt. Sozialismus war für sie »zugleich von Hause aus Weltform und in sich ein harmonisches System, weil sie nicht auf die Akkumulation, sondern auf die Befriedigung der Lebensbedürfnisse der arbeitenden Menschheit selbst durch die Entfaltung aller Produktivkräfte des Erdrundes gerichtet sein wird« (GW 5: 411), so die letzten Worte ihrer Schrift »Die Akkumulation des Kapitals«. In einer neuen, gegenüber dem Kapitalismus höheren Gesellschaft werden, so Luxemburgs Vision, Elemente der vorkapitalistischen Wirtschaftsformen wieder entstehen – Produktion für die wirklichen Bedürfnisse, Durchsichtigkeit der unmittelbaren Verhältnisse, demokratische Selbstbestimmung der Produzenten und direkte Demokratie.[28]

[28] Hier traf sich Rosa Luxemburg mit William Morris, der im zukünftigen Kommunismus vor allem eine auf Freiheit gegründete Wiederbelebung der gemeinschaftlich-individuellen Lebensweise spätmittelalterlicher Gesellschaften sah (Morris 2013). Für Luxemburg war nicht die totalisierte Fabrik oder bürokratische Organisation das Leitbild einer zukünftigen Gesellschaft. Sie suchte eher nach Vorbildern in der lebendigen, der organischen Welt und in lebendigen Gemeinschaften. Wie für Marx ist der Kapitalismus auch für sie eine notwendige Durchgangsstufe, auch wenn sie die »Errungenschaften« dieser Stufe weniger feierte und die zivilisatorischen Verluste noch viel stärker als Marx betonte.

Kapitel 9
Die Schrift »Zur russischen Revolution« von 1918 – eine Symphonie des demokratischen Sozialismus

Die Bolschewiki »haben sich [...] das unvergängliche geschichtliche Verdienst erworben, zum erstenmal die Endziele des Sozialismus als unmittelbares Programm der praktischen Politik zu proklamieren.« (GW 4: 341)

Man versetze sich zurück in den Sommer 1918. Rosa Luxemburg war ein Jahr zuvor in das Gefängnis in Breslau verlegt worden. Über ein Jahr war vergangen, seit in Russland die Revolution begonnen hatte, die sie so begeistert begrüßte. Bei Ausbruch der Februarrevolution in Petrograd (1914–1924 der Name des heutigen Sankt Petersburg) wusste sie: »Die russischen Ereignisse sind von unberechenbarer, gewaltiger Tragweite, und ich betrachte das, was dort bis jetzt geschehen, nur als eine kleine Ouvertüre. Die Dinge müssen dort ins Grandiose gehen, das liegt in der Natur der Sache. Und ein Echo in der gesamten Welt ist unausbleiblich.« (GB 5: 205) Doch der Krieg ging weiter. Neue Schikanen erschwerten ihr das Leben. Ihre Gesundheit war untergraben. Die Welt war in Bewegung, vor allem im Osten, sie aber blieb eingesperrt. In Deutschland regte sich endlich nun auch Widerstand gegen den Krieg. Es kam zu Streiks, aber der Widerstand wurde noch nicht zur massenhaften Befehlsverweigerung, führte nicht zur Bildung von Räten, nicht zur Revolution. In Russland hatten ihre engsten politischen Verbündeten, die Bolschewiki, im November 1917 die Macht ergriffen und kämpften um den Aufbau des Sozialismus. Schon ein Jahr früher hatte Luxemburg dies vorausgesehen und gewarnt, dass ohne »eine internationale proletarische Revolution« die Diktatur des Proletariats in Russland »zu einer betäubenden Niederlage verurteilt« sei, »gegen die das Schicksal der Pariser Kommune ein Kinderspiel gewesen sein dürfte« (GW 4: 279). Folgt man den Artikeln, die Rosa Luxemburg in dieser Zeit schrieb, dann wurde ihr im Laufe des Jahres 1918 dieser Sozialismus, den sie doch so sehr herbeiwünscht, zu einem Zerrbild jener Ideale, denen sie sich verpflichtet hat. Angst vor erneuter Enttäuschung packte sie. In dieser Situation schrieb sie ihre berühmte Schrift »Zur russischen Revolution«. Spätestens 1917 begann eine »Epoche der Ambivalenz und der Kontroversen«, so Peter Weiss: »Es war unmöglich, eine absolut richtige, zutreffende Ansicht zu haben, man kam der Wahrheit am nächsten, wenn man den bestehenden Zwiespalt in die Analyse des Sachverhalts einbezog.« (Zitiert in Gioia 1989: 13) Genau dadurch zeichnete sich Luxemburg aus. Bei ihr wurde der Widerspruch konsequent zum Selbstwiderspruch.

»Freiheit ist immer Freiheit der Andersdenkenden«, schrieb Rosa Luxemburg im Frühherbst 1918 in kritischer Auseinandersetzung mit den Bolschewiki in ihrer Schrift »Die russische Revolution«.[29] Freiheit dürfe nicht zum »Privilegium« werden. Kein Satz von ihr wird öfter und lieber von (fast) allen Seiten zitiert als dieser. Und keiner wird dabei seichter entsorgt als gerade dieser. Es ist, als hätte er seine Sprengkraft in der Auseinandersetzung mit dem Staatssozialismus, an dessen Beginn wie Ende er stand, erschöpft. Das aber ist ein fataler Irrtum. Man führe sich noch einmal die Umstände vor Augen, unter denen Rosa Luxemburg diesen Satz schrieb: Sie, die zwischen 1915 und 1918 über 1200 Tage in deutschen Gefängnissen eingesperrt war, sie, deren Freunde im Kriege fielen oder wie sie verfolgt und inhaftiert wurden, sie, die gegen die Barbarei des Militarismus mit in Deutschland unerhörter Schärfe protestiert hatte und dafür wie eine Kriminelle verurteilt wurde, sie, die sich gegen die Barbarei des Weltkrieges mit ihrer ganzen Persönlichkeit gewandt hatte, fällte ein hartes Urteil über ihre engsten politischen Freunde, die gerade eine Revolution gewonnen hatten.

Obwohl die Diktatur der Bolschewiki eine Diktatur der mit Rosa Luxemburg »Gleichgesinnten« war, obwohl die sozialen Ziele dieser Diktatur auch ihre Ziele waren, obwohl sie hoffen konnte, durch revolutionäre Gewalt befreit zu werden, obwohl sie also durch diese Diktatur begünstigt zu sein schien, lehnte Rosa Luxemburg sie ab. Höheres als ihre eigenen Interessen sah sie auf dem Spiel. Aber zum ersten Mal in ihrem Leben unterdrückte Rosa Luxemburg auf Drängen von Paul Levi aus politischen Rücksichten ihr eigenes Andersdenken in der Öffentlichkeit. Vielleicht war dies ihr größter politischer Fehler. Erst drei Jahre nach ihrem Tode, viel zu spät, erschien diese Schrift, herausgegeben nun durch Levi, als Instrument im Kampf zwischen demokratischen Sozialistinnen und Sozialisten und der bolschewistischen Dritten Internationale.

---

[29] Sie hatte den Terminus Andersdenkende wahrscheinlich Artikeln von Maxim Gorki entnommen, wie Marion Schütrumpf festgestellt hat. Sie erschienen im Oktoberheft 1918 der »Süddeutschen Monatshefte«, also kurz vor Luxemburgs Entlassung aus der Haft. Dies erklärt auch, wie es zu der Randnotiz am weitgehend fertiggestellten Manuskript kam. Gorki setzte sich in ihnen kritisch mit der Machtausübung durch die Bolschewiki auseinander. So schrieb er schon am 20. November 1917: »Wodurch unterscheidet sich das Vorgehen Lenins gegen die Pressefreiheit vom Vorgehen Stolypins, Plehwes [Premierminister Russlands nach der ersten Russischen Revolution bzw. Innenminister vor dieser Revolution – d. Autoren] und ähnlicher Halbmenschen? Steckt denn die Leninsche Regierung alle Andersdenkenden nicht ebenso ins Gefängnis wie es die Romanowsche [zaristische – d. Autoren] Regierung machte?« (Gorki 1918: 21) Im russischen Original verwandte Gorki den Terminus »несогласномыслящие« für Nichtzustimmenddenkende und später dann auch »инакомыслящие« für Andersdenkende (Gorki 1971: 113, 171).

Luxemburg hat ihre sehr durchdacht konzipierte Schrift »Zur russischen Revolution« in kürzester Zeit verfasst, wahrscheinlich im September und frühen Oktober 1918 (siehe dazu Laschitza 1996: 571). Sie hatte Zugang zu den wichtigsten Informationen und einen Überblick über die Diskussion der deutschen und russischen Linken dieser Zeit (siehe die ganze Breite dessen, was ihr zugänglich war, in Schütrumpf 2017). Für uns steht der Sinn im Mittelpunkt, der durch Rosa Luxemburg persönlich mit dieser Schrift verfolgt wurde, und nicht die Bedeutung, die sie spätestens mit ihrer Veröffentlichung im Bruderstreit zwischen Bolschewiki und Sozialdemokratie gewann. Wir werden fragen, welche Auffassungen sie dabei zum Ausdruck brachte und wieso diese bis heute so provozierend sind.

Noch mitten im Krieg, konfrontiert mit dem heftigen Pro und Kontra zur bolschewistischen Politik, machte Luxemburg etwas völlig Unmögliches. Sie entzog sich der Logik »Wir oder sie«, sie ergriff zugleich Partei *für* die Bolschewiki und *gegen* sie. Sie wusste genau: »Es gibt einfach – so paradox dies klingen mag – keine richtige Taktik, die von dem russischen Proletariat heute befolgt werden könnte!« (GW 4: 277) Diese richtige Taktik würde erst durch eine sozialistische Revolution in Deutschland möglich werden. Die Bolschewiki waren ihr nicht konsequent genug bei der Beseitigung der Ursachen von Kapitalismus, Völkerhass und Krieg, weil sie den Bauern das Land gaben, die unterdrückten Völker in die nationale Unabhängigkeit entließen und in Brest-Litowsk Frieden mit den Deutschen schlossen und damit, so Rosa Luxemburg, Wege wählten, die nicht *direkt* zum Sozialismus hinführen und ihn zudem diskreditieren können. Und sie kritisierte die Bolschewiki in größter Schärfe wegen des Übergangs zur Diktatur. Wie ein wilder Trieb schoss eine Notiz am Rand ihres Manuskripts empor, deren Worte bis heute nachhallen: »Freiheit nur für die Anhänger der Regierung, nur für die Mitglieder einer Partei – und mögen sie noch so zahlreich sein – ist keine Freiheit. Freiheit ist immer die Freiheit der Andersdenkenden. Nicht wegen des Fanatismus der ›Gerechtigkeit‹, sondern weil all das Belebende, Heilsame, Reinigende der politischen Freiheit an diesem Wesen hängt und seine Wirkung versagt, wenn die ›Freiheit‹ zum Privilegium wird.« (GW 4: 359)

Manchmal wird gesagt, man dürfe Rosa Luxemburg nicht auf den zitierten Satz »Freiheit ist immer die Freiheit der Andersdenkenden« reduzieren. Damit ist entweder eine Banalität ausgesprochen bei einer Denkerin und Politikerin wie Rosa Luxemburg, die ein großes und komplexes Werk hinterlassen hat, oder aber es soll dieser eine Satz entwertet werden, als sei er ein bloßes Ornament, Rosa Luxemburg nur beiläufig herausgerutscht in der Hitze der Polemik. Sie aber sieht in der Beseitigung der Demokratie ein verhängnisvolles Mittel bolschewistischer Politik und schreibt: »Es verschüttet nämlich den lebendigen Quell selbst, aus dem heraus alle angeborenen Unzulänglichkeiten der sozialen Institutionen allein korrigiert werden können: das aktive, ungehemmte, energische politische Leben der breitesten Volksmassen.« (GW 4: 355f.) Wie so oft bei ihr ist es eine Metapher aus der freien Natur, die sie bemüht, wenn sie ihre Ideale zum Ausdruck bringen will.

Vergessen wird bei der Diskussion der zitierten Randnotiz ihrer Schrift oft von »Freund wie Feind«, dass Rosa Luxemburg die Bolschewiki nicht etwa nur als antidemokratisch kritisiert, sondern zugleich als unsozialistisch! Für sie war beides aus Gründen, die wir noch ausführen werden, untrennbar. Es war für sie völlig unmöglich, dass Demokratie auf Zeit ausgesetzt wird, um zunächst das Haus des Sozialismus zu errichten und dann später seinen Bewohnerinnen und Bewohnern das Recht einzuräumen, über die Hausordnung mitzubestimmen. Unmöglich war für sie aber auch 1918, erneut den Umweg über bürgerliche Nationalstaaten, bürgerliche Agrarverhältnisse, Frieden mit dem deutschen Imperialismus zu gehen, um Sozialismus aufzubauen. Ihr Sozialismus- und ihr Demokratieverständnis hingen im Innersten zusammen.

Warum stört und verstört diese kurze Schrift »Zur russischen Revolution« bis heute? Warum bricht sie wie das »ungehemmte« Leben immer wieder hervor, wo man sie nicht haben will? Warum fügt sie sich nicht ein in die scheinbar klaren Frontlinien des 20. Jahrhunderts, und warum ist sie gerade deshalb eine Inspiration für die Erneuerung des Sozialismus im 21. Jahrhundert? Warum können die einen wie die anderen versuchen, sie zu vereinnahmen, und warum ist es für alle so schwer, den Geist dieser Schrift auf einen einfachen Nenner zu bringen? Die Ursache dafür sehen wir darin, dass Rosa Luxemburg in diesem Manuskript zwei in der Geschichte des 20. Jahrhunderts völlig unvereinbar scheinende Gegensätze zu vereinen sucht – Sozialismus und Demokratie. Während viele andere sich auf die eine oder die andere Seite schlugen, stellte sie sich dem Widerspruch. Und dieser Versuch zwingt dazu, beide, Sozialismus wie Demokratie, radikal zu überdenken. Nur einige wenige, aber bedeutungsschwere Sätze seien zitiert aus Ernst Blochs Werk »Naturrecht und menschliche Würde«, Sätze, die er mit Verweis auf Rosa Luxemburg schrieb: »Als letzte Quintessenz des klassischen Naturrechts, ohne das andere Beiwerk, bleibt allemal das Postulat menschlicher Würde; auch der Mensch, nicht nur seine Klasse hat, wie Brecht sagt, nicht gern den Stiefel im Gesicht. […] Daher als eigenes Erbe am revolutionär gewesenen Naturrecht: Aufhebung aller Verhältnisse, in denen der Mensch mit den Dingen zur Ware entfremdet ist und nicht nur zur Ware, sondern zur Nullität an Eigenwert [so Ernst Bloch offensichtlich unter dem Eindruck der Erfahrungen nationalsozialistischer Menschenvernichtung wie aber auch des Stalinismus – d. Autoren]. Keine Demokratie ohne Sozialismus, kein Sozialismus ohne

Demokratie, das ist die Formel einer Wechselwirkung, die über die Zukunft entscheidet.« (Bloch 2007: 232)

Zurück damit zur lebendigen Quelle dieser »Formel«, zurück zu Rosa Luxemburgs Schrift »Zur russischen Revolution«. Auslöser dieser Schrift war eine Fußnote, die Ernst Meyer verantwortete, der nach der Verhaftung von Leo Jogiches Redakteur der »Spartacus-Briefe« war. Diese Fußnote distanzierte sich vorsichtig, aber hinreichend deutlich von Luxemburgs Kritik an den Bolschewiki. Wir möchten uns Luxemburgs Schrift »Zur russischen Revolution« nicht dadurch nähern, dass wir uns dieses oder jenes Argument einzeln herausgreifen und ins Verhältnis zu Positionen von Lenin bzw. Trotzki einerseits oder Kautsky andererseits als den immer wieder zitierten Antipoden setzen. Uns geht es darum, den Sinnzusammenhang selbst, den Rosa Luxemburg in ihrem Text stiftete, zu rekonstruieren. Dazu wollen wir dieses kleine, ungeheuer nachwirkende Werk als Ganzes nehmen. Wir werden es deshalb wie eine Symphonie fassen, die mit genauso großer Strenge und Bedachtsamkeit wie Leidenschaft komponiert wurde und ganz klassisch aus vier Sätzen besteht. Es geht uns nicht um den historischen oder aktuellen Wahrheitsgehalt ihrer Aussagen, sondern um deren beabsichtigte Zielrichtung; es geht uns um das von Rosa Luxemburg Gemeinte, nicht um das von ihr Bewirkte.

Der erste und der vierte Satz von Luxemburgs Symphonie

Die Schrift »Zur russischen Revolution« beginnt und endet mit einer Würdigung der Russischen Revolution und der Bolschewiki. Es sind vor allem die Abschnitte I und II sowie der Schlussteil – man kann dies als den langen ersten Satz und kurzen vierten Satz ihrer »Symphonie« ansehen. Die einleitenden Worte der Schrift geben wie ein Paukenschlag das Motiv vor: »Die Russische Revolution ist das gewaltigste Faktum des Weltkrieges.« (GW 4: 332) Immer und immer wieder wird es wiederholt. Beethovens *Eroica* scheint Pate zu stehen. Die Würdigung der Rolle der Bolschewiki in dieser Revolution verweist auf das Hauptthema, das entwickelt wird. Die Bolschewiki seien es gewesen, die begriffen hätten, dass in Russland selbst wie in Europa der Sozialismus auf der Tagesordnung stehe, die Diktatur des Proletariats. Mit der Forderung danach, dass alle Macht den Sowjets gehören müsse, hätten sie die »vorwärtstreibende Parole« ausgegeben und »alle Konsequenzen« daraus gezogen (GW 4: 341). Sie hätten bewiesen, dass gilt: »Nicht durch Mehrheit zur revolutionären Taktik, sondern durch revolutionäre Taktik zur Mehrheit geht der Weg.« (GW 4: 341)

Und die Schrift endet mit einer Würdigung der Bolschewiki, dass sie jenseits von »Detailfrage[n] der Taktik« das »wichtigste Problem des Sozialismus« ins Zentrum gerückt hätten: »die Aktionsfähigkeit des Proletariats, die revolutionäre Tatkraft der Massen, der Wille zur Macht des Sozialismus überhaupt« (GW 4: 365). Luxemburg schließt ihr Manuskript mit dem Satz: »Und *in diesem Sinne* gehört die Zukunft überall dem ›Bolschewismus‹.« (Ebd.) Man könnte den letzten Satz ihrer Schrift aber auch so lesen: »*Nur* in diesem Sinne gehört die Zukunft überall dem ›Bolschewismus‹.« Aus dem Paukenschlag ist ein Fortepiano geworden – erst laut, dann leise. Dies ist ein ganz anderes Ende einer Symphonie als das der *Eroica.*

Nachdenklich sollte stimmen, dass Rosa Luxemburg nicht etwa die Machtergreifung der Bolschewiki in Russland ins Zentrum von Beginn und Schluss ihres Werkes stellte, nicht die Einsetzung einer sozialistischen Regierung, die Sicherung der Macht und die Gestaltung sozialistischer Institutionen zum Leitmotiv macht, sondern vor allem die Leistung der Bolschewiki bei der Entwicklung der revolutionären *Handlungsfähigkeit* der Arbeiterklasse und der Massen Russlands betonte. Sie blieb ihrem Lebensmotto treu, das sie mit Heine so formuliert: »Die Menge tut es« (siehe GW 4: 208). Darin und eigentlich auch nur darin sieht sie das bleibende Verdienst der Leninschen Partei. Nicht in der Roten Fahne auf dem Kreml, sondern in dem Handeln von Millionen Arbeitern, Bauern, Soldaten liegt ihr eigentliches Interesse. Und hier klingt auch das »Nebenthema« der Symphonie auf. Wie schon in anderen vorhergehenden Artikeln[30] ist das Ziel ihrer Erörterung der Politik der Bolschewiki – in Zustimmung wie Kritik gleichermaßen – die Überwindung der »fatale[n] Trägheit der deutschen Massen« (GW 4: 335).

Nicht die russischen Bolschewiki, sondern die »trägen« deutschen Arbeiter waren die Adressaten von Luxemburgs Schrift. Ihre Kritik an der Politik der sowjetrussischen Regierung hatte das Ziel, genau das in Deutschland zu befördern, was sie als die wirkliche Leistung der Bolschewiki für Russland

[30] Jeder ihrer Artikel zur Russischen Revolution zwischen Frühjahr 1917 bis Herbst 1918 stellte mit immer größerer Entschiedenheit und wachsender Verzweiflung die Frage danach, wann endlich das deutsche Proletariat seiner geschichtlichen Pflicht zur sozialistischen Revolution gerecht werden wird. Vgl. dazu »Die Revolution in Russland«, »Der alte Maulwurf«, »Zwei Osterbotschaften«, »Brennende Zeitfragen«, »Die geschichtliche Verantwortung«, »Der Katastrophe entgegen« und schließlich »Die russische Tragödie« (mit der schon erwähnten redaktionellen Anmerkung von Ernst Meyer), ein Artikel, der mit den Worten endet: »Es gibt nur eine Lösung der Tragödie, in die Russland verstrickt ist: den Aufstand im Rücken des deutschen Imperialismus, die deutsche Massenerhebung als Signal zur internationalen revolutionären Beendigung des Völkermordes. Die Rettung der Ehre der Russischen Revolution [in den Augen von Rosa Luxemburg durch den Sonderfrieden zwischen Sowjetrussland und dem deutschen Kaiserreich in Brest-Litowsk gefährdet – d. Autoren] ist in dieser Schicksalsstunde identisch mit der Ehrenrettung des deutschen Proletariats und des internationalen Sozialismus.« (GW 4: 392)

ansah: revolutionäres sozialistisches Handeln der Massen. Dies aber, so ihre Auffassung, könne nicht »im Geiste der Bevormundungsmethoden der deutschen Sozialdemokratie seligen Angedenkens durch irgendeine Massensuggestion, durch den blinden Glauben an irgendeine fleckenlose Autorität, sei es der eigenen ›Instanzen‹, oder die des ›russischen Beispiels‹, hervorgezaubert werden« (ebd.). Sie war davon überzeugt: »Nicht durch Erzeugung einer revolutionären Hurrastimmung, sondern umgekehrt: nur durch Einsicht in den ganzen furchtbaren Ernst, die ganze Kompliziertheit der Aufgaben, aus politischer Reife und geistiger Selbständigkeit, aus kritischer Urteilsfähigkeit der Massen, die von der deutschen Sozialdemokratie unter verschiedensten Vorwänden jahrzehntelang systematisch ertötet wurde, kann die geschichtliche Aktionsfähigkeit des deutschen Proletariats geboren werden. Sich kritisch mit der russischen Revolution in allen ihren historischen Zusammenhängen auseinanderzusetzen, ist die beste Schulung der deutschen wie der internationalen Arbeiter für die Aufgaben, die ihnen aus der gegenwärtigen Situation erwachsen.« (Ebd.)

Fassen wir also zusammen: Während das Hauptmotiv von Luxemburgs Schrift »Zur russischen Revolution« die Propagierung der Leistung der Bolschewiki ist, durch die richtigen Losungen das eigenständige revolutionäre Handeln der Massen anzustacheln und auszurichten, ist es das zweite Motiv ihres Werks, die Bolschewiki genau dort zu kritisieren, wo deren Politik nach Auffassung von Rosa Luxemburg diesem Ziel entgegensteht. Höchste Bewunderung für die historische Leistung der Bolschewiki wie härteste Kritik an ihnen haben ein und denselben Maßstab. Beim Sozialismus geht es für Rosa Luxemburg immer vor allem um das Eine: »Die ganze Volksmasse muss daran teilnehmen.« (GW 4: 360) Dieser Maßstab bildet den gemeinsamen Grundton des gesamten Werkes, umfasst beide Motive – das der Würdigung der Bolschewiki und das der Kritik an ihnen.

Während der erste lange Teil der Luxemburgschen Schrift sich der Würdigung der Bolschewiki widmet, konzentrieren sich die Abschnitte III und IV auf die Kritik. Drei zentrale Punkte stehen im Mittelpunkt: die Art der Agrarreform, die Proklamation des Selbstbestimmungsrechts von Nationen einschließlich des Sonderfriedens mit Deutschland[31] sowie die »Erdrückung der Demokratie« (GW 4: 352). Die ersten zwei Punkte sind zusammengefasst im Abschnitt III, der dritte Punkt im Abschnitt IV; und beide haben fast genau

[31] Siehe zu diesem Friedensschluss vor allem die Artikel »Die geschichtliche Verantwortung« und »Die russische Tragödie«, die in der Werkausgabe aus unbekannten Gründen nach der Schrift »Zur russischen Revolution« abgedruckt sind.

den gleichen Umfang. Sie sind die Sätze zwei und drei der Luxemburgschen Symphonie »Zur russischen Revolution«.

Ihre Kritik an den Bolschewiki: Zu wenig Sozialismus, zu wenig Demokratie

Luxemburgs Kritik an den Bolschewiki (siehe Laschitza 1990) ist durch eine Merkwürdigkeit gekennzeichnet: Zunächst werden die Bolschewiki für eine Politik kritisiert, mit der diese die Spannungen zwischen ihrer Regierung und möglichen Gegnern reduzieren wollten. Und es werden Vorschläge gemacht, die – so muss man annehmen – den Widerstand gegen die Bolschewiki verstärkt hätten. Und dann empfahl Luxemburg den Bolschewiki eine radikale politische Demokratisierung, die zwangsläufig die Gefahr erhöht hätte, dass die Bolschewiki ihre mühsam erlangte Macht wieder verlieren. Die beiden Abschnitte stehen in einem, so scheint es, unversöhnlichen logischen Widerspruch. Betrachten wir diesen Widerspruch näher.

Im Abschnitt III werden die Bolschewiki für ihre Agrar- und Nationalitätenpolitik kritisiert. Rosa Luxemburg wandte sich dagegen, dass das Land den Bauern zur privaten Nutzung zugeteilt wurde und die unterdrückten Völker des Russischen Reiches das Recht auf nationale Selbständigkeit erhielten. Weder wollte sie privates Eigentum stärken noch nationalstaatliche Abgrenzung erwirken. Rosa Luxemburg wusste natürlich, dass die Politik der Bolschewiki eine ganz »vorzügliche Taktik« zur »Befestigung der proletarisch-sozialistischen Regierung« (GW 4: 342) bereithielt bzw. darauf zielte, »die vielen fremden Nationalitäten [...] an die Sache der Revolution« (GW 4: 348) zu fesseln. In beiden Fällen war dem Drängen großer Teile der Bevölkerung, sei es der Bauernschaft, sei es der Finnen, Esten, Letten, Georgier usw., nachgegeben worden. Und auch der »Frieden« von Brest-Litowsk erwuchs vor allem aus der Unfähigkeit der Bolschewiki, die Soldaten weiter für den Krieg zu mobilisieren. Jede andere Politik hätte – so zumindest Lenins Sicht – entweder die Machtergreifung der Bolschewiki unmöglich gemacht oder ihr schnelles Ende befördert. Warum dann aber Luxemburgs so entschiedene Kritik daran?

Man kann mit einer bestimmten Berechtigung sagen, dass für Rosa Luxemburg der Machterhalt der Bolschewiki weniger wichtig war als die Ehrenrettung der Linken. Besser sei es, den Untergang des bolschewistischen Russlands hinzunehmen, als erneut Verrat an den sozialistischen Idealen zu üben, wie er 1914 durch die rechte Sozialdemokratie begangen worden sei. Und vor allem besser für die Aussichten der in ihren Augen alles entscheidenden sozialistischen Revolution in Deutschland und Westeuropa. So ihre Auffassung, die sie allerdings nie in dieser Schärfe formuliert hat. Angesichts der Möglichkeit, dass die Leninsche Regierung in ihrer im Herbst 1918 fast hoffnungslosen Lage zu einem Bündnis mit dem deutschen Kaiserreich bereit sein könnte, um ihre Macht zu sichern, schrieb sie: »Russland war der einzige, letzte Winkel, wo revolutionärer Sozialismus, Reinheit der Grundsätze, ideale Güter noch einen Kurs hatten, wohin sich die Blicke aller ehrlichen sozialistischen Elemente in Deutschland wie in ganz Europa richteten, um sich von dem Ekel zu erholen, den die Praxis der westeuropäischen Arbeiterbewegung hervorruft, um sich mit Mut zum Ausharren, mit Glauben an ideelle Werke, an heilige Worte zu wappnen. Mit der grotesken ›Paarung‹ zwischen Lenin und Hindenburg wäre die moralische Lichtquelle im Osten verlöscht.« (GW 4: 390) Wer so schreibt, wer derart an das Absolute appelliert, dem geht es um alles oder nichts.

Obwohl sie um den taktischen Sinn der Leninschen Politik wusste, empfahl Rosa Luxemburg den Bolschewiki eine Strategie, die sie in einen noch tieferen Gegensatz zur Bevölkerung, insbesondere zu den Bauern, Soldaten und der Peripherie des früheren Zarenreichs hätte bringen müssen. Sie ging davon aus, dass jeder reale Schritt sozialistischer Politik zumindest nicht den Weg »verrammeln« bzw. »abschneiden« dürfe, der zum Sozialismus führt (GW 4: 343). Und dieser Sozialismus bestand für sie eindeutig in der Vorherrschaft des gesellschaftlichen Eigentums und der unmittelbaren internationalen Solidarität der Völker im Rahmen eines einheitlichen Sowjetstaates. »Umwege« der Stärkung des bäuerlichen Privateigentums oder der nationalen Selbständigkeit von Völkern, die schon lange Teil der von Russland beherrschten Wirtschaftsräume und Märkte waren, akzeptierte sie nicht. In den Kleineigentümern und den neuen kleinen »Nationalstaaten« sah sie die geborenen Bündnispartner von Imperialismus und Konterrevolution (siehe GW 4: 344f., 350).

Im zweiten Satz ihrer Symphonie, um bei der Metapher zu bleiben, legte Rosa Luxemburg den Bolschewiki eine prinzipienfeste kommunistische Politik der Zentralisation und Konzentration der ökonomischen wie politischen Macht nahe. Dies stand ganz im Gegensatz zu der – wie sie es selbst nannte – »spontanen Bewegung der Bauernschaft« (GW 4: 344) wie zu den »bürgerlichen und kleinbürgerlichen Klassen« (GW 4: 348) der unterdrückten Nationen. Sie sah die Gründe der Bolschewiki für ihre Politik im taktischen Interesse des Machterhalts und ging davon aus, dass diese »Berechnung leider gänzlich fehlgeschlagen« (ebd.) sei. Dies hat sich historisch nicht bestätigt, auch wenn im Frühherbst 1918 durchaus vieles dafür sprach, dass die Leninsche Regierung sich nicht halten könne. Die Bolschewiki vermochten sich für siebzig Jahre zu behaupten – begünstigt durch die Novemberrevolution in Deutschland und Österreich, im Gefolge eines Bürgerkriegs, größter Konzessionen nach innen wie außen und einer später mit größter Gewalt vorangetriebenen Industrialisierung und Enteignung der Bauernschaft (»Kollektivierung« genannt).

Interessanter aber als diese Tatsachen ist, dass Rosa Luxemburg zwar im zweiten Satz ihrer Symphonie Schritte vorschlug, die zumindest aus Sicht der Bolschewiki den Gegensatz zu den großen Massen des bäuerlichen Russlands und seiner Peripherie verschärft hätten. Im dritten Satz lehnte sie dann aber genau jene Mittel auf das Entschiedenste ab, mit denen die Bolschewiki versuchten, ihre Macht angesichts der sowieso schon vorhandenen Gegensätze zu stabilisieren – die Diktatur und den Terror. Sie schien also zu glauben, dass beides zugleich möglich ist: eine Politik, die unmittelbar auf die Vergesellschaftung der Produktionsmittel zielt – in der Stadt und ansatzweise auch auf dem Lande –, *und* eine umfassende Demokratisierung. Sozialistische Demokratie und Aufbau des demokratischen Sozialismus sollten Hand in Hand gehen (siehe GW 4: 363).

Während Rosa Luxemburg jede Besonderung der Interessen in der Ökonomie als Stärkung des Privateigentums ansah, während sie jede Abtrennung von Völkern aus imperialen Gebilden, in die diese ökonomisch integriert waren, als Spaltung der Arbeiterklasse auffasste, während sie jedem Bündnis mit der in- oder ausländischen Bourgeoisie den Kampf ansagte, wollte sie Freiheit der Meinungsäußerung, der Versammlung, der Wahlen auch für die erklärten Feinde der sozialistischen Regierung. Sie betonte mit aller Rigorosität:

> »Ohne allgemeine Wahlen, ungehemmte Presse- und Versammlungsfreiheit, freien Meinungskampf erstirbt das Leben in jeder öffentlichen Institution« und es entstehe »die Diktatur einer Handvoll Politiker« (GW 4: 362). Diese charakterisiert sie als »bürgerlich«, weil es sich im Grunde um eine »Diktatur für eine Handvoll Personen« (ebd.) handele. Sie begründete dies noch einmal, indem sie auf ihre Weise den Gegensatz zwischen Diktatur oder Demokratie auflöste: »Das Proletariat kann, wenn es die Macht ergreift, nimmermehr nach dem guten Rat Kautskys unter dem Vorwand der ›Unreife des Landes‹ auf die sozialistische Umwälzung verzichten und sich nur der Demokratie widmen, ohne an sich selbst, an der Internationale, an der Revolution Verrat zu üben. Es soll und muss eben sofort sozialistische Maßnahmen in energischster, unnachgiebigster, rücksichtslosester Weise in Angriff nehmen, also Diktatur ausüben, aber Diktatur der *Klasse*, nicht einer Partei oder einer Clique, Diktatur der Klasse, d.h. in breitester Öffentlichkeit, unter tätigster ungehemmter Teilnahme der Volksmassen, in unbeschränkter Demokratie.« (GW 4: 362f.)

Die Ursache dafür, dass es den Bolschewiki trotz der vielen Konzessionen nicht gelang, eine umfassende Unterstützung zu gewinnen, sah Rosa Luxemburg ausschließlich im prinzipiellen Gegensatz der Bürger, Kleinbürger und Bauern gegen den Sozialismus. Sie meinte, dass die Abweichung von den sozialistischen Prinzipien die Bolschewiki die Mehrheit in den werktätigen Massen gekostet und die Konterrevolution gestärkt habe. Sie schrieb: »Statt die Proletarier in den Randländern vor jeglichem Separatismus als vor rein bürgerlichem Fallstrick zu warnen und die separatistischen Bewegungen mit eiserner Hand, deren Gebrauch in *diesem* Falle wahrhaft im Sinne und Geist der proletarischen Diktatur lag, im Keime zu ersticken, haben sie vielmehr die Massen in allen Randländern durch ihre Parole verwirrt und der Demagogie der bürgerlichen Klassen ausgeliefert. Sie haben durch diese Förderung des Nationalismus den Zerfall Russlands selbst herbeigeführt, vorbereitet und so den eigenen Feinden das Messer in die Hand gedrückt, das sie der russischen Revolution ins Herz stoßen sollten.« (GW 4: 350f.)

Die erhoffte Harmonie der Kontrapunkte: Sozialismus und Freiheit

Wie aber soll dies vereinbar sein: Gebrauch der »eisernen Hand« der »proletarischen Diktatur«, wenn es um die Unterdrückung aller Sonderinteressen geht, die nicht mit denen eines so verstandenen Sozialismus unmittelbar zusammenfallen, *und* »freie, ungehemmte Presse«, »ungehindertes Vereins- und Versammlungsleben« (GW 4: 358). Wie sollte beides zugleich praktiziert werden, eine »unnachgiebige und rücksichtslose« Umwälzung und »unbeschränkte Demokratie«? Es scheint: Rosa Luxemburg wollte das Unmögliche und sie wollte es demokratisch. Kontradiktorisch stehen sich die Abschnitte III und IV oder der zweite und dritte Satz ihrer »Symphonie« gegenüber: Unterdrückung jeder sozialen und nationalstaatlichen Pluralität »im Keime« *und* höchster Lobgesang politischer Freiheit; Kampf gegen alle private Landnahme und die Lostrennung von Russland mit »eiserner Hand« *und* größtmögliche Förderung einer unbeschränkten politischen Freiheit und der Demokratie als der »lebendigen Quellen allen geistigen Reichtums und Fortschritts« (GW 4: 360). Historisch zumindest fielen diese Gegensätze auseinander: Während sich bürgerlich-kapitalistische Gesellschaft und politische Demokratie zumindest zeitweise als vereinbar erwiesen, galt dies nicht für den Sozialismus. Hier schlossen sich zentralisierte Verfügung über eine verstaatlichte Wirtschaft und freie Wahlen aus.

Rosa Luxemburg vermochte für sich die genannten Gegensätze zu vereinen. Die Kontrapunkte stimmen bei ihr am Ende zusammen und erzeugen durch ihre spezifische Gegenbewegung die wirkliche Harmonie. Diese Vereinigung war ihr aber nur möglich, weil sie davon ausging, dass die Arbeiter und die Massen gerade in der alltäglichen Praxis, bei den »tausend Problemen« des Aufbaus des Sozialismus, im »ungehemmten, schäumenden Leben« (ebd.) sich verändern würden: »Soziale Instinkte anstelle egoistischer; Masseninitiative anstelle der Trägheit; Idealismus, der über alle Leiden hinwegbringt usw. usf.« (GW 4: 361) würden sich herausbilden. Und sie nahm an, dass diese Instinkte und Initiativen sowie dieser Idealismus in genau jene Richtung weisen würden wie die von ihr propagierte sozialistische Politik. Deshalb konnte sie auch annehmen, dass ein Höchstmaß an Freiheit zugleich ein Höchstmaß an Einsicht in die Richtigkeit des Sozialismus als einer Gesellschaft des vergesellschafteten Eigentums, der Interessenidentität, des Internationalismus und Friedens erzeugt.

Aber auch das Umgekehrte schien Rosa Luxemburg anzunehmen: Indem die bäuerlichen Massen mit Gewalt an der privaten Landnahme gehindert und damit zu gemeinsamer Produktion gezwungen werden, indem die Völker des Russischen Reiches nicht in die Selbständigkeit entlassen, sondern »mit eiserner Hand« in einem politischen und Wirtschaftsraum gehalten werden, indem Arbeiter in einer Fabrik, die gesellschaftliches Eigentum ist, gemeinsam tätig sind, an Plan und Ausführung gleichermaßen beteiligt werden, entstehe zugleich auch der Raum für jene Erfahrungen, die zur Bejahung des Sozialismus führen und in seine freie Unterstützung und enthusiastische Verteidigung münden würde. Gerade ihre Argumentation in der nationalen Frage zielte genau in diese Richtung. In der Trennung wachsen in ihren Augen die Gegensätze zum Völkerhass, angepeitscht durch die bürgerlichen Nationalisten. Aus dem Verbleiben in einem revolutionierten gemeinsamen Land, auch wenn zunächst nur erzwungen, würde, so nimmt sie an, die Zustimmung zu eben dieser Gemeinsamkeit entstehen.

Freie Selbstbetätigung der Massen und historische Notwendigkeit fallen bei Rosa Luxemburg der Tendenz nach zusammen. Führung ist vor allem die Fähigkeit, dieses Zusammenfallen aktiv zu befördern. Unterdrückung Andersdenkender und Terror waren für sie die Todfeinde des Sozialismus, weil sie mit der Unterdrückung des eigenständigen Handelns der Massen zugleich auch die eigentlichen Akteure jeder Durchsetzung sozialistischer Tendenzen unterdrücken. Diktatoren sind die Totengräber des Sozialismus, weil sie die Akteure des Sozialismus selbst begraben im Gefängnis einer Kommandogesellschaft, von der kein Weg nach vorne, ins Reich der Freiheit führen kann. Dies ist Luxemburgs Botschaft.

Anders als Lenin und Kautsky ging Rosa Luxemburg gerade nicht davon aus, dass spontan vor allem Überzeugungen entstehen, die vom Sozialismus wegführen würden, sodass sozialistische »Bewusstheit« von außen in die Arbeiterklasse hineingetragen werden müsse. Sie nahm an, dass die eigene Praxis der Arbeiter und werktätigen Massen direkt zum Sozialismus hinführen würde – vorausgesetzt, es ist eine freie und auf eigenem Handeln gegründete Praxis und nicht Bevormundung und nicht Manipulation; vorausgesetzt auch, es ist die wirkliche Gemeinsamkeit von Produktion und Leben gegeben. Sozialismus ist für sie keine zentral geplante Maschine, sondern Leben, freie Eigentätigkeit freier Menschen, die sie mit unmittelbarer Gemeinschaftlichkeit verbindet. Würde es tatsächlich eine solche Entsprechung zwischen den unmittelbaren praktischen Erfahrungen und den als Vergesellschaftung der Produktionsmittel gefassten sozialistischen Verhältnissen geben, dann, aber eben auch nur dann wären Parteiendiktatur und Terror nicht nur moralisch falsche, sondern auch machtpolitisch völlig verfehlte Mittel, wie Rosa Luxemburg immer wieder betonte.[32] Was sie nicht erkannte, war, dass Sozialismus, sofern er mit einer zentralisierten Gemeinwirtschaft identifiziert wird, im tiefsten Widerspruch zu dem selbständigen Handeln der Massen steht. Die allgemeinen Voraussetzungen ihrer dem Marxismus der Zweiten Internationale entnommenen Annahmen über den Sozialismus hat sie jedoch nie kritisch reflektiert, sondern nur konkret problematisiert.

Rosa Luxemburgs Kritik an den Bolschewiki ist unseres Erachtens einerseits eine Kritik vom Standpunkt eines vorgefertigten Bildes, wie Sozialismus auszusehen habe, nämlich einer Gesellschaft des einheitlichen Gemeineigentums. *Und* sie ist andererseits eine Kritik vom Standpunkt einer Bewegung, die ihre ganze Kraft aus der Entwicklung der Handlungsmacht der Unterdrückten selbst beziehen soll und erst dabei jene Kriterien aufstellt, nach denen sie sich bei ihren Entscheidungen richten kann. Dieser Widerspruch zwischen verselbständigter Idee und lebendiger Bewegung prägte ihr gesamtes Werk und blieb bis zu ihrer Ermordung erhalten. Damit stand sie inmitten jener Bewegung, für die galt, dass die Befreiung der Arbeiter die Sache der Arbeiter selbst sein müsse, und in der doch die Bevormundung oder sogar Unterdrückung dieser Arbeiter prägend wurde.

[32] Aus diesem Sozialismusverständnis ergibt sich nach Iring Fetscher für Rosa Luxemburg deshalb auch: »Die bereits vom Bürgertum verkündeten, aber in der Praxis oft wieder zurückgenommenen oder eingeschränkten politischen Freiheitsrechte [...] verlieren daher im Sozialismus keineswegs ihre Bedeutung, sondern werden vielmehr jetzt erst ausschlaggebend wichtig.« (Fetscher 1974: 63)

Kapitel 10
Zwischen Sozialdemokratie und Bolschewiki

In der ersten Hälfte des 19. Jahrhunderts hatten die Chartisten in England einerseits und Friedrich Engels wie Karl Marx in Deutschland andererseits geglaubt, mit dem Proletariat endlich das gesellschaftliche »Subjekt« gefunden zu haben, das die Linke seit Jahrhunderten suchte, um ihre Ideen Wirklichkeit werden zu lassen. Ob Reformer oder Revolutionär – in der Sozialdemokratie der Jahrhundertwende galt diese Auffassung weithin als unstrittig. Später, im Stalinismus, wurde sie ins Absurde getrieben. Einerseits wurden die in der Produktion verbliebenen Arbeiter und mehr noch die durch Zwangsmaßnahmen in Arbeiterschaft verwandelte Landbevölkerung wie im Frühkapitalismus politisch entrechtet und in einigen Ländern sogar verschärft ausgebeutet. Andererseits wurde offiziell eine Vergötterung der »Arbeiterklasse« zelebriert und in der Frühphase von einer speziellen Praxis bei der Rekrutierung der »Kader« begleitet: Zum Menschen erster Klasse und damit zum Aufstieg in die neue herrschende Klasse eignete sich, wer einen lupenreinen proletarischen Hintergrund vorweisen konnte – vorzugsweise ohne jede Erfahrung mit der Arbeiterbewegung und unbefleckt von selbständigem politischem Denken. Allen anderen war noch mehr zu misstrauen; auch wenn viele »nichtproletarische Kräfte« einfach unverzichtbar waren.

Ein solches sozial-reduktionistisches Verständnis des Proletariats findet sich bei Rosa Luxemburg nicht. Bei ihr gehörte zur arbeitenden Klasse, wer sich in und mit ihr gegen die herrschenden Zustände engagierte, ganz gleich, woher er sozial kam oder wo er sozial stand. Praxis, nicht Status lautete ihr Kriterium. Klasse war für sie Bewegung – oder gar nichts. Lohnabhängige, die nicht an der Bewegung teilnahmen, galten als »Masse«, die für die Bewegung zu gewinnen war.

Doch auch Rosa Luxemburg war nicht gänzlich frei vom Glauben an die Auserwähltheit des Arbeiters. Anders als die – heimlich desillusionierte – SPD-Führung erwartete sie bei »den Arbeitern« eine sozialgenetische Affinität zu einer antikapitalistischen, wenn nicht gar revolutionären Haltung. Aufgabe der Politik war es in Rosa Luxemburgs Verständnis, diese Haltung durch die Praxis der Bewegung zu wecken und freizusetzen, die »Klasse« gleichsam wach zu küssen. An dieser Auffassung hat sie bis zu ihrem Tode festgehalten, auch wenn sie mehr als einmal an den »proletarischen Massen« zu verzweifeln, wenn nicht gar irre zu werden drohte. Als die Reichstagsfraktion der SPD am 4. August 1914 den Kriegskrediten zustimmte und große Teile der »proletarischen Massen« mit Blumen bekränzt ins Feld aufbrachen, erwog Rosa Luxemburg allen Ernstes ihren Selbstmord[33] um die Massen aufzurütteln. Ihr – zumindest in der Krieg-Frieden-Frage – französisches Alter Ego Jean Jaurès, Sozialist und Pazifist, wurde in diesen Tagen von französischen Kriegsfanatikern ermordet. Auch dort zogen die »proletarischen Massen« frohgemut zu ihrer eigenen Hinmetzelung.

Letztlich ist die Linke mit ihrem »revolutionären Subjekt«, der Arbeiterschaft, nicht glücklich geworden, auch wenn soziologisch gesehen die Arbeiter in der Gesellschaft die größte Gruppe unter denen stellten, die sich zumindest zeitweilig für revolutionäre Ideen, mitunter sogar für revolutionäre Aktionen begeisterten. International betrachtet wurden beim Umgang mit der Arbeiterschaft in der Linken zu Anfang des 20. Jahrhunderts zwei Richtungen relevant, die es auch heute noch lohnt näher zu betrachten: die deutsche Linke, soweit sie zum Kreis um Rosa Luxemburg gehörte, und die russische Linke, soweit sie zu den Bolschewiki um Lenin zählte.

Beide Richtungen interpretierten die Anpassungsleistungen der deutschen Sozialdemokratie als »Abweichung« und »Verrat« der politischen Führer, obwohl sie damals vielen proletarischen Parteien und Bewegungen in anderen Ländern, besonders denen, die in der Zweiten Internationale vereinigt waren, als Vorbild galten. Den Gedanken, dass die Arbeiterschaft nicht »als Klasse« zum Sozialismus strebe, sondern lediglich zahlenmäßig die meisten Menschen hervorbringt, die für sozialistische Ideale ansprechbar sind, ließ weder der Kreis um Rosa Luxemburg noch der um Lenin an sich heran. Beide Richtungen vertraten ein Politikverständnis, nach dem die sozialistisch-internationalistische Linke den politisch klarsten Teil des Proletariats und damit seinen politischen Arm bildete. Und beide Richtungen sahen in der Eroberung der politischen Macht die Bedingung für eine Besserung der Welt. Sozialismus blieb für sie eine Aufgabe der Arbeiterschaft. Die Vorstellung, die Bewegung zum Sozialismus nicht als eine Bewegung der Arbeiterschaft zu denken, war beiden nicht möglich. Ihr bleibendes Verdienst ist es, den sozialistischen Gedanken im politischen Raum gehalten zu haben – anders als die SPD, die ihn immer mehr ins Nebulöse verschob.

Doch beide Richtungen unterschieden sich grundlegend in einem Punkt: Lenin meinte im Anschluss an Karl Kautsky, dass das Proletariat sich des Umstandes, Träger des Sozialismus zu sein, nicht selbständig bewusst werden könne und dieses Bewusstsein deshalb »von außen« hineingetragen werden müsse. Für Rosa Luxemburg war Sozialismus hingegen keine Theorie, die man sich aneignet, um

33 »Rosa sprach zuerst vom Selbstmord als sichtbarsten Protest gegen den Verrat der Partei, als sichtbarstes Warnungssignal für die Massen des Proletariats. Wir redeten ihr mit aller Energie solche Absichten aus.« (Eberlein 2005: 359f.)

dann nach ihr zu handeln wie nach den Zehn Geboten. Aufklärung durch einen Vormund war ihr nicht nur zutiefst zuwider, sondern konterkarierte für sie letztlich den Befreiungsanspruch des Sozialismus. In ihrem Verständnis sollte sich das Proletariat seiner Aufgaben durch gelebte Praxis, durch die Erfahrung eigener Erfolge und mehr noch eigener Niederlagen, bewusstwerden und sich so selbst von der Alternative Sozialismus oder Barbarei überzeugen.

Rosa Luxemburg wusste, wie die europäische Aufklärung im 18. Jahrhundert alle Gottgewolltheit feudaler Herrschaft aus den Köpfen des aufstrebenden französischen Bürgertums geradezu herausgeätzt und in ihm einen unerschütterlichen Willen zur Erringung der politischen Macht freigesetzt hatte. Ohne Aufklärung keine Französische Revolution, die für Europa den Weg ins bürgerliche Zeitalter freigesprengt hatte. Die moderne, auf der kapitalistischen Produktionsweise fußende Herrschaft war für Rosa Luxemburg nicht zuletzt Herrschaft über die Köpfe – ein Zusammenspiel von Kirche, Staat, Schule, Militär und veröffentlichter Meinung. Emanzipation von jeglicher Unterdrückung und Ausbeutung begann für sie mit der Emanzipation von dieser Herrschaft. Darin lag der erste, durch nichts ersetzbare Schritt zur Umwälzung hin zu Verhältnissen ohne Unfreiheit und Unterdrückung. Nicht der permanente zahlenmäßige Zuwachs an Mitgliedern der proletarischen Organisationen und an Wählern, sondern ein Zuwachs an Selbstbewusstsein und an der Fähigkeit zu politischem Handeln leitete ihre Politik.

Je älter sie wurde, umso bewusster wurde ihr aber, dass der Kampf um Aufklärung stets von Rückschlägen begleitet sein würde. Rückschläge, einerseits ausgelöst vom grassierenden Nationalismus, andererseits ironischerweise gerade durch Zugeständnisse, die den herrschenden Kräften abgerungen wurden. Zentral für ihr politisches Wirken war es deshalb, die in der Gesellschaft vorhandenen Gegensätze offenzulegen. Ständig suchte sie die »Andersdenkenden« und deren wirkliche Absichten und Handlungen ans Licht der Öffentlichkeit zu zerren und sie so zu zwingen, sich öffentlich zu wehren – die Herrschenden also zu stellen, etwas, das sie auch heute noch hassen wie der Teufel das Weihwasser. Mit ihren Angriffen auf den Militarismus traf sie das Wilhelminische System an seiner empfindlichsten Stelle.

Rosa Luxemburg folgte der Maxime, wer nicht angreift, wird angegriffen. Für sie tobte ein permanenter, in der Öffentlichkeit natürlich stets dementierter und verschleierter Krieg: ausgehend von den herrschenden Kräften gegen den »Rest der Gesellschaft« – mit friedlichen Mitteln und, wenn man sie ließ, mit Terror. Ihr ging es um Menschen, die lernen, ihre Ohnmacht durch assoziiertes Handeln zu überwinden, die durch Teilnahme an der Bewegung zum Bewusstsein ihrer eigenen Stärke gelangen und sich in den Kämpfen des Tages so ihrer eigenen Interessen bewusst werden.

Dem sollte auch der politische Massenstreik dienen. Rosa Luxemburg ging es dabei nicht um diese Kampfform »an sich«. Politischer Massenstreik war ihr das Synonym für eine ganze Palette an Aktionen, mit denen sich die proletarischen Massen im Kampf gegen das herrschende wirtschaftliche und politische Regime selbst befähigen. Und sie sollten sich auch von der Vormundschaft der sich immer chauvinistischer gebärdenden Führer emanzipieren. Sozialistische Arbeiterbewegung war für sie nicht zuvorderst der maßgeblich von den Gewerkschaften geführte Kampf um bessere Lebensverhältnisse. Auch wenn sie um die Bedeutung dieses Kampfes wusste und ihn alles andere als geringschätzte, ging es ihr um den Kampf um den Ausbau der politischen Freiheitsrechte, die sie um die sozialen Freiheitsrechte ergänzen wollte. Gegen die Praxis der Bolschewiki, die die sozialen Freiheitsrechte proklamierten, es allerdings nur bis zur Zerschlagung des Privateigentums an Produktionsmitteln brachten, wandte sie sich 1918:

> »Wir sind nie Götzendiener der formalen Demokratie gewesen, das heißt nur: Wir unterschieden stets den sozialen Kern von der politischen Form der *bürgerlichen* Demokratie, wir enthüllten stets den herben Kern der sozialen Ungleichheit und Unfreiheit unter der süßen Schale der formalen Gleichheit und Freiheit – nicht um diese zu verwerfen, sondern um die Arbeiterklasse dazu anzustacheln, sich nicht mit der Schale zu begnügen, vielmehr die politische Macht zu erobern, um sie mit neuem sozialen Inhalt zu füllen. Es ist die historische Aufgabe des Proletariats, wenn es zur Macht gelangt, anstelle der bürgerlichen Demokratie sozialistische Demokratie zu schaffen, nicht jegliche Demokratie abzuschaffen. Sozialistische Demokratie beginnt aber nicht erst im gelobten Lande, wenn der Unterbau der sozialistischen Wirtschaft geschaffen ist, als fertiges Weihnachtsgeschenk für das brave Volk, das inzwischen treu die Handvoll sozialistischer Diktatoren unterstützt hat. Sozialistische Demokratie beginnt zugleich mit dem Abbau der Klassenherrschaft und dem Aufbau des Sozialismus. Sie beginnt mit dem Moment der Machteroberung durch die sozialistische Partei. Sie ist nichts anderes als die Diktatur des Proletariats.
>
> Jawohl: Diktatur! Aber diese Diktatur besteht in der Art der *Verwendung* der Demokratie, nicht in ihrer Abschaffung, in energischen, entschlossenen Eingriffen in die wohlerworbenen Rechte und wirtschaftlichen Verhältnisse der bürgerlichen Gesellschaft, ohne welche sich die sozialistische Umwälzung nicht verwirklichen lässt. Aber diese Diktatur muss das Werk der *Klasse* und nicht einer kleinen, führenden Minderheit im Namen der Klasse sein, d.h. sie muss auf Schritt und Tritt aus der aktiven Teilnahme der Massen hervorgehen, unter ihrer unmittelbaren Beeinflussung stehen,

> der Kontrolle der gesamten Öffentlichkeit unterstehen, aus der wachsenden politischen Schulung der Volksmassen hervorgehen.« (GW 4/363f.)

Der Weg zu dieser Umwälzung führte für sie über einen Ausbau der politischen Freiheitsrechte, den es den herrschenden Kräften abzuringen galt, also über eine Selbstermächtigung – mit dem Ziel, das Kräfteverhältnis so zu verschieben, dass die herrschende Seite immer weniger mit Lügen durchkäme. Auf diesem Weg sollte sie so sehr entmachtet werden, dass ihr der Einsatz von Gewalt immer schwerer fiele. Rosa Luxemburg wusste: Gewalt funktioniert immer nur dann, wenn die Mehrheit gelähmt oder indifferent ist – sei es durch Angst, sei es durch Brot und Spiele. Kluger öffentlicher Angriff mit ständiger Umgruppierung der eigenen Kräfte war für sie die einzige nachhaltige Form der Aufklärung und Selbstaufklärung.

Am Ende ihres Lebens hasste sie geradezu jene Linken, die die erkämpften halbwegs freiheitlichen Zustände einzig und allein dazu zu verwenden wussten, es wie alle anderen Politiker zu machen: bürgerliche Hinterzimmer-Politik. Für Rosa Luxemburg ging es darum, aus dem bürgerlichen Politzirkus auszusteigen und vollständig öffentlich, ständig überprüfbar und deshalb natürlich auch selbst angreifbar immer wirkungsvoller die Menschen- und Gesellschaftsfeindlichkeit dieser von der kapitalistischen Produktionsweise dominierten Gesellschaft ins öffentliche Bewusstsein zu heben.

Mit der von ihr geforderten »Freiheit der Andersdenkenden« war es ihr bitterernst; nicht aus Gründen einer seichten Moral oder einer dümmlich-selbstmörderischen Fairness. Ihr ging es wirklich um die Freiheit für alle Seiten, und nicht etwa nur um die Freiheit »für die revolutionäre Klasse«, für die Arbeiterschaft, wie es sich bei einer besonderen Spezies von Linken, vor allem bei der post-stalinistischen, bis heute und zumeist unwidersprochen hält. Als Naturwissenschaftlerin, die Rosa Luxemburg auch war, verstand sie Gesellschaft als etwas Organisches, als lebendigen Organismus. Gesellschaft könne sich dauerhaft nur dann ändern, wenn alle Kämpfe offen ausgetragen werden; dazu müsse jeder Spieler seine Freiheit haben. Alles andere erschien ihr absurd.

Den meisten linken Politikern hatte sie die Einsicht voraus, dass die Freiheit der Andersdenkenden eine emanzipatorische Politik überhaupt erst ermöglicht. Sie sah diese durch nichts so gefährdet wie durch Einschränkung, welcher Art auch immer. Eine Emanzipation mit anti-emanzipatorischen Mitteln und Methoden, also das leninistische Politikkonzept – unter späteren Kommunisten gern mit den »ungünstigen Bedingungen« und, besonders beliebt, der »Unreife der Massen« gerechtfertigt –, hätte für Rosa Luxemburg die Aufgabe ihres politischen Ansatzes bedeutet. Ihr war klar: Nur durch das Austragen der Gegensätze kann der »Rest der Gesellschaft« der eigenen Unterdrückung und Ausbeutung gewahr werden und sich so von der Herrschaft über die eigenen Köpfe befreien.

Sie war zutiefst davon überzeugt, dass alles Künstliche, alle »von oben« geschaffenen Verhältnisse zwangsläufig in eine Terrorherrschaft münden. Sonst könnten diese Verhältnisse nicht lebensfähig sein. Rosa Luxemburg stand für nachhaltige Veränderungen:

> »Das sozialistische Gesellschaftssystem soll und kann nur ein geschichtliches Produkt sein, geboren aus der eigenen Schule der Erfahrung, in der Stunde der Erfüllung, aus dem Werden der lebendigen Geschichte, die genau wie die organische Natur, deren Teil sie letzten Endes ist, die schöne Gepflogenheit hat, zusammen mit einem wirklichen gesellschaftlichen Bedürfnis stets auch die Mittel zu seiner Befriedigung, mit der Aufgabe zugleich die Lösung hervorzubringen. Ist dem aber so, dann ist es klar, dass der Sozialismus sich seiner *Natur* nach nicht oktroyieren lässt, durch Ukase einführen. Er hat zur Voraussetzung eine Reihe Gewaltmaßnahmen – gegen Eigentum etc. Das Negative, den Abbau, kann man dekretieren, den Aufbau, das Positive, *nicht*. Neuland. Tausend Probleme. Nur Erfahrung [ist] imstande, zu korrigieren und neue Wege zu eröffnen. Nur ungehemmtes, schäumendes Leben verfällt auf tausend neue Formen, Improvisationen, erhält *schöpferische Kraft*, korrigiert selbst alle Fehlgriffe. Das öffentliche Leben der Staaten mit beschränkter Freiheit ist eben deshalb so dürftig, so armselig, so schematisch, so unfruchtbar, weil es sich durch Ausschließung der Demokratie die lebendigen Quellen allen geistigen Reichtums und Fortschritts absperrt.« (GW 4/360)

Paul Levi hat das 1922, gewendet auf Rosa Luxemburgs Revolutionsverständnis ebenso wie gegen Lenins und Trotzkis Revolutionspraxis des Terrors, so zusammengefasst: »Sie wusste den Kampf als Kampf, den Krieg als Krieg, den Bürgerkrieg als Bürgerkrieg zu führen. Aber sie konnte sich den Bürgerkrieg nur vorstellen als ein freies Spiel der Kräfte, in dem selbst die Bourgeoisie nicht durch Polizeimaßnahmen in die Kellerlöcher verbannt wird, weil nur im offenen Kampf der Massen diese wachsen, sie die Größe und Schwere ihres Kampfes erkennen konnten. Sie wollte die Vernichtung der Bourgeoisie durch öden Terrorismus, durch das eintönige Geschäft des Henkens ebensowenig, als der Jäger das Raubzeug in seinem Walde vernichten will. Im Kampf mit diesem soll das Wild stärker und größer werden. Für sie war die Vernichtung der Bourgeoisie, die auch sie wollte, das *Ergebnis* der sozialen Umschichtung, die die Revolution bedeutet.« (Levi 1990: 224)

Selbstermächtigung durch vollständig öffentliches Handeln, Angreifen, Parieren und Lernen lautete ihr Politikkonzept. Dabei war sie der Meinung, dass aus Rückschlägen am meisten zu lernen sei. Natürlich nur, wenn sie nicht vertuscht würden, denn das Verbrämen eigener Schwächen und Fehler führe in die Selbstentmachtung. Bildung, die auch für Rosa Luxemburg von zentraler Bedeutung war – sie initiierte zusammen mit Franz Mehring die Parteischule der SPD und lehrte dort auch –, verstand sie nicht als ein Mittel, fehlendes »Bewusstsein hineinzutragen«, also jemandem etwas aufzunötigen. Ihre Bildungsangebote verstand sie als Hilfe zur Selbsthilfe.

Deshalb wies sie der Partei auch eine andere Funktion zu, als es die alte deutsche Sozialdemokratie einerseits und die russischen Bolschewiki andererseits taten. War für die einen die Partei immer mehr zum Wahlverein mutiert, der möglichst viele Parlamentssitze erobern sollte und nach der Wahlschlappe von 1907 zu immer mehr Zugeständnissen an Chauvinismus und Militarismus in Deutschland bereit war, war für die anderen die Partei eine Maschinerie, mit der in einer Revolution die Macht zur Tilgung aller Übel der bisherigen Geschichte erobert werden sollte. Letztlich hatten beide zu der Klasse, für die sie agierten, ein umso instrumentelleres und vormundschaftlicheres Verhältnis, je mehr Erfolg sie hatten. Für Rosa Luxemburg waren beide Varianten ein Graus. Die Partei sollte der Arbeiterschaft Vorschläge machen und ihr die Entscheidung überlassen – selbst auf die Gefahr einer Ablehnung hin, die es in jedem Falle zu akzeptieren galt, auch und gerade nach einer erfolgreichen Revolution.

Lenin konnte ihr diese »Abweichung« nicht verzeihen und betonte doch zugleich ihre Größe. Jahre nach ihrem Tod schrieb er im Disput mit Paul Levi: »Rosa Luxemburg irrte in der Frage der Unabhängigkeit Polens; sie irrte 1903 in der Beurteilung des Menschewismus; sie irrte in der Theorie der Akkumulation des Kapitals; sie irrte, als sie im Juli 1914 neben Plechanow, Vandervelde, Kautsky u.a. für die Vereinigung der Bolschewiki mit den Menschewiki eintrat; sie irrte in ihren Gefängnisschriften von 1918 (wobei sie selbst nach der Entlassung aus dem Gefängnis Ende 1918 und Anfang 1919 ihre Fehler zum großen Teil korrigierte). Aber trotz aller dieser ihrer Fehler war sie und bleibt sie ein Adler; und nicht nur die Erinnerung an sie wird den Kommunisten der ganzen Welt immer teuer sein, sondern ihre Biographie und die *vollständige* Ausgabe ihrer Werke (mit der sich die deutschen Kommunisten in unmöglicher Weise verspäten, was nur teilweise mit den unerhört vielen Opfern in ihrem schweren Kampf zu entschuldigen ist) werden eine sehr nützliche Lehre sein bei der Erziehung vieler Generationen von Kommunisten der ganzen Welt.« (Lenin 1922: 195)

Ein Problem, das sie als Anhängerin einer revolutionären Veränderung der Gesellschaft naturgemäß umtrieb, war die Frage der Revolution. Gerade in diesem Punkt sind Verleumdungen bis heute an der Tagesordnung; eine besonders perfide lautete, Rosa Luxemburg habe auf den Terror gesetzt.[34] Das Gegenteil war der Fall:

> »In den bürgerlichen Revolutionen waren Blutvergießen, Terror, politischer Mord die unentbehrliche Waffe in der Hand der aufsteigenden Klassen. Die proletarische Revolution bedarf für ihre Ziele keines Terrors, sie hasst und verabscheut den Menschenmord. Sie bedarf dieser Kampfmittel nicht, weil sie nicht Individuen, sondern Institutionen bekämpft, weil sie nicht mit naiven Illusionen in die Arena tritt, deren Enttäuschung sie blutig zu rächen hätte. Sie ist kein verzweifelter Versuch einer Minderheit, die Welt mit Gewalt nach ihrem Ideal zu modeln, sondern die Aktion der großen Millionenmasse des Volkes [...].« (GW 4/445)

Luxemburg wusste auch in einem zweiten Punkt ganz genau, was sie nicht wollte: jegliche Form von Blanquismus. Louis Auguste Blanqui (1805–1881), der den größten Teil seines Lebens im Gefängnis verbrachte, hatte die Idee von einem straff organisierten Geheimbund entwickelt, der durch einen Staatsstreich die Macht übernehmen und anschließend den Sozialismus einführen sollte. 1904 hatte Rosa Luxemburg erstmals Lenin und den Bolschewiki eine solche Absicht vorgeworfen: Lenins »Partei neuen Typs«, die bolschewistische Partei der Berufsrevolutionäre, sei mehr eine blanquistische denn eine Arbeiterpartei und würde sich, wenn sie es politisch für opportun hielte, nicht um die Interessen der Arbeiterschaft scheren. Damit sollte Rosa Luxemburg in einem Maße recht behalten, wie sie es nicht einmal ahnen konnte. Denn anders als in der Theorie postuliert, stützten sich die zahlenmäßig schwachen Bolschewiki nach der Übernahme der Macht nicht so sehr auf die Arbeiterschaft und deren Bewegung, sondern auf eine revolutionär-bäuerliche Soldatenbewegung. Auf Trotzkis Initiative hin schufen sie eine neue, ihnen ergebene Militärmacht – die Rote Armee – und damit sich selbst sowohl eine soziale als auch eine machtpolitische Grundlage. Sogar über die Ausrottung des gesamten Führungskorps 1938 hinweg blieb diese Armee neben dem Stalinschen Par-

---

[34] Am Tage nach ihrer Ermordung hieß es in den Berliner Zeitungen: »Blut schrie nach Blut! Das Blutbad, das Liebknecht und Luxemburg angerichtet, verlangte Sühne. Sie ist schnell eingetreten und war bei Rosa Luxemburg grausam, aber gerecht. Man schlug die Galizierin tot. Der Volkszorn, übermächtig und ungeheuerlich geworden, verlangte die Rache.« »Wehe, nun war sie losgelassen! [...] In Berlin tobt der Bürgerkrieg, und die blutige Rosa ist, als das Pulverfaß in Berlin explodierte, ins Reich gefahren, um auch hier die Brandfackel in die aufgeregten Massen zu schleudern. / Röslein, Röslein, Röslein rot: Deutschland steht in Flammen.« (siehe Schütrumpf 2018a: 69)

tei- und Staatsapparat und der Politischen Polizei bis 1991 – als neue Klasse – die entscheidende soziale Basis der politischen Herrschaft in der Sowjetunion.

Lenins Revolutionsverständnis war nicht nur machtorientiert, sondern hatte etwas Mechanisches: Mit einer Kampfpartei sollte in einer revolutionären Situation an dem Punkt der Gesellschaft, der am leichtesten zu verändern war, der Durchbruch erfolgen. Dieser Punkt war die Staatsmacht, die es zu erobern und nie wieder herzugeben galt. Danach sollte mithilfe der Staatsmacht die Gesellschaft, beginnend mit den Eigentumsverhältnissen, von oben umgebaut werden. Was in der Theorie von einem sanften göttlichen Schein umflort wurde, brachte in der Praxis wenig Göttliches hervor: den real existierenden Sozialismus. Er durchlief drei Phasen: die revolutionäre bis 1927/28, die totalitäre bis 1953 und die einer sich langsam zersetzenden bürokratischen Diktatur bis 1989/91. Am Ende stürzte er wie ein hohler Baum ein.

Dass dieser Übergang mit einer – alle Mittel, nicht zuletzt Reformen anwendenden – »revolutionären Realpolitik« zu bewältigen sei, galt für Rosa Luxemburg als ausgemacht, wobei sie eine gewaltbetonte Revolution, wenn auch nicht unbedingt für wünschenswert, so doch für sehr wahrscheinlich hielt. Wie sie sich allerdings in einer Revolution zu verhalten gedachte, vermied sie im Vorhinein festzulegen. Das war der große Unterschied zu Lenin, der ganz genau wusste, was er wollte: bei der ersten günstigen Gelegenheit die Macht übernehmen, und zwar die gesamte Macht – und dann weitersehen.

Und es gab noch einen weiteren Unterschied, der in der Frage der organisatorischen Abspaltung von der Sozialdemokratie lag. Während die Bolschewiki in ihr den Ausgangspunkt aller revolutionären Praxis sahen und auch so handelten, hatte Rosa Luxemburg aus der Russischen Revolution von 1905 bis 1907 die umgekehrte Schlussfolgerung gezogen. Sie meinte, die Linke solle solange wie möglich in den großen Parteien der Sozialdemokratie und damit dicht an der Arbeiterschaft bleiben. Sonst drohe der Absturz in die Sekte.

Aus diesem Grund weigerte sie sich auch trotz der Zustimmung der SPD-Reichstagsfraktion zu den Kriegskrediten vehement, aus der SPD auszutreten. Sie bildete zwar mit Franz Mehring die »Gruppe Internationale«, bald »Spartakusgruppe« genannt, tat dies aber innerhalb der Sozialdemokratie. Als sich 1917 die SPD an der Krieg-Frieden-Frage spaltete, gingen Rosa Luxemburg und ihre Freunde, wenig begeistert und politisch weiterhin selbständig bleibend, mit in die »Unabhängige Sozialdemokratische Partei Deutschlands« (USPD). Eine eigene Partei hielt sie für schädlich. Sie war der Meinung: Käme es zur Revolution, würde die Bewegung der Massen – so wie 1905 in Russland mit den Sowjets – die entsprechenden organisatorischen Formen hervorbringen.

Dass selbst nachdem in Deutschland die Revolution ausgebrochen war, Rosa Luxemburg ihre Zurückhaltung gegenüber der Gründung einer eigenen

Partei erst aufgab, als die Gefahr unabwendbar geworden war, dass die Bolschewiki mithilfe der Bremer, Hamburger und Dresdener Linksradikalen eine eigene deutsche kommunistische Partei ins Werk setzten, bezeugte 1921 ein enger Vertrauter von Leo Jogiches und Rosa Luxemburg, der Wirtschaftsexperte der Spartakusgruppe Paul Lange: »Wenn nach dem Kriege der organisatorische Zusammenschluss des Spartakusbundes mit den deutschen Leninisten durch die Gründung der Kommunistischen Partei erfolgt ist, so entsprach das weniger den inneren Wünschen Rosa Luxemburgs und Leo Jogiches' als vielmehr der Absicht, nicht neben dem Spartakusbund eine neue Partei entstehen zu sehen.« (Lange 2017: 47)

Revolution in Russland – eine alternative Strategie

Eine der Bruchstellen innerhalb der Linken im Russischen Reich nach der Revolution von 1905/06 entsprang der Frage, welchen Charakter eine neuerliche Revolution haben könnte. Die 1905er-Revolution hatte nicht einmal »eine kümmerliche konstitutionelle Verfassung« geboren, was beim Ausbruch dieser Revolution Rosa Luxemburg immerhin für möglich gehalten hatte (GW 1.2: 479). Daher war eine nächste Revolution nur eine Frage der Zeit – von den einen herbeigesehnt, von anderen be- bzw. gefürchtet.

Geführt von Julius Martow gingen die Menschewiki, obwohl weltanschaulich keineswegs uniform, am »marxistischsten« zu Werke: Da im riesigen Russland kapitalistische Industrieproduktion und Proletariat erst wenige Inseln – die Industriestädte in Polen und Lettland sowie Petersburg, Moskau, Baku, einige Regionen des Kaukasus und des Urals sowie des Donbass – besiedelt hätten, stünde nicht der Sozialismus, sondern die Überwindung einer mehrheitlich in einer halbasiatischen Feudalbarbarei verharrenden Nichtgesellschaft auf der Agenda. Und zwar mittels einer bürgerlichen Revolution, angeführt von der liberalen Bourgeoisie. Die Sozialdemokratie Russlands war mehr Import aus der sozialdemokratischen Bewegung Westeuropas als politischer Ausdruck einer eigenständigen proletarischen Bewegung in Russland. Daher sollte sie in der Revolution wegen ihres bürgerlichen Charakters als Steigbügelhalter und allenfalls Juniorpartner der Liberalen agieren, aber keinesfalls selbst an die Spitze treten.

Lenin und die kaum minder heterogenen Bolschewiki hingegen hielten den Auftritt »liberaler Helden« auf der Bühne der Revolution – à la 1789ff. in Frankreich – für eine altväterliche Illusion: Schon die Revolution 1848/49 in Frankreich und Mitteleuropa habe gezeigt, dass die Furcht der Liberalen, vom nachdrängenden Proletariat an die Wand gedrückt zu werden, die Abneigung gegen jeglichen Umsturz habe übermächtig werden und sie im Zweifelsfall eigene Interessen zurückstellen lassen. Deshalb plädierte Lenin für eine proletarische Hegemonie, ein Punkt, an dem er sich nicht nur mit dem gern zwischen den verfeindeten Lagern um Vermittlung bemühten und so oft zwischen alle Stühle geratenden Leo Trotzki, sondern auch mit Rosa Luxemburg traf. Trotzki glaubte jedoch, eine künftige Russische Revolution werde in ihrem Verlauf vermehrt proletarische Züge annehmen, während Rosa Luxemburg es in dieser Frage mit den Menschewiki hielt. Auch Lenin, der »Dogmatiker der Antidogmatik« (so der ewige Ironiker Paul Levi), ging zunächst von einem bürgerlichen Charakter der Revolution aus.

Keine der vier Richtungen – Menschewiki, Bolschewiki, Leo Trotzki, Rosa Luxemburg – machte sich über die Schwäche des kleinen russischen Industrieproletariats etwas vor. Uneinig war man sich hingegen in der Haltung gegenüber der Bevölkerungsmehrheit in Russland, gegenüber der landarmen Bauernschaft. Die Menschewiki sahen sie als Stütze der zaristischen Reaktion. In die gleiche Richtung tendierte Rosa Luxemburg, während Lenin in ihr eine potenzielle revolutionäre Kraft vermutete. Deshalb plädierte er für eine »demokratische Diktatur des Proletariats und der Bauernschaft«. Der Bauernsohn Trotzki wollte zwar auch mit der landarmen Bauernschaft zusammengehen, sah in ihr aber keine revolutionäre Kraft, sondern »eine gestaltlose, zersplitterte Masse mit engen beschränkten Interessen, die einer koordinierten gemeinsamen Handlung unfähig war« (Deutscher 1972: 156). Aber: Das Proletariat werde die Bauernschaft befreien, die sich dann dem Proletariat unterordnen werde – so wie einst Frankreichs Bauern Napoleon folgten, solange er sie vor der Rückkehr des einst grundbesitzenden Adels beschützte. Sei die Konterrevolution jedoch erst einmal gebannt, so weiter Trotzki, würde sich Russlands Bauernschaft gegen das herrschende Proletariat wenden, dem jedoch Rettung winke – in Form eines proletarischen Aufstandes in Westeuropa. Das war der Kern von Trotzkis Theorie einer »permanenten Revolution«: eine Anleihe beim Marx der 1850er Jahre. 1917 reizten die Bolschewiki in der Tat auf diesen Skat: auf das Proletariat Westeuropas. Das Ergebnis ist bekannt.

Rosa Luxemburg hatte seit den 1890er-Jahren immer wieder vor einem Abrutschen der Revolution in eine Minderheitendiktatur gewarnt. Nichts erschien ihr schlimmer, als den moralischen Kredit des Sozialismus zu verspielen. Außerdem dachte Rosa Luxemburg Revolution nicht – wie Trotzki – vom Marx der 1850er Jahre her, sondern knüpfte bei Engels an, der sich in den letzten Jahren vor seinem Tod noch einmal seinem Jugendthema, der Revolution, zugewandt hatte. Dieses Mal allerdings nicht als Militär, sondern als Theoretiker:

»Alle bisherigen Revolutionen liefen hinaus auf die Verdrängung einer bestimmten Klassenherrschaft durch eine andere; alle bisherigen herrschenden

Klassen waren aber nur kleine Minoritäten gegenüber der beherrschten Volksmasse. Eine herrschende Minorität wurde so gestürzt, eine andere Minorität ergriff an ihrer Stelle das Staatsruder und modelte die Staatseinrichtungen nach ihren Interessen um. Es war dies jedes Mal die durch den Stand der ökonomischen Entwicklung zur Herrschaft befähigte und berufene Minoritätsgruppe, und gerade deshalb und nur deshalb geschah es, dass die beherrschte Majorität sich bei der Umwälzung entweder zugunsten jener beteiligte oder sich doch die Umwälzung ruhig gefallen ließ. Aber wenn wir vom jedesmaligen konkreten Inhalt absehen, war die gemeinsame Form aller dieser Revolutionen die, dass sie Minoritätsrevolutionen waren. Selbst wenn die Majorität dazu mittat, geschah es – wissentlich oder nicht – nur im Dienst einer Minorität; diese aber erhielt dadurch, oder auch schon durch die passive widerstandslose Haltung der Majorität, den Anschein, als sei sie Vertreterin des ganzen Volkes.

Nach dem ersten großen Erfolg spaltete sich in der Regel die siegreiche Minorität; die eine Hälfte war mit dem Erlangten zufrieden, die andere wollte noch weiter gehen, stellte neue Forderungen, die wenigstens teilweise auch im wirklichen oder scheinbaren Interesse der großen Volksmenge waren. Diese radikaleren Forderungen wurden auch in einzelnen Fällen durchgesetzt; häufig aber nur für den Augenblick, die gemäßigtere Partei erlangte wieder die Oberhand, das zuletzt Gewonnene ging ganz oder teilweise wieder verloren; die Besiegten schrien dann über Verrat oder schoben die Niederlage auf den Zufall. In Wirklichkeit aber lag die Sache meist so: Die Errungenschaften des ersten Sieges wurden erst sichergestellt durch den zweiten Sieg der radikaleren Partei; war dies und damit das augenblicklich Nötige erreicht, so verschwanden die Radikalen und ihre Erfolge wieder vom Schauplatz.« (MEW Bd. 22: 513f.)

Rosa Luxemburg wusste: Revolutionen führen nicht automatisch zu gesellschaftlichem Fortschritt, denn der Springpunkt jeder Revolution ist ihr Thermidor, ihr unvermeidlicher Rückschlag. Revolutionen brechen nur in Gesellschaften aus, in denen zivilgesellschaftliche Mechanismen, die eine Aushandlung von Interessengegensätzen zwischen verschiedenen sozialen und politischen Kräften ermöglichen, entweder ganz fehlen oder ihre einstige Wirksamkeit eingebüßt haben und allenfalls in sinnentleerten Ritualen weiterleben. Revolutionen sind in der Geschichte die Ausnahmen, in ihnen entladen sich aufgestaute politische und soziale Spannungen, mitunter geradezu explosionsartig. Ob allerdings eine Revolution zu einer »Lokomotive der Geschichte« (MEW Bd. 7: 85) wird, entscheidet sich erst an ihrem Ende. Es entscheidet sich an der Frage: Fällt die Revolution auf oder gar vor ihren Ausgangspunkt zurück, herrschen also noch reaktionärere Zustände als vor der Revolution? Die Beispiele aus der jüngeren außereuropäischen Geschichte sprechen hier für sich. Oder kommt der Rückschlag zum Stehen, ehe er den Ausgangspunkt erreicht hat? In diesem Punkt entscheidet sich, ob eine Revolution als siegreich oder gescheitert erlebt und bewertet wird.

Deshalb plädierte Rosa Luxemburg für ein maximales Ausschlagen der Revolution nach links, bis hin zu einer Diktatur des Proletariats – im klaren Bewusstsein, dass sich diese nicht würde halten können. Die Funktion dieser Diktatur war im Verständnis von Rosa Luxemburg nicht zuvorderst die Freisetzung sozialistischer Elemente, sondern die Abfederung des Rückschlages: Die Revolution der Franzosen von 1789 hatte gezeigt, dass erst die Jakobinerdiktatur die Freisetzung bürgerlich-kapitalistischer Verhältnisse in Frankreich unumkehrbar gemacht hatte. Erst durch das Hinaustreiben der Veränderungen über das der Gesellschaft in nichtrevolutionären Zeiten Mögliche würden die Gegenkräfte so sehr eingeschüchtert, dass sie jedem Kompromiss zustimmen, vorausgesetzt, er unterbindet ein erneutes Hinaustreiben der Revolution.

Ohne politische Freiheiten – also ohne Meinungsfreiheit, Pressefreiheit, Versammlungsfreiheit, Assoziations- und Organisationsfreiheit, kurz: ohne einen durch einen Rechtsstaat politisch und juristisch gesicherten öffentlichen Raum – blieb für Rosa Luxemburg jeglicher Kampf um den Sozialismus ein Absurdum. Da in Russland der Liberalismus schon revolutionsmüde zur Welt gekommen war, sollte seine Funktion eine zeitweilige Diktatur des Proletariats übernehmen. Die Herstellung einer rechtsstaatlichen bürgerlich-kapitalistischen Ordnung sollte dazu dienen, den Boden zu schaffen, auf dem der Kampf um den Sozialismus überhaupt erst möglich werden würde.

Bereits bei der Analyse der Revolution von 1905/06 beschrieb Rosa Luxemburg dieses Szenario:

> »Das kämpfende Proletariat darf sich natürlich keine Illusionen über die Dauer seiner Herrschaft in der Gesellschaft machen. Nach dem Ende der jetzigen Revolution, nach der Rückkehr der Gesellschaft zu ›normalen‹ Verhältnissen, wird die Herrschaft der Bourgeoisie sowohl innerhalb der Fabrik als auch im Staat in der ersten Phase ganz sicher einen Großteil des im jetzigen revolutionären Kampf Erreichten beiseiteschieben und beseitigen. Umso wichtiger ist es, dass das Proletariat in die jetzigen Verhältnisse die stärksten Breschen schlägt, dass es die Verhältnisse innerhalb der Fabrik und in der Gesellschaft weitmöglich revolutioniert. Je weiter die Sozialdemokratie die revolutionäre Welle zur politischen Diktatur des Proletariats vorantreiben kann, desto weniger wird die Bourgeoisie gleich nach der Revolution in der Lage sein, das Erreichte zurückzudrängen.« (AR 208)

Und 1908, nachdem die Russische Revolution von 1905/06 äußerlich auf ihren Ausgangspunkt zurückgeworfen worden war, bekräftigte sie diese Auffassung:

> »Sich nun aber Sorgen zu machen, dass die jetzige Revolution ihren eigentlichen ›bürgerlichen‹ Charakter behalte, ist für das Proletariat eine völlig überflüssige Aufgabe. Der bürgerliche Charakter drückt sich aus, weil es dem Proletariat nicht gelingen wird, sich an der Macht zu halten, weil es früher oder später erneut durch die konterrevolutionäre Aktion, durch Bourgeoisie, Grundbesitzer, Kleinbürgertum und große Teile der Bauernschaft niedergeworfen wird. Es ist auch möglich, dass nach dem Sturz des Proletariats selbst die Republik untergehen und für lange Zeit die Herrschaft einer zutiefst gemäßigten konstitutionellen Monarchie beginnen wird. Das ist sehr gut möglich. Doch die Klassenlage ist nun einmal so, dass in Russland sogar der Weg zur gemäßigten monarchischen Konstitution über die revolutionäre Aktion und die republikanische Diktatur des Proletariats geht.« (AR 264)

Mit dieser Position verschreckte und verärgerte Rosa Luxemburg natürlich die Führer der Bolschewiki, wollten die doch die Revolution »gewinnen«.

Wie die Bolschewiki die Revolution »gewannen« und Luxemburgs Alpträume wahr wurden

In Rosa Luxemburg verband sich revolutionärer Enthusiasmus mit einer – man möchte fast sagen: gnadenlosen – Nüchternheit:

> »Das Proletariat kann als der am meisten revolutionäre Faktor womöglich in die Rolle des Liquidators der alten Ordnung schlüpfen und ›nach der Macht greifen‹, um der Konterrevolution vorzubeugen, um nicht zuzulassen, dass die Revolution durch die ihrer Natur nach reaktionäre Bourgeoisie versumpft. Noch ist keine Revolution anders beendet worden denn als Diktatur einer Klasse, und alle Fakten verweisen darauf, dass das Proletariat nunmehr zu diesem Liquidator werden könnte. Freilich täuscht sich kein Sozialdemokrat in der Annahme, das Proletariat könnte sich an der Macht halten, denn hielte es sich, würde es zur Herrschaft seiner Klassenidee kommen, würde der Sozialismus verwirklicht werden. Dafür reichen heute die Kräfte nicht, weil im russischen Staat das Proletariat in der genauen Wortbedeutung eben eine Minderheit der Gesellschaft ausmacht. Die Verwirklichung des Sozialismus durch eine Minderheit ist jedoch unbedingt ausgeschlossen, da bereits die Idee des Sozialismus die Herrschaft einer Minderheit ausschließt. Also wird das Proletariat nach seinem politischen Sieg über die Zarenherrschaft tags darauf die Macht an die Mehrheit verlieren. Konkret gesagt: Nach dem Sturz der Zarenherrschaft geht

> die Macht an den revolutionärsten Teil der Gesellschaft, an das Proletariat über, denn dieses Proletariat wird alle Posten einnehmen und solange auf dem Posten bleiben, bis es die Macht in die Hände der legal dazu Berufenen, also in die Hände der neuen Regierung legt, die nur durch die Konstituante, durch die von der ganzen Bevölkerung gewählten gesetzgebenden Körperschaft bestimmt werden kann. Aber angesichts der Tatsache, dass in der Gesellschaft nicht die Arbeiterklasse, nicht das Proletariat die Mehrheit ausmacht, sondern das Kleinbürgertum und die Bauern, wird es auch in der Konstituante zu keiner Mehrheit der Sozialdemokraten, sondern der bäuerlich-kleinbürgerlichen Demokraten kommen. Wir können das bedauerlich finden, wir können es aber nicht ändern.« (AR: 218)

Lenin war nicht bereit, sich mit derlei »Defätismus« abzufinden, er hielt nichts von Rückschlägen, selbst wenn sie zu einer bürgerlich-parlamentarischen Republik als Voraussetzung für eine Selbstorganisation und Selbstbewusstwerdung des Proletariats führten. Er setzte 1917/18 auf Durchbrüche und – auf kurze Wege. Auch Luxemburg kam in ihrer schon analysierten Schrift »Zur russischen Revolution« nicht mehr explizit auf dieses Konzept zurück.

Lenin und mit ihm die Bolschewiki interessierte, als sie sich 1917 in den Kampf warfen, vor allem eines: deren (erhoffte) Funktion als Eröffnungsrevolution eines proletarisch-sozialistischen Sturmes über Europa. An dessen Ende sollte eine postkapitalistische Gesellschaft stehen, gegründet auf sozialer Freiheit für alle. Als »nationale« Revolution war für diese Weltbürger die Russische Revolution, zumindest anfangs, völlig uninteressant, zumal sie wussten: Mit diesem Russland war nicht nur kein Staat, sondern erst recht kein Sozialismus zu machen.

Dass das russische Proletariat die Macht, falls es sie überhaupt je ergriffe, nicht einmal im Verein mit dem politisch deutlich erfahreneren polnischen Proletariat – unter anderem repräsentiert durch Leo Jogiches und Rosa Luxemburg – dauerhaft würde behaupten können, war seit Langem jedoch auch Lenin klar. Allerdings glaubte er, aus dem Dilemma einen genialen Ausweg gefunden zu haben: Er plädierte für ein Bündnis aus Feuer und Wasser, aus Proletariat und armer land-, also kapitalbedürftiger Bauernschaft.

Als internationale Eröffnungsrevolution scheiterte die Russische Revolution mangels erfolgreicher Anschlussrevolutionen zwar, doch erfüllten die Bolschewiki durch den Sieg im Bürgerkrieg national ihre Aufgabe, trieben jedoch mit diesem Sieg zugleich den Widerspruch zwischen sozialer und politischer Hegemonie, der jeder radikalen Revolution innewohnt (Kossok 2016: 46), an seinen Schnittpunkt. Nie übe ein sozialer Hegemon, also der »Auftraggeber« – im Falle der Russischen Revolution war das bis 1921 das Proletariat – als

Ganzes die politische Hegemonie aus. Entweder sind es aktivistische Gruppen wie in der Revolution der Franzosen 1791 bis 1793 die Gironde und 1793/94 die Jakobiner sowie in der Russischen Revolution 1917 bis 1921 die Bolschewiki. Oder eine fehlende bzw. zu schwache Bourgeoisie wird durch das Militär »substituiert«.

Als »Jakobiner mit dem Volke« (Lenin) hatten die Bolschewiki etwas erreicht, was anfangs nicht einmal sie selbst sich zugetraut hatten: So wie die französischen Revolutionäre von 1789ff. hatten sie den Krieg genutzt, um die Revolution zu vertiefen, und damit das Interesse der Arbeiter, vor allem aber der Bauern an einem Sieg im Bürgerkrieg immer weiter stabilisiert. Mit dem Sieg im Bürgerkrieg 1920 hatten die Bolschewiki überhaupt alles erreicht, was in dieser Revolution zu erreichen war. Damit waren sie Anfang 1921 reif für den Thermidor. Denn der soziale Hegemon – die revolutionäre, durchaus an einer Diktatur des Proletariats, aber nicht an einer Diktatur der Bolschewiki interessierte Arbeiterschaft – sah die Ergebnisse der Revolution durch den Sieg im Bürgerkrieg gesichert. Damit schien die Herrschaft der Bolschewiki überflüssig geworden, zumal sie mit der Etablierung ihrer Parteidiktatur den proletarischen Konsens einseitig aufgekündigt hatten. Dieser hatte beinhaltet, die Gesellschaft über ein System direkt gewählter Räte zu demokratisieren und die sozialistische Produktionsweise als Voraussetzung für die soziale Freiheit aller gemeinsam durchzusetzen.

Der Rückschlag der Russischen Revolution ging aber nicht von den Liberalen oder den zaristischen Kräften aus – die waren im Bürgerkrieg vernichtend geschlagen worden. Er ging vielmehr von den Elitekampftruppen der Bolschewiki aus: von den Kronstädter Matrosen und Arbeitern; Trotzki hatte sie einst »den Ruhm und den Stolz der Revolution« genannt. Doch der Aufstand der Kronstädter gegen die Diktatur einer Partei unterlag. Im März 1921 ertränkten die Bolschewiki ihre bisherige Prätorianergarde in deren eigenem Blut.

Diese Niederlage der Arbeiter offenbarte die ganze Schwäche des bisherigen sozialen Hegemonen. Sie zeigte an, dass, selbst wenn die Arbeiter dem politischen Hegemonen, den Bolschewiki, nicht unterlegen waren, sie ihre soziale Hegemonie nie und nimmer hätten aufrechterhalten können. Sie wären im nächsten Moment von den nachdrängenden Bauernmassen in die Bedeutungslosigkeit zurückgestoßen worden, aus der sie die Revolution für vier Jahre herausgeholt hatte.

Denn mit dem Sieg im Bürgerkrieg war auch für die Bauernmassen jegliches Interesse an einer weiteren Herrschaft der Bolschewiki – ebenso an einem weiteren Bündnis, nachdem die Arbeiterschaft, der bisherige soziale Hegemon, niedergeworfen worden war – erloschen: Im ganzen Land brachen Bauernaufstände aus. Damit hatte sich der Leninsche Ausweg, das Bündnis aus Feuer und Wasser, von Proletariat und landarmer Bauernschaft, als Sackgasse erwiesen. Es hatte beim antifeudalen Durchbruch durchaus getragen. Doch um den Rückschlag der Revolution zu umgehen, wie es Lenin konzipiert hatte – dafür war dieses Bündnis ungeeignet.

Mit ihrem Sieg über ihren bisherigen »Auftraggeber« hatten die Bolschewiki nicht nur nichts gewonnen, sie hatten alles verloren. Im Frühjahr 1921 standen sie allein da: Sie hatten den ursprünglichen »Auftraggeber«, die Arbeiterschaft der Städte, erst verprellt, dann vertrieben. Und mit dem ehemaligen Bündnispartner verkehrten sie per Gewalt der Gewehrläufe.

Bauernaufstände kann man niederwerfen. Und das taten die Bolschewiki im Frühjahr 1921 auch, mussten aber schnell begreifen: »Was niemals aus den Gewehrläufen kommt, ist Macht.« (Arendt 2005: 54)[35] Da die Bolschewiki jedoch nicht freiwillig von der politischen Herrschaft lassen wollten (und möglicherweise auch gar nicht konnten), ließ ihr Sieg ihnen nichts anderes übrig, als sich in den Dienst der stärksten sozialen Kraft, der Bauernschaft, zu stellen. Sie luden – allerdings vergeblich – den internationalen Teil der zuvor national weitgehend ausgerotteten Bourgeoisie zur Investition ein. Es handelte sich um einen nicht in einem Satz nennbaren Typ staatlich gelenkter Marktwirtschaft, genannt »Neue Ökonomische Politik« (NÖP). Seltsamer ist seit Pyrrhus kein Sieg gewesen.

So erlebte die Russische Revolution ihren Rückschlag, ihren Thermidor, nicht nur einmal, sondern gleich zweimal: als unvermeidbar gescheiterten proletarischen Thermidor. Und als Thermidor, mit dem die lebensfähigen Ergebnisse der Revolution, namentlich die der Agrarrevolution, gesichert wurden, ausgeführt von den Revolutionären selbst und deshalb ohne Ermordung der Revolutionäre: Der »Thermidor der Russischen Revolution [...] unterscheidet sich von anderen Thermidoren weder durch seinen Inhalt noch durch seine Wirkungen, nur durch seine Form. Es war ein ›trockener‹ Thermidor. Er ging still und friedlich im Busen und in der Organisation der Bolschewiki vor sich. Nicht freilich, ohne sein Gorgonenhaupt sofort der Arbeiterklasse zu zeigen: in Kronstadt. Die Wirkungen aber waren die gleichen wie die seines größeren Bruders. [...] Der März 1921 hat die russische Arbeiterklasse doppelt getroffen. Er lieferte die Klasse selbst den Bauern aus und, im Gefolge der Bauern, den Schiebern, Spekulanten und, in deren Gefolge, den Großkapitalisten. Er nahm ihnen zugleich ihre Führer, indem aus den Jakobinern von gestern die Thermidoren von heute wurden.« (Levi 2020: 1255f.)

---

[35] Das war Hannah Arendts Antwort auf Mao Tse-tungs Diktum: »Die politische Macht kommt aus den Gewehrläufen.« (Mao Tse-tung 1966: 74)

Einzig Angelica Balabanoff, 1919 Mitbegründerin und offiziell Leiterin der Kommunistischen Internationale, zog die Konsequenzen, trat von der Macht still zurück und kehrte »heim« ins Exil. Wenige Jahre vor ihrem Tod schrieb sie: »Heute stünde ich als Mitschuldige an zahllosen Vergehen gegen die Menschheit da, am Verrat am Sozialismus, an unzähligen schmachvollen Taten. Ich hätte weder das Recht noch den Mut, den Opfern der sozialen Ungerechtigkeit, denen ich Treue geschworen hatte, indem ich Sozialistin wurde, ins Auge zu schauen. [...] Gezwungen zu sein, so zu leben, wie die Bolschewiki leben, von Schmeichlern umgeben, Vorrechte aller Art zu genießen und mir die Verwünschungen ihrer unzähligen, gemarterten Opfer zu verdienen, für ihre Schandtaten durch meine Gegenwart die Verantwortung mit zu übernehmen, das wäre meine – schreckliche – Strafe gewesen.« (Balabanoff 2013: 177f.)

Die Bolschewiki waren in die Falle geraten, die Friedrich Engels schon 1850 in einer »schwarzen Utopie« beschrieben hatte: »Es ist das Schlimmste, was dem Führer einer extremen Partei widerfahren kann, wenn er gezwungen wird, in einer Epoche die Regierung zu übernehmen, wo die Bewegung noch nicht reif ist für die Herrschaft der Klasse, die er vertritt, und für die Durchführung der Maßregeln, die die Herrschaft dieser Klasse erfordert. Was er tun kann, hängt nicht von seinem Willen ab, sondern [...] von dem Entwicklungsgrad der materiellen Existenzbedingungen, der Produktions- und Verkehrsverhältnisse. [...] Was er tun soll, was seine eigne Partei von ihm verlangt, hängt wieder nicht von ihm ab [...], er ist gebunden an seine bisherigen Doktrinen und Forderungen, die wieder nicht aus der momentanen Stellung der gesellschaftlichen Klassen gegeneinander und aus dem momentanen, mehr oder weniger zufälligen Stande der Produktions- und Verkehrsverhältnisse hervorgehn, sondern aus seiner größeren oder geringeren Einsicht in die allgemeinen Resultate der gesellschaftlichen und politischen Bewegung. Er findet sich so notwendigerweise in einem unlösbaren Dilemma: Was er tun kann, widerspricht seinem ganzen bisherigen Auftreten, seinen Prinzipien und den unmittelbaren Interessen seiner Partei; und was er tun soll, ist nicht durchzuführen. Er ist, mit einem Wort, gezwungen, nicht seine Partei, seine Klasse, sondern die Klasse zu vertreten, für deren Herrschaft die Bewegung gerade reif ist. Er muss im Interesse der Bewegung selbst die Interessen einer ihm fremden Klasse durchführen und seine eigne Klasse mit Phrasen und Versprechungen, mit der Beteuerung abfertigen, dass die Interessen jener fremden Klasse ihre eignen Interessen sind. Wer in diese schiefe Stellung gerät, ist unrettbar verloren.« (MEW Bd. 7: 400f.)[36]

---

[36] Isaac Deutscher beschreibt – ohne es jedoch revolutionstheoretisch deuten zu können – sehr anschaulich, wie der Gegensatz zwischen dem sozialen Hegemon, der russischen Arbeiterschaft, und dem politischen Hegemon, den Bolschewiki, so unüberbrückbar

Doch nicht erst die Niederschlagung des proletarischen Thermidors von Kronstadt offenbarte die Art des Verhältnisses der Bolschewiki zu der Klasse, der sie zu ihrer Befreiung verhelfen wollten. Stärke und Schwäche der Bolschewiki von Anfang an war ihr Avantgardeverständnis. Paul Levi, nach Rosa Luxemburgs Ermordung der erste KPD-Vorsitzende und, da er sich weigerte, zu den Bolschewiki überzulaufen, 1921 aus der von ihm geführten Partei ausgeschlossen, beschrieb es so: »Hätten die Bolschewiki nie etwas anderes getan, als die Diktatur des Proletariats ausgeübt, so wären sie nie so weit heruntergekommen, als sie jetzt sind. Sie taten etwas anderes. Sie übten nicht die Diktatur des Proletariates gegen eine feindliche Klasse aus, sondern begannen, das Proletariat erst zu ›führen‹, dann zu lenken, dann zurechtzuschieben, dann zu schulmeistern, dann zu exerzieren, dann zu kommandieren, dann zu bütteln, dann zu quälen und dann zu terrorisieren im Namen der ›Diktatur‹. In dieser völlig verkehrten und verfehlten Theorie von der ›Rolle der Partei‹, von der Allmacht eines Zentralkomitees in der Partei, von der Gottähnlichkeit von ein paar Bonzen: In ihr liegt der Anfang und das Ende von dem beschlossen, was jetzt in Russland vor sich geht. Nicht der Sozialismus [...] hat in Russland bankrott gemacht: Bankrott hat in Russland eine Schule gemacht. [...] Das Proletariat ist ein großer und starker Körper, gewaltiger in seinen Kräften als eine andere Klasse. Das, was der starke Körper braucht, um zu herrschen, den Willen zur Macht, den kann ihm keiner geben, muss er selbst sich schaffen aus einem tausendfältigen Spiel von tausend Zellen und Zellchen, von denen jedes sein eigenes Leben hat. Das ist der Sinn der *Demokratie* innerhalb der Arbeiterklasse und innerhalb der Partei, so diesen Willen zu bilden.« (Levi 2016: 1157)

Für die neuen sozialen Hegemonen – für die Bauernschaft und das sich erneut bildende Bürgertum – waren die Bolschewiki alles andere als Wunschpartner. Zwischen dem sozialen und dem politischen Hegemon herrschte nichts weniger als ein antagonistisches Verhältnis – ein Bündnis auf Zeit, haltbar so lange, wie die Bolschewiki nicht von der Macht verdrängbar erschienen. Die Bolschewiki ihrerseits, darum sehr wohl wissend, lebten in ständiger Furcht vor einem weiteren Thermidor und wussten sich nur mit einem Rezept zu helfen: Sie verliehen der Gewalt Permanenz: Die »gesellschaftliche Ausnahmesituation wurde zur ›Normalität‹. Die Gewalt wurde nicht nur der ›Geburtshelfer‹ (Marx) der neuen Gesellschaft, sie blieb ihre entscheidende Stütze.« (Kossok 2016: 45)

---

wurde, dass sich die Bolschewiki einen neuen sozialen Hegemon suchen mussten (Deutscher 1972: 456-482).

Wobei die Bolschewiki natürlich wussten, dass es mit Gewalt allein schwierig werden würde; dass – Napoleon hatte es als Erster ausgesprochen – man mit Bajonetten vieles machen könne, nur eines nicht: darauf sitzen. Deshalb wechselten die Bolschewiki nach der Beendigung der Revolution von unten und durch den eigenen Thermidor zu einem Tanz »über den Klassen« und regierten als Bonapartisten weiter.

Darüber, wie es weitergegangen wäre, wenn 1928 Stalin und seine Gruppe nicht diese Entwicklung abgebrochen hätten, lässt sich nur spekulieren. Für das, was nun kam, musste Stalin nichts erfinden, so Angelica Balabanoff: »Es muss zugegeben werden, dass es ohne Lenin keinen Stalin gegeben hätte, selbst wenn dieser nur eine Karikatur des Begründers der Bolschewiki war. All das Abstoßende, was bei ihm während seiner Diktatur zum Vorschein kam, war durch das Regime, in dem er lebte, handelte und herrschte, gefördert und gesteigert worden. Das von Lenin gegründete Regime und der von ihm geschaffene Apparat haben in einem Menschen wie Stalin alle minderwertigen Instinkte geschürt und deren Entfaltung keinerlei Hemmnisse oder gar Widerstand entgegengesetzt. Die Atmosphäre der Alleinherrschaft, der Willkür und des Terrors haben die sadistischen Neigungen des zukünftigen Diktators begünstigt, seine Eitelkeit angefacht und ins Unermessliche gesteigert. Ein Erneuerer war Stalin jedoch keineswegs; intellektuell war er eine Null – ein treuer Jünger, ein Nachahmer, kein Bahnbrecher. Die Anschauungen der Bolschewiki als Theorie, ebenso wie die Anwendung von Methoden, die im Widerspruch zum Sozialismus stehen, waren das Werk Lenins; Stalin hat sie sich nur angeeignet und das Negative, das ihnen anhaftete, noch intensiver gestaltet und allgemein verbreitet.« (Balabanoff 2013: 165)

Stalins Stärke bestand im Erkennen herannahender Gefahren sowie in ihrer Bekämpfung in einem Stadium, in dem sie noch beherrschbar sind. Die ersten Getreideboykotte der Bauernschaft kündigten 1927 an, dass sich die Periode des Bonapartismus der Bolschewiki dem Ende zuneigte. Damit war es wieder einmal Zeit, den sozialen Hegemon zu wechseln – Zeit für die damals so gern »Zweite Revolution« genannte »Stalinsche Revolution«.

Heraus kam eine Mischwirtschaft: Im Zeichen der Kollektivierung wurde in Arbeitslagern die Staatssklaverei, vor allem im Bereich der extraktiven Industrien, exzessiv ausgebaut. Soweit die Bauern nicht verhungerten bzw. ermordet wurden – in neueren Berechnungen ist von mehr als zehn Millionen Toten die Rede –, wurden sie in eine zweite Leibeigenschaft gepresst, gegen die die zweite Leibeigenschaft in Preußen geradezu ein Ausbund an Humanität war.

Wer nicht vor den Erschießungspelotons landete oder in der Staatssklaverei oder in der Leibeigenschaft zu vegetieren hatte und auch nicht am Hunger verreckt war, konnte sich glücklich wähnen, wenn er Lohnarbeit, keineswegs natürlich als doppelt freier Lohnarbeiter, leisten durfte. Gegen die Erdhütten, die sich viele Erbauer der Neubaustädte in den ersten Jahren zu graben hatten, waren die Gemeinschaftswohnungen in den traditionellen Industriegebieten geradezu ein Privileg. Mit der einheimischen Bourgeoisie, die sich nach 1921 wieder zu bilden begonnen hatte, wurde ähnlich wie mit der Bauernschaft verfahren. Die so freigesetzten Mittel wurden in die Schwerindustrie kanalisiert.

Unter dem »Arbeiter- und Bauernstaat« hatte im »real existierenden Sozialismus« die Gesellschaft eine Gestalt angenommen, die doppelt freien Lohnarbeitern im Westen, die in vom Profitprinzip dominierten Gesellschaften ausgebeutet wurden, nicht unbedingt als attraktive Alternative erschien. In diesem Sinne wurde Stalin des Westens bester Mann.

Der neue soziale Hegemon fiel mit dem politischen zusammen; die Bolschewiki hatten eine eigene Klasse hervorgebracht: die »neue Klasse«, wie der jugoslawische Kommunist Milovan Djilas sie nannte (Djilas 1958). Die saß an den Hebeln der Macht: als Funktionsträger in Staat, Wirtschaft, Verwaltung, Militär, politischer Polizei. Sozialismus in den Farben der Bolschewiki bedeutete nicht die solidarisch-kollektiv erkämpfte Emanzipation von jeglicher Ausbeutung und Unterdrückung – was ja ursprünglich der Sinn von Sozialismus gewesen war –, sondern das Angebot an Willige, individuell sozial aufzusteigen.

Diese »neue Klasse« genoss ihren Sieg, auch als 1932/33 nach der »erfolgreichen Kollektivierung« Millionen Menschen verhungerten. Denn »neue Klasse« hieß: Pajok (Rationen für Privilegierte), hieß: überleben – zumindest vorerst mithilfe der »neuen Klasse« wurde die Gesellschaft unterworfen und so die riskante bonapartistische Phase beendet. Statt Elementen der kapitalistischen Produktionsweise und denen einer bürgerlichen Gesellschaft sowie verstärkter Rechtssicherheit wurde 1927/28 der Staat entfesselt. Im Namen der »Arbeiter- und Bauernmacht« etablierte sich ein auf Terror gestütztes Regime, das eine »klassenlose« Gesellschaft herbeizumorden suchte und dabei selbst die »neue Klasse« keineswegs verschonte, sondern zeitweise sogar bevorzugt verheerte. Unter der Losung »Sozialismus in einem Land« wurde ein Herrschaftssystem ausgebaut, das in einem unerklärten Krieg eine egalitäre und zu jeglicher Form von Widerstand unfähige Gesellschaft zuzurichten suchte.

Nach der Versklavung der NÖP-Gewinner und der Bauernschaft kam die Garde der Revolution an die Reihe und schließlich jeder, der Individualität nicht zu verbergen vermochte. Alle sozialen Beziehungen, soweit sie sich auf Vertrauen gründen, wurden absichtsvoll zerstört. Es entstand eine Gesellschaft der Gleichheit, allerdings einer Gleichheit in Unfreiheit, in der Angst, in der Bindungslosigkeit – letztlich eine Nichtgesellschaft, der jegliche Insignien einer Zivilgesellschaft fehlten. Die Nachwachsenden, vom Leben »unbeschmutzt«, sollten die »neuen Menschen« stellen, zu allem verfügbar. Um die »Alten« war es nicht schade. Hier herrschte der Maßnahmestaat – in seiner totalen Entfesselung.

Die Stalinsche Führung versuchte die Funktionsweise der modernen Gesellschaft, ihre Gesetze, zu überlisten – indem sie sie außer Kraft zu setzen schien. Es fand nicht die Emanzipation vom Klassendasein und von Klassenherrschaft statt – wie sie einem Karl Marx, einer Rosa Luxemburg und bis zu einem gewissen Grade auch einem Lenin vorgeschwebt hatte. Hier wurde Gesellschaft ersetzt durch ein Oben und Unten, vielleicht besser sogar, durch ein Drinnen und Draußen, zwischen dem der Einzelne willkürlich hin- und hergeworfen werden konnte: heute Wärter, morgen Sklave; heute Sklave, morgen General; gestern Chef der Politischen Polizei, morgen Folteropfer. Die Rollen waren austauschbar und sie wurden getauscht.

Klassenlosigkeit entstand nicht als Resultat großer Klassenauseinandersetzungen, sondern als Resultat des Wirkens eines allgegenwärtigen Polizeistaates, der als »Hauptinstrument der herrschenden Klasse« eine angeblich sozialistische Gesellschaft »schuf«. Diese Gesellschaft musste »geschaffen« werden, weil unter den obwaltenden Bedingungen eine sozialistische Gesellschaft sich nicht entwickeln konnte. Der bolschewistische Staat schuf sich eine Basis; nicht die Basis ihren Staat. Es war noch grauenvoller gekommen, als es Rosa Luxemburg 1918 befürchtet hatte:

> »Unbedingt öffentliche Kontrolle notwendig. Sonst bleibt der Austausch der Erfahrungen nur in dem geschlossenen Kreise der Beamten der neuen Regierung. Korruption unvermeidlich. [...] Die Praxis des Sozialismus erfordert eine ganze geistige Umwälzung in den durch Jahrhunderte der bürgerlichen Klassenherrschaft degradierten Massen. Soziale Instinkte anstelle egoistischer; Masseninitiative anstelle der Trägheit; Idealismus, der über alle Leiden hinwegbringt usw. usw. Niemand weiß das besser, schildert das eindringlicher, wiederholt das hartnäckiger als Lenin. Nur vergreift er sich völlig im Mittel. Dekret, diktatorische Gewalt der Fabrikaufseher, drakonische Strafen, Schreckensherrschaft, das sind alles Palliative. Der einzige Weg zu dieser Wiedergeburt: die Schule des öffentlichen Lebens selbst, uneingeschränkte breiteste Demokratie, öffentliche *Meinung*. Gerade die Schreckensherrschaft demoralisiert.
>
> Fällt das alles hinweg, was bleibt in Wirklichkeit? Lenin und Trotzki haben an Stelle der aus allgemeinen Volkswahlen hervorgegangenen Vertretungskörperschaften die Sowjets als die einzige wahre Vertretung der arbeitenden Massen hingestellt.
>
> Aber mit dem Erdrücken des politischen Lebens im ganzen Lande muss auch das Leben in den Sowjets immer mehr erlahmen. Ohne allgemeine

> Wahlen, ungehemmte Presse- und Versammlungsfreiheit, freien Meinungskampf erstirbt das Leben in jeder öffentlichen Institution, wird zum Scheinleben, in der die Bürokratie allein das tätige Element bleibt. Das öffentliche Leben schläft allmählich ein, einige Dutzend Parteiführer von unerschöpflicher Energie und grenzenlosem Idealismus dirigieren und regieren, unter ihnen leitet in Wirklichkeit ein Dutzend hervorragender Köpfe, und eine Elite der Arbeiterschaft wird von Zeit zu Zeit zu Versammlungen aufgeboten, um den Reden der Führer Beifall zu klatschen, vorgelegten Resolutionen einstimmig zuzustimmen, im Grunde also eine Cliquenwirtschaft – eine Diktatur allerdings, aber nicht die Diktatur des Proletariats, sondern die Diktatur einer Handvoll Politiker, d. h. Diktatur im bürgerlichen Sinne, im Sinne der Jakobinerherrschaft. [...] Ja noch weiter: Solche Zustände müssen eine Verwilderung des öffentlichen Lebens zeitigen: Attentate, Geiselerschießungen etc. Das ist ein übermächtiges, objektives Gesetz, dem sich keine Partei zu entziehen vermag.« (GW 4: 360-362)

Kapitel 11
Die Novemberrevolution – auf dem Wege zu einem Neubeginn

»Das Wesen der sozialistischen Gesellschaft besteht darin, dass die große arbeitende Masse aufhört, eine regierte Masse zu sein, vielmehr das ganze politische und wirtschaftliche Leben selbst lebt und in bewusster freier Selbstbestimmung lenkt.«
(GW 4: 444)

Sozialismus als Tagesaufgabe

Rosa Luxemburg hatte 1913 in Bockenheim bei Frankfurt am Main Soldaten aufgerufen, im Falle eines Kriegs den Gehorsam zu verweigern. Sie war dafür zu einem Jahr Gefängnis verurteilt worden. Danach war sie nur kurze Zeit frei gewesen; bis zur Novemberrevolution wurde sie in der Festung Wronke bei Posen und in Breslau in »Schutzhaft« gehalten. Während Karl Liebknecht seit seiner Entlassung aus dem Zuchthaus am 23. Oktober 1918 abgerissene Kontakte neu knüpfte und bis zum 9. November von einer konspirativen Zusammenkunft zur nächsten eilte, wurde Rosa Luxemburg – als die weniger im Rampenlicht der Öffentlichkeit Stehende – bis zum 8. November, 22 Uhr, festgehalten. Sichtlich gealtert, mit fast weißem Haar, stürzte sich die 47-Jährige in die Revolution. Mit dem revolutionären Geschehen, das seit dem 3. November Deutschland erschüttert hatte, hatte Rosa Luxemburg nichts zu tun. Lediglich auf dem Marktplatz von Breslau konnte sie am Vormittag des 9. November kurz sprechen. Ihre geplante Rede in der Breslauer Jahrhunderthalle [heute »Hala Ludowa«] vor 6000 Zuhörern wurde von der lokalen SPD-Organisation verhindert. Zur gleichen Zeit wurde in Berlin die Republik deklariert, während sich der Oberste Kriegsherr, der Kaiser, zum Obersten Deserteur der deutschen Geschichte mauserte. Mit der Entente standen die Waffenstillstandsverhandlungen kurz vor dem Abschluss.

Bis in den September 1918 hinein war die Mehrheit der Deutschen, auch der deutschen Arbeiter, Anhänger der Militärdiktatoren Hindenburg und Ludendorff. Nachdem am 3. März 1918 Sowjetrussland der Raubfrieden von Brest-Litowsk aufgezwungen worden war, erwartete Leo Trotzki im August 1918 sogar eine vollständige Okkupation Sowjetrusslands durch deutsche Truppen – eine Okkupation, die er einer japanischen (letztlich britisch-französischen) Okkupation mit dem Argument vorzog, Deutschland sei viel reifer für die Revolution als Japan. Darauf antwortete ihm Rosa Luxemburg in der Septemberausgabe des illegalen »Spartacus«: »Das Räsonnement Trotzkis ist aber überhaupt insofern falsch, als gerade die Aussichten und Möglichkeiten einer Revolution in Deutschland durch jede Stärkung und jeden Sieg des deutschen Militarismus verschüttet werden.« (GW 4: 389) Jegliche Revolutionsvorbereitungen erschienen unter diesen Bedingungen als kindisch. Und überhaupt dachte niemand daran, sich auf eine Revolution auch nur einzustellen. Ende Juli hatte Deutschlands Führung noch das Angebot der Entente für einen Verständigungsfrieden abgelehnt.

Im August und September 1918 wurde offensichtlich, dass Deutschland den Krieg verloren hatte. Österreichs Armeen brachen zusammen. Die Westalliierten begannen eine Großoffensive auf die sogenannte Hindenburglinie, in die sie am 27. September einbrachen. Nun drängte Erich Ludendorff den Kaiser zu einer Parlamentarisierung des Regierungssystems und zur Einbindung der Sozialdemokratie in die Regierung mit dem Ziel, die Verantwortung für die Niederlage auf diese parlamentarische Regierung abzuwälzen – ein von Herrschaftserfahrung zeugender strategischer Schachzug, der vollständig gelang. Die militärische Niederlage zwang die Militärdiktatoren Hindenburg und Ludendorff zum Rückzug und den Kaiser dazu, dem Übergang zu einer parlamentarisch gestützten Koalitionsregierung zuzustimmen. Am 4. Oktober 1918 wurde unter Beteiligung der Mehrheits-SPD das Kabinett Max von Baden gebildet. Das Reichsarbeitsamt übernahm der Sozialdemokrat Gustav Bauer, Philipp Scheidemann wurde Staatssekretär ohne Portefeuille. Der Sturz dieser Regierung am 9. November 1918 leitete das Ende der feudalen Vorherrschaft in Deutschland ein und beendete so den Klassenkompromiss von 1871 zwischen feudalen Eliten und großbürgerlichen Kreisen, der beiden Seiten Einfluss auf politische Entscheidungen ermöglicht hatte, wenngleich in unterschiedlich großen Dosen.

Der Reichstag wurde über das Unvorstellbare informiert: die Kapitulation Deutschlands. Von Friedrich Ebert wird berichtet, er sei totenblass gewesen und habe kein Wort hervorbringen können. Im Tagebuch des Oberst von Thaer findet sich folgender Eintrag, der eine Rede Ludendorffs wiedergibt: »Er sei verpflichtet, uns zu sagen, dass unsere militärische Lage furchtbar ernst sei. Täglich könne unsere Westfront durchbrochen werden. [...] Auf die Truppen sei *kein* Verlass mehr [...] So sei vorauszusehen, dass dem Feinde schon in nächster Zeit mit Hilfe der kampffreudigen Amerikaner ein *großer* Sieg, ein *Durchbruch in ganz großem Stile* gelingen werde, dann werde dieses Westheer den letzten Halt verlieren und in voller Auflösung zurückfluten über den Rhein und werde die Revolution nach Deutschland tragen. Diese Katastrophe *müsse* unbedingt vermieden werden.« (zitiert in Haffner 1969: 39) Es war dieser Konsens, der die Eliten des deutschen Kaiserreichs, die Führung der SPD eingeschlossen, in dieser Stunde der selbst verschuldeten politisch-militärischen Niederlage zusammenschweißte. Und Luxemburg schrieb aus dem Gefängnis: »Diesmal, zum ersten Mal in der Geschichte, gibt sich eine Partei, die sich sozialdemokratisch nennt, dazu her, bei sichtbar nahender Katastrophe der bestehenden Klassenherrschaft den Retter in der Not zu spielen, durch Scheinreformen und Scheinerneuerung dem herannahenden Volkssturm den Wind aus den Segeln zu nehmen, die Massen im Zaum zu halten.« (GW 4: 394)

Ganz aber konnte der Sturm nicht aufgehalten werden. Viel zu lange wurde am Kaiser festgehalten, bei »Scheinreformen« verblieben, der Krieg nicht gestoppt. Auslöser der Revolution war der Befehl, einen großen Angriff der Seekriegsflotte gegen die doppelt so starke britische Navy (noch dazu unterstützt durch die USA) zu starten. In Kiel brach ein Aufstand aus. Von Kiel aus breitete er sich schnell über das Reich aus. Am 6. November forderte dann auch Friedrich Ebert den Rücktritt des Kaisers. Ihm werden durch den damaligen Reichskanzler von Baden in dessen Erinnerungen die Worte zugeschrieben: »Wenn der Kaiser nicht abdankt, dann ist die soziale Revolution unvermeidlich. Ich aber will sie nicht, ja, ich hasse sie wie die Sünde.« (Friedrich Ebert, zitiert in Baden 2011: 599f.) Am Morgen des 9. November marschierten die Berliner Arbeiter, und die in Berlin stationierten Truppen verbrüderten sich mit ihnen. Die Revolution war eine Tatsache geworden. Scheidemann rief für die SPD – gegen den erklärten Willen Eberts, der an der Monarchie festhalten wollte – die Republik aus. Karl Liebknecht proklamierte vom Schloss aus kurz darauf die sozialistische Republik.

Auf einen solchen Zusammenbruch des preußischen Absolutismus war niemand vorbereitet gewesen. Allerdings erwies sich eine Kraft sofort als ebenso handlungsfähig wie willig: die SPD-Führung, stets ein fröhliches Lied vom Sozialismus auf den Lippen. In eines der durch die Revolution aufgestoßenen Fenster des Berliner Schlosses trat am 9. November 1918 beim Mittagessen ihr Ko-Vorsitzender Philipp Scheidemann, verkündete die Republik und düpierte so seinen Konkurrenten Friedrich Ebert. Der schwenkte, als er die ihm – unfreiwillig – gebotene Chance erkannte, sofort um und riss die Initiative an sich. Ebert hasste zwar die Revolution, setzte sich jetzt aber an deren Spitze und manövrierte Scheidemann aus. Politisch war das beinahe genial. Ebert wurde 1919 Präsident einer Republik, die gegen seinen Willen andere erkämpft hatten.

Während des Krieges war die SPD-Führung zu einer Zusammenarbeit mit dem Staatsapparat – mit Polizei, Justiz und Militär – übergegangen. Diese Zusammenarbeit war in den Augen der SPD-Führung so »gedeihlich« ausgefallen, dass sie die alte sozialdemokratische, auf Marx zurückgehende Forderung nach einem gründlichen Umbau des Staates längst in aller Stille zu den Akten gelegt hatte. Damit wurde nach der verhinderten Zerschlagung des preußischen Militarismus ein zweites zentrales Projekt einer anti-absolutistischen Revolution aufgegeben.[37]

Weder die soziale Revolution noch die sozialistische Republik hatten auf der Agenda der SPD-Führung einen Platz gefunden. So nahm es nicht Wunder, dass sie vom ersten Tag der Revolution an nichts unversucht ließ, um das Revolutionsergebnis auf eine parlamentarische Republik zu begrenzen, den Räte-Gedanken zu ersticken und vom alten Regime so viel wie möglich zu retten.

Das Wissen um die in Revolutionen in Gang gesetzten Mechanismen war unter den marxistisch gebildeten Sozialdemokraten 1918 noch nicht vergessen. Nicht nur Friedrich Ebert war an der SPD-Parteischule bei Rosa Luxemburg Hörer gewesen. Und die SPD-Führung wusste sehr wohl, dass jede Vertiefung der Revolution von einer politischen zu einer sozialen Revolution sie früher oder später selbst hinausfegen würde. Den entsprechenden Anschauungsunterricht lieferte Sowjetrussland: Die Radikalität der seit 1917 tobenden Russischen Revolution unterstrich für die SPD-Führung die Notwendigkeit einer konsequenten und zugleich geschmeidigen antirevolutionären Politik. Selten haben Politiker – denen ja oft Beratungsresistenz nachgesagt wird – in so kurzer Zeit so viel gelernt wie aus dem Scheitern eines anderen Politikers. In diesem Falle war das Alexander Kerenski 1917, der von den Bolschewiki ins Exil getriebene letzte Ministerpräsident der Provisorischen Regierung.

Die Spartakusgruppe war aufgrund ihrer jahrelangen systematischen Verfolgung durch die Behörden sowie ihrer fehlenden Organisation nie mehr als eine kleine Propagandatruppe gewesen, hatte sich aber in die Vorbereitung des Berliner Aufstandes eingebracht. Gleichzeitig war die USPD-Führung so etwas wie der »natürliche Hegemon« dieser Revolution. Doch während der gesamten Revolution unternahm die USPD-Führung nicht einmal den Versuch, in einen Kampf um diese Hegemonie einzutreten. Die Hegemonie in der Revolution lag von Anfang an in den Händen der SPD-Führung und blieb dort, bis das bürgerliche Deutschland sich auf die neue Situation eingestellt hatte und seinerseits die Führung beanspruchte.

Zwischen 1918 und 1920/21 erfüllte die SPD-Führung dieselbe Funktion, die nach der Revolution von 1848 in Frankreich Louis Napoleon bzw. ab 1862 in Preußen Bismarck erfüllt hatten: Scheinbar über den verfeindeten sozialen

---

[37] Diesen Apparat konnten die Nationalsozialisten – bereinigt von einigen sozialdemokratischen Einsprengseln – 1933 bruchlos übernehmen. Das Militär als Staat im Staat war aufgrund des Versailler Vertrags zwar massiv reduziert worden, wurde aber mit der Wiedereinführung des Scharnhorstschen, gegen Napoleon gewandten Systems der militärischen Rekrutierung hochgradig flexibilisiert. Dies gestattete den Nationalsozialisten ab 1935 eine schnelle Aufrüstung: Jeder Angehörige der Reichswehr war längst für den nächsthöheren Dienstgrad ausgebildet; außerdem wurde ein großes Reservistenheer geschaffen.

Gruppen schwebend, stabilisierten sie mit ihrer Politik die bürgerlich-kapitalistischen Zustände solange, bis die Träger dieser Zustände in die ihnen »zustehende« Herrschaftsrolle hineingewachsen waren. Landläufig wurde diese Politik Bonapartismus genannt. Doch Louis Napoleon und Bismarck hatten noch einen Bonapartismus repräsentiert, der von Angehörigen einer sich zersetzenden Herrscherkaste exekutiert wurde. 1918 eilte mit Friedrich Ebert und Gustav Noske der nach Orientierung suchenden deutschen Bourgeoisie eine Partei zur Hilfe, die sozial aus den Gegenkräften hervorgegangen war: quasi ein »modernisierter« Bonapartismus. Ab 1923 wurde die SPD in der Regierung nicht mehr benötigt; das kapitalbasierte Bürgertum vermochte nun, seine Angelegenheiten selbst zu regeln.

Rosa Luxemburg blieb 1918 kaum etwas anderes übrig, als vom ersten Tag an vor dieser Entwicklung der Revolution zu warnen. Bis auf einige Versammlungen, auf denen sie sprach, konnte sie kaum Einfluss auf die Revolution nehmen. Nicht einmal zum ersten Reichsrätekongress (16.–21. Dezember 1918), der sich für die Wahl einer Nationalversammlung und gegen eine Räteherrschaft nach russischem Beispiel entschied, waren Rosa Luxemburg und Karl Liebknecht zugelassen.

Hinzu kam, dass Rosa Luxemburg nicht nur stark geschwächt, sondern schwer magenkrank aus dem Gefängnis gekommen war. Alle ihr verbliebenen Kräfte steckte sie in ihre Zeitung, »Die Rote Fahne«: »Wir verbrachten die ersten Wochen der Revolution, Rosa Luxemburg bis Anfang Dezember, in einer Hetze von einem Hotelzimmer in das andere, ohne die Möglichkeit, die wir uns oft versagten, auch nur ein Buch lesen zu können. Wir waren morgens um 11 Uhr bis abends um 12 Uhr im Redaktionslokal und in der Druckerei. Rosa Luxemburg verließ die Druckerei als letzte, oft so schwach, dass man sie an den Wagen tragen musste.« (Levi 2017: 57) Am 1. Januar 1919, dem letzten Tag des Gründungsparteitages der KPD, fiel sie gegen Mittag in Ohnmacht und kehrte, nachdem sie hinausgetragen worden war, nicht mehr auf den Parteitag zurück. Erst am 7. Januar konnte sie wieder einen Artikel veröffentlichen. Der Verlag der »Roten Fahne« erhielt das kleinste staatliche Papierkontingent zugeteilt: »Am vergangenen Sonntag erschienen: der ›Vorwärts‹, 16 Seiten stark, die ›Deutsche Zeitung‹, 16 Seiten stark, das ›Berliner Tageblatt‹, 20 Seiten stark, die ›Vossische Zeitung‹, 24 Seiten stark. Am Mittwoch dieser Woche erschienen dieselben Zeitungen in derselben Stärke wieder, d.h. in der Gesamtstärke von 76 Seiten. Rechnet man hierzu die gesamte übrige Berliner Presse wie ›Tägliche Rundschau‹, ›Kreuzzeitung‹, ›Morgenpost‹, ›Volkszeitung‹, ›Germania‹, ›Freisinnige Zeitung‹, ›Lokal-Anzeiger‹, ›Tag‹ und wie sonst alle heißen, so erschien an diesen Tagen die bürgerliche Presse je in einer Stärke von mindestens 300 Seiten. Demgegenüber erscheint die ›Rote Fahne‹

in einer Stärke von – 4 (vier) Seiten! Mehr ist nicht zu erhalten!« (Ungezeichnet 1918) Die Auflage war zudem gering. Und im Januar 1919 wurde das Blatt mehrmals konfisziert.

Am 8. November 1918 hatte Rosa Luxemburg endlich die Mitteilung erhalten, sie sei nun frei. Es dauerte aber bis zum 10. November, bis sie in Berlin ankam und sofort die Redaktion der »Roten Fahne«, der Zeitung des Spartakusbundes, übernahm. Wie früher schon setzte sie vor allem auf Führung durch Überzeugung. 140 Druckseiten umfassen ihre Artikel, programmatischen Schriften und Reden in diesen 68 Tagen, die ihr blieben, neben der ungeheuren organisatorischen Arbeit und der Vielzahl der Beratungen. Immer noch wurde keine Trennung von der USPD vollzogen, obwohl die Differenzen in der Machtfrage (Räte vs. Nationalversammlung) unübersehbar waren. Luxemburg wollte weiter den Kontakt zu den Arbeitermassen nicht verlieren, die zu SPD und USPD hielten (siehe Laschitza 1996: 589).

Schon im Gefängnis hatte Luxemburg im März 1917 drei zentrale Aufgaben bezogen auf die Sozialdemokratie formuliert: »1.) Beseitigung der Herrschaft der bürgerlich-imperialistischen Elemente, die in der Partei [SPD – d. Autoren] am Ruder sitzen, 2.) Sammlung der proletarisch-sozialistischen Elemente, die heute durch die Herrschaft jener Schicht in der Partei lahmgelegt, erdrosselt oder abgestoßen sind, 3.) Gründliche Umbildung der Gesamtbewegung in organisatorischer und taktischer Beziehung, um sie ihren wirklichen historischen Aufgaben anzupassen und die Wiederholung des Bankrotts bei der nächsten geschichtlichen Probe zu vermeiden.« (GW 7.2: 1031) In ihren »Handschriftlichen Fragmenten«, die sie 1918 gleichfalls noch im Gefängnis verfasste, suchte sich Luxemburg über die entstandene Situation und die Aufgaben klar zu werden, die sich in der zu erwartenden »Sturmperiode« (GW 7.2: 1036) einer Revolution ergeben würden: »Jetzt kommt die Zeit der Rechnungen u[nd] der Abrechnungen. Das Prol[etariat] muss vor allem mit sich selbst abrechnen, Inventar aufnehmen, Rück- u[nd] Ausschau halten. Nach drei Richtungen wendet sich der Gedanke: 1. In die Vergangenheit, um die Frage nach dem *Warum* zu beantworten. 2. Nach der Russischen Revolution, um ihre Lehren zu sichten. 3. In die Zukunft, um die durch den Krieg geschaffene neue Situation u[nd] die aus ihr sich ergebenden Aussichten u[nd] Aufgaben des Soz[ialismus] zu schauen.« (GW 7.2: 1092) Es waren diese drei Aufgaben, die auch ihre Agenda nach der Freilassung aus dem Gefängnis bestimmten.

Als die »Rote Fahne« am 18. November nach einer Zwangspause (es fehlten eine Druckerei und Papier) wieder erscheinen konnte, entwickelte Luxemburg in einem Artikel unter dem Titel »Der Anfang« das Konzept des Spartakusbundes für die nächsten Schritte. Ihre Hauptthese: Die Abschaffung der Monarchie war nichts als das Niederreißen der Fassade für die Herrschaft der imperialistischen Bourgeoisie, der kapitalistischen Klassenherrschaft. Die eigentliche Aufgabe stünde noch bevor:

> »Aus dem Ziel der Revolution ergibt sich klar ihr Weg, aus der Aufgabe ergibt sich die Methode. *Die ganze Macht in die Hände der arbeitenden Masse, in die Hände der Arbeiter- und Soldatenräte, Sicherung des Revolutionswerks vor seinen lauernden Feinden*: dies ist die Richtlinie für alle Maßnahmen der revolutionären Regierung. Jeder Schritt, jede Tat der Regierung müsste wie ein Kompass nach dieser Richtung weisen: Ausbau und Wiederwahl der lokalen Arbeiter und Soldatenräte […] ständige Tagung dieser Vertretungen der Masse und Übertragung der eigentlichen politischen Macht aus dem kleinen Komitee des Vollzugsrates in die breitere Basis des A.-u. S.-Rates; schleunigste Einberufung des Reichsparlaments der Arbeiter und Soldaten, um die Proletarier ganz Deutschlands als Klasse, als kompakte politische Macht zu konstituieren und hinter das Werk der Revolution als ihre Schutzwehr und ihre Stoßkraft zu stellen; unverzügliche Organisierung […] der ländlichen Proletarier und Kleinbauern […]; Bildung einer proletarischen Roten Garde zum ständigen Schutze der Revolution […]; Verdrängung der übernommenen Organe des absolutistischen militärischen Polizeistaates von der Verwaltung, Justiz und Armee; sofortige Konfiskation der dynastischen Vermögen und Besitzungen sowie des Großgrundbesitzes […]; sofortige Einberufung des Arbeiterweltkongresses nach Deutschland, um den sozialistischen und internationalen Charakter der Revolution scharf und klar hervorzukehren, denn in der Internationale, in der Weltrevolution des Proletariats allein ist die Zukunft der deutschen Revolution verankert.« (GW 4: 397f.)

Der Spartakusbund wollte die Arbeiter- und Soldatenräte dauerhaft als zentrales Machtorgan einsetzen und sah die Nationalversammlung als einen »Umweg«, der die Bourgeoisie stärken und aus einer möglichen sozialistischen Revolution schlicht eine bürgerlich-demokratische Revolution machen würde (siehe GW 4: 409). Dafür waren Luxemburg und ihre Genossinnen und Genossen auch bereit, den Bürgerkrieg in Kauf zu nehmen: »Der ›Bürgerkrieg‹, den man aus der Revolution mit ängstlicher Sorge zu verbannen sucht, lässt sich nicht verbannen. Der Bürgerkrieg ist nur ein anderer Name für Klassenkampf, und der Gedanke, den Sozialismus ohne Klassenkampf, durch parlamentarischen Mehrheitsbeschluss einführen zu können, ist eine lächerliche kleinbürgerliche Illusion.« (GW 4: 408) Solche Positionen waren aber in einer hoffnungslosen Minderheit, selbst unter den mobilisierten Arbeiter- und Soldatenräten. Für sie war die SPD, gemeinsam mit der USPD, immer noch das Symbol der Einheit der Arbeiterklasse. Sie unterstützten weitgehend eine Politik der Suche nach einem Kompromiss und wollten unbedingt einen Bürgerkrieg verhindern. Widerstand gegen die Reichsregierung unter Friedrich Ebert gab es erst dann, als deutlich wurde, dass diese selbst zur gewaltsamen Entwaffnung der Revolution griff – im Zusammenhang mit der Absetzung des Polizeipräsidenten von Berlin, des linken USPD-Mitglieds Emil Eichhorn, Anfang 1919.

Noch ein Wort zu Rosa Luxemburgs Haltung zu den Arbeiter- und Soldatenräten: Als Rosa Luxemburg aus der Haft entlassen wurde, war die Bildung dieser Räte längst in vollem Gange. Schon 1905/06 hatte sie in Warschau während der ersten Russischen Revolution Arbeiterräte erlebt. Sie waren im russischen Polizeistaat, wo Gewerkschaften und Parteien verboten waren, mit der Revolution spontan als basisdemokratische Organe mit beschließender und vollziehender Funktion entstanden und schienen Rosa Luxemburgs Annahme sowohl von der Demokratiefähigkeit wie -willigkeit als auch von der Schöpferkraft der Massen zu bestätigen.

Die deutschen Räte 1918 waren eindeutig ein Import aus Russland und entstanden in Opposition zu den viereinhalb Jahren Burgfriedenspolitik der SPD und der Gewerkschaften – »auf der anderen Seite der Barrikade«. Doch sowohl der SPD als auch den Gewerkschaften gelang es fast aus dem Stand, ihre Bürokratien von Burgfrieden auf Revolution umzustellen. Kurt Tucholskys Kommentar fiel entsprechend aus: »Wozu brauchst Du Grundsätze, wenn Du einen Apparat hast?« Zudem drängten viele Soldaten nach Hause und entzogen so den Soldatenräten, von denen die Revolution in den ersten Tagen getragen worden war, die Durchschlagskraft.

Luxemburg wie die Führung des Spartakusbundes aber waren zu keinem Kompromiss bereit. Der Vorschlag der USPD, die Wahlen zur Nationalversammlung hinauszuschieben und zunächst wichtige durchgreifende Maßnahmen der Sozialisierung durchzuführen, wurde von ihnen abgelehnt und ein Entweder-Oder konstruiert:

> »Entweder will man die Nationalversammlung als ein Mittel, das Proletariat um seine Macht zu prellen, seine Klassenenergie zu paralysieren, seine sozialistischen Endziele in blauen Dunst aufzulösen, oder man will die ganze Macht in die Hand des Proletariats liegen, die begonnene Revolution zum gewaltigen Klassenkampf um die sozialistische Gesellschaftsordnung entfalten und zu diesem Zwecke die politische Herrschaft der großen Masse der Arbeitenden, die Diktatur der Arbeiter- und Soldatenräte errichten. Für oder gegen den Sozialismus, gegen oder für die Nationalversammlung, ein Drittes gibt es nicht.« (GW 4: 427)

Ob es eine realistische Chance für ein Drittes gegeben hätte, bleibt offen. Es war eine Differenz mit tödlichem Ausgang.[38] Die Radikalisierung war so weit fortgeschritten, dass Luxemburg in dieser Zeit nicht mehr auf ihr 1905/6 entwickeltes Konzept einer längeren Doppelherrschaft von Provisorischer Regierung und Verfassungsgebender Versammlung zurückkam (siehe Kapitel 10). Doch dieser Radikalisierung Luxemburgs und des Spartakusbundes entsprach Ende 1918 keine revolutionäre Radikalisierung der kriegsmüden Massen. Gerade vor dem Hintergrund der Entwicklung in Russland fürchteten sie, »eine zu weit getriebene Revolution würde zu neuem Blutvergießen, Chaos und Unsicherheit führen« (Laschitza 1998: 123). Unter den 489 Abgeordneten des Ersten Allgemeinen Kongresses der Arbeiter- und Soldatenräte am 16. Dezember 1918 waren 289 von der SPD, 80 von der USPD und nur 10 von den Spartakisten und Internationalen Kommunisten (Schmidt 1988: 106).[39]

Die Wahlen zur Nationalversammlung wurden von der übergroßen Mehrheit der sozialdemokratischen Arbeiterschaft unterstützt. Selbst in Berlin, wo mehr Arbeiterinnen und Arbeiter in der USPD als in der SPD organisiert waren, erhielt die SPD einen größeren Zuspruch bei der Wahl zum Reichsrätekongress als die USPD. Und in der Berliner USPD-Organisation wurde mit einer Dreiviertelmehrheit für die Wahlen zur Nationalversammlung und gegen die unmittelbare Übernahme der Macht durch Arbeiter- und Soldatenräte, wie von Luxemburg vorgeschlagen, votiert (Luban 1997: 24).

Ob Rosa Luxemburg die Räte als dauerhaft lebensfähige Organe ansah, lässt sich nicht klären. Eindeutig ist nur, dass, nachdem die Räteherrschaft

---

[38] Dies weist auf einen Streit zwischen August Bebel und Rosa Luxemburg im Oktober 1905 zurück, als ersterer wie auch Karl Kautsky die Beteiligung der russischen Sozialdemokratie an den Dumawahlen befürworteten und letztere (wie auch die Bolschewiki) diese strikt ablehnte. Luxemburg schrieb an Leo Jogiches: »NB, August warf mir (aber sehr freundschaftlich) Ultraradikalismus vor und rief: ›Passt auf, wenn die Revolution in Deutschland kommt, dann steht die Rosa auf der linken Seite und ich auf der rechten!‹ Worauf er scherzhaft hinzufügte: ›Aber wir hängen sie auf, wir lassen uns von ihr nicht die Suppe versalzen.‹ Darauf ich ganz ruhig: ›Sie wissen ja noch nicht, wer wen dann aufhängen wird.‹ Bezeichnend.« (GB 2: 204)

[39] Wie Reinhard Rürup schreibt: »Es zeigte sich nun, dass die Arbeiter- und Soldatenräte in ihrer großen Mehrheit auf der politischen Linie der SPD, in ihrer Minderheit auf der Linie der USPD lagen. Sie waren demokratisch in der Tradition der deutschen Arbeiterbewegung, lehnten alle Diktaturtendenzen ab und befürworteten nicht nur eine parlamentarische Demokratie, sondern auch eine baldige Einberufung der Nationalversammlung.« (Rürup 1994) Die Kräfteverhältnisse in den Räten fasst Peter Brandt so zusammen: »Auf dem erwähnten ersten nationalen Rätekongress Mitte Dezember kamen drei Mehrheitssozialdemokraten auf einen Unabhängigen. Nur wenige Prozente der Delegierten gehörten kommunistischen Gruppierungen an. Das entsprach zu diesem Zeitpunkt in etwa den tatsächlichen Mehrheitsverhältnissen in der Arbeiterschaft Deutschlands.« (Brandt 2009)

vom ersten Rätekongress zurückgewiesen worden war, Rosa Luxemburg für die Teilnahme an den Wahlen zur Nationalversammlung plädierte, jedoch auf dem Gründungsparteitag der KPD zusammen mit den anderen Spartakusführern in die Minderheit geriet. Sie wurden mit 62 zu 23 Stimmen niedergestimmt (siehe Weber 1993: 135) Damit begann der Golgathaweg der sich erst gerade gründenden KPD: Bis zu den Reichstagswahlen im Juni 1920 war die Partei ohne parlamentarischen Schutz. Durch staatlichen Terror verlor sie tausende Anhänger – Rosa Luxemburg und Karl Liebknecht waren lediglich unter den ersten Opfern. Der spätere Bayerische Ministerpräsident Wilhelm Hoegner (SPD) beschrieb das 1945 so: »Die Sozialdemokraten Ebert und Noske hatten in den Jahren 1918/19 die spartakistischen Aufstände nur mit Hilfe der kaiserlichen Generale niederschlagen können. Seit dieser Zeit ging ein tiefer Graben durch die deutsche Arbeiterschaft, und dieser Graben war mit Blut gefüllt. Er konnte in der Folge nicht mehr zugeschüttet werden [...].« (Wilhelm Hoegner, zitiert in Ritter 1945: 22)

Die programmatische Erneuerung und die Gründung der KPD

Neben der täglichen Arbeit bei der Herausgabe der »Roten Fahne« und der Unzahl von Beratungen in den hektischen Wochen des November und Dezember 1918 schrieb Rosa Luxemburg auch den Entwurf für das Programm des Spartakusbundes. Es war damit auch Grundlage für das Programm der KPD, die zum Jahreswechsel 1918/19 gegründet wurde. Unter der Überschrift »Was will der Spartakusbund« findet sich die Quintessenz ihres programmatisch-strategischen Ansatzes dieser Zeit. Diese Schrift ist ihr wichtigstes politisches Vermächtnis und erschien am 14. Dezember in der »Roten Fahne«. Hier ist es ihr noch einmal gelungen: Sprachliche Brillanz, analytische Schärfe, Radikalität des Denkens und ein großer Hoffnungshorizont bilden eine Einheit.

Luxemburgs Programmentwurf ist klar gegliedert. Den ersten Teil bildet die Deutung der strategischen Situation, der Epoche als Handlungsraum. Der zweite Teil fasst ihre Auffassungen zum Sozialismus zusammen und greift oben schon dargestellte Positionen wieder auf. Der dritte Teil stellt die wichtigsten Ziele dar, die der Spartakusbund verfolgt. Deutlich wird die Abgrenzung gegenüber der SPD und auch der USPD sowie gegenüber den Bolschewiki. Der vierte und fünfte Teil umfassen ein Bekenntnis zum Internationalismus und drücken das Selbstverständnis des Spartakusbundes aus.

Die Epochenalternative: Sozialismus oder Barbarei

Es war das gemeinsame Verständnis vieler Sozialistinnen und Sozialisten im Herbst 1918, dass das Ende des vierjährigen Weltkrieges das Ende des Kapitalismus in Europa sei. Die Zerstörungen schienen so umfassend, die Delegitimation der herrschenden Kreise von Wirtschaft und Politik derart total, die Wut und der Veränderungswille im Volk lange aufgestaut, dass nichts anderes als der totale Bruch möglich schien. Rosa Luxemburg rückte im Programm des Spartakusbundes die These ins Zentrum, dass Kapitalismus zwangsläufig in Barbarei münde. Kapitalismus war für sie nicht vor allem ein ökonomisches Problem, nicht nur ein Herrschaftssystem, das Ausbeutung und Krieg zur Folge hat. Es sei vor allem ein System, das die Zivilisation zerstört und mit der kulturellen Entwicklung der Menschheit nicht zu vereinbaren ist. Auf knapp zwei Seiten, in zehn Absätzen, jeder einzelne Satz verdichtet, fasste sie ihre Deutung zusammen. Die Alternative wird mit aller Sprachgewalt auf den Punkt gebracht:

> »Der Weltkrieg hat die Gesellschaft vor die Alternative gestellt: entweder Fortdauer des Kapitalismus, neue Kriege und baldigster Untergang im Chaos in der Anarchie oder Abschaffung der kapitalistischen Ausbeutung. Mit dem Ausgang des Weltkrieges hat die bürgerliche Klassenherrschaft ihr Daseinsrecht verwirkt. Sie ist nicht mehr imstande, die Gesellschaft aus dem furchtbaren wirtschaftlichen Zusammenbruch herauszuführen, den die imperialistische Orgie hinterlassen hat. […]
>
> Sozialismus ist in dieser Stunde der einzige Rettungsanker der Menschheit. Über den zusammen sinkenden Mauern der kapitalistischen Gesellschaft lodern wie ein feuriges Menetekel die Worte des kommunistischen Manifests: *Sozialismus oder Untergang in der Barbarei!*« (GW 4: 442f.)

Luxemburgs Kapitalismuskritik zeichnete sich dadurch aus, dass sie den Maßstab von Zivilisation, eines würdigen und reichen Lebens für alle, von Frieden, Sicherheit, Bewahrung einer Vielfalt der Kulturen und ihrer solidarischen Ko-Entwicklung ins Zentrum rückte. Blickt man hinter die damals gängigen marxistischen Formulierungen, entdeckt man diese weite Sicht, an die Ernst Bloch später direkt anknüpfen konnte.

Sozialismus als freie Selbstbestimmung

Mit dem Ausbruch der Novemberrevolution stand für Luxemburg die sozialistische Revolution auf der Tagesordnung. Die Nebelwand der Zukunft, von der Marx 1881 an den Sozialisten Nieuwenhuis schrieb, hatte sich verzogen. Sozialismus war zur Gegenwartsfrage geworden. Schon in der 1905er-Revolution war Luxemburg damit konfrontiert gewesen. In ihrem »Kommentar zum Programm der Sozialdemokratie des Königreichs Polen und Litauens« von 1906 hatte sie Positionen entwickelt, die ihr Grundverständnis einer sozialistischen Gesellschaft sehr genau wiedergeben. Die »Hauptgrundlagen« der sozialistischen Gesellschaftsordnung seien klar:

> »Es genügt, dass wir wissen, dass sie auf dem gesellschaftlichen Eigentum an allen Produktionsmitteln beruhen wird und dass nicht jeder einzelne Produzent auf eigene Faust, sondern die ganze Gesellschaft und deren gewählte Organe die Produktion leiten werden, damit wir die Schlussfolgerung ziehen können, dass die künftige Ordnung weder Mangel noch müßiggängerischen Überfluss, weder Krisen noch Ungewissheit über den morgigen Tag kennen wird. Mit der Beseitigung des Verkaufs der Arbeitskraft an private Ausbeuter verschwindet die Quelle aller heutigen sozialen Ungleichheit.« (GW 2: 43)

Auch in ihren ökonomischen Schriften und Vorlesungen hatte sie den Charakter des Sozialismus als einer auf dem Gemeineigentum beruhenden Ordnung immer wieder hervorgehoben und die Anknüpfungspunkte an vorkapitalistische Wirtschaftsweisen unterstrichen (siehe beispielsweise GW 7.1: 213). Warenaustauschs und des Geldes bedürfe es nur dort, wo die Produktion nicht gesellschaftlich organisiert sei (GW 7: 494ff.).

Am 4. Dezember erschien in der »Jungen Garde«, einer Zeitung der *Freien Sozialistischen Jugend*, Vorläufer des *Kommunistischen Jugendverbands Deutschlands,* Luxemburgs Artikel »Sozialisierung der Gesellschaft«, der dann auch unter den Überschriften »Deutscher Bolschewismus« und »Vergesellschaftung« in anderen Zeitungen erschien. Hier skizzierte sie für die junge Generation der Arbeiterklasse wichtigste Aufgaben einer sozialistischen Umgestaltung:

> »Alle gesellschaftlichen Reichtümer, der Grund und Boden mit allen Schätzen, die er in seinem Schoß und an seiner Oberfläche birgt, alle Fabriken und Werke, müssen als Gemeingut des Volkes den Ausbeutern aus der Hand genommen werden. Die erste Pflicht, die eine wirkliche Arbeiterregierung hat, ist die, durch eine Reihe von Machtsprüchen die wichtigsten Produktionsmittel als Nationaleigentum zu erklären und unter die gesellschaftliche Kontrolle zu stellen. Dann beginnt aber erst die eigentliche und die schwierigste Aufgabe: der Aufbau der Wirtschaft auf ganz neuen Grundlagen.« (GW 4: 433)

Es sind fünf ganz prosaische Herausforderungen, die Luxemburg ins Zentrum rückte: erstens die Steigerung der »Ergiebigkeit der Arbeit«, zweitens die

Durchsetzung einer allgemeinen Arbeitspflicht, drittens sparsames Wirtschaften, viertens die deutliche Verbesserung der Arbeitsbedingungen und fünftens und vor allem die Schaffung einer sozialistischen Arbeitsdisziplin. Dies sei die größte Herausforderung: »Der Arbeiter der sozialistischen Wirtschaft muss zeigen, dass er auch ohne die Hungerpeitsche, ohne den Kapitalisten und seinen Antreiber hinter dem Rücken fleißig und ordentlich arbeiten, Disziplin halten und sein Bestes leisten kann. Dazu gehören innere Selbstzucht, geistige Reife, sittlicher Ernst, dazu gehört das Gefühl der Würde und der Verantwortlichkeit, eine ganze innere Wiedergeburt des Proletariers.« (GW 4: 436)

Im zweiten Teil des Programms des Spartakusbundes entwickelte Luxemburg ein Verständnis von Sozialismus, das radikal auf eines setzte: die Selbsttätigkeit der von kapitalistischer Lohnabhängigkeit befreiten Menschen. Wieder waren es zehn Absätze, die diesen Grundgedanken mit stets neuen Akzenten ausführten. Der Nebel hatte sich wirklich gelichtet: Nicht nur die Übernahme der politischen Macht, sondern auch die Gestaltung der neuen sozialistischen Verhältnisse müsse »das Werk der Arbeiterklasse selbst sein« (GW 4: 445). Die Gedanken aus dem gerade erst veröffentlichten Artikel zur »Sozialisierung der Gesellschaft« wurden wieder aufgegriffen:

> »Die Proletariermassen müssen lernen, aus toten Maschinen, die der Kapitalist an den Produktionsprozess stellt, zu denkenden, freien, selbsttätigen Lenkern dieses Prozesses zu werden. Sie müssen das Verantwortungsgefühl wirkender Glieder der Allgemeinheit erwerben, die Alleinbesitzerin alles gesellschaftlichen Reichtums ist. Sie müssen Fleiß ohne Unternehmerpeitsche, höchste Leistung ohne kapitalistische Antreiber, Disziplin ohne Joch und Ordnung ohne Herrschaft entfalten. Höchster Idealismus im Interesse der Allgemeinheit, straffste Selbstdisziplin, wahrer Bürgersinn der Massen sind für die sozialistische Gesellschaft die moralische Grundlage, wie Stumpfsinn, Egoismus und Korruption die moralische Grundlage der kapitalistischen Gesellschaft sind.« (Ebd.)

Luxemburg stellte nicht die hierarchisch organisierte Großproduktion, nicht die perfekte Bürokratie und auch nicht die ausgefeilten demokratischen Regeln eines umfassenden Rätesystems in den Vordergrund. Planung und Disziplin, Arbeitswille und Leistung gehören für sie unbedingt zu einer sozialistischen Gesellschaft. Aber sie sind nur die unverzichtbaren Bedingungen für etwas anderes – für die Verwandlung des sozialen Ganzen in einen lebendigen Zusammenhang von Menschen, die ihre eigenen Angelegenheiten in freier Diskussion und mittels freier Entscheidung selbst regeln. Das Wie bleibt offen. Es ist eher ein Appell: In »ständiger, lebendiger Wechselwirkung zwischen den

Volksmassen und ihren Organen, den A.- und S.-Räten« [den Arbeiter- und Soldatenräten – d. Autoren] soll die Tätigkeit der Menschen »den Staat mit sozialistischem Geiste erfüllen« (GW 4: 444). An dieser Stelle fällt dann auch Luxemburgs bleibende Definition von Sozialismus als einer Gesellschaft des Reiches der Freiheit, nicht frei von harter notwendiger Arbeit, nicht frei von Selbstdisziplin und Kontrolle, auch nicht frei von den Mühen der Demokratie und den Gefährdungen dieser Freiheit, aber gestaltbar als Raum gemeinsam geteilter Freiheit. Sozialismus als die den Menschen gemäße, weil lebendigste, weil freieste Form des Werdens – dies ist ein Horizont, der dem Sozialismus Zukunft geben könnte!

Die nächste Aufgabe in der Revolution

Der dritte Abschnitt des Programms des Spartakusbundes beginnt mit einer längeren Einleitung, bevor dann die konkreten Forderungen aufgelistet werden. Dieser Abschnitt hat eine doppelte Stoßrichtung. Er beginnt mit einer klaren Abgrenzung nicht von Gewalt, sondern von Terror. Luxemburg hatte sich schon vorher sehr kritisch gegen die Anwendung von staatlich organisiertem Terror durch die Bolschewiki gewandt. Sie sah zudem in der Identifikation des Spartakusbundes mit dieser Politik der Bolschewiki eine große Bedrohung für die eigene Wirksamkeit. Terror war für sie weder Anwendung von Gewalt in bewaffneten Auseinandersetzungen noch die Strafverfolgung von jenen, die sich einer revolutionären Gesetzlichkeit aktiv widersetzen. Die Konfiskation von Fabriken oder auch Ländereien auf der Basis von Beschlüssen einer sozialistischen Regierung waren für sie selbstverständlich. Unter Terror fasst sie den Mord oder die Verfolgung von Wehrlosen als Mittel der politischen Abschreckung. Terror gegen einzelne Führungspersönlichkeiten eines autoritären Regimes, wie das des Zarismus oder im Ersten Weltkrieg gegen Repräsentanten des Habsburger Reiches, hielt sie für legitim, nur nicht immer für opportun (siehe u.a. GW 1.2: 276f., 521, GW 6: 362, GW 7: 1064).[40] Die Verfolgung Unschuldiger, die Verhaftung und Erschießung wegen abweichender Auffassungen lehnte sie dagegen strikt ab. Sie selbst wird Opfer jenes organisierten

[40] So schrieb sie 1902 über den Mord am zaristischen Innenminister Dmitri Sergejewitsch Sipjagin durch einen revolutionären Studenten: »Das Verbrechen wird die letzte Waffe gegen die hochbestallten Massenverbrecher, die ein ganzes Volk erdrosseln wollen; die Tat ist ein gewaltsamer, revolutionärer Appell an das Naturrecht gegen die Gewaltherrschaft der staatlichen Autorität. Als solche ist sie politisch zu verstehen und menschlich zu begreifen und zu entschuldigen, auch wenn man sie nicht billigt.« (GW 6: 362) Hohe Anerkennung fand in ihren Augen der Anschlag des bekannten Sozialdemokraten Friedrich Adler auf den Ministerpräsidenten der österreichisch-ungarischen Monarchie Karl Stürgkh im Oktober 1916 (GW 7.2: 1064).

Terrors, den die sozialdemokratische Reichsregierung und die mit ihr verbündete Rechte bewusst entfesselten (siehe Jones 2017).

Karl Radek, der seitens der bolschewistischen Sowjetregierung für die Kontakte zur deutschen Linken verantwortlich war, vertrat eine klare Position: »Diktatur ohne Bereitschaft zum Terrorismus ist ein Messer ohne Klinge.« In einem Gespräch mit ihm wandte Luxemburg ein: »Man hat uns doch mithilfe des Terrors nicht kleingekriegt. Wie kann man auf den Terror setzen?« (Nettl 1967: 694) Für Luxemburg war die bolschewistische Diktatur genau deshalb bürgerlich, weil »Diktatur einer Handvoll Personen« (GW 4: 362), und dies ganz unabhängig von den verfolgten Zielen, und bürgerlich war auch der Terror der Bolschewiki in ihren Augen. Luxemburg schaute vor allem auf die angewandten Mittel der Politik:

> »In den bürgerlichen Revolutionen waren Blutvergießen, Terror, politischer Mord die unentbehrliche Waffe in der Hand der aufsteigenden Klassen. Die proletarische Revolution bedarf für ihre Ziele keines Terrors, sie hasst und verabscheut den Menschenmord. Sie bedarf dieser Kampfmittel nicht, weil sie nicht Individuen, sondern Institutionen bekämpft, weil sie nicht mit naiven Illusionen in die Arena tritt, deren Enttäuschung sie zu rächen hätte. Sie ist kein verzweifelter Versuch einer Minderheit, die Welt mit Gewalt nach ihrem Ideal zu modeln, sondern die Aktion der großen Millionenmasse des Volkes, die berufen ist die geschichtliche Mission zu erfüllen und die geschichtliche Notwendigkeit in Wirklichkeit umzusetzen.« (GW 4: 445)[41]

Rosa Luxemburg war keine »Prophetin der Gewaltlosigkeit«, aber sie war dafür, dass revolutionäre Gewalt nur auf der Grundlage eines erklärten Willens der übergroßen Mehrheit zumindest der Arbeiterklasse ausgeübt wird. Sie sah darin zugleich auch die Bedingung, diese Gewaltanwendung zu minimieren und nicht aus einer Minderheitsposition heraus zu Mitteln des Terrors als »Men-

---

[41] In einem Brief an Julian Marchlewski, einen ihrer engsten Kampfgefährten, schrieb Luxemburg im September 1918: »Der Einfall von Radek z.B., ›die Bourgeoisie abzuschlachten‹, oder auch nur eine Drohung in diesem Sinn, das ist doch Idiotie summo grado; nur Kompromittierung des Soz[ialismus], nichts weiter.« (GB 6: 209) »Rosa Luxemburg vertrat als Weltbürgerin, als Bürgerin ›derer, die da kommen werden‹, die Zukunft einer emanzipierten Menschheit. Diese Perspektive verlangt in letzter Konsequenz nach der Überwindung der entmenschenden Gewaltsamkeit durch die revolutionäre ›gewaltfreie‹ Aktion. Es war aber ihr Schicksal, in einer Zeit und in einem Lande zu leben, wo die Gewalt zwar schon – auf längere Sicht gesehen – antiquiert war, die Menschen und die Verhältnisse aber doch noch nicht reif zu sein schienen für den Übergang zu den so anspruchsvollen Methoden der gewaltarmen Aktion.« (Flechtheim 2013: 68)

schenmord« zu greifen, um die reale Schwäche durch Brutalität zu kompensieren: Gewalt in der offenen Schlacht ja, feiges Hinschlachten Wehrloser nein.

Erst *nach* dieser Abgrenzung vom organisierten Terror folgte in Luxemburgs programmatischer Schrift die Betonung der Aufgabe, jeden Widerstand »mit eiserner Faust, mit rücksichtsloser Energie (GW 4: 446) zu brechen. Auch dies setzt Luxemburgs Linie fort, die sie schon in der ersten Russischen Revolution zur Geltung gebracht hatte. Ihre Orientierung auf revolutionäre Gewalt, auf den Bürgerkrieg als Form des Klassenkampfes, in dem die alte Klasse als Klasse unterdrückt und enteignet wird, war in ihren Augen unvereinbar mit Terror gegen Menschen, scharf in der Sache, human, wenn es um Personen geht.

Das Sofortprogramm einer sozialistischen Regierung der Arbeiter- und Soldatenräte, das Rosa Luxemburg im Dezember 1918 entwickelte, ging aus von einer Entwaffnung der Konterrevolution, dem Aufbau von Arbeitermilizen, der durchgreifenden Ersetzung der Beamten des Kaiserreichs durch Vertrauensmänner der Räte. Außerdem sollte ein Revolutionstribunal »die beiden Hohenzollern, Ludendorff, Hindenburg, Tirpitz und ihre Mitverbrecher, sowie alle Verschwörer der Gegenrevolution« (GW 4: 448) aburteilen. Zweitens sollte die Macht der Arbeiter- und Soldatenräte auf Dauer gestellt werden. Sie griff Vorschläge einer radikalen Demokratisierung auf, die sich an Regeln der Pariser Kommune mit ihrem imperativen Mandat und der ständigen Abrufbarkeit von Abgeordneten orientierte. Die tägliche Höchstarbeitszeit sollte auf sechs Stunden verkürzt werden. In einem dritten Schritt wurden die nächsten wirtschaftlichen Forderungen skizziert. Sie reichten von der Konfiskation aller dynastischen Vermögen und Einkünfte über die Annullierung öffentlicher Schulden, eine Landreform mit Enteignung aller landwirtschaftlichen Groß- und Mittelbetriebe bis hin zur Überführung aller Großbetriebe in Eigentum der Republik. Dies alles mit dem Ziel, dass die Arbeiterinnen und Arbeiter perspektivisch selbst die Leitung der Produktion übernehmen.

Das Selbstverständnis des Spartakusbundes

Im Programm des Spartakusbundes formulierte Luxemburg auch noch einmal ihr Parteiverständnis, und dies in engster Anlehnung an das »Kommunistische Manifest« von Marx und Engels und in Abgrenzung zu den Bolschewiki: »Der Spartakusbund ist keine Partei, die über der Arbeitermasse oder durch die Arbeitermasse zur Herrschaft gelangen will. Der Spartakusbund ist nur der zielbewussteste Teil des Proletariats, der die ganze breite Masse der Arbeiterschaft bei jedem Schritt auf ihre geschichtlichen Aufgaben hinweist, der in jedem Einzelstadium der Revolution das sozialistische Endziel und in allen nationalen Fragen die Interessen der proletarischen Weltrevolution vertritt.« (GW 4: 450) Wenig später sprach sie davon, der Spartakusbund müsse der »richtungsweisende Kompass«, der »vorwärtstreibende Keil« (GW 4: 480) der Revolution sein.[42]

Die Diskussion um das Selbstverständnis der politischen Kraft, die Luxemburg und ihre Genossinnen und Genossen in der Revolution zu formen suchten, entbrannte noch einmal – auf dem Gründungsparteitag der KPD. Der Bruch mit der USPD wurde vollzogen. Jetzt stimmte auch Luxemburg zu. In der Frage des Namens für die neue Partei, sie schlug Sozialistische Arbeiterpartei vor, konnte sie sich nicht durchsetzen. Es gab den Grundkonsens, mit der sozialdemokratischen Tradition eines »Wahlvereins«, so Hugo Eberlein, zu brechen und eine »revolutionäre Kampforganisation« zu werden. Die zentrale taktische Frage war, ob die KPD sich an den Wahlen zur Nationalversammlung beteiligen sollten. Die Mehrheit der Delegierten lehnte dies ab.

In ihrer Rede zur Frage der Beteiligung an den Wahlen stellte Luxemburg die »Schulung« der Massen ins Zentrum: »Ich sage Ihnen, gerade dank der Unreife der Massen [...] ist es der Gegenrevolution gelungen, die Nationalversammlung als ein Bollwerk gegen uns aufzurichten. Nun führt der Weg durch dieses Bollwerk hindurch.« (GW 4: 483) Waren die Räte Ende 1918 eher auf der Linie der SPD, so hatten schon 1920 die sozialdemokratischen Kräfte der Novemberrevolution (SPD und USPD) keine Mehrheit mehr im Reichstag. Rosa Luxemburg ging von einer anderen Tendenz aus. Nur dann, so betonte sie, wenn die übergroße Mehrheit der Bevölkerung eine sozialistische Umwälzung unterstützen würde, könne die Macht übernommen werden, dann aber eben nicht primär mit den Mitteln des Bajonetts, sondern vor allem mit denen der Demokratie: »Wenn die Masse so reif ist, so wird sich ja das kleine Häuflein, die Minderheit zur herrschenden Macht gestalten, so werden sie uns die Macht geben, von innen heraus diejenigen aus dem Tempel zu weisen, die nichts darin zu suchen haben, unsere Gegner, die Bourgeoisie, die Kleinbürger usw.« (Ebd.) Gegen jene gewandt, die sich gegen die Teilnahme an den Wahlen aussprachen, rief sie aus: »Sie verstehen: entweder Maschinengewehre oder Par-

---

[42] Gegen Lenins Avantgardekonzept stellte Paul Levi später unter Bezug auf Rosa Luxemburg die Partei als demokratische Organisation dar, die nicht über den Proletariern steht, sondern mit allen Unfertigkeiten Teil der Masse ist: »Sie war kein Klub mehr von absolut homogenen fertigen Menschen, fertig mit sich und fertig mit der Welt, sondern die Partei war der Willensausdruck von Millionen Proletariern, die so sind, wie sie nun einmal die Geschichte gebildet hatte: mit den Merkmalen langer Unterdrückung, mit Schwäche im Willen, mit oft unklaren Vorstellungen, mit Illusionen. Sozialist ist nicht der, der diese Schwächen nicht sieht. [...] Wir Sozialisten sind [...] uns bewusst, dass wir der Willensausdruck einer Klasse sind, die das Werk in ihrer geistigen und ökonomischen Befreiung noch vor sich hat. Das sind in Kürze die Unterschiede von ›Luxemburgismus‹ zum ›Leninismus‹.« (Paul Levi zitiert in Beradt 1969: 59f.)

lamentarismus. Wir wollen etwas verfeinerten Radikalismus. Nicht bloß dies grobkörnige Entweder-Oder.« (Ebd.) In dem von Rosa Luxemburg verfassten Programm des Spartakusbundes wurde in klarer, wenn auch nicht explizit vermerkter Auseinandersetzung mit den Bolschewiki jeder Machtergreifung durch einen Putsch eine Absage erteilt. Voraussetzung für die Machtergreifung sei immer der Mehrheitswille der Arbeiter (siehe GW 4: 450).

Die Erfahrungen der Revolutionen von 1917 und 1918 führten Rosa Luxemburg über den Gegensatz von Revolution und Reform hinaus. Angesichts der Schwäche der Linken suchte sie im Dezember 1918 nach alternativen Wegen der Sozialisierung und griff den Gedanken der Räte auf. Auch unter den Bedingungen der weitgehend gescheiterten Revolution wollte sie diesen neuen Weg der Selbstorganisation und Selbstverwaltung nicht aufgeben, der sich, so hoffte sie, jenseits des alten Bündnisses von Sozialdemokratie und Gewerkschaften entwickeln könne: »Heute müssen wir uns auf das System der Arbeiterräte konzentrieren, müssen die Organisationen nicht durch Kombination der alten Formen, Gewerkschaft und Partei, zusammengeschlossen, sondern auf ganz neue Basis gestellt werden. Betriebsräte, Arbeiterräte, und weiter aufsteigend, ein ganz neuer Aufbau, der nichts mit den alten, überkommenen Traditionen gemein hat.« (GW 4: 487)

Anstelle eines Generalangriffs schlug Rosa Luxemburg eine neue Strategie der Schaffung von Elementen der neuen Gesellschaft im Schoße der alten Gesellschaft vor: »Wir [...] müssen uns die Frage der Machtergreifung vorlegen als die Frage: Was tut, was kann, was soll jeder Arbeiter- und Soldatenrat in ganz Deutschland? Dort liegt die Macht, wir müssen von unten auf den bürgerlichen Staat aushöhlen, indem wir überall die öffentliche Macht, Gesetzgebung und Verwaltung nicht mehr trennen, sondern vereinigen, in die Hände der Arbeiter- und Soldatenräte bringen.« (GW 4: 511) Damit konnte die Frage von Reform und Revolution neu gestellt werden: Sozialistische Umwälzung wird nicht mehr ausschließlich als »Tag der Entscheidung« gedacht, sondern als Prozess, der durch Veränderung von Kräfteverhältnissen, von Macht- und Eigentumsstrukturen, von institutioneller Innovation, von über den Kapitalismus hinausweisenden Reformen heute und hier beginnen *kann* (siehe ausführlich zu diesem Konzept Klein 2013).

Der Berliner Januaraufstand und der Regierungsterror

Die Strategie der Spartakisten war nicht auf eine unmittelbare Machtergreifung aus einer Minderheitenposition gerichtet. Wie der Stabschef General Groener später bemerkte: »Herr Liebknecht und Genossen haben Weihnachten gefeiert und haben sich in den Tagen, da in Berlin das mindeste an Truppen war, vollkommen ruhig verhalten.« (Zitiert in Ettinger 1990: 290f.) Die Spartakisten bemühten sich um die Aufklärung der Arbeiter und um die Bildung einer eigenen Partei. Doch die Reichsregierung strebte eine schnelle Klärung der Machtverhältnisse an. Der gleiche Groener schrieb später: »Mit Beginn des Jahres 1919 durften wir uns zutrauen, in Berlin zuzupacken und zu säubern. Alle Maßnahmen jetzt und später erfolgten in engstem Einvernehmen mit der Heeresleitung, aber die Leitung und die Verantwortung von Regierung und Volk trug der bald zum Reichswehrminister ernannte Noske, der, den Fußtapfen Eberts folgend, ein festes Bündnis mit den Offizieren einging.« (Wilhelm Groener zitiert in Laschitza 1996: 617)

Der Aufstand vom Januar 1919 ging nicht aus dem Entschluss der KPD-Führung hervor. Auslöser war die Entlassung des Berliner Polizeipräsidenten Emil Eichhorn durch den preußischen Ministerpräsidenten Hirsch. Dass die Januar-Unruhen von der SPD-Führung inszeniert worden waren, hat niemand so offenherzig ausgesprochen wie der Preußische Innenminister (der seit 4. Januar 1919 auch Berliner Polizeipräsident war), Eugen Ernst (SPD), in einem Interview mit der sozialistischen Zeitung »Avanti« (Mailand) am 23. Januar 1919: »Der Erfolg der Spartakusleute war von vornherein ausgeschlossen, da wir sie durch unsere Vorbereitungen zum frühesten Zuschlagen genötigt haben. Ihre Karten wurden früher aufgedeckt, als sie es wünschten, und wir waren daher in der Lage, ihnen entgegenzutreten.« (Ernst 1919)

Die Ablösung von Eichhorn wurde als Provokation angesehen. Die Führung der Berliner USPD-Parteiorganisation unter Georg Ledebour (vgl. dazu ausführlich Ledebour 1919) rief am 5. Januar 1919 zusammen mit der Mehrheit der »revolutionären Obleute«, unterstützt von Karl Liebknecht und Wilhelm Pieck, die im Namen der KPD-Zentrale, aber ohne deren Wissen agierten, die Berliner Arbeiterschaft auf die Straßen. Danach ließen diese »Revolutionsführer«, weil sie sich auf nichts einigen konnten, tagelang 200.000 Demonstranten bei Frost allein (siehe Schütrumpf 2018b), was der Historiker Heinrich August Winkler so kommentierte: »Die Erhebung von Teilen der Berliner Arbeiterschaft war von Anfang an führerlos.« (Winkler 1985: 122) Die große Massendemonstration Berliner Arbeiterinnen und Arbeiter am 5. Januar und die Annahme, dass ein Aufstand auch breiten militärischen Rückhalt habe, lösten eine Eigendynamik aus. Während Liebknecht den Aufstand unterstützte, forderte Leo Jogiches die Distanzierung.

Trotzdem wird bis heute immer wieder von einem »Spartakusaufstand« fabuliert. Was von den Machthabenden unter »Spartakus« damals wirklich verstanden wurde, plauderte Robert Leinert, der Präsident der verfassunggebenden Preußischen Landesversammlung (SPD), in seiner Aussage vor dem Untersuchungsausschuss über die Januar-Unruhen 1919 in Berlin am 2. Oktober 1919 eher unabsichtlich aus: »Es waren je drei Vertreter der Spartakisten, wie sie damals noch geheißen haben, also des Spartakusbundes, der Unabhängigen und der Mehrheitssozialisten.« (Schütrumpf 2018b: 8029) Spartakisten waren also alle jene, die nicht Friedrich Ebert und Gustav Noske folgten, SPD-Mitglieder inklusive.

Rosa Luxemburg, die weder zu den Demonstrationen aufgerufen hatte noch sich selbst irgendwie beteiligte, appellierte in der »Roten Fahne« immer wieder an die selbsternannten »Revolutionsführer«, der von ihnen übernommenen Verantwortung gegenüber den Massen gerecht zu werden. Obwohl in der Nacht vom 7. zum 8. Januar um die Redaktion der »Roten Fahne« gekämpft wurde – weshalb die Zeitung am 8. Januar 1919 nur noch als einseitiges Extrablatt erscheinen konnte –, weigerte sich Rosa Luxemburg, einen Aufruf zu einer erneuten Demonstration am 8. Januar 1919 in der »Roten Fahne« zu veröffentlichen. Stattdessen schrieb sie einen Artikel, in dem sie vor Putschismus warnte: »Die Regierung Ebert-Scheidemann hinwegzuräumen heißt nicht, ins Reichskanzlerpalais stürmen und die paar Leute verjagen [...].« (GW 4: 522)

Rosa Luxemburg wusste, dass jede Revolution unvermeidbar einen Rückschlag erfährt, wenn die Kräfte des ersten Ansturmes sich erschöpfen. In der Analyse der Russischen Revolution von 1905/06 war Rosa Luxemburg – im Anschluss an Friedrich Engels – zu der Auffassung gelangt, dass dieser Rückschlag umso geringer ausfällt, je weiter die Revolution von einer politischen Umwälzung zu einer sozialen Umwälzung vorangetrieben wird. Die konterrevolutionäre Seite sollte soweit unter Druck gesetzt werden, dass sie einen sicheren Kompromiss einem unsicheren Triumph vorzog.

Deshalb beabsichtigte Rosa Luxemburg mit dem am 11. November 1918 neu begründeten Spartakusbund die Revolution maximal in Richtung Sozialismus zu treiben, quasi der konterrevolutionären Seite »die Instrumente zu zeigen«. Doch das blieb alles graue Theorie; die Wirklichkeit sah anders aus: Das Kräfteverhältnis innerhalb der Gesellschaft stand gegen jegliches Weitertreiben der Revolution. Aus einer Arbeiterschaft, die wenige Wochen zuvor noch einem Militärdiktator wie Erich Ludendorff gefolgt war, war nicht über Nacht eine Anhängerschaft des Sozialismus geworden.

Letzten Endes spielte die Spartakusgruppe/KPD – geführt von Rosa Luxemburg (im Hintergrund stets Leo Jogiches), Franz Mehring und Karl Liebknecht – in dieser Revolution nur in einer Hinsicht wirklich eine Rolle: als Projektionsfläche, als halluzinierter Bolschewiki-Ersatz, der alle Lager rechts von Rosa Luxemburg legitimierte, sich gegen einen »gemeinsamen Feind« zu wenden. Das Ziel war, um jeden Preis zu verhindern, dass sich die Revolution Richtung soziale Revolution weiterbewegte. Dafür war jede Provokation der Berliner Arbeiterschaft Recht.

Der Aufstand in Berlin wurde am 12. Januar 1919 niedergeschlagen. Es war eine völlige Niederlage, die zu einer Demoralisierung der Arbeiterinnen und Arbeiter und zu einem Macht- und Legitimationsverlust der revolutionären Obleute, den eigentlichen treibenden Akteuren der revolutionären Machtveränderung am 9. November 1918 in Berlin, führte. Eine Welle des Terrors setzte ein. Wehrlose wurden erschossen. Gezielt wurde Jagd auf die Führer der KPD gemacht. Karl Liebknecht und Rosa Luxemburg wurden am 15. Januar verhaftet, ins Eden-Hotel gebracht und dann auf Befehl von Hauptmann Pabst ermordet.

»Ich nahm damals [im Januar 1919] an einer KPD-Versammlung teil, auf der Karl Liebknecht und Rosa Luxemburg sprachen. Ich gewann den Eindruck, die beiden seien die geistigen Führer der Revolution, und ich beschloss, sie umbringen zu lassen. Auf meinen Befehl wurden die beiden aufgegriffen. Man musste den Entschluss fassen, vom Rechtsstandpunkt abzuweichen. [...] Dieser Beschluss zur Beseitigung der beiden ist mir nicht leichtgefallen. [...] Ich vertrete auch weiterhin die Auffassung, dass dieser Entschluss auch vom moralisch-theologischen Gesichtspunkt durchaus vertretbar ist.« (Pabst 1962)

Wie einer der Mörder später gestand: »Die Ereignisse dieses Abends spielten sich wie im Rausch ab. Wir hatten vier Jahre einander getötet, es kam auf einen mehr nicht an.« (Zitiert in Hannover/Hannover-Drück 1979: 139) Am 10. März 1919 ermordete ein Kriminalwachtmeister Leo Jogiches in der Untersuchungshaft. Dieser hatte versucht, die Morde an Luxemburg und Liebknecht aufzuklären. Verzweifelt begann Paul Levi seine Totenrede auf Karl Liebknecht und Rosa Luxemburg am 2. Februar mit den Worten: »Es ist, als ob die Erde nicht satt würde des Blutes. Sie hat vier Jahre lang Blut getrunken, Blut um Blut.« (Levi 1919: 3) Bei ihrer Verhaftung hatte Rosa Luxemburg sich Goethes »Faust« eingesteckt. Sie muss die Hoffnung gehabt haben, dass ihr nichts als eine neue Zeit im Gefängnis bevorstand. Und doch war sie bereit, auch »auf dem Posten« zu sterben. Sie war noch nicht einmal 48 Jahre alt. Ihre dreißigjährige Suche nach revolutionärer Realpolitik, die Kapitalismus, Kolonialismus, Rassismus und Krieg ein Ende setzen sollte, blieb unabgeschlossen. Ihre Feinde versagten ihr die elementarste Menschlichkeit.

Am 14. Januar 1919 erschien ihr letzter Artikel in der »Roten Fahne«. Er endet mit den Worten: »›Ordnung herrscht in Berlin!‹ Ihr stumpfen Schergen! Eure ›Ordnung‹ ist auf Sand gebaut. Die Revolution wird sich morgen schon ›rasselnd wieder in die Höh' richten‹ und zu eurem Schrecken mit Posaunenklang verkünden: ich war, ich bin, ich werde sein!« (GW 4: 538)

Kapitel 12
Verachtet, bewundert – aber auch unverzichtbar?

»Nichts ist mächtiger als eine Idee zur richtigen Zeit.«
Victor Hugo

»Viele, die ihrer Zeit vorausgeeilt waren, mussten auf sie in sehr unbequemen Unterkünften warten.«
Stanislaw Jerzy Lec

Die Angst vor der kleinen Frau verflog unter ihren Gegnern – weder unter denen im eigenen noch unter denen im feindlichen Lager – selbst nach ihrem Tode nicht. Die Nazis ließen gleich 1933 vom Revolutionsdenkmal, das Mies van der Rohe entworfen hatte und das neben den Gräbern von Rosa Luxemburg und Karl Liebknecht auf dem Friedhof in Berlin-Friedrichsfelde aufgestellt worden war, den roten Stern entfernen. 1935 wurde das Denkmal als Ganzes abgerissen, die Gräber wurden geschändet und eingeebnet. Die Grabsteine liegen heute im Museum.

Das Werk Rosa Luxemburgs geriet weitgehend in Vergessenheit. Ein an sich üblicher Vorgang, der vielen Denkern widerfährt. Bei Rosa Luxemburg allerdings wurde nachgeholfen. Als Stalin daranging, die Arbeiterbewegung und die Idee des Sozialismus von jeglicher Demokratie zu »reinigen« und durch den von Lenins Bolschewiki übernommenen »demokratischen Zentralismus« zu ersetzen, widerfuhr Rosa Luxemburg 1931 eine besonders eigenwillige Ehrung: Ihr Werk wurde »übermalt«. Denn Stalin erinnerte sich eines Konstrukts, das einst Grigori Sinowjew (1883–1936) geschaffen hatte: des Luxemburgismus. Er nutzte dieses Konstrukt in seinem innerparteilichen Kampf, der Anfang der 1930er Jahre in seine abschließende, die gesamte Garde des alten Bolschewismus vernichtende Phase getreten war: »Wie verhielten sich zu diesen Auseinandersetzungen [um die Strategie in der ersten russischen Revolution – d. Autoren] die Linken in der deutschen Sozialdemokratie, Parvus und Rosa Luxemburg? Sie ersannen ein utopisches und halbmenschewistisches Schema, das der permanenten Revolution (ein Zerrbild des Marx'schen Revolutionsschemas), durchdrungen von einer durch und durch menschewistischen Verneinung der Politik des Bündnisses der Arbeiterklasse mit der Bauernschaft, und stellten es dem bolschewistischen Schema der revolutionär-demokratischen Diktatur des Proletariats und der Bauernschaft entgegen. Im Weiteren wurde dieses halbmenschewistische Schema der permanenten Revolution von Trotzki (teilweise von Martow) aufgegriffen und zu einem Kampfmittel gegen den Leninismus gemacht.« (Stalin 1955: 58)

Diese Anklage war umso merkwürdiger, da Rosa Luxemburg mit Ausnahme ihrer Akkumulationstheorie ihre theoretischen Auffassungen so gut wie nie auch nur ansatzweise geschlossen oder gar systematisch dargelegt hat. Denn ihre theoretischen Positionen waren fast immer in der Auseinandersetzung mit fremden Auffassungen entstanden. Es gibt kein theoretisches Gebäude der Rosa Luxemburg – mit eigener Nationalökonomie, Philosophie, politischer Theorie oder Sozialpsychologie.

Was von Rosa Luxemburg überliefert ist, war nicht irgendein theoretisches Gebäude. Es waren ihre politischen Positionen: ihre kompromisslose Forderung nach Öffentlichkeit und Demokratie sowie ihr unbestechliches Beharren auf der Freiheit als der grundlegenden Bedingung für jede emanzipatorische Bewegung. Das war es auch, was sie für den heraufziehenden Stalinismus so gefährlich machte. Weil sie schlecht anfechtbar waren, musste ein Theoriegebäude fabriziert werden – und Stalins Ideologen gingen dabei in der Tat kenntnisreich und akribisch vor.

Sie durchforsteten die Schriften Lenins und Rosa Luxemburgs nach Aussagen zu den verschiedensten Themen, filterten die Differenzen heraus und erklärten alle abweichenden Meinungen Rosa Luxemburgs zu »Fehlern«. In einem letzten Arbeitsgang wurden diese »Fehler« dann systematisiert. Fertig war der »Luxemburgismus«. Vorgetragen wurde der Vorstoß gegen ein »utopisches und halbmenschewistisches Schema« Rosa Luxemburgs, als die Kommunistische Internationale fast vollständig gleichgeschaltet war und niemand mehr zu protestieren wagte. Claudio Pozzoli sagt zum Schicksal Luxemburgs: »Zweimal wurde sie ermordet. Und zweimal war es Doppelmord: Konterrevolution und Sozialdemokratie zuerst, Stalinismus später. Sie sollte nicht nur physisch liquidiert werden, nicht nur ihre Erinnerung sollte ausgelöscht werden: ihre Ideen mussten als krank abgestempelt werden, ihre Schriften verdrängt und diejenigen, die in ihr ein Symbol der Revolution sahen, als Aussätzige behandelt werden, damit der bürokratischen Entmündigung in den Arbeiterorganisationen nichts mehr im Wege stand.« (Pozzoli 1974a: 13)

Schon 1925 erklärte der damalige Vorsitzender der Komintern, Grigori Sinowjew: »Die richtige Aneignung des Leninismus und seine praktische Aneignung beim Aufbau der kommunistischen Parteien in der ganzen Welt ist unmöglich ohne Berücksichtigung der Fehler einer Reihe angesehener Marxisten, die den Versuch machten, sich zur Anwendung des Marxismus unter den Verhältnissen der neuen Epoche aufzuschwingen, dabei jedoch nicht in allem Erfolg hatten. Hierher gehören […] auch die Fehler Rosa Luxemburgs. Je näher diese politischen Führer dem Leninismus stehen, um so gefährlicher sind ihre Anschauungen in jenem Teile, in dem sie, weil fehlerhaft, mit dem Leninismus nicht übereinstimmen. Heute liegen die Dinge so, dass eine wirkliche Bolschewisierung für eine Reihe von Parteien der Komintern unmöglich ist, ohne dass […] die Parteien die Fehler des Luxemburgianertums überwinden.« (Sinowjew 1925: 102)[43]

So viel Mühe gaben sich die Stalinisten ansonsten nur noch mit Trotzki, dem Gegenspieler Stalins, dem auch ein eigener »Ismus« zuerkannt wurde: der Trotzkismus – den Trotzkis Anhänger später allerdings positiv wendeten und zu ihrem Banner machten. Galt der Trotzkismus als Ausgeburt der Hölle und führte das Stigma »Trotzkist« ab Mitte der 1930er Jahre in der Sowjetunion fast automatisch zur Ermordung, so wurde der Luxemburgismus als »halbmenschewistisch« charakterisiert – ein Attribut, das nur noch Spezialisten problemlos dechiffrieren können. Übersetzen lässt es sich mit »weicher Trotzkismus«. Es ging dabei um die Zerstörung der Autorität Rosa Luxemburgs. Und es ging darum zu verhindern, dass sich im Einflussbereich Stalins je wieder jemand ungefährdet auf ihre Demokratie- und Freiheitsforderungen berief.

Was wird bleiben von Rosa Luxemburg, geboren am 5. März 1871 im polnischen Zamość, versenkt am 15. Januar 1919 von ihren Mördern im Landwehrkanal im Berliner Tiergarten? Wird es auch in Zukunft mehr sein als ihr Name und die Geschichte ihrer Ermordung? Sind die treibenden Motive ihres Lebenswerks, die Widersprüche, die es prägten, die Fragestellungen, denen sie sich bis zu ihrem frühen Tod mit existenzieller Entschiedenheit stellt, auch heute noch von Bedeutung?

Das Lebens-Werk von Rosa Luxemburg hallt nach, bereits einhundert Jahre über ihren Tod hinaus. Es gibt Wellen, in denen sich der Nachklang verändert, hoffnungsvollere oder düstere Töne annimmt. Aber er hört nie auf. Weil die ungeheure Spannung zwischen dem unbändigen Streben Luxemburgs, zur Überwindung von Ausbeutung, Unterdrückung und Krieg beizutragen, *und* dem genauso unbedingten Anspruch, ein reiches selbstbestimmtes Leben zu führen, durch sie in einer Weise ausgetragen wurde, die seit einhundert Jahren inspiriert. Diese Inspiration hat nicht nachgelassen. Ein breiter Überblick über die persönlichen Erinnerungen von Clara Zetkin, Karl Radek, Luise Kautsky und Paul Frölich findet sich bei Julia Killet (2020). Sie geht auf die bedeutenden wissenschaftlichen Biografien von Peter Nettl (bis heute noch der Standard überhaupt), von Annelies Laschitza sowie die eher populärwissenschaftlichen Biografien von Fred Oelßner und Helmut Hirsch, Jakow Drabkin, Heinz

[43] Auch Ernst Thälmann schloss sich diesem Verdikt an: »Heute, wo die Komintern besteht, wo in der Sowjetunion unter der proletarischen Diktatur der Sozialismus verwirklicht wird, würde jeder Versuch zur Erneuerung des Luxemburgismus und jeder Überrest des Luxemburgismus niemals eine Brücke zum Marxismus-Leninismus bilden können, sondern stets einen Übergang zum Sozialfaschismus, zur Ideologie der Bourgeoisie […].« (Thälmann 1975: 440)

Knobloch und Dietmar Dath sowie von Jörn Schütrumpf ein. Bemerkenswert ist, dass Killet zudem die literarische Prosa untersucht, der sich Rosa Luxemburg zuwandte. Und sie zeigt auf, dass ihr Werk auch im Film nachwirkt: Neben anderen sind Alfred Döblin, Egon Erwin Kisch und Heiner Müller, Günter Reisch und Margarethe von Trotta bei Killet versammelt.

Nur wenige führten nach Luxemburgs Ermordung ihr Werk fort. Zuerst zu nennen ist Paul Levi. Er war Rosa Luxemburgs Nachfolger in der Politik. Sein Versuch, ihren politischen Ansatz jenseits von KPD und SPD dauerhaft zu etablieren, scheiterte jedoch früh (Bloch 1998). Nach seinem Ausschluss aus der kommunistischen Partei 1921 wandte er sich dem Nachlass der Ermordeten zu und gab »Die russische Revolution« sowie die »Einführung in die Nationalökonomie« heraus. Die »Einführung« basierte auf Rosa Luxemburgs Vorlesungen an der SPD-Parteischule und rundete gemeinsam mit der »Akkumulation des Kapitals« das politökonomische Werk Rosa Luxemburgs ab. Noch 1922 wurde Luxemburgs Akkumulationstheorie in einer Orientierung für einen Kurs an der Parteischule der KPD als die »theoretische Grundlegung des Kommunismus in Deutschland« (Kinner 2001: 595) bezeichnet. Mit der »Bolschewisierung« der KPD fand dieser positive Bezug auf das theoretische Werk Luxemburgs ein Ende.

Von anhaltender Bedeutung war die Art und Weise, mit der Georg Lukács in »Geschichte und Klassenbewusstsein« im Jahr 1922 auf Luxemburg einging. Für ihn stellten Luxemburg und Lenin zu diesem Zeitpunkt die beiden historischen Persönlichkeiten dar, die den revolutionären Marxismus im frühen 20. Jahrhundert neu begründeten. Im Vorwort seiner Schrift heißt es, dass »Rosa Luxemburg der einzige Schüler von Marx gewesen ist, der sein Lebenswerk sowohl im *sachlich-ökonomischen* wie im *methodisch-ökonomischen* Sinne wirklich weitergeführt und in dieser Hinsicht an den gegenwärtigen Stand der gesellschaftlichen Entwicklung *konkret* angeknüpft hat.« (Lukács 1968: 163) Für ihn war klar: »Eine wirklich kommunistisch-revolutionäre, marxistische Einstellung kann für den, der von hier ausgegangen ist, nur über eine kritische Auseinandersetzung mit dem theoretischen Lebenswerk Rosa Luxemburgs errungen werden.« (Lukács 1968: 164)

Indem Luxemburg in ihrer Akkumulationstheorie die Totalität der gesellschaftlichen Reproduktion zum Ausgangspunkt machte, konnte sie, so Lukács, eine revolutionäre Realpolitik begründen. Er geht von der These aus: »Die Herrschaft der Kategorie der Totalität ist der Träger des revolutionären Prinzips in der Wissenschaft.« (Ebd.: 199) Nur durch sie kann die Geschichtlichkeit der kapitalistischen Gesellschaft begründet werden. Und nur dieses Wissen, so Lukács weiter, ermöglicht eine Politik, die im Sinne von Rosa Luxemburg Endziel und jede einzelne reale Aktion miteinander revolutionär vermittelt: »Das Endziel ist […] jene *Beziehung zum Ganzen* (zum Ganzen der Gesellschaft als Prozess betrachtet), durch die jedes einzelne Moment des Kampfes erst seinen revolutionären Sinn erhält.« (Ebd.: 196) In Lukács' Schriften, die in »Geschichte und Klassenbewusstsein« eingegangen sind, zeichnet sich zwischen 1921 und 1922 eine zunehmende Abkehr von der Orientierung auf Luxemburgs Primat der Selbstermächtigung hin zum Leninschen Parteityp ab und er kommt zu der Schlussfolgerung: »Die Freiheit kann (ebenso wenig wie etwa die Sozialisierung) einen Wert an sich darstellen. *Sie hat der Herrschaft des Proletariats, nicht aber diese ihr zu dienen.*« (Ebd.: 469) Die Freiheit wird zum Instrument der Herrschaft herabgesetzt. Mit Vehemenz verteidigte Lukács den Märzaufstand der KPD, den Paul Levi wie auch Clara Zetkin als Putschismus verurteilten.

Der Erste, der versuchte, das politökonomische Werk Luxemburgs zu popularisieren, war der Mitbegründer des Instituts für Sozialforschung und spätere Agent des sowjetischen Militärgeheimdienstes Richard Sorge (Sorge 1922). Der Einzige jedoch, der ihre Ansätze wie strategischen Überlegungen in einem systematischen theoretischen Zusammenhang weiterentwickelte, war Fritz Sternberg in seinem Ende 1926 erschienenen Buch »Der Imperialismus«. Fritz Sternberg war einer der wichtigsten unorthodoxen kritischen Marxisten der Weimarer Republik, ist aber im Unterschied zu Georg Lukács oder Karl Korsch auch heute noch fast unbekannt. Hatte er sich zunächst unter dem Einfluss von Martin Buber dem zionistischen Sozialismus zugewandt und wurde später Assistent von Franz Oppenheimer an der Universität in Frankfurt am Main, so konzentrierte er sich nach seinem Zerwürfnis mit Oppenheimer ab 1923 auf eine marxistische Grundlegung der Epoche des Imperialismus. Seit 1948 US-Staatsbürger, schlug er sich – wie schon vor der Emigration 1933 – bis zu seinem Tod 1963 vor allem im gewerkschaftlichen Milieu als Freelancer durch; einen Lehrstuhl erhielt er nie (siehe zu Sternberg auch Grebing 2014). Er wurde zum »Star des radikalen jugendlichen Linkssozialismus der Weimarer Jahre«, zum »intellektuellen Stichwortgeber einer intellektuellen Generation junger Sozialisten« (Franz Walter zitiert in Grebing 2014: 143f.). Bertolt Brecht nannte ihn seinen »ersten Lehrer« (Sternberg 2014: 13). Er schrieb: Der Zusammenhang »der erweiterten Reproduktion mit dem Einbruch in den nichtkapitalistischen Raum ist methodisch von Rosa Luxemburg entdeckt worden. Unsere Stellung zu ihrem Buche, das für die Weiterentwicklung des Marxismus von epochemachender Bedeutung ist, ist diese: Wir halten ihre Kritik der Marx'schen Schemata im entscheidenden Punkt für richtig. […] In den Zwischengliedern der Beweisführung jedoch […] finden sich bei Rosa Luxemburg entscheidende Fehler […]« (Sternberg 1929: 19f.) Er, der etliche ihrer Fehler korrigierte, blieb jedoch, genauso wie Rosa Luxemburg selbst, ein einsamer Rufer in der Wüste.

Aus seiner originären Reformulierung von Luxemburgs Akkumulationstheorie kam Sternberg zu dem Schluss, dass revolutionäres Handeln nicht nur zu früh, sondern auch zu spät kommen könne, und dies im doppelten Sinne: Erstens würde die Arbeiterklasse in den Hauptländern auf ein Niveau gehoben, wo sie viel mehr als ihre Ketten zu verlieren habe, und dies auch und gerade in einer Revolution. Für die wachsenden Schichten der Angestellten gelte dies ebenfalls. Keine Klasse könne ihre objektive Lage durch die Revolution *unmittelbar* verbessern (Sternberg 1971: 347). Und zweitens könne ein Prozess des zivilisatorischen Verfalls eintreten, den aufzuhalten immer schwieriger würde. Mit dem absehbaren neuen Weltkrieg, so schreibt Sternberg Mitte der 1920er Jahre, würde jetzt die Aufgabe wachsen, an einem »antiimperialistischen Block zu arbeiten«, denn nur dies »macht es überhaupt möglich, dass im Gefolge oder schon innerhalb des nächsten imperialistischen Krieges die Weltrevolution einen entscheidenden Schritt weiterkommt« (Sternberg 1971: 361). Sternberg entwickelt eine Fassung der Marx'schen Akkumulationstheorie, die der Komplexität der imperialistischen Epoche gerecht zu werden sucht. An die Stelle dominanter Tendenzen, die letztlich alle in *eine* Richtung weisen, entsteht eine widersprüchliche, ja »teuflische« Gemengelage, in der es mehr denn je darauf ankommt, dass sich durch Selbstorganisation und gegenhegemoniale Kämpfe gesellschaftliche Kräfte formieren, die in der Lage sind, der Epoche der Weltkriege und des zivilisatorischen Rückschritts und Zerfalls zu begegnen. Er resümiert seine Position mit den Worten: »Auf der einen Seite der Imperialismus mit seinem Bündel von Kriegen; in seinem Gefolge Abnahme der Sozialisierungsreife, Barbarei, Geschichtslosigkeit Euramerikas. Auf der einen Seite steht die Hölle. Auf der anderen Seite steht die sozialistische Revolution, der Bürgerkrieg unter erschwerten Bedingungen, unter blutigsten Kämpfen, unter notwendigem, langandauerndem Sinken der gesellschaftlichen Produktivkräfte. Aber steht auf der einen Seite die Hölle, so auf der anderen Seite die Hoffnung auf eine neue Epoche der Menschheitsgeschichte nach durchgeführter sozialistischer Revolution.« (Sternberg 1929: 134)

Neben ihrem theoretischen Werk wurde auch Luxemburgs Leben Gegenstand einer ganzen Reihe von Publikationen. Über die berührenden »Briefe aus dem Gefängnis« an Sophie Liebknecht, erstmals 1920 im Verlag »Junge Garde« erschienen und immer wieder aufgelegt, finden viele Leserinnen und Leser bis heute oft den ersten Zugang zu Rosa Luxemburg. Auch Luise Kautsky hatte schon kurz nach Luxemburgs Tod ihrer Freundin ein Denkmal gesetzt, das bis heute nachwirkt. Sie veröffentlichte 1923 eine Auswahl jener Briefe, die Luxemburg an sie und ihren Mann Karl Kautsky geschrieben hatte (Kautsky 1923). 1928 erschien dann ein Gedenkbuch mit einer sehr persönlichen biografischen Skizze (Kautsky 1929). 1937 folgte das Buch von Henriette Roland-

Holst (Roland-Holst 1937). In diesen beiden Büchern haben enge Freundinnen ihr Bild von der herausragenden Revolutionärin hinterlassen.

Die erste umfassende Biografie legte ausgerechnet Paul Frölich vor, zu ihren Lebzeiten einer ihrer entschiedensten Gegenspieler. Er hatte als Vertreter der Bremer Linksradikalen am Gründungskongress der KPD Ende 1918 teilgenommen und war dauerhaft dem Versuch verpflichtet geblieben, den Linkssozialismus in der deutschen Arbeiterbewegung durchzusetzen. Bis zu seinem Ausschluss aus der KPD 1928 hatte er die Redaktion der Herausgabe der Werke Rosa Luxemburgs übernommen. Es erschienen 1923 der Band VI (Akkumulationstheorie), 1925 der Band III (Beiträge gegen den Reformismus) und 1928 der Band IV (Gewerkschaftskampf und Massenstreik). Seine in der Emigration in Paris verfasste Biografie Luxemburgs war schließlich 1939 erschienen. Sie ist bis heute von Bedeutung, denn man spürt in ihr unmittelbar jenen Geist, den Luxemburg auf ihre Zeitgenossen ausgestrahlt hat.

In dem 1948 geschriebenen Vorwort zur Neuauflage schrieb Frölich: Als Luxemburg »[…] während des ersten Weltkriegs den Zusammenbruch der Internationale und den Übergang der sozialistischen Parteien ins Lager des Imperialismus erlebt hatte, als die Arbeitermassen der kapitalistischen Ordnung Opfer über Opfer brachten und deutsche Proletarier im Soldatenrock sich gar gegen die russische Revolution missbrauchen ließen, da wiederholte Rosa immer lauter die Warnung: Die Katastrophen, in die die kapitalistische Gesellschaft gestürzt wird, geben allein nicht die Gewissheit der Ablösung des Kapitalismus durch den Sozialismus. Findet die Arbeiterklasse nicht die Kraft zur eigenen Befreiung, dann kann sich die ganze Gesellschaft und mit ihr die Arbeiterklasse in zerfleischenden Kämpfen verzehren. Die Menschheit ist vor die Alternative gestellt: Sozialismus oder Untergang in die Barbarei!« (Frölich 1990: 11)

Nach dem Zweiten Weltkrieg dauerte es Jahrzehnte, bis eine wirklich neue Rezeption des Werks von Rosa Luxemburg einsetzte. Der dritte Band von Alfred Döblins Roman »November 1918. Eine deutsche Revolution« trug den Titel »Karl und Rosa«. Er blieb aber bis in die späten 1970er Jahre fast völlig unbeachtet (Döblin 2008). In der DDR erschien 1951 das Buch von Fred Oelßner, »Rosa Luxemburg. Eine kritische biografische Skizze«. Oelßner gehörte zu dieser Zeit dem Politbüro der SED, der kommunistischen Staatspartei der DDR, an und galt als deren Chefideologe. Zugleich war er in seiner Parteikarriere immer wieder wegen unorthodoxer Auffassungen bekannt geworden. Nach 1956 setzte er sich für einen verstärkten Reformkurs ein und wurde 1958 aus dem Politbüro ausgeschlossen. Auch sein Buch ist durch die ambivalente Haltung der KPdSU wie auch der SED gegenüber Luxemburg geprägt. Während der erste Teil der Schrift unter dem Titel »Ein kämpferisches Leben« steht, ist der zweite Teil mit »Ein fehlerhaftes System« überschrieben.

Anstelle eines offenen Luxemburgschen Suchprozesses werden ihr unter anderem eine mechanistische Weltanschauung, die Zusammenbruchstheorie und die Anbetung der Spontaneität, eine »menschewistische Stadientheorie« in der Revolution von 1918/19 und die Ablehnung eines »Feldzugsplans der proletarischen Armee« unterstellt. Kritisch hervorgehoben wird sogar ihre Ablehnung von Terror. Oelßner schrieb mit großer Hochachtung vor der Person und mit strikter Ablehnung der zentralen politischen Orientierungen Luxemburgs. Schließlich machte er sie direkt mit verantwortlich für die Niederlage der kommunistischen Bewegung in Deutschland vor 1933: »[...] so groß Rosa Luxemburgs Verdienste um die deutsche Arbeiterbewegung waren, so sehr wir uns in Ehrfurcht vor ihrem kämpferischen Leben verneigen, so sehr wir Rosa wegen ihres schonungslosen Kampfes für die Sache der Arbeiter lieben, so dürfen wir nicht vergessen: groß waren auch ihre Irrtümer und Fehler, die die deutsche Arbeiterklasse auf falsche Bahnen lenkten. Wir dürfen vor allem die Augen vor der Tatsache nicht verschließen, dass es sich nicht um einzelne Fehler handelt, sondern um ein ganzes System falscher Auffassungen (den ›Luxemburgismus‹). Diese Auffassungen waren eine der entscheidenden Ursachen für die Niederlagen der kommunistischen Partei Deutschlands nach ihrer Gründung [...]« (Oelßner 1951: 7f.)

In den 1920er Jahren gab es den schon genannten ersten Versuch, die Werke von Rosa Luxemburg gesammelt herauszugeben. 1951 erschien eine ausgewählte zweibändige Ausgabe in der DDR, in der Rosa Luxemburgs Schriften diffamierende Texte von Lenin und Stalin vorangesetzt wurden. 1966 gab Ossip K. Flechtheim in drei Bänden politische Schriften von Luxemburg heraus. Auf Beschluss des Politbüros der SED erfolgte in den Jahren zwischen 1970 und 1975 eine fünfbändige Werkausgabe, die auch die vom Standpunkt des »Marxismus-Leninismus« besonders umstrittenen Schriften Luxemburgs »Organisationsfragen der russischen Sozialdemokratie« (1904) und »Zur russischen Revolution« (1918) enthielt. In den 1980er Jahren erfolgte dann die Herausgabe eines großen Teils der überlieferten Briefe. Der Versuch einer umfassenden Biografie und Würdigung Luxemburgs innerhalb jener Grenzen, die der Marxismus-Leninismus ließ, prägte das 1971 erschienene Werk von Annelies Laschitza und Günter Radczun »Rosa Luxemburg. Ihr Wirken in der deutschen Arbeiterbewegung« (1971). Beide waren die treibenden Kräfte der Herausgabe der Schriften und Briefe von Luxemburg in der DDR. Auch die jüngsten Bände der Werke-Ausgabe in den 2010er-Jahren (Bd. 6 und 7) wurden noch von Annelies Laschitza verantwortet. Erst dadurch und mit der Herausgabe wichtiger auf Polnisch verfasster Schriften Luxemburgs zur Nationalitätenfrage und im Zusammenhang mit der ersten Russischen Revolution durch Holger Politt wurde jene Grundlage geschaffen, auf der eine umfassende

Analyse des Gesamtwerks von Rosa Luxemburg überhaupt möglich werden wird und die die Zentrierung auf ihr Wirken in der deutschen Sozialdemokratie zu überwinden vermag.

Eine entscheidende Grundlage für die umfassende Erschließung des Werks von Luxemburg hatte der polnische Historiker Feliks Tych gelegt, indem er Ende der 1960er Jahre 800 ihrer überlieferten Briefe an Leo Jogiches herausgab. Bis heute sind immer noch eine ganze Reihe ihrer Schriften nicht auf Deutsch oder Englisch zugänglich. Wenn es aber wahr ist, dass Luxemburg selbst »ihr wichtigstes geistiges Arbeitsfeld in Polen« (Roland-Holst 1937: 75) sah, dann ist die Aneignung wesentlicher Teile ihres Erbes noch lange nicht beendet. Die deutsche Werkausgabe ist nicht abgeschlossen, während zugleich schon die englisch- wie chinesischsprachigen Werkausgaben unter Leitung von Peter Hudis (Chicago) und He Ping (Wuhan) in Angriff genommen wurden, in die auch Luxemburgs polnische, russische und französische Schriften Eingang finden. In Brasilien wurde eine dreibändige Ausgabe der Werke Luxemburgs durch Isabel Loureiro herausgegeben.

In den 1960er Jahren begann eine neue Welle der Rezeption des Werkes von Rosa Luxemburg, die bis heute anhält. Auslöser war die Erschöpfung der traditionellen sozialdemokratischen und parteikommunistischen Strategien in Ost wie West, in Nord und Süd. Die Ratlosigkeit löste Suchprozesse aus. Es wurde zum einen auf Antonio Gramsci, zum anderen auf Rosa Luxemburg verwiesen, die theoretisch-konzeptionelle wie strategische Alternativen zu bieten schienen: »Der Reiz von Luxemburg war, zumindest anfangs, ganz offensichtlich: Es war ihre politische Position jenseits der immer mehr einengenden Gegensätze zwischen dem autoritären Kommunismus und der Sozialdemokratie; die Betonung von radikaler Demokratie, um die organisatorische Sklerose der Gewerkschaften und linken Parteien zu überwinden; der Widerklang des Rufs nach partizipatorischer Demokratie; und der Fokus auf Imperialismus und koloniale Besatzung, wie er sich in ihrer Schrift ›Akkumulation des Kapitals‹ findet.« (Albo 2016: 27) Im Falle Luxemburgs waren es vor allem zwei Ansätze, die in das Zentrum der weiteren Rezeption rückten. Einerseits wurde ihr besonderes Politikverständnis aufgearbeitet, in dessen Mittelpunkt die Selbstermächtigung der arbeitenden Klassen steht. Es geht immer wieder um ihr Verständnis von Demokratie als revolutionäre Praxis, in der sich die Subjekte der Emanzipation bilden und im gleichen Prozess die Bedingungen ihrer eigenen Selbstbefreiung hervorbringen.[44] Zweitens wurde systematisch

[44] Auf diesen Aspekt macht Peter Bierl aufmerksam: »Eine linke Politik, die an der Zielsetzung einer Gesellschaft jenseits von Kapitalismus und bürgerlichem Parlamentarismus festhält, muss dem dominanten liberalen Demokratiebegriff theoretisch und praktisch eine

an ihre Akkumulationstheorie angeknüpft, die als radikale Erweiterung der Kapitalismusanalyse begriffen wurde und feministische, antiimperialistische, ökologische und auf Sorgearbeit zentrierte Ansätze bis in die Gegenwart inspiriert und auch in der Degrowth-Bewegung aufgegriffen wird.

Zum westlichen Standardwerk der biografischen Luxemburg-Forschung wurde das umfassende Werk von Peter Nettl (1967, auf Englisch zuerst 1957). Sein eigener tschechischer Hintergrund, sein Aufwachsen in Wien und die Emigration nach Großbritannien hatten ihn sensibel gemacht für das spezifische soziokulturelle Milieu, aus dem heraus Luxemburg bis zu ihrem Tode wirkte. Peter Nettls Biografie ging einer breiten Welle der Rezeption des Werkes von Rosa Luxemburg in Westeuropa voraus, die in den 1960er Jahren begann. Am Anfang standen die Werke von Lelio Basso, einem der wichtigsten linkssozialistischen Politiker Italiens (Basso 1969), sowie von Gilbert Badia zu den deutschen Spartakisten (Badia 1967). In der Bundesrepublik erschien bei Rowohlt 1969 eine sehr knappe und auch heute noch lesenswerte Kurzbiografie und Anthologie von Joachim Hirsch (1969). Ein Jahrzehnt später erschien die nach Nettl umfassendste Biografie Luxemburgs. Verfasst wurde sie von Gilbert Badia unter dem Titel »Rosa Luxemburg – Journaliste, polémiste, révolutionnaire« (Badia 1975). Leider liegt sie bis heute nicht in englischer oder deutscher Übersetzung vor. Annelies Laschitza hat 1996 eine neue umfassende Luxemburg-Biografie vorgelegt, die die jüngeren Forschungsergebnisse einbezog (Laschitza 1996). Neben den schon genannten Biografien erschien eine ganze Reihe von weiteren Biografien und Darstellungen ihres Werks (Geras 1976; Drabkin 1988; Schmidt 1988; Ettinger 1990; Gallo 1993; Renqian 1994; Soden 1995; Shepardson 1996; Seidemann 1998; Hetmann 1998; Maurer 1999; Dath 2010; Piper 2018) und die beeindruckende Graphic Novel von Kate Evans (2015). Ein bemerkenswertes »Sammeln« von Elementen für eine kritische Neulektüre nach dem Zusammenbruch des Staatssozialismus hat Reinhard Hoßfeld vorgenommen (1993).

Eine neue Hinwendung zu Luxemburgs Theorie der kapitalistischen Akkumulation begann in den 1970er Jahren. Sie erfolgte durch marxistische Kritiker des sich herausbildenden Systems neokolonialer Abhängigkeit der »Dritten Welt« (siehe u.a. Amin 1977; Pedrosa 1979) und der neuen Frauenbewegung (siehe Mies 1986; Werlhof et al. 1988). Diese Rezeption war strategisch orientiert. Es ging um die Untersuchung der Möglichkeiten emanzipatorischer Kämpfe entlang der Süd-Nord-Konflikte und der Konflikte zwischen Kapi-

---

eigene Demokratie-Konzeption entgegenstellen, die kollektive Selbstbestimmung ermöglicht und sichert, dass künftige revolutionäre Anläufe nicht wieder in staatlich-bürokratischen Diktaturen enden.« (Bierl 1993: 13) talakkumulation und Reproduktionsarbeit. Durch den Übergang zum neoliberalen Finanzmarkt-Kapitalismus wurde der Horizont erweitert. Immer deutlicher wurde, wie eng die Kapitalakkumulation mit der Gesamtheit der Reproduktion der Gesellschaft verwoben ist, diese immer weiter durchdringt und umgestaltet (zur aktuellen Rezeption von Luxemburgs Akkumulationstheorie siehe u.a. Albo 2016: 37-44; Dellheim/Wolf 2016; Le Blanc 2015; Krätke 2010, 2016). Es wurde immer deutlicher, welche aggressiven und zerstörerischen Formen die Kapitaldominanz angenommen hatte (Harvey 2003; Dörre 2009, 2013; Schmidt 2013a; Brie 2016). Die Verknüpfung der verschiedensten Herrschaftsverhältnisse (von class, gender und race) wurde nun immer wieder mit Rückgriff auf Luxemburgs Akkumulationstheorie analysiert. Frigga Haug hat auf der Basis des Werks von Luxemburg wichtige Studien zur »Politik der Frauen«, zu ihrem Konzept revolutionärer Realpolitik und ihrem besonderen Verhältnis von Theorie und Empirie vorgelegt (Haug 2007; umfassender diskutiert in Brie 2009). Auch Rosa Luxemburgs Politik- und Staatsverständnis wurde in diesem Zusammenhang untersucht (Brie/Haug 2011).

Auf andere Weise taucht Rosa Luxemburgs Gedanke von den Grenzen der Durchkapitalisierung – darauf hat jüngst Isabel Loureiro aufmerksam gemacht – im ökologischen Diskurs wieder auf: »Das aktuelle Modell der ›Akkumulation durch Expropriation‹ ist neben anderen Problemen mit landwirtschaftlichen Problemen verbunden, die nicht nachhaltig sind: Expansion von Monokulturen, Anwendung von Pestiziden, Bodendegradation, Entwaldung, Zerstörung der Biodiversität, Verschwendung von Wasserressourcen, Verschmutzung der Wasserquellen, Gefahr für die Nahrungssicherheit, Anstieg der Nahrungsmittelpreise.« Das Kapital, so Isabel Loureiro, könne nicht ewig akkumulieren. »Allerdings nicht, weil die gesamte Welt einst durchkapitalisiert sein wird, sodass der Kapitalismus wie bei Luxemburg seine logische und historische Grenze finden würde, sondern wegen der natürlichen Grenzen unseres Planeten.« (Loureiro 2013: 121)

Die erste wissenschaftliche Konferenz zu Rosa Luxemburg in Westeuropa fand vom 18. bis 22. September 1973 in Reggio Emilia statt – wenige Tage nach dem Militärputsch in Chile, der zum Sturz der sozialistischen Regierung von Salvador Allende führte. Organisator der Konferenz war Lelio Basso. Sie markierte den Beginn einer internationalen Kooperation in der Luxemburg-Forschung, die 1980 auf Initiative von Narihiko Ito zur Gründung der Internationalen Rosa-Luxemburg-Gesellschaft in Zürich führte. An der Gründung waren u.a. Gilbert Badia, Michael Löwy, Irène Petit, Theo Pinkus, Feliks Tych und Cladie Weill beteiligt (Ito 2007: 87).

Die Aktualität Luxemburgs begründete Basso 1973 mit der Frage, »ob das in den letzten vierzig Jahren ziemlich vernachlässigte Erbe Rosa Luxemburgs nicht brauchbare Elemente enthält, besonders für die westliche Arbeiterbewegung: als ein Bindeglied zwischen dem Marx'schen Denken und der Wirklichkeit der heutigen Welt« (zitiert in Pozzoli 1974b: 7). Die Luxemburg-Rezeption geht vom Bewusstsein der anhaltenden strategischen Krise der Linken und der Suche nach Alternativen aus. Sie ist in den letzten Jahrzehnten global geworden. Die Konferenzen der Internationalen Rosa-Luxemburg-Gesellschaft fanden bisher in Beijing, Berlin, Bochum, Chicago, Guangzhou, Hamburg, Moskau, Seoul, Tampere und Warschau statt (siehe dazu im Detail Internationale Rosa-Luxemburg-Gesellschaft 2020). Es entstanden eine ganze Reihe von Konferenzbänden, die einen Überblick über die globale Luxemburg-Rezeption geben (Bergmann et al. 1995; Bergmann/Haible 1997; Das Argument 1997; Ito et al. 2002, 2007, 2010). Zentrale Bezugspunkte waren stets die Demokratiekonzeption Rosa Luxemburgs und ihre Akkumulationstheorie.

In Brasilien war die Hinwendung zum Werk von Rosa Luxemburg mit dem Bemühen verbunden, neue gesellschaftliche und politische Kräfte aufzubauen. Gründungspersonen der Partei der Arbeit Brasiliens (PT), der Bewegung der Landlosen (MST) oder der Bewegungen für eine solidarische Ökonomie griffen auf ihr Werk zurück (Loureiro 2003, 2010). Mit der Reform- und Öffnungspolitik begann in der VR China seit den 1980er Jahren eine intensive Luxemburg-Rezeption (He Ping 2010, 2013; Wang Xue-Dong 2010).

Auch das ökonomische Werk Luxemburgs im engeren Sinne wurde im letzten Jahrzehnt erneut umfassender diskutiert (Schmidt 2013b; Bellofiore 2013c; Dellheim/Wolf 2016). Peter Hudis und Kevin B. Anderson fassen die Fragen, die das Werk Luxemburgs bis heute aufwirft, so zusammen: »Indem sie auf der Notwendigkeit einer revolutionären Demokratie nach der Eroberung der Macht bestand, hat sie eine Reihe von unbeantworteten Fragen unserer Zeit aufgeworfen wie die folgenden: Gibt es eine Alternative zum Kapitalismus? Ist es möglich, den Drang des globalen Kapitals zur ständigen Selbsterweiterung zu stoppen, ohne den Horror von Bürokratie und Totalitarismus zu wiederholen? *Kann die Menschheit frei sein* in einer Epoche, die durch den globalisierten Kapitalismus und Terror bestimmt ist? Außerdem hat ihre Stellung als weibliche Führerin and Theoretikerin in einer zu großen Teilen männerdominierten sozialistischen Bewegung [...] neues Nachdenken über Fragen von Geschlechterverhältnissen und Revolution ausgelöst.« (Hudis/Anderson 2004: 7f.)

Dass der Name Rosa Luxemburgs in Berlin nicht wie der Unzähliger in Vergessenheit geraten ist, verdankt sie auch ihren Gegenspielern: den Stalinisten. Denn für die »Leiche« Rosa Luxemburgs hatten sie durchaus Verwendung. Anders als Trotzki war die von ihrem Werk »gereinigte« Revolutionärin Rosa Luxemburg den Stalinisten als stumme Ikone nützlich. Diese Schizophrenie wurde – wenn auch mit fallender Tendenz – im Ostblock bis 1989 gepflegt.

Die neue Zuwendung zu Rosa Luxemburg in der DDR war das Resultat jener vorsichtigen Öffnungsprozesse nach Stalins Tod, die trotz aller Rückschläge in der Sowjetunion und den mit ihr verbündeten staatssozialistischen Ländern immer wieder versucht wurden und letztlich in die Perestroika mündeten. Auch in der Sowjetunion und in Polen wurden dann neue Versuche unternommen, Luxemburgs Leben und Werk zu würdigen (zur Rezeption in Polen nach 1945 siehe Politt 2015a: 1399–1402).

Holger Politt schreibt: »Als Polens Arbeiter im Sommer 1980 mit einer gewaltigen Streikwelle das Land erschütterten, schien es, als handelten sie nach Rezepten aus der Feder Luxemburgs. Dem Arbeiterkampf um bürgerliche Freiheitsrechte hatte sie stets ihre Stimme gegeben; aber sie hätte wohl kritisiert, dass die Arbeiter die politische Führung allzu schnell in andere, eigenen Interessen folgende Hände übergaben.« (Politt 2015a: 1400) Der Rückgriff der Dissidentinnen und Dissidenten auf Rosa Luxemburgs Forderung nach der Freiheit der Andersdenkenden im Januar 1988 verschärfte die politische Krise am Ende der DDR. Ihre Kritik an der bolschewistischen Parteidiktatur erhielt so 70 Jahre später unmittelbar eingreifende Macht.

Seit 1990 gilt das stille Gedenken an Rosa Luxemburg und Karl Liebknecht am zweiten Sonntag im Januar wieder der Trauer um die beiden Opfer des weißen Terrors. Bei vielen, die dazu aus nah und fern kommen, mischt sich Trauer um das Scheitern der Linken im 20. Jahrhundert, aber auch um den Verlust der einstigen Macht darunter. In der zwischen 1948 und 1989 geteilten Stadt, in der 1919 der Mord geschah, finden sich für Rosa Luxemburg mehr Denkmäler als für jede andere Persönlichkeit. Sie stand allerdings lange Zeit nicht an dem Platz, der seit 1947 ihren Namen trägt: am Rosa-Luxemburg-Platz, den seit 1914 die Volksbühne flankiert. Der erste Versuch, dort ein Denkmal zu errichten, war 1951 von der SED-Führung unterbunden worden. Erst 2006 wurde ein »Denkzeichen« für Rosa Luxemburg auf dem Platz angebracht. Die Initiatoren und Schöpfer wollten sie, ihrem Selbstverständnis zweifellos entgegenkommend, nicht auf einen Sockel stellen – wohl wissend, dass sie dort am wenigsten stört. Stattdessen wurden einhundert Sätze von ihr, in Metallbuchstaben geprägt, in die Erde eingelassen. Ob Rosa Luxemburg über den Gedanken, ihre Aussagen für die Ewigkeit in Bronze gegossen zu sehen, nicht in ihr gefürchtetes Gelächter ausgebrochen wäre, werden wir nie erfahren.

Literatur

Albo, Greg (2016): Rosa Luxemburg and Contemporary Capitalism. In: Dellheim, Judith/Wolf, Frieder Otto (Hrsg.), Rosa Luxemburg: A Permanent Challenge for Political Economy. On the History and the Present of Luxemburg's »Accumulation of Capital«. London, S. 25-54.

Amin, Samir (1977): Imperialism and Unequal Development. Hassocks.

Anton, Bernward (2018): Wolfgang Heine und die »Erfindung« der Burgfriedenspolitik. In: Schöler, Uli/Scholle, Thilo (Hrsg.), Weltkrieg. Spaltung. Revolution: Sozialdemokratie 1916-1922. Bonn, S. 73-85.

Arendt, Hannah (1989): Rosa Luxemburg. In: Menschen in finsteren Zeiten. München, S. 43-68.

Arendt, Hannah (1995): Elemente und Ursprünge totaler Herrschaft. München.

Arendt, Hannah (2005): Macht und Gewalt. München.

Baden, Prinz Max von (2011): Erinnerungen und Dokumente. Hamburg.

Badia, Gilbert (1967): Le Spartakisme. Les dernières années de Rosa Luxemburg et de Karl Liebknecht 1914-1919. Paris.

Badia, Gilbert (1975): Rosa Luxemburg. Journaliste, polémiste, révolutionnaire. Paris.

Baier, Walter (2011): Von Nationen und »Natiönchen«, historischen und »geschichtslosen« Völkern – Rosa Luxemburg, W. I. Lenin und Otto Bauer. In: Brie, Michael/Haug, Frigga (Hrsg.), Zwischen Klassenstaat und Selbstbefreiung. Zum Staatsverständnis von Rosa Luxemburg. Baden-Baden, S. 145-169.

Balabanoff, Angelica (2013): Lenin oder: Der Zweck heiligt die Mittel. Erinnerungen. Berlin.

Basso, Lelio (1969): Rosa Luxemburgs Dialektik der Revolution. Hamburg.

Beckert, Sven (2014): King Cotton. Eine Globalgeschichte des Kapitalismus. München.

Bellofiore, Riccardo (2010): »Like a candle burning at both ends«. Rosa Luxemburg and the critique of political economy. Abrufbar unter: libcom.org.

Bellofiore, Ricardo (2013a): Rosa Luxemburg – Kritik der politischen Ökonomie und die politische Perspektive. In: Schmidt, Ingo (Hrsg.), Rosa Luxemburgs »Akkumulation des Kapitals«. Die Aktualität von ökonomischer Theorie, Imperialismuserklärung und Klassenanalyse. Hamburg, S. 37-51.

Bellofiore, Ricardo (2013b): General Introduction. Rosa Luxemburg on Capitalist Dynamics, Distribution and Effective Demand Crises. In: Bellofiore, Riccardo (Hrsg.), Rosa Luxemburg and the Critique of Political Economy. London, S. 1-23.

Bellofiore, Riccardo (Hrsg.) (2013c): Rosa Luxemburg and the Critique of Political Economy. London.

Beradt, Charlotte (1969): Paul Levi. Frankfurt am Main.

Bergmann, Theodor/Haible, Wolfgang (Hrsg.) (1997): Reform – Demokratie – Revolution. Zur Aktualität von Rosa Luxemburg. Supplement der Zeitschrift »Sozialismus« 5/1997. Hamburg.

Bergmann, Theodor/Rojahn, Jürgen/Weber, Fritz (Hrsg.) (1995): Die Freiheit der Andersdenkenden. Rosa Luxemburg und das Problem der Demokratie. Hamburg.

Bernstein, Eduard (1897): Probleme des Sozialismus. Eigenes und Übersetztes von Eduard Bernstein. 1. Allgemeines über Utopismus und Eklektizismus. In: Die Neue Zeit, 15 (6), S. 164-171.

Bernstein, Eduard (1898): Der Kampf der Sozialdemokratie und die Revolution der Gesellschaft. 2. Die Zusammenbruchs-Theorie und die Kolonialpolitik. In: Die Neue Zeit, 18 (1), S. 548-557.

Bernstein, Eduard (1900a): An meine socialistischen Kritiker. Vorwort zur französischen Ausgabe des Buches: Die Voraussetzungen des Socialismus. In: Socialistische Monatshefte, 6 (1), S. 3-14.
Bernstein, Eduard (1900b): Der Socialismus und die Colonialfrage. In: Socialistische Monatshefte, 6 (9), S. 549-562.
Bernstein, Eduard (1902): Zur jüngsten Entwicklung der französischen Sozialdemokratie. In: Socialistische Monatshefte (4), S. 250-262.
Bernstein, Eduard (1903): Der Marx-Cultus und das Recht der Revision. In: Socialistische Monatshefte, 7 (1), S. 255-265.
Bernstein, Eduard (1969): Die Voraussetzungen des Sozialismus und die Aufgaben der Sozialdemokratie. Reinbek bei Hamburg.
Bierl, Peter (1993): Alle Macht den Räten. Rosa Luxemburg: Rätedemokratie und Sozialismus. Köln.
Bloch, Charles (1998): Paul Levi – Ein Symbol der Tragödie des Linkssozialismus in der Weimarer Republik. In: Grab, Walter/Schoeps, Julius H. (Hrsg.), Juden in der Weimarer Republik. Darmstadt, S. 244-262.
Bloch, Ernst (2007): Naturrecht und menschliche Würde. Frankfurt am Main.
Brandt, Peter (2009): Der historische Ort der deutschen Revolution von 1918/19. In: Globkult, abrufbar unter: https://www.globkult.de/geschichte/entwicklungen/482-der-historische-ort-der-deutschen-revolution-von-191819.
Brangsch, Lutz (2011): Das Politikverständnis von Rosa Luxemburg: Soziales Lernen und politische Macht. In: Brie, Michael/Haug, Frigga (Hrsg.), Zwischen Klassenstaat und Selbstbefreiung. Zum Staatsverständnis von Rosa Luxemburg. Baden-Baden, S. 92-144.
Brie, Michael (Hrsg.) (2009): Radikale Realpolitik. Plädoyer für eine andere Politik. Berlin.
Brie, Michael (2011): Der Fall Millerand – Regierungsbeteiligung der Sozialisten als Testfall marxistischer Staatstheorie. In: Brie, Michael/Haug, Frigga (Hrsg.), Zwischen Klassenstaat und Selbstbefreiung. Zum Staatsverständnis von Rosa Luxemburg. Baden-Baden, S. 33-61.
Brie, Michael (2016): A Critical Reception of Accumulation of Capital. In: Dellheim, Judith/Wolf, Frieder Otto (Hrsg.), Rosa Luxemburg: A Permanent Challenge for Political Economy. On the History and the Present of Luxemburg's »Accumulation of Capital«. London, S. 261-303.
Brie, Michael (2017): Lenin neu entdecken: Das hellblaue Bändchen zur Dialektik der Revolution & Metaphysik der Herrschaft. Hamburg.
Brie, Michael (2018): Rosa Luxemburg neu entdecken. Ein hellblaues Bändchen zu »Freiheit für den Feind! Demokratie und Sozialismus«. Hamburg.
Brie, Michael (2019): Marx' Research Projekt As a Future Science for Emancipatory Action: A Delineation. In: Gupta, Shaibal/Musto, Marcello/Babak, Amini (Hrsg.), Karl Marx's Life, Ideas, and Influences. A Critical Examination on the Bicentenary. Cham, S. 61-84.
Brie, Michael/Haug, Frigga (Hrsg.) (2011): Zwischen Klassenstaat und Selbstbefreiung. Zum Staatsverständnis von Rosa Luxemburg. Baden-Baden.
Bucharin, Nikolaj I. (1969): Imperialismus und Weltwirtschaft. Frankfurt am Main.
Caysa, Volker (2017): Rosa Luxemburg – die Philosophin. Leipzig.
Cliff, Tony (1969): Studie über Rosa Luxemburg. Berlin.

Córdova, Armando (1974): Rosa Luxemburg und die Dritte Welt. In: Pozzoli, Claudio (Hrsg.), Rosa Luxemburg: oder die Bestimmung des Sozialismus. Frankfurt am Main, S. 65-93.
Das Argument (Hrsg.) (1997): Die Linie Luxemburg – Gramsci. Zur Aktualität und Historizität marxistischen Denkens. Argument Sonderband AS 159. Berlin.
Dath, Dietmar (2010): Rosa Luxemburg. Berlin.
David, Eduard (1900): Der internationale Kongress und die »Einigung« der französischen Sozialisten. In: Socialistische Monatshefte, (11), S. 703-709.
Dellheim, Judith (2016): From ›Accumulation of Capital‹ to Solidarity Based Ways of Life. In: Dellheim, Judith/Wolf, Frieder Otto (Hrsg.), Rosa Luxemburg: A Permanent Challenge for Political Economy. On the History and the Present of Luxemburg's »Accumulation of Capital«. London, S. 305-338.
Dellheim, Judith/Wolf, Frieder Otto (Hrsg.) (2016): Rosa Luxemburg: A Permanent Challenge for Political Economy. On the History and the Present of Luxemburg's »Accumulation of Capital«. London.
Deppe, Frank (1997): Zur Aktualität der politischen Theorie von Luxemburg und Gramsci. In: Argument (Hrsg.), Die Linie Luxemburg – Gramsci. Zur Aktualität und Historizität marxistischen Denkens. Argument Sonderband AS 159. Berlin, S. 14-32.
Deutscher, Isaac (1972): Trotzki. Bd. I: Der bewaffnete Prophet 1879–1921, Stuttgart.
Djilas, Milovan (1958): Die neue Klasse. Eine Analyse des kommunistischen Systems. München.
Döblin, Alfred (2008): November 1918. Eine deutsche Revolution. Erzählwerk in drei Teilen. Dritter Teil: Karl und Rosa. Frankfurt am Main.
Dörre, Klaus (2009): Die neue Landnahme: Dynamiken und Grenzen des Finanzmarktkapitalismus. In: Soziologie – Kapitalismus – Kritik: eine Debatte. Frankfurt am Main, S. 21-86.
Dörre, Klaus (2013): Landnahme und Grenzen sozialer Reproduktion. Zur gesellschaftstheoretischen Bedeutung Rosa Luxemburgs. In: Schmidt, Ingo (Hrsg.), Rosa Luxemburgs »Akkumulation des Kapitals«. Die Aktualität von ökonomischer Theorie, Imperialismuserklärung und Klassenanalyse. Hamburg, S. 82-116.
Drabkin, Jakow S. (1988): Die Aufrechten. Karl Liebknecht, Rosa Luxemburg, Franz Mehring, Clara Zetkin. Berlin.
Dunayevskaya, Raya (1981): Rosa Luxemburg, Women's Liberation, and Marx's Philosophy of Revolution. New Jersey.
Eberlein, Hugo (2005): Erinnerungen an Rosa Luxemburg bei Kriegsausbruch. In: Utopie kreativ, 147 (4), S. 355-362.
Eichhorn, Wolfgang (2001): Über Eduard Bernstein und Rosa Luxemburg. In: Kinner, Klaus/Seidel, Helmut (Hrsg.), Rosa Luxemburg. Historische und aktuelle Dimensionen ihres theoretischen Werkes. Berlin, S. 297-304.
Engels, Friedrich (1849): Der demokratische Panslawismus. In: MEW, Bd. 6. Berlin, S. 270-286.
Engels, Friedrich (1850): Der deutsche Bauernkrieg. In: MEW, Bd. 7. Berlin, S. 327-413.
Engels, Friedrich (1880): Die Entwicklung des Sozialismus von der Utopie zur Wissenschaft. In: MEW, Bd. 19. Berlin, S. 177-228.
Engels, Friedrich (1882): Brief an Karl Kautsky vom 7. Februar 1882. In: MEW, Bd. 35. Berlin, S. 269-273.
Engels, Friedrich (1892): Vorwort [zur zweiten polnischen Ausgabe (1892) des »Mani-

fests der Kommunistischen Partei«]. In: MEW, Bd. 22. Berlin, S. 282-283.
Engels, Friedrich (1895a): Brief an Karl Kautsky vom 1. April 1895. In: MEW, Bd. 39. Berlin, S. 452.
Engels, Friedrich (1895b): Einleitung [zu Karl Marx' »Klassenkämpfe in Frankreich 1848 bis 1850«]. In: MEW, Bd. 22. Berlin, S. 509-527.
Ernst, Eugen (1919): Come fu provocata L'insurrezione di Berlino, in: Avanti, giornale del Partito socialista, Anno XXIII, N. 23, 23 Gennaio 1919; In: Avanti, giornale del Partito socialista, 23. Januar 1919.
Ettinger, Elżbieta (1990): Rosa Luxemburg. Ein Leben. Bonn.
Evans, Kate (2015): Red Rosa. A Graphic Biography of Rosa Luxemburg. New York.
Fetscher, Iring (1974): Proletarisches Klassenbewusstsein nach Marx und Rosa Luxemburg. In: Pozzoli, Claudio (Hrsg.), Rosa Luxemburg: oder die Bestimmung des Sozialismus. Frankfurt am Main, S. 42-64.
Flechtheim, Ossip K. (2013): Rosa Luxemburg zur Einführung. Berlin.
Foucault, Michel (2010): Der Mut zur Wahrheit. Vorlesung am Collège de France 1983/84. Frankfurt am Main.
Frölich, Paul (1990): Rosa Luxemburg. Gedanke und Tat. Berlin.
Gallo, Max (1993): Rosa Luxemburg. Eine Biographie. Düsseldorf/Zürich.
Geide, Peter (1995): Rosa Luxemburg und die Weimarer Linke. In: Soden, Kristine von (Hrsg.), Rosa Luxemburg. Berlin, S. 138-143.
Geras, Norman (1976): Legacy of Rosa Luxemburg. London.
Gioia, Vitantonio (1989): Rosa Luxemburg und Antonio Gramsci: Zur ökonomischen Entwicklung im Monopolkapitalismus. In: Das Argument (Hrsg.), Die Linie Luxemburg – Gramsci. Zur Aktualität und Historizität marxistischen Denkens. Argument Sonderband AS 159, S. 33-50.
Gorki, Maxim (1918): Ein Jahr russische Revolution. In: Süddeutsche Monatshefte, 16 (1), S. 1-62.
Gorki, Maxim (1971): Несвоевременные мысли: статьи 1917-1918. Paris.
Grebing, Helga (2014): Nachwort der Herausgeberin. In: Der Dichter und die Ratio. Erinnerungen an Bertolt Brecht. Berlin, S. 141-163.
Grebing, Helga/Scherer, Klaus-Jürgen (Hrsg.) (2017): Streiten für eine Welt jenseits des Kapitalismus: Fritz Sternberg – Wissenschaftler, Vordenker, Sozialist. Paderborn.
Haffner, Sebastian (1969): Die deutsche Revolution 1918/19. Bern.
Hannover, Heinrich/Hannover-Drück, Elisabeth (Hrsg.) (1979): Der Mord an Rosa Luxemburg und Karl Liebknecht. Dokumentation eines politischen Verbrechens. Frankfurt am Main.
Harvey, David (2003): The New Imperialism. Oxford; New York (deutsche Ausgabe: Der neue Imperialismus, Hamburg 2005).
Haug, Frigga (2007): Rosa Luxemburg und die Kunst der Politik. Hamburg.
Haug, Frigga (2013): Was bringt es, Herrschaft als Knoten zu denken? In: Brie, Michael (Hrsg.), Am Herrschaftsknoten ansetzen. Symposium zum 75. Geburtstag von Frigga Haug. Berlin, S. 8-13.
Haug, Wolfgang Fritz (2001): Revolutionärer Determinismus. Notiz zum Fokus der Luxemburgschen Dialektik. In: Kinner, Klaus/Seidel, Helmut (Hrsg.), Rosa Luxemburg. Historische und aktuelle Dimensionen ihres theoretischen Werkes. Berlin, S. 53-65.
Haupt, Georges (1974): Dynamik und Konservatismus der Ideologie. Rosa Luxemburg und der Beginn marxistischer Untersuchungen zur nationalen Frage. In: Pozzoli,

Claudio (Hrsg.), Rosa Luxemburg: oder die Bestimmung des Sozialismus. Frankfurt am Main, 219-270.

Heimann, Horst/Küpper, Hendrik/Scherer, Klaus-Jürgen (Hrsg.) (2020): Geistige Erneuerung links der Mitte. Der Demokratische Sozialismus Eduard Bernsteins. Marburg.

He Ping (2010): Rosa Luxemburgs »Akkumulation des Kapitals« und China. In: Ito, Narihiko/Laschitza, Annelies/Luban, Ottokar (Hrsg.), Rosa Luxemburg. Ökonomische und historisch-politische Aspekte ihres Werkes: Internationale Rosa-Luxemburg-Gesellschaft in Tokio, April 2007, und Berlin, Januar 2009. Berlin, S. 43-49.

Heraklit (2011): Fragmente. In: Marciano, Laura Gemelli (Hrsg.), Die Vorsokratiker. Band 1. Griechisch – Deutsch. Berlin, S. 284-329.

Hetmann, Frederik (1998): Eine Kerze, die an beiden Seiten brennt. Freiburg.

Hilferding, Rudolf (1947): Das Finanzkapital. Eine Studie über die jüngste Entwicklung des Kapitalismus. Berlin.

Hirsch, Helmut (1969): Rosa Luxemburg. Reinbek.

Hobsbawm, Eric J. (1989): The Age of Empire, 1875-1914. New York.

Hobson, John Atkinson (1968): Der Imperialismus. Köln.

Hoßfeld, Reinhard (1993): Rosa Luxemburg oder Die Kühnheit des eigenen Urteils. Aachen.

Howard, Dick (1974): Theorie, Theoretiker und revolutionäre Praxis. In: Pozzoli, Claudio (Hrsg.), Rosa Luxemburg: oder die Bestimmung des Sozialismus. Frankfurt am Main, S. 94-126.

Hudis, Peter (2014): The Dialectic of the Spatial Determination of Capital: Rosa Luxemburgs Accumulation of Capital Reconsidered. In: International Critical Thought, 4 (4), S. 474-490.

Hudis, Peter/Anderson, Kevin B. (2004): Introduction. In: Hudis, Peter/Anderson, Kevin B. (Hrsg.), The Rosa Luxemburg Reader. New York, S. 7-30.

Internationale Rosa-Luxemburg-Gesellschaft (2020): Website. Internationale Rosa-Luxemburg-Gesellschaft. Abrufbar unter http://www.internationale-rosa-luxemburg-gesellschaft.de/html/english.

Ito, Narihiko (2007): Wegweiser zum Gedanken Rosa Luxemburgs. Tokyo.

Ito, Narihiko/Bergmann, Theodor/Hochstadt, Stefan/Luban, Ottokar (Hrsg.) (2007): China entdeckt Rosa Luxemburg: Internationale Rosa-Luxemburg-Gesellschaft in Guangzhou am 21./22. November 2004. Berlin.

Ito, Narihiko/Laschitza, Annelies/Luban, Ottokar (Hrsg.) (2002): Rosa Luxemburg im internationalen Diskurs. Internationale Rosa-Luxemburg-Gesellschaft in Chicago, Tampere, Berlin und Zürich. Berlin.

Ito, Narihiko/Laschitza, Annelies/Luban, Ottokar (Hrsg.) (2010): Rosa Luxemburg. Ökonomische und historisch-politische Aspekte ihres Werkes: Internationale Rosa-Luxemburg-Gesellschaft in Tokio, April 2007, und Berlin, Januar 2009. Berlin.

Jaurès, Jean (1901): Der Eintritt Millerands ins Ministerium. In: Die Neue Zeit, (30), S. 109-115.

Jens, Walter (1995): Rosa Luxemburg. Weder Poetin noch Pétroleuse. In: Soden, Kristine von (Hrsg.), Rosa Luxemburg. Berlin, S. 6-17.

Jones, Mark (2017): Am Anfang war Gewalt. Die deutsche Revolution 1918/19 und der Beginn der Weimarer Republik. Berlin.

Kalecki, Michal (2003): Essays on the Theory of Economic Fluctuations. New York.

Kant, Immanuel (1903): Prolegomena zu einer jeden künftigen Metaphysik, die als Wissenschaft wird auftreten können. In: Gesammelte Schriften, Bd. IV. Berlin, S. 253-384.

Kautsky, Karl (1899): Bernstein und das Sozialdemokratische Programm. Eine Antikritik. Stuttgart.

Kautsky, Karl (1909): Der Weg zur Macht. Zweite Auflage. Berlin.

Kautsky, Karl (1911): Finanzkapital und Krisen. In: Die Neue Zeit, 29-I, S. 22-25, S. 764-772, S. 797-804, S. 874-883.

Kautsky, Karl (1914): Der Imperialismus. In: Die Neue Zeit, 32 (2), S. 908-922.

Kautsky, Karl (1965): Das Erfurter Programm (nach der ersten Ausgabe von 1892). Berlin.

Kautsky, Karl (1972): Brief an Hugo Haase vom 9. März 1909. In: Kautsky, Karl (Hrsg.), Der Weg zur Macht: Politische Betrachtungen über das Hineinwachsen in die Revolution. Frankfurt am Main.

Kautsky, Karl (2017): Diktatur und Demokratie. In: Schütrumpf, Jörn (Hrsg.), Diktatur statt Sozialismus. Die russische Revolution und die deutsche Linke 1917/18. Berlin, S. 142-148.

Kautsky, Luise (1923): Rosa Luxemburg. Briefe an Karl und Luise Kautsky 1896–1918. Berlin.

Kautsky, Luise (1929): Rosa Luxemburg. Ein Gedenkbuch. Berlin.

Killet, Julia (2020): Fiktion und Wirklichkeit. Die Darstellung Rosa Luxemburgs in der biographischen und literarischen Prosa. Hamburg.

Kinner, Klaus (2001): Die Luxemburg-Rezeption in KPD und Komintern. In: Utopie kreativ, 129/130 (Juli/August), S. 595-603.

Klein, Dieter (2013): Das Morgen tanzt im Heute. Transformation im Kapitalismus und über ihn hinaus. Hamburg.

Kossok, Manfred (2016): 1917 – eine periphere Revolution? In: Kossok, Manfred/Schütrumpf, Jörn (Hrsg.), Sozialismus an der Peripherie. Berlin, S. 39-48.

Krätke, Michael (2010): Rosa Luxemburg und die Analyse des gegenwärtigen Kapitalismus. In: Ito, Narihiko/Laschitza, Annelies/Luban, Ottokar (Hrsg.), Rosa Luxemburg. Ökonomische und historisch-politische Aspekte ihres Werkes: Internationale Rosa-Luxemburg-Gesellschaft in Tokio, April 2007, und Berlin, Januar 2009. Berlin, S. 30-174.

Krätke, Michael (2016): On the Beginnings of Marxian Macroeconomics. In: Dellheim, Judith/Wolf, Frieder Otto (Hrsg.), Rosa Luxemburg: A Permanent Challenge for Political Economy. On the History and the Present of Luxemburg's »Accumulation of Capital«. London, S. 123-155.

Kraus, Karl (1920a): Antwort an Rosa Luxemburg von einer Unsentimentalen. In: Die Fackel, 554-556 (11), S. 3-8.

Kraus, Karl (1920b): Brief Rosa Luxemburgs (mit Vorbemerkung). In: Die Fackel, 546-550 (7), S. 5-9.

Krauß, Cornelia (1999): Zum Bild Rosa Luxemburgs in der Frauenforschung. In: Maurer, Margarete (Hrsg.), Rosa Luxemburg: »Ich bin ein Land der unbeschränkten Möglichkeiten«. Wien, S. 23-36.

Kulla, Ralf (1999): Revolutionärer Geist und republikanische Freiheit. Über die verdrängte Nähe von Hannah Arendt zu Rosa Luxemburg. Hannover.

Lange, Paul (2017): Rosa Luxemburg und die Bolschewisten (1921). In: Schütrumpf, Jörn (Hrsg.), Diktatur statt Sozialismus. Die Russische Revolution und die deutsche

Linke 1917/18. Berlin, S. 46-47.

Laschitza, Annelies (1990): Vorwort. In: Institut für Geschichte der Arbeiterbewegung (Hrsg.), Rosa Luxemburg und die Freiheit der Andersdenkenden. Extraausgabe des unvollendeten Manuskripts »Zur russischen Revolution« und anderer Quellen zur Polemik mit Lenin. Zusammengestellt und eingeleitet von Annelies Laschitza. Berlin, S. 7-32.

Laschitza, Annelies (1996): Im Lebensrausch, trotz alledem. Rosa Luxemburg. Eine Biographie. Berlin.

Laschitza, Annelies (1998): Die Welt ist so schön bei allem Graus. Rosa Luxemburg im internationalen Diskurs. Leipzig.

Laschitza, Annelies (2014): Vorwort. In: Gesammelte Werke, Bd. 6. Berlin, S. 19-66.

Laschitza, Annelies (2016): Vorwort. In: Gesammelte Werke, Bd. 7. Berlin, S. 7-72.

Laschitza, Annelies/Radczun, Günter (1971): Rosa Luxemburg. Ihr Wirken in der deutschen Arbeiterbewegung. Berlin.

Le Blanc, Paul (2015): Introduction. In: Hudis, Peter/Le Blanc, Paul (Hrsg.), The Complete Works of Rosa Luxemburg. Volume II, Economic Writings 2. London, S. vii-xxix.

Ledebour, Georg (Hrsg.) (1919): Der Ledebour-Prozeß. Gesamtdarstellung des Prozesses gegen Ledebour wegen Aufruhr etc. vor dem Geschworenengericht Berlin-Mitte vom 19. Mai bis 23. Juni 1919, aufgrund des amtlichen Stenogramms bearbeitet und mit einem Vorwort versehen von Georg Ledebour. Berlin.

Lenin, Wladimir I. (1903): Die nationale Frage in unserem Programm. In: Werke, Bd. 6. Berlin, S. 452-461.

Lenin, W.I. (1904a): Ein Schritt vorwärts, zwei Schritte zurück. Eine Antwort N. Lenins an Rosa Luxemburg. In: Werke Bd. 6. Berlin, S. 186-197.

Lenin, Wladimir I. (1904b): Ein Schritt vorwärts, zwei Schritte zurück (Die Krise in unserer Partei). In: Werke. Bd. 7. Berlin, S. 197-430.

Lenin, Wladimir I. (1905): Sozialdemokratie und provisorische revolutionäre Regierung. In: Werke. Bd. 8. Berlin, S. 267-285.

Lenin, Wladimir I. (1913a): Drei Quellen und drei Bestandteile des Marxismus. In: Werke, Bd. 19. Berlin, S. 3-9.

Lenin, Wladimir I. (1913b): Kritische Bemerkungen zur nationalen Frage. In: Werke. Bd. 20. Berlin, 3-37.

Lenin, Wladimir I. (1914): Über das Selbstbestimmungsrecht der Nationen. In: Werke. Bd. 20. Berlin, S. 395-461.

Lenin, Wladimir I. (1916): Der Imperialismus als höchstes Stadium des Kapitalismus. Gemeinverständlicher Abriss. In: Werke. Bd. 22. Berlin, S. 189-309.

Lenin, Wladimir I. (1922): Notizen eines Publizisten über das Besteigen hoher Berge, über die Schädlichkeit der Verzagtheit, über den Nutzen des Handels, über das Verhältnis zu den Menschewiki u. dgl. m. In: Werke, Bd. 33. Berlin, S. 188-196.

Leonhard, Wolfgang (1981): Völker, hört die Signale. Die Anfänge des Weltkommunismus 1919-1924. München.

Levi, Paul (1919): Karl Liebknecht und Rosa Luxemburg zum Gedächtnis. Rede bei der Trauerfeier am 2. Februar 1919 im Lehrer-Vereinshaus zu Berlin. Berlin.

Levi, Paul (1969): Vorwort und Einleitung zu Rosa Luxemburg »Die russische Revolution«. In: Zwischen Spartakus und Sozialdemokratie. Schriften, Aufsätze, Reden und Briefe. Frankfurt am Main/Wien, S. 96-135.

Levi, Paul (1990): Einleitung zu »Die Russische Revolution. Eine kritische Würdigung. Aus dem Nachlass von Rosa Luxemburg«. In: Institut für Geschichte der Arbeiterbewegung (Hrsg.), Rosa Luxemburg und die Freiheit der Andersdenkenden. Extraausgabe des unvollendeten Manuskripts »Zur russischen Revolution« und anderer Quellen zur Polemik mit Lenin. Zusammengestellt und eingeleitet von Annelies Laschitza. Berlin, S. 177-231.

Levi, Paul (2016): Wiederkunft. In: Schütrumpf, Jörn (Hrsg.), Gesammelte Schriften, Reden und Briefe Band II/2: Ohne einen Tropfen Lakaienblut. Sozialdemokratie, Sozialistische Politik und Wirtschaft. Berlin, 1155-1158.

Levi, Paul (2017): Zur Klarstellung (1922). In: Schütrumpf, Jörn (Hrsg.), Diktatur statt Sozialismus. Die Russische Revolution und die deutsche Linke 1917/18. Berlin, 55-58.

Levi, Paul (2020): Ihre Gefängnisse (1922). In: Schütrumpf, Jörn (Hrsg.), Ohne einen Tropfen Lakaienblut. Gesammelte Schriften, Reden, Briefe, Band I/2: Spartakus, hrsg. von Jörn Schütrumpf, Berlin 2020, S. 1250-1257.

Loureiro, Isabel (2003): Rosa Luxemburgo. Os dilemas da ação revolucionária, Sao Paolo.

Loureiro, Isabel (2010): Die Aktualität der Ideen Rosa Luxemburgs aus brasilianischer Sicht. In: Ito, Narihiko/Laschitza, Annelies/Luban, Ottokar (Hrsg.), Rosa Luxemburg. Ökonomische und historisch-politische Aspekte ihres Werkes: Internationale Rosa-Luxemburg-Gesellschaft in Tokio, April 2007, und Berlin, Januar 2009. Berlin, S. 10-21.

Loureiro, Isabel (2013): Die Aktualität von Rosa Luxemburgs »Akkumulation des Kapitals« in Lateinamerika. In: Jahrbuch für Forschungen zur Geschichte der Arbeiterbewegung, (II), S. 115-122.

Löwy, Michael (1989): Der Urkommunismus in den ökonomischen Schriften von Rosa Luxemburg. Für eine romantisch-revolutionäre Geschichtsauffassung. In: Das Argument (Hrsg.), Die Linie Luxemburg – Gramsci. Zur Aktualität und Historizität marxistischen Denkens. Argument Sonderband AS 159, S. 140-146.

Löwy, Michael (2020): Rosa Luxemburg: Der zündende Funke der Revolution. Hamburg.

Luban, Ottokar (1997): Rosa Luxemburg, Spartakus und die Massen. In: Bergmann, Theodor/Haible, Wolfgang (Hrsg.), Reform – Demokratie – Revolution. Zur Aktualität von Rosa Luxemburg. Supplement der Zeitschrift »Sozialismus« 5/1997. Hamburg, S. 11-27.

Lukács, Georg (1968): Geschichte und Klassenbewusstsein. In: Lukács, Georg (Hrsg.), Geschichte und Klassenbewusstsein. Neuwied, S. 161-517.

Luxemburg, Rosa (1968): Listy do Leona Jogichesa-Tyszki. Listy zebral, slowem wstepnym i przypisami opatrzyl Feliks Tych. Warszawa.

Luxemburg, Rosa (2011a): Das unabhängige Polen und die Arbeiterfrage. Aus dem Polnischen übersetzt und eingeleitet von Holger Politt. In: Rosa-Luxemburg-Forschungsberichte, 8, S. 33-87.

Luxemburg, Rosa (2011b): Im Lichte der Revolution. Zwei Texte aus dem Jahre 1906: »Zur Konstituante und zur Provisorischen Regierung« und »Vor dem Wendepunkt«. In: Rosa-Luxemburg-Forschungsberichte, 12, S. 7-58.

Luxemburg, Rosa (2012): Nationalitätenfrage und Autonomie. Berlin.

Luxemburg, Rosa (2013): Wegmarkierungen. Zwei Texte Rosa Luxemburgs aus dem Jahre 1903. Aus dem Polnischen übersetzt und eingeleitet von Holger Politt. In: Rosa-

Luxemburg-Forschungsberichte, 10.
Luxemburg, Rosa (2014): Nach dem Pogrom. Texte über Antisemitismus 1910/1911. Herausgegeben und aus dem Polnischen übersetzt von Holger Politt. Potsdam.
Luxemburg, Rosa (2015a): Zur Konstituante und zur Provisorischen Regierung. In: Kinner, Klaus/Neuhaus, Manfred (Hrsg.), Im Licht der Revolution. Zwei Texte von Rosa Luxemburg aus dem Jahre 1906 und Paralipomena zu Leben und Werk. Leipzig, S. 15-54.
Luxemburg, Rosa (2015b): Arbeiterrevolution 1905/06. Polnische Texte. Herausgegeben von Holger Politt. Berlin.
Luxemburg, Rosa (2016): Herbarium. Herausgegeben von Evelin Wittich und mit einem Vorwort von Holger Politt. Berlin.
Luxemburg, Rosa/Jogiches, Leo (2015): Die politischen Aufgaben der polnischen Arbeiterklasse (1893). In: Enkelmann, Dagmar/Weis, Florian (Hrsg.), »Ich lebe am fröhlichsten im Sturm« (Rosa Luxemburg). 25 Jahre Rosa-Luxemburg-Stiftung: Gesellschaftsanalyse und politische Bildung. Berlin, S. 20-25.
Mandel, Ernest (1986): Rosa Luxemburg und die deutsche Sozialdemokratie. In: Mandel, Ernest/Radek, Karl (Hrsg.), Rosa Luxemburg. Leben – Kampf – Tod. Frankfurt am Main, S. 46-66.
Mao Tse-tung (1966): Worte des Vorsitzenden Mao Tse-tung. Beijing.
Marx, Karl (1844): Zur Kritik der Hegelschen Rechtsphilosophie. Einleitung. In: MEW, Bd. 1. Berlin, S. 378-391.
Marx, Karl (1850): Die Klassenkämpfe in Frankreich 1848 bis 1850. In: MEW, Bd. 7. Berlin, S. 9-107.
Marx, Karl (1859): Zur Kritik der Politischen Ökonomie. Vorwort. In: MEW, Bd. 13. Berlin, S. 7-11.
Marx, Karl (1864): Provisorische Statuten der Internationalen Arbeiter-Assoziation. In: MEW, Bd. 16. Berlin, S. 14-16.
Marx, Karl (1865): Über P. J. Proudhon. In: MEW, Bd. 16. Berlin, S. 25-32.
Marx, Karl (1871): Der Bürgerkrieg in Frankreich. Adresse des Generalrats der Internationalen Arbeiterassoziation. In: MEW, Bd. 17. Berlin, S. 313-365.
Marx, Karl (1881): Brief an Ferdinand Domela Nieuwenhuis vom 22. Februar 1881. In: MEW, Bd. 35. Berlin, S. 159-161.
Marx, Karl (1890): Das Kapital. Kritik der Politischen Ökonomie. Erster Band. In: MEW, Bd. 23. Berlin.
Marx, Karl/Engels, Friedrich (1848): Manifest der Kommunistischen Partei. In: MEW, Bd. 4. Berlin, S. 459-493.
Marx, Karl/Engels, Friedrich (1872): Vorwort [zum »Manifest der Kommunistischen Partei« (deutsche Ausgabe 1872)]. In: MEW, Bd. 18. Berlin, S. 95-96.
Maurer, Margarete (Hrsg.) (1999): Rosa Luxemburg: »Ich bin ein Land der unbeschränkten Möglichkeiten«. Wien.
Meyer, Thomas (1982): Bernsteins konstruktiver Sozialismus. Eduard Bernsteins Beitrag zur Theorie des Sozialismus. Berlin.
Mies, Maria (1986): Patriarchy and accumulation on a world scale. Women in the international division of labour. London.
Morris, William (2013): Kunde von Nirgendwo. Eine Utopie der vollendeten kommunistischen Gesellschaft und Kultur aus dem Jahr 1890. Köln.
Nettl, Peter (1967): Rosa Luxemburg. Köln.

Neusüß, Christel (1985): Die Kopfgeburten der Arbeiterbewegung oder die Genossin Luxemburg bringt alles durcheinander. Hamburg.
Oelßner, Fred (1951): Rosa Luxemburg. Eine kritische biographische Skizze. Berlin.
Pabst, Waldemar (1962): Interview. In: Deutscher Studenten-Anzeiger. Unabhängiges Forum deutscher Hochschüler.
Papcke, Sven (1979): Der Revisionismusstreit und die politische Theorie der Reform. Fragen und Vergleiche. Stuttgart, Berlin, Köln, Mainz.
Parvus, Alexander (1896): Staatsstreich und politischer Massenstreik. In: Die Neue Zeit (33, 35, 36, 38, 39).
Pedrosa, Mário (1979): A crise mundial do imperialismo e Rosa Luxemburgo. Rio de Janeiro.
Pilawski, Krzysztof/Politt, Holger (Hrsg.) (2020): Rosa Luxemburg: Spurensuche. Dokumente und Zeugnisse einer jüdischen Familie, Hamburg.
Ping, He (2013): Rosa Luxemburg's The Accumulation of Capital: East and West. In: Bellofiore, Riccardo (Hrsg.), Rosa Luxemburg and the Critique of Political Economy. London, S. 144-158.
Piper, Ernst (2018): Rosa Luxemburg. Ein Leben. München.
Plechanov, Georgi V. (1956a): Programma social-demokratičeskoj gruppy »Osvoboždenie truda«. In: Izbrannye filosofskije proizvodenija. Bd. 1. Moskva, S. 371-376.
Plekhanov, Georgi V. (1956b): Naši raznoglasija. In: Izbrannye filosofskije proizvodenija. Bd. 1. Moskva, S. 115-370.
Plener, Ulla (1998): Lenin über Parteidisziplin. Ein Exkurs. In: Beiträge zur Geschichte der Arbeiterbewegung, 40 (4), S. 56-64.
Politt, Holger (2012): Rosa Luxemburgs »Krakauer Horizont«. In: Nationalitätenfrage und Autonomie. Berlin, S. 9-33.
Politt, Holger (2015a): Luxemburgismus. In: Haug, Wolfgang Fritz/Haug, Frigga/Jehle, Peter/Küttler, Wolfgang (Hrsg.), Historisch-kritisches Wörterbuch des Marxismus, Bd. 8/II. Hamburg, S. 1393-1402.
Politt, Holger (2015b): Unter Blitz und Donner: Zusammenstoß zweier Zeitalter. In: Luxemburg, Rosa, Arbeiterrevolution 1905/06. Polnische Texte. Berlin, S. 9-34.
Politt, Holger (2018): In Zamość wurde die an Rosa Luxemburg erinnernde Gedenktafel entfernt. Abrufbar unter: https://brandenburg.rosalux.de/news/id/38646/in-zamosc-wurde-die-an-rosa-luxemburg-erinnernde-gedenktafel-entfernt-ein-kommentar-von-holger-pol/.
Poulantzas, Nikos (1975): Klassen im Kapitalismus – heute. Berlin.
Poulantzas, Nikos (2002): Staatstheorie. Politischer Überbau, Ideologie, Autoritärer Etatismus. Mit einer Einleitung von Alex Demirović, Joachim Hirsch und Bob Jessop, Hamburg.
Pozzoli, Claudio (1974a): Rosa Luxemburg als Marxist. In: Pozzoli, Claudio (Hrsg.), Rosa Luxemburg: oder die Bestimmung des Sozialismus. Frankfurt am Main, S. 9-20.
Pozzoli, Claudio (1974b): Vorwort des Herausgebers. In: Pozzoli, Claudio (Hrsg.), Rosa Luxemburg: oder die Bestimmung des Sozialismus. Frankfurt am Main, S. 7-8.
Radek, Karl (1986): Leben und Kampf unserer Genossin Rosa Luxemburg (1919). In: Mandel, Ernest/Radek, Karl (Hrsg.), Rosa Luxemburg. Leben – Kampf – Tod. Frankfurt am Main, S. 10-45.
Renqian, Cheng (1994): Liuosha Lusenbao Shengping He Sixiang. Beijing.
Ritter, Rudolf (d.i. Wilhem Hoegner) (1945): Lehren der Weimarer Republik. In:

Schweizer Monatshefte, 25 (1), S. 14-34.
Roland-Holst, Henriette (1937): Rosa Luxemburg. Ihr Leben und Wirken. Zürich.
Rürup, Reinhard (1994): Die Revolution von 1918/19 in der deutschen Geschichte. Abrufbar unter: https://www.fes.de/fulltext/historiker/00186001.htm.
Schmidt, Giselher (1988): Rosa Luxemburg. Sozialistin zwischen Ost und West. Göttingen.
Schmidt, Ingo (2013a): Geschichte und Sozialismus. In: Schmidt, Ingo (Hrsg.), Rosa Luxemburgs »Akkumulation des Kapitals«. Die Aktualität von ökonomischer Theorie, Imperialismuserklärung und Klassenanalyse. Hamburg, S. 138-165.
Schmidt, Ingo (Hrsg.) (2013b): Rosa Luxemburgs »Akkumulation des Kapitals«. Die Aktualität von ökonomischer Theorie, Imperialismuserklärung und Klassenanalyse. Hamburg.
Schütrumpf, Jörn (Hrsg.) (2017): Diktatur statt Sozialismus. Die Russische Revolution und die deutsche Linke 1917/18. Berlin.
Schütrumpf, Jörn (2018a): Zwischen Liebe und Zorn: Rosa Luxemburg. In: Rosa Luxemburg oder: Der Preis der Freiheit. Dritte, überarbeitete und ergänzte Auflage. Berlin, S. 11-100.
Schütrumpf, Jörn (Hrsg.) (2018b): Spartakusaufstand. Der unterschlagene Bericht des Untersuchungsausschusses der verfassunggebenden Preußischen Landesversammlung über die Januar-Unruhen 1919 in Berlin. Berlin.
Seidemann, Maria (1998): Rosa Luxemburg und Leo Jogiches. Die Liebe in den Zeiten der Revolution. Berlin.
Shepardson, Donald E. (1996): Rosa Luxemburg and the Noble Dream. New York.
Sinowjew, Georgi (1920): Zwei große Verluste. In: Karl Liebknecht und Rosa Luxemburg. Reden von G. Sinowjew und L. Trotzky auf der Sitzung des Petrograder Sowjets am 18. Januar 1919, Petrograd 1920. Petrograd, S. 18-32.
Sinowjew, Georgi (1925): Über die Bolschewisierung der Parteien. Reden vor der Erweiterten Exekutive, März/April 1925. Hamburg.
Soden, Kristine von (Hrsg.) (1995): Rosa Luxemburg. Berlin.
Soiland, Tove (2016): A Feminist Approach to Primitive Accumulation. In: Dellheim, Judith/Wolf, Frieder Otto (Hrsg.), Rosa Luxemburg: A Permanent Challenge for Political Economy. On the History and the Present of Luxemburg's »Accumulation of Capital«. London, S. 185-217.
Sorge, Richard (1922): Rosa Luxemburgs Akkumulation des Kapitals. Bearbeitet für die Arbeiterschaft. Solingen.
SPD (1891a): Das Erfurter Programm.
SPD (1891b): Protokoll über die Verhandlungen des Parteitages der Sozialdemokratischen Partei Deutschlands, abgehalten zu Erfurt. Berlin.
Stadler-Labhart, Verena (1978): Rosa Luxemburg an der Universität Zürich 1889-1897. Zürich.
Stalin, Joseph W. (1955): Über einige Fragen der Geschichte des Bolschewismus. In: Werke, Bd. 13. Berlin, S. 56-64.
Sternberg, Fritz (1926): Der Imperialismus. Berlin.
Sternberg, Fritz (1929): Der Imperialismus und seine Kritiker. Berlin.
Sternberg, Fritz (1971): Der Imperialismus. Frankfurt am Main.
Sternberg, Fritz (2014): Der Dichter und die Ratio. Erinnerungen an Bertolt Brecht. Berlin.

Sum, Ngai-Ling/Jessop, Bob (2013): Towards a Cultural Political Economy. Putting Culture in its Place in Political Economy. Northampton.
Thälmann, Ernst (1975): Der revolutionäre Ausweg und die KPD. Rede auf der Plenartagung des Zentralkomitees der KPD am 19. Februar 1932 in Berlin. In: Reden und Aufsätze 1930-1933. Köln, S. 262-340.
Thomas, Albert (1903): Nachklänge der Millerand-Debatte in Bordeaux. In: Socialistische Monatshefte, (7), S. 486-491.
Trotsky, Leon (1969): The Permanent Revolution and Results and Prospects. New York.
Trotzki, Leo (1920): Zwei große Verluste. In: Karl Liebknecht und Rosa Luxemburg. Reden von G. Sinowjew und L. Trotzky auf der Sitzung des Petrograder Sowjets am 18. Januar 1919, Petrograd 1920. Petrograd, S. 3-17.
Ungezeichnet (1918): Wie sie die Pressefreiheit auffassen. In: Zentralorgan des Spartakusbundes, 27. Dezember 1918.
Vaillant, Edouard (1901): Der Eintritt Millerands ins Ministerium. In: Die Neue Zeit, (31), S. 144-146.
Veerkamp, Ton (2013): Die Welt anders. Politische Geschichte der Großen Erzählung. Hamburg und Berlin.
Vollmar, Georg von (1900): Zum Fall Millerand. In: Socialistische Monatshefte (12), S. 767-783.
Vollrath, Ernst (1973): Rosa Luxemburg's Theory of Revolution. In: Social Research, 40 (1), S. 83-109.
Wang Xue-Dong (2010): Zum Stand der Rosa-Luxemburg-Forschung in China. In: Ito, Narihiko/Laschitza, Annelies/Luban, Ottokar (Hrsg.), Rosa Luxemburg. Ökonomische und historisch-politische Aspekte ihres Werkes: Internationale Rosa-Luxemburg-Gesellschaft in Tokio, April 2007, und Berlin, Januar 2009. Berlin, S. 22-29.
Weber, Hermann (Hrsg.) (1993): Die Gründung der KPD. Protokoll und Materialien des Gründungsparteitages der Kommunistischen Partei Deutschlands 1918/1919. Mit einer Einführung zur angeblichen Erstveröffentlichung durch die SED. Berlin.
Werlhof, Claudia von/Mies, Maria/Bennholdt-Thomsen, Veronika (1988): Frauen, die letzte Kolonie. Zur Hausfrauisierung der Arbeit. Reinbek bei Hamburg.
Winkler, Heinrich August (1985): Von der Revolution zur Stabilisierung. Arbeiter und Arbeiterbewegung in der Weimarer Republik 1918 bis 1924. Berlin.
Zetkin, Clara (1914): Brief an Rosa Luxemburg und Franz Mehring vom 5. August 1914.
Zetkin, Clara (1972): Brief an Karl Kautsky vom 16. März 1909. In: Fülberth, Georg (Hrsg.), Der Weg zur Macht: Politische Betrachtungen über das Hineinwachsen in die Revolution. Frankfurt am Main.
Zetkin, Clara (2016a): Brief an Mathilde Jacob. In: Zetkin, Clara, Die Kriegsbriefe. Band 1. Berlin, S. 355-356.
Zetkin, Clara (2016b): Die Kriegsbriefe. Band 1. Herausgegeben von Marga Voigt. Berlin.
Zweite Internationale (1975): Kongress-Protokolle der Zweiten Internationale, 1975: Reprint. Bd. 1, Amsterdam, Bonn.